中国政法大学案例研习系列教材

商法案例研习

SHANGFA ANLIYANXI

陈景善　王军　吴日焕◎编著

中国政法大学出版社

2013·北京

图书在版编目（CIP）数据

商法案例研习 / 陈景善，王军，吴日焕编著.-北京：中国政法大学出版社，2013.8

ISBN 978-7-5620-4989-0

Ⅰ.①商…Ⅱ.①陈…②王…③吴…Ⅲ.①商法-案例-中国-教学参考资料Ⅳ.①D923.995

中国版本图书馆CIP数据核字(2013)第201848号

书　　名	商法案例研习
	SHANGFA ANLI YANXI
出版发行	中国政法大学出版社(北京市海淀区西土城路 25 号)
	北京 100088 信箱 8034 分箱　邮政编码 100088
	邮箱 fada.jc@sohu.com
	http://www.cuplpress.com（网络实名：中国政法大学出版社）
	(010)58908435(编辑室)　58908285(总编室)　58908334(邮购部)
承　　印	固安华明印业有限公司
规　　格	720mm×960mm　16 开本　20.75 印张　384 千字
版　　本	2013 年 8 月第 1 版　2020 年 1 月第 3 次印刷
书　　号	ISBN 978-7-5620-4989-0/D·4949
印　　数	5 001-7 000
定　　价	35.00 元

··✦作者简介

陈景善　女，法学博士，中国政法大学副教授。教学研究方向为公司法、证券法、破产法、保险法、中日韩商法比较法研究等。

王　军　男，法学博士，中国政法大学副教授。教学研究方向为公司法、合同法、侵权法、法律方法论、政府管制理论。

吴日焕　男，法学博士，中国政法大学副教授，韩国法研究中心主任。教学研究方向为公司法、证券法、票据法、外商投资企业法、中日韩商法比较法研究等。

❖❖ 编写说明

　　中国政法大学是一所以法学为特色和优势的大学，培养应用型、复合型、创新型和国际化的法律职业人才是我校长期以来的人才培养目标。高度重视学生法律实务技能培养，提高学生运用法学与其他学科知识方法解决实际法律问题的能力，是我校长期以来人才培养的优良传统。

　　开展案例教学是实现应用型法律职业人才培养目标的重要措施之一。中国政法大学具有案例教学的优良传统，建校之初就非常重视案例教学，开设了一系列的案例课程，多次组织编写案例教材。2005 年，法学专业本科培养方案开始设置系统、独立的案例课组，明确要求学生必须选修一定数量的案例课程。2008 年，法学人才培养模式改革实验班开始招生，在必修课程中开设了 15 门案例课程。2012 年，实验班案例课程设置进一步优化，在必修课程中设置 11 门案例课程的同时，还开设了一定数量的案例课程供学生选修。经过长期的教学实践，案例课程已经成为我校课程体系的重要组成部分，成为推动教学方法改革的重要抓手，深受学生欢迎。

　　2012 年，国家实施"卓越法律人才教育培养计划"，我校同时获批应用复合型、涉外型和西部基层型全部三个卓越法律人才教育培养基地。为了做好卓越法律人才教育培养基地建设工作，全面深化法学专业综合改革，培养卓越法律人才，学校决定启动"中国政法大学案例研习系列教材"的编写工作。本套案例研习教材的建设理念是：在宏观思路上，强调理论性与实践性相结合，在重视基础理论的同时，根据法律职业人才培养需要，突出实践性的要求，一方面案例内容来自于实践，另一方面理论与实践相结合，培养学生解决实际问题的能力。在架构设计上，强调体系性与专题性相结合，既要基本涵盖对应课程的全部教学内容，符合体系要求，又要突出个别重点专题。在教材体例上，强调规范性与灵活性相结合，在符合基本体例规范要求的同时，可以根据不同课程实际情况有所变通。

本套案例研习教材的作者们长期在教学一线工作，法学知识渊博，教学经验丰富，因此，本套教材格外强调教学适用性，能够充分满足课程教学需要，能够充分发挥教师和学生两个主体的积极性，满足应用型法律职业人才培养的需要。

中国政法大学
2013 年 8 月

❖❖ 前　言

　　我校目前的商法课有商法一（《商法总则》/《公司法》/《合伙企业法》）、商法二（《证券法》）、商法三（《票据法》）、商法四（《保险法》）、商法五（《破产法》）、商法六（《信托法》），除此之外，还有商法研讨课和商法案例课，可以说商法课程建设比较完善、细致。但是，案例课授课存在着无教材、无模式，学生不知如何分析的问题。本教材为了解决这些问题，选择了商法中的《公司法》案例，目的在于使学生学习如何处理实务中遇到的法律问题，如何适用法律规定来解决纠纷，如何有效利用法律调查方式的学习方法。本教材采用公司法的案例类型为：法院判决；非诉案例；国外判例（国内没有的部分）。我国1993年才有《公司法》，之前1978年开始有外商投资企业方面的法律规定，到2005年全面修改《公司法》，引进了国外相关制度，但是在适用中出现了法条形骸化、法条无法应对现实当中面临的纠纷以及法条过于抽象化而缺乏操作规范的问题等，时至今日也积累了不少案例。通过本教材使学生掌握如何查找案例，如何查找案例的亮点、知识点，如何概括事实关系，如何分析法官的判决意见。最终达到通过判例去了解适用中遇到的问题，以期达到活学活用的目的。

一、研究判例的意义

　　1. 判例促进立法完善。大陆法系国家成文法条比较多，而商法条文修改也比较频繁，我国以司法解释的方式不断作出补充。而每一次的修改或司法解释的出台都离不开判例的发展。股权转让与善意取得的问题、异议股东股权收购请求权的问题、股利分配请求权的问题等，都是成文法无法涵盖、无法解决的问题。未经实务适用，就无法了解法律的应然和实然所出现的偏颇。如此判例就具有促进立法的作用，判例研究具有推动商法发展的重要的意义。

2. 判例可解决公司运营实务中出现的问题。在公司的运营实务中,有可能会遇到公司捐赠的问题、出资瑕疵的问题、股东资格的问题、增资协议无效的问题等,而《公司法》的强制性规定、抽象规定无法解决部分实务问题时,判例对实务也会给予指导性影响。

3. 判例可促进法律解释的统一性。判例以及学说存在争议时,最高法院的明确见解,将会起到统一法律解释的作用。例如,最高法院公司法指导案例等。

4. 法学院校学生可通过判例掌握实务分析方法。

二、本案例教材的特点

1. 本案例教材的构思。本教材由民商经济法学院商法所陈景善、王军、吴日焕组成课题组,设 58 个专题,对 63 个案例进行评析,附加了 20 个拓展案例。主要是对《公司法》专题细分化,对每个知识点具体划分,进行分析。具体编写分工如下:第一章总则部分,其中公司社会责任、营业转让、外商投资公司的法律适用由吴日焕负责编写;法人人格否认、公司名称、合伙企业由王军负责编写;公司的能力、对外担保的效力、一人公司由陈景善负责编写。第二章设立部分,其中出资协议、设立登记、设立中公司由吴日焕负责;发起人责任、章程的性质、设立无效由陈景善负责编写。第三章股东与股权,其中股东除名、章程限制与股权转让、股份回购的效力由吴日焕编写;股东知情权、新股优先认购权、股东优先购买权、异议股东收购请求权由王军负责编写;股东资格认定、股权继承、表决权行使、一股二卖、股权质押由陈景善负责编写。第四章资本制度,其中资本维持与减资、抽逃出资由王军编写;增资协议效力、增资无效之诉由吴日焕负责编写。第五章公司组织机构,其中股东提案权、股东大会决议、可撤销之诉、决议有效之诉、董事的报酬、股票期权、勤勉义务与经营判断由吴日焕编写;自我交易、竞业禁止、机会篡夺、董事责任与股东代表诉讼(包括双重代表诉讼在内)、监事的竞业禁止义务、决议不存在之诉由王军负责编写;决议无效之诉、累积投票制度、董事的资格、董事对第三人责任由陈景善编写。第六章财务会计部分,其中股利分配请求权之诉由王军负责编写;违法分配利润的效力由吴日焕负责编写;审计责任、资本公积金弥补亏损由陈景善负责。第七章债券部分,其中可转换公司债券由陈景善负责编写。第八章公司重组部分,其中分立与债务承担由吴日焕负责编写;公司分立无效由王军负责编写;合并与少数股东保护由陈景善负责编写。第九章解散/清算部分,其中公司僵局由陈景善负责编写;公司清算由王军负责编写。

　　以上选择的案例以国内出现的经典案例为主，既包括适用中出现问题的知识点，也包括我国制度的空白。本案例教材既可以用于案例课，也可以用于研讨课。

　　2. 案例事实和判决意见部分。尽量压缩了篇幅，保留了不少判决书原文。这样可以增强案例的真实性，对学生更有吸引力。而且，很多判决书的说理比较详细。如果过度简化，就会变得无味，缺乏有效的信息供学生思考。

　　3. 评析部分。没有过多写基础知识，只是就个案的特殊贡献和典型问题进行了分析，有的案例还提出了一些需要深入研究的问题，未加结论意见。为的是有助于启发学生思考，也方便我们对问题做进一步探索。

　　4. 案例的搜索上，本教材从北大法宝网、各大法院网（从最高院到地方法院）选取了案例。有的知识点，由于目前我国还没有相关判决，就从非诉事例中选取了一些，还从国外的案例百选中选择了一部分。资本市场瞬息万变，在编写本教材的期间，也不断看到法院审理中的股票期权案、资本公积金案（编写本教材时没有找到合适的相关案例，因此本教材选择了非诉事例）、光大证券的"乌龙指"事件等。今后本课题组将继续关注相关案例、积累案例，以便能够补充、不断更新案例，完善案例教材。借本书出版之际，感谢协助收集案例的研究生院的陈林莉、刘威彤、于超影、郭秀珍等同学。

　　5. 案例范围的选择上，本教材主要采用了商法中的《公司法》案例。了解到大部分学生选修公司法课，选择公司法案例可避免学生因知识结构不均衡而听不懂的问题。本教材的亮点在于细分公司法专题，配套相关案例，基本接近了国外的公司法案例研讨分析集。但是，遗憾的是未能涵盖商法的所有领域。今后如有补充编写的机会，希望能把其他未尽的部分如《证券法》、《票据法》、《保险法》、《破产法》、《信托法》也作为系列编写。

三、案例阅读方法

　　主要是需要明确阅读目的以及阅读要点。

　　1. 阅读目的。阅读的心态非常重要，为研究而读和为了解而读是不同的。若为了了解而读判例，泛泛地读其他人已经写好的判例评析基本足够，但是为了研究而读时，要认真读判决部分的法官认定的事实、理由以及采用的观点学说。

　　2. 阅读要点。从判决或裁定的理由中了解论点（上诉的理由）、论据、争议点、学说。

　　事实关系必须要理顺，每个事实关系都有各自的特征。原审判决、二审判决中要着重看二审理由。

四、判例教学方式

为了避免案例教学过程中过度分散状态，借出版教材之际，以下简单概括案例教学框架模式。

1. 老师介绍知识点以及相关典型案例；

2. 提供判例，学生根据知识点也可自行找判例；

3. 采取法庭辩论形式、发言的形式或话剧的形式；

4. 老师再总结分析。

五、学生分析方式

教材只是给学生提供一个分析案例的模版而已，因此，为了避免学生过度依赖教材，以下也概括了学生分析案例的方法。

1. 通过阅读判决书原文重新概括事实关系；

2. 通过阅读判决书原文概括法官观点、判决要旨；

3. 分析并表明对法官判决同意与否的态度时，要从以下几个方面找出根据：①相关学说；②与过去判例比较分析；③了解实务中法官对类似案例的见解等；④阐述是否同意法官判决。

本书不仅适合本科生以及研究生课程，也适合实务界参考。但是，因时间比较仓促，编著者能力所限，在案例的选择、评析等方面，还存在诸多不足之处，难免有笔误，望各位读者批评指证。

借此书出版之际，感谢中国政法大学资助编写本教材。感谢教务处的于志刚老师、田士永老师、朱亚峰老师给予的支持，并感谢为本次出版付出辛劳的中国政法大学出版社尹树东副社长、阚明旗编辑、程传省编辑等。

编者

2013 年 7 月

✧目 录

第一章

总　则

知识概要

　　2005 年修改的《公司法》的总则部分新设了公司社会责任、法人人格否认制度、一人公司制度。但是，规定企业社会责任的《公司法》第 5 条只起到呼吁的作用，法人人格否认因举证难的关系实际上也很难起到真正保护债权人的作用。因此，本教材特选这些知识点进行分析，主要目的在于促进制度发挥作用，使学生思考法律制度的应然和实然、具体操作模式，能够引发更多的探讨。另外，几个知识点的选择原因在于：①属于制度空白。营业转让在企业实务当中运用得比较多，但是我国因为没有商总则，所以营业转让方面的案例不成体系。通过案例分析使学生了解营业的界定、营业转让当中债权以及债务的处理、商号续用的问题，以及营业转让的性质。②属于在法律适用中出现问题的典型条款。比如：对外担保的效力问题、公司名称、合伙企业、独资企业、外商投资领域的问题等。

　　一、公司社会责任

经典案例

道奇诉福特公司分派股利案

Dodge v. Ford Motor Co. , Supreme Court of

Michigan, 204 Mich. 459, 170N. W. 668 (1919)

［案件事实］

　　福特公司为美国著名的汽车公司，成立于 1903 年。起初，福特公司的股东由持有 58% 股份的 Henry Ford，持有 10% 股份的 Dodge 兄弟以及其他的 5 名小股东组成。公司成立后，营销状况良好，1908～1915 年每年进行 120 万美元正规的盈余分派。不仅如此，随着盈利的不断增加，1891～1915 年，共进行了 4100 万美元特别的盈余分派。但到了 1916 年，掌握公司董事会的 Henry Ford 宣布：作为将企业的利润还原于社会的一种方法，为了聘用更多的员工并加强对员工的福利待遇，今后不进行特别的盈余分派。而当时，公司已有 11 200 万美元的盈余。对此，小股东 Dodge 兄弟向密歇根州法院提起了请求分派相当于盈余金的 75% 股利的诉讼。

[判决意见]

对于本案，密西根州法院作出判决认为，公司具有作出慈善等公益性质行为的能力，董事则具有为此使用公司财产的权限，但商事公司的首要目的（primary purpose）在于实现股东的利益，所以公益行为不得优先于股东利益的实现，并判令福特公司将保有的现金盈余金的 50%（1930 万美元）作为股利分派。

[案例评析]

本案为关于公司社会责任以及股东股利分配请求权的典型案例。结合我国《公司法》的实践，主要的争点为：①公司社会责任与公司营利性的关系；②股东股利分配请求权受到侵害时，能否直接请求法院判决分配。

目前，认可公司承担一定社会责任是各国相关立法及政策的普遍的倾向，我国《公司法》也反映了这样一种趋势，在《公司法》第 5 条中对公司社会责任设置了一般性的规定，至于公司社会责任的内容，各国存在着不同的解释和见解。而本案中福特公司所采取的聘用更多的员工以及提高职工的福利待遇也是公司承担社会责任的重要内容，美国法院判决认为，董事有权为此使用公司的财产。但是，公司承担社会责任，也显现了其与公司的营利性之间的矛盾。于是，出现了我们应该怎样看待公司社会责任与营利性之间的关系的问题。我们认为，公司的营利性是基础，是判断公司存在并运营之合目的性的根本的标准。但是，公司也要兼顾社会责任。而公司承担一定的社会责任也符合公司长期的营利目标。本案判决虽然承认公司的社会责任，但明确公司的营利性是第一位的，公司承担社会责任不得优先于股东利益的实现，是非常合理的判断。

另外，本案也涉及股东的股利分配请求权。股东的股利分配请求权是指公司发生盈余时，股东基于其持股比例请求公司分配盈余的权利。该种权利是股东权的重要的内容，是属于自益权的范畴。但是，该种权利在股东大会（或者董事会）上作出盈余分配决议之前，是一种抽象的权利，只有在股东大会上作出盈余分配决议后才变为债权化的具体的权利。具体的股利分配请求权受到侵害时，在我国《公司法》的体制下，可以向法院提起诉讼，要求救济；而抽象的股利分配请求权受到侵害时，我国《公司法》就没有提起强制股利分配之诉的根据。而美国是判例法国家，所以在本案中道奇兄弟以抽象的股利分配请求权受到侵害为由，提起了诉讼，其请求得到了法院的认可。但是在我国，在大股东左右的股利分派政策下，为了保护中小股东的股利分配请求权不受侵害，有必要引入强制股利分配之诉。

二、营业转让

经典案例

泉州市立新建材实业有限公司与平顶山市丰源煤业有限公司等合同纠纷上诉案[1]

［案件事实］

上诉人：泉州市立新建材实业有限公司（原审原告）。

被上诉人：平顶山市丰源煤业有限公司（原审被告）。

被上诉人：张建成（原审被告）。

一审法院查明：2007 年 2 月初，原告经与被告张建成签订《合作经营泉州立新建材有限责任公司焦化厂协议书》，注明：甲方泉州立新建材有限公司，乙方河南宝丰长江洗煤公司（法定代表人张建成）。协议约定双方合作经营焦化厂，被告张建成在该协议上加盖了"宝丰县长江洗煤有限公司合同专用章"。2007 年 2 月 7 日原告给付被告张建成现金 165 万元作为焦化厂的流动资金，同日被告张建成以个人名义向原告出具收条一份。后因原告认为被告张建成不履行协议，即于 2007 年 6 月 28 日向被告张建成发出函件一份，要求解除双方所签订合作协议，并要求返还 165 万元投资款及按每天 2 万元赔偿经济损失。后被告张建成复函原告称同意退款，但短时期内还清欠款困难。另查明：宝丰县长江洗煤有限公司成立于 2004 年 3 月 29 日，原法定代表人为石德敏，股东为石德敏、牛素品，企业类型为有限责任公司。2005 年 7 月，石德敏将其在该公司的股东权益转让给了邓家坚，经该公司申请变更登记其法定代表人为邓家坚。2006 年 11 月 20 日，邓家坚将其在该公司的全部股权转让给被告张建成，同年 11 月 22 日，该公司另一股东牛素品也将其在该公司的全部股份转让给被告张建成。2007 年 10 月 10 日，被告张建成为甲方、案外人平顶山丰泰公司为乙方，

---

[1]　河南平顶山市中级人民法院判决书，（2009）平民三终字第 344 号。

签订"企业财产转让协议书"，将其所拥有的宝丰县长江洗煤有限公司的所有财产全部转让给平顶山丰泰公司所有。双方约定该协议生效之前甲方（张建成）经营期间所发生的债权债务（含应收、应付款项及对外担保）均由甲方自行承担处理，与乙方无关。2007 年 10 月 23 日，经宝丰县长江洗煤有限公司申请，其法定代表人登记变更为陈文榜。

一审法院认为（下文详述），合作协议已经合法解除，且由于宝丰长江公司因原股东将所有股份转让给张建成而变为个人独资企业，故张建成应承担合同解除后的全部债务。

宣判后，泉州立新公司不服提起上诉，其主要上诉理由是：①本案合作经营焦化厂的特定相对方是泉州立新公司和宝丰县长江洗煤有限公司。在双方洽谈合作经营焦化厂过程中，张建成代表宝丰长江公司与泉州立新公司签订《合作经营协议书》，该协议书上所盖的是"宝丰县长江洗煤有限公司"合同专用章，被上诉人宝丰长江公司对此承认，因此张建成的行为系职务行为。宝丰长江公司应对张建成的履职行为承担责任。②原审判决关于"该公司实际上已成为个人独资企业"的认定有悖事实和法律。宝丰长江公司自依法设立至今一直属于有限责任公司，根据我国《公司法》、《公司登记管理条例》的规定，公司的设立、变更均应依法办理登记，公司性质的确认、变更应依法定程序进行。宝丰长江公司之有限责任公司法律性质始终没有变，原审无权超越法定程序而直接将宝丰长江公司认定为个人独资企业，其与泉州立新公司签订、存在的合同关系不因该公司法定代表人的变更而变更。③宝丰长江公司向原审法庭提交的 2007 年 10 月 10 日张建成和平顶山世纪丰泰有限公司签订的《企业财产转让协议》不具有合法性、真实性、关联性。原审以此作定案依据有失公正，原审将宝丰长江公司的财产与公司承担对外清偿债务的财产割裂开来，明显违法。④宝丰长江公司的财产依法归公司所有，张建成无权违法转让。原审将公司所属财产、应负债务和"公司"割裂开来，为宝丰长江公司恶意逃避债务开脱责任，属地方保护主义。综上，请求二审法院依法撤销原判，改判宝丰长江公司返还泉州立新公司投资款 165 万元，并赔偿利息损失（损失额自 2007 年 3 月 15 日起算，按国家银行同期同类贷款利率的 4 倍计算）。

平顶山丰源公司未提交书面答辩状，庭审中口头辩称，上诉人所诉主体错误，我公司与上诉人之间不存在债务关系。上诉人与张建成之间的协议是张建成的个人行为，虽然以公司名义签订，但不是代表公司的行为，张建成有 100% 的股权，应对企业债务承担无限责任。张建成在经营期间所发生的债务与公司无关。请求驳回上诉，维持原判。

张建成未到庭参加诉讼，亦未提出书面答辩意见。

经审理查明，原审判决认定基本事实无误。另查明：①张建成收到泉州立新公司的 165 万元后，在出具的收到条中注明"此款作焦化厂流资投入"。②2007 年 6 月 28 日泉州立新公司要求解除合作协议的信函是发给宝丰长江公司和张建成的。③宝丰县长江洗煤有限公司于 2009 年 2 月 18 日经平顶山市工商行政管理局核准变更企业名称为平顶山市丰源煤业有限公司。

[判决意见]

一审法院认为：宝丰长江公司虽原系有限责任公司，但由于该公司原股东已将全部股份转让给被告张建成，该公司实际上已成为个人独资企业。依据《个人独资企业法》第 2 条规定，个人独资企业的投资人对其企业财产享有所有权，同时以其个人财产对企业债务承担无限责任；第 17 条规定，个人独资企业的投资人对其有关权利可以依法进行转让。本案中，宝丰长江公司投资人张建成将该企业转让给平顶山丰泰公司，其投资主体的变更导致了原个人独资企业的消灭，而该企业在作为张建成个人独资企业经营期间产生的债权债务，均应当由原投资人个人享有或承担，因而被告张建成与平顶山丰泰公司之间关于债权债务承担问题的约定，符合法律规定，应对其双方具有约束力。因而：①关于解除合作经营焦化厂协议问题，因已经过宝丰长江公司独资投资人张建成认可解除合同，该合同已实际发生解除后果；②因该债务系被告张建成个人独资企业经营期间产生，因而解除合同后的债务依法应当由被告张建成承担。被告张建成经本院合法传唤，无正当理由拒不到庭参加诉讼，视为放弃质辩权，本院依法缺席判决。

二审法院认为：泉州立新公司与宝丰长江公司签订《合作经营泉州立新建材有限公司焦化厂协议书》是事实，为合作经营焦化厂，泉州立新公司付给张建成 165 万元也是事实，虽然该款是张建成以个人名义出具的收到条，但根据宝丰长江公司的原股东将股权转让给张建成、张建成代表宝丰长江公司与泉州立新公司签订合作经营协议书、泉州立新公司致函宝丰长江公司及张建成要求解除合作协议和张建成复函同意解除合作协议的事实，足以认定张建成的收款行为为职务行为。泉州立新公司通知宝丰长江公司解除合同，宝丰长江公司没有异议，双方签订的合作经营协议书即已解除。宝丰长江公司没有履行合作协议应当退还收取的 165 万元并赔偿泉州立新公司相应的损失。泉州立新公司要求按国家银行同期同类贷款利率的 4 倍计算损失没有依据，应按国家银行同期同类贷款利率计算损失为宜。宝丰长江洗煤公司设立时登记的企业性质是有限责任公司，虽然公司设立后股东进行了变更，但在与泉州立新公司签订合作经营协议书时，其企业名称没有变，其企业性质也没有经工商行政管理部门核准登记变更，且个人独资企业是按照《个人独资企业法》

设立的，因此，原审法院认为"该公司实际上已成为个人独资企业"没有依据，并据此进行判决不当，应予纠正。张建成将宝丰长江洗煤公司的全部财产转让给平顶山丰泰公司所有属营业转让，该公司的有限责任公司性质仍然没有变化，营业转让不影响原债务的承担，张建成与平顶山丰泰公司之间若有纠纷可另行解决。宝丰长江公司于2009年2月18日更名为平顶山市丰源煤业有限公司，其原有的权利义务应由更名后的企业法人享有承担。

[案例评析]

本案主要涉及公司发生营业转让时的债务承担问题。结合本案案情可知，涉案公司在与相对方签订合作经营协议后，发生了公司财产向第三方的整体转让，后来由于合作经营协议的解除使得赔偿责任的承担主体变得扑朔迷离。我国《公司法》上并没有明确规定"营业转让"的概念以及效力，而由于民商合一的立法体例导致我国并不存在独立的商法总则对商法上"营业"及其进行完善的规定。虽然学界对于"营业"的定义尚存分歧，但是普遍认为"营业转让"应不同于传统民法上动产或是不动产的转让，而是转让人与受让人把营业资产整体上作为合同的标的而订立的债权合同。故依据我国合同法的原理安排当事人之间的权利义务，尚无不妥。首先，在发生营业转让时，若缔约双方未对营业转让发生之前公司债务的分担问题有所约定，则仍应当由转让方承担。因为公司发生营业转让时，转让方只是将其经营性财产予以转让，且根据《合同法》第84条的规定，债务人将合同的义务全部或者部分转移给第三人的，应当经债权人同意方能对债权人产生效力。加上转让方本身在营业转让之后并不消灭，此时并不存在债务承担的情形，故转让前的公司债务仍然由转让方承担。其次，依据合法有效的转让协议，若双方当事人对于转让前发生的公司债务如何承担问题，明确约定由受让方承担，且在未违背法律的强制性规定的情况下，法律应当认可此类约定的效力。但是合同的相对性决定了该类约定只能约束转让协议的双方当事人，而并不能对抗善意第三人。本案中，依据法院查明的事实，转让方将其全部"财产"转让于受让方，此处应当按照商法上的"营业转让"来处理较为适宜。而宝丰县长江洗煤有限公司将所有财产全部转让给平顶山丰泰公司时，明确约定协议生效之前甲方（张建成）经营期间所发生的债权债务由甲方负责，原告有权直接向转让方宝丰长江洗煤公司请求偿还债务，自不待言。同时根据《合同法》第76条的规定，合同生效后，当事人不得因姓名、名称的变更或者法定代表人、负责人、承办人的变动而不履行合同义务。故本案中，在宝丰县长江洗煤有限公司于2009年2月18日变更名称为平顶山市丰源煤业有限公司后，原告有权向丰源煤业有限公司请求偿还债务。

但是，由上述可知，本案中"财产转让协议"的当事人一方为张建成，而非其控制的洗煤公司。而一般的营业转让协议应当为两个经营实体间的法律关系，且在公司内部应当经过必要的决策程序（股东会等），而非一方股东与另一实体的关系。换言之，一人公司虽只有一名股东，但公司与个人的财产仍应当是独立的。本案中，股东张建成违法转让公司财产时，不具备以个人名义缔结营业转让合同转让公司财产的权利能力，又未经过合法的内部程序，加之商法上"营业"的转让不同于传统民法中单纯动产或是不动产的转让，本案虽属于无权处分公司财产，但根据物权法定原则使"营业"不能归属于物权法中的某一种动产或是不动产物权，使得营业转让不存在善意取得的适用情形，故本案中的营业转让应当认定为无效。根据现行《合同法》第58条的规定，合同无效后，转让方与受让方因该合同取得的财产，应当予以返还；不能返还或者没有必要返还的，应当折价补偿。有过错的一方应当赔偿对方因此所受到的损失，双方都有过错的，应当各自承担相应的责任。

另外，本案还涉及如下几个问题：①本案中合作经营协议的主体为张建成还是河南宝丰长江洗煤公司，这牵涉到返还及赔偿责任的承担主体；②宝丰长江公司的企业性质是否发生变更，及在公司股东变为张建成一人后，公司的性质为有限责任公司还是个人独资企业，这牵涉到合同解除后返还、赔偿责任的承担方式；③本案是否存在"法人人格否认"的适用条件。

针对第一个问题，由于张建成为宝丰长江洗煤公司的唯一股东，且合作经营协议中已明确张建成为宝丰长江洗煤公司的法定代表人，同时本案中资金的用途为投资款而非张建成个人使用，且协议加盖为公司专用合同章，故其应属职务行为，那么合作经营协议的主体应当为公司而非张建成。故一审法院的认定当属有理有据。

针对第二个问题，宝丰长江公司经过一系列股权转让后虽然使得公司的实际股东只有张建成一人，但其并未依据《个人独资企业法》做相应的变更登记，故仍应当认定为《公司法》上的一人公司。由于个人独资企业的投资者对企业债务承担无限连带责任，而一人公司在一般情况下承担有限责任，未经过上述变更登记的情况下，一审法院将其认定为个人独资企业而使得被告个人对公司债务承担无限连带责任，有失偏颇。

针对第三个问题，由上述可知，营业转让协议的缔约主体应当为两个经营实体，而非一方股东与另一实体，且在转让方公司内部须经过股东会等必要的决策程序。故本案中，由于张建成转移公司财产时以自己而非公司为甲方，构成违法转移公司财产，同时说明张建成的个人财产其实并未独立于公司财产，故根据现行《公司法》第 64 条的规定，张建成应当对本案中的债务承担连带责任。

三、公司法对外商投资企业的适用

经典案例

滨州华康达服装有限公司等与华纺股份
有限公司解散纠纷上诉案[1]

［案件事实］

上诉人：滨州华康达服装有限公司（原审被告）。

上诉人：香港有康投资有限公司（原审第三人）。

被上诉人：华纺股份有限公司（原审原告）。

一审法院查明：2005 年 4 月 13 日，华纺公司与香港有康公司合资成立了华康达公司。华康达公司的注册资本总额为人民币 1500 万元，其中香港有康公司认缴资本 1200 万元，华纺公司认缴资本 300 万元。注册资本由华纺公司和香港有康公司按出资比例分三期缴付。华康达公司成立后，截至 2005 年 10 月 18 日，香港有康公司共缴纳出资折合人民币 3 916 794.76 元，之后再未出资；华纺公司未缴纳出资。

华康达公司成立之后，因华纺公司与香港有康公司两股东之间逐渐产生矛盾，致其无法进行正常的经营管理活动。截至 2006 年 11 月 30 日，华康达公司累计欠华纺公司货款 2 781 503.34 元不能偿还。同年 12 月 2 日，华康达公司与华纺公司达成一份以物抵债协议，华康达公司将其全部实物资产按账面净值 5 487 609.64 元转让给华纺公司。与华康达公司欠华纺公司的货款相抵后，华纺公司应支付华康达公司 2 706 106.30 元，于 15 日内支付 1/3，3 个月内支付另外的 2/3。以物抵债协议签订后，华康达公司的法定代表人亦即香港有康公司的法定代表人张敏雄即持华康达公司的印章、支票等离开住所地滨州市，华纺公司与张敏雄失去联系。

因华康达公司的部分债权人对其提起诉讼，2007 年 1 月 9 日~24 日，山东省滨州市中级人民法院和滨州市滨城区人民法院已依法查封了华康达公司对华纺公司的到期债权 265 万元，执行了 14.8 万元，共计 279.8 万元，超出华纺公司欠华康达公司的债务 91 893.70 元；2006 年 12 月 25 日，华纺公司为华康达公

---

[1] 山东省高级人民法院判决书，(2007) 鲁民四终字第 128 号。

司垫付 11 月份的工人工资 193 867 元。

2007 年 5 月 21 日，华康达公司向山东省滨州市中级人民法院提起诉讼，要求华纺公司偿付其以物抵债协议达成后形成的债务 2 706 106.30 元及截至 2007 年 4 月 18 日的滞纳金 60 827.34 元；同日，华康达公司还向山东省滨州市中级人民法院提起诉讼，要求华纺公司缴付第一期出资 100 万元。现该两起案件在山东省滨州市中级人民法院审理过程中。

一审法院认为（下文详述），原告有权提起解散之诉，且华康达公司的经营管理已发生严重困难。故判决：滨州华康达服装有限公司于本判决生效之日解散。

香港有康公司不服原审判决上诉称，华康达公司虽然被华纺公司强行扣押公司文件和仓存，但张敏雄还是保持公司运作，追讨欠债270余万人民币，并积极联系律师进行相关的诉讼。华纺公司想占有华康达公司的 33 亩土地使用权，多次商讨，华康达公司最终同意将土地使用权转让给华纺公司，双方于 2006 年 10 月 23 日签订协议书，但约定由香港有康公司承包生产线，这些证明双方没有无法沟通形成股东僵局。一审判决认定事实不清，证据不足，审判没有考虑华纺公司的行为、诉讼动机和目的。请求撤销一审判决，改判或发回重审。

上诉人华康达公司的上诉理由与香港有康公司的上诉理由相同。

被上诉人华纺公司答辩称，华康达公司与华纺公司签订《以物抵债协议》后，已经失去继续生产经营的条件，上诉人所述的土地因欠付使用补偿金也未实际取得土地使用权，华康达公司欠付的土地使用补偿金在协议中已作为资产列入以物抵债范围，这足以证明其已失去了该土地的使用权利。张敏雄在协议生效后携带公章及支票离开公司驻地，我公司多次通过其留守人员通知其回来协商处理有关问题，但其始终未予我方见面，已形成僵局。为保护我公司的利益，不得不提起本诉讼，降低我们的损失。

[判决意见]

一审法院认为，缴纳出资是股东依法应当向公司履行的义务，具备股东资格是履行出资义务的前提，反之，未履行出资义务不应当影响股东资格。请求人民法院解散公司是股东在公司僵局时穷尽公司内部的救济手段后，请求司法救济的最后解决方式，该项诉权不应受到出资瑕疵的影响，否则任由公司僵局状态持续下去，则会导致公司股东利益受到重大损失。因此华康达公司和香港有康公司提出的华纺公司未履行出资义务，不享有股东权益，无权提起解散之诉的理由不能成立，法院不予采纳。华康达公司的法定代表人亦即香港有康公司的法定代表人张敏雄自 2006 年 12 月 2 日以物抵债协议签署后，即携带华康达公司的印章、支票等离开住所地，华纺公司至今无法与其取得联系；华康达公司对华康达公司向原审法院提起两起诉讼，要求华纺公司缴纳出资和支付欠款，而无视香港有康公司欠缴出资的事实。以上事实与华康达公司提交的张敏雄与相关人员的往来电子邮件内容及本案其他证据相印证，可以认定香港有康公司与华纺公司之间的矛盾深刻，已经无法沟通，形成股东僵局，且股东之间不能打破该僵局，从而导致股东会持续无法召开。并且华纺公司与华康达公司达成以物抵债协议后，华康达公司的所有实物资产均已抵偿了欠华纺公司的债务，已无实物资产，不再具备生产经营条件，产生了无法恢复的损害。如果华康达公司继续存续只会给华纺公司和香港有康公司造成重大损失。因此，华康达公司和香港有康公司主张的华康达公司仍在正常经营中，经营管理没有发生严重困难的事实不能成立，不予认定。在审理过程中，华纺公司与香港有康公司之间亦无法通过调解、和解等其他途径解决双方存在的问题。综上，华纺公司的诉讼请求具有事实和法律依据，予以支持。依照《公司法》第 218 条、第 183 条的规定，判决：滨州华康达服装有限公司于本判决生效之日解散。

二审法院认为，《以物抵债协议》规定将华康达公司的所有固定资产转让给华纺公司以抵偿债务。自此，华康达公司已实际成为空壳企业，华康达公司因对外债务面临多项诉讼，在本案诉讼中无论华康达公司还是香港有康公司均未能提供华康达公司可以恢复生产的有效资产状况和方案。虽然香港有康公司提出在协议签订，张敏雄离开企业后一直与华纺公司联系，华纺公司也曾与其联系，但双方均不进行直接有效的联系，而是通过第三方代为转达，且双方均不承认第三人将对方的意思转达给了己方。因此从结果上看，自协议签订后，公司行政管理发生严重困难。该企业的继续存续只会对股东和企业增加损失，企业已失去存在的基础。综上所述，上诉人上诉无理，一审判决认定事实清楚，适用法律得当，判决结果应当维持。

[案例评析]

根据法院查明的案件事实，本案为香港公司与内地公司合资经营后发生沟通障碍以及生产困难后产生纠纷时解散的案例。故本案要解决的主要问题首先便是对外商投资公司适用《公司法》的问题，其次为公司解散之诉的"公司僵局"应当如何认定的问题。

第一，关于外商投资公司的《公司法》适用问题。我国现行《公司法》第 218 条规定，外商投资的有限责任公司和股份有限公司适用本法；有关外商投资的法律另有规定的，适用其规定。而外商在我国境内投资设立的公司在运行过程中，只能适用我国大陆的现行《公司法》，而不能通过当事人合同的约定适用其他国家或地区的《公司法》。外商投资的投资主体是"外商"，又称为"外国投资者"，此处强调投资者的外国国籍，包括具有外国国籍的个人以及依照外国法律在中国境外设立的公司。此外，由于历史、政治、法律等原因，我国香港、澳门和台湾地区的投资者亦属于"外商"。故本案适用中国《公司法》，但是外商投资法律中另有规定的，优先适用该规定。而关于公司解散之诉，外商投资法律中没有规定，只能适用我国《公司法》的规定。

第二，我国现行《公司法》第 183 条规定，公司经营管理发生严重困难，继续存续会使股东利益受到重大损失，通过其他途径不能解决的，持有公司全部股东表决权 10% 以上的股东，可以请求人民法院解散公司。可见，公司解散之诉只能作为保护股东利益的最后手段，而公司法上"公司僵局"的认定标准为"公司的经营管理发生严重困难，公司的继续存续使得股东利益受到重大损失"。《公司法若干问题的规定（二）》（以下简称《司法解释（二）》）对此进行了进一步的解释，该司法解释第 1 条第 1 款规定，单独或者合计持有公司全部股东表决权 10% 以上的股东，以下列事由之一提起解散，并符合公司法第 183 条规定的，人民法院应予受理：①公司持续 2 年以上无法召开股东会或者股东大会，公司经营管理发生严重困难的；②股东表决时无法达到法定或者规定的比例，持续 2 年以上不能作出有效的股东会或者股东大会决议，公司经营管理发生严重困难的；③公司董事长期冲突，且无法通过股东会或者股东大会解决，公司经营管理发生严重困难的；④经营管理发生其他严重困难，公司继续存续会使股东利益受到重大损失的情形。本案中，由于公司的两大股东对于公司的发展未能进行有效沟通，且公司负责人携带公章逃离公司驻地的情形长期无法得到改善，加上以物抵债协议的履行已经使得公司只剩下无任何盈利能力的资产，而公司的股东通过其他手段又无法及时解决，这就表明公司僵局已经陷入难以挽救的地步，而只能通过解散而减少股东的损失。故法院的认定当属正确。

四、法人人格否认

经典案例

案例一：　厦门永昌荣食品有限公司与厦门市电力投资发展总公司等上诉案[1]

[案件事实]

原告：厦门市电力投资发展总公司。

---

[1] 福建省高级人民法院民事判决书，（2004）闽民终字第 615 号。

被告：厦门永昌荣食品有限公司。

被告：厦门喜洋洋食品有限公司。

被告：谢得财。

2002 年 4 月 5 日，原告电力公司与被告喜洋洋公司签订了一份《购销合约》，约定被告喜洋洋公司向原告供应果冻条 17 000 箱，合同总金额 858 500 元，合同生效后 5 个工作日内付 30% 的定金。同月 16 日，原告根据喜洋洋公司的要求汇出定金 25 万元，喜洋洋公司实际交货 17 550 箱，合计货款 885 397.50 元。同年 6 月 13 日，喜洋洋公司发函给原告，提出将原先给付的 25 万元转为下批业务的订金，原告遂按实际交货量将货款 885 397.50 元全额汇给喜洋洋公司。但此后双方未能签订后续业务的合同，经原告催告，喜洋洋公司也未能返还订金 25 万元。现喜洋洋公司已停止生产经营，无法按时偿还该公司到期的各项债务。

被告喜洋洋公司系台商独资企业，于 1991 年由被告谢得财投资成立，注册资金 21 万美元，经营范围包括鳕鱼香丝、饼干、糖果等小食品加工，法定代表人为谢得财。被告永昌荣公司亦系台商独资企业，于 1993 年 11 月由谢得财投资成立，注册资金 81 万美元，经营范围包括生产加工饼干、糖果、果冻等食品及其调味品，法定代表人也为谢得财。两公司的地址、电话号码及从业人员均相同。永昌荣公司设立至今，从未实际开展生产经营活动，也无机器设备，名下的土地、厂房及两部汽车均由喜洋洋公司无偿使用，日常费用则由喜洋洋公司支付。两公司的财务账目虽分别立册计账，但均由喜洋洋公司的会计人员负责制作，且永昌荣公司本身从未发放过工资。1998 年永昌荣公司向银行贷款 100 万元，其中部分由喜洋洋公司使用，至 2002 年才由喜洋洋公司代为还清全部贷款；2002 年底，喜洋洋公司用永昌荣公司名下的土地、厂房作为抵押担保，再向银行贷款 100 万元。

原告电力公司认为，谢得财是喜洋洋公司的唯一股东和法定代表人，完全操纵和控制了喜洋洋公司，具备滥用公司法人人格的主体资格；其无视喜洋洋公司的独立人格和意思自治，挪用、侵占公司的财产至少在 72 万元以上，且全部作为个人债务和交通肇事的赔款，是控制股东与公司之间人格混同的典型表现；谢得财的行为致使喜洋洋公司资金周转不足，无力偿还公司债务，最终损害了包括原告在内的公司债权人的利益。因此，本案符合适用《公司法》人格否认的构成要件，应以人格混同为由，否定喜洋洋公司的法人人格，责令其股东谢得财对公司债务承担连带责任。

原告电力公司还认为，首先，永昌荣公司没有独立的组织机构，与喜洋洋公司的经营地址、电话号码和从业人员完全相同，资产、财务、业务也持续混同，不具备独立的法人人格。其次，永昌荣公司既没有开展业务，也没有任何收入，所有费用（包括银行贷款）均由喜洋洋公司承担，两公司之间人格混同。第三，现喜洋洋公司徒具空壳，无力偿还数额巨大的众多到期债务；而永昌荣公司还有数百万元的资产，足以认定两公司的唯一投资者谢得财操纵并利用姐妹公司之间的财产转移来逃避合同义务和法律责任。因此，两公司之间以及公司和谢得财之间均存在人格混同，应对债务共同承担连带责任。

审理过程中，根据原告的申请，一审法院向中国农业银行厦门市集美支行（原杏西支行）调查，该行出具证明证实：喜洋洋公司在 2002 年度共从其账户转出 433 400 元到永昌荣公司的账户，用于偿还永昌荣公司的银行贷款本息。

[判决意见]

一审法院认为：首先，被告喜洋洋公司对原告电力公司负有到期债务是不争的事实，原告要求喜洋洋公司还款付息的诉讼请求应予以支持。其次，被告谢得财作为喜洋洋公司和永昌荣公司的唯一股东，无视公司的独立人格，滥用其控制权，挪用公司资产归个人使用，致使公司与其个人之间财务、财产均发生混同；而喜洋洋公司和永昌荣公司之间混同情况则更为严重，公司相对人难以认识到两个关联公司的独立性。上述种种行为，严重背离公司法人制度的分离原则，也是对我国现行立法允许一人公司具备法人资格的相关规定的不当利用，因此，应认定三者之间存在人格混同。再次，在本案中如仅追究喜洋洋公司的责任，则作为善意相对人的原告将无法或可能无法实现其债权，不符合诚实信用原则和公平理念。因此，有对喜洋洋公司适用法人人格否认法理，要求谢得财和永昌荣公司承担连带责任的必要性和正当性，三被告的抗辩意见不予以采纳。最后，必须予以说明的是，公司法人人格否认规则仅适用于具体个案，其效力不得扩张适用于未参加诉讼的债权人或公司股东。

据此，依照《民法通则》第 4 条、第 55 条第 3 款、第 106 条第 1 款及《合同法》第 107 条之规定，一审判决如下：①被告厦门喜洋洋食品有限公司应于本判决生效后 30 日内一次性偿还原告厦门市电力投资发展总公司 25 万元及利息（从 2003 年 9 月 26 日起计至实际还款之日，利率按银行同期贷款利率计算）；②被告谢得财、被告厦门永昌荣食品有限公司对上述还款义务承担连带清偿责任。本案案件受理费 6307 元，由被告厦门喜洋洋食品有限公司、被告谢得财、被告厦门永昌荣食品有限公司共同负担。

原审宣判后，永昌荣公司不服向本院提起上诉。二审法院认为，上诉人永昌荣公司与被上诉人喜洋洋公司均系由被上诉人谢得财个人投资设立的独资企业，谢得财作为两公司的唯一股东在公司经营运作过程中，未严格遵循股东与公司之间财产分离、关联公司之间财产独立原则，以致谢得财与两公司之间、两公司相互之间人格及财产均发生混同。喜洋洋公司现对电力公司负有到期债务无法偿还，作为善意相对人的电力公司亦已举证证实因存在混同的情形，以致喜洋洋公司徒具空壳，无法偿还其到期债务，损害了其合法权益，谢得财作为两公司的控制股东，利用人格及财产混同来逃避其债务，违背了法人制度设置的宗旨，也不符合诚信原则及公平正义之理念，作为相对人电力公司也无法区分其三者之间人格及财产，因此谢得财及其独资设立的喜洋洋公司和永昌荣公司应共同对喜洋洋公司的债务承担连带清偿责任。

二审法院还指出，原审对谢得财及其设立的两独资公司间存在人格及财产混同的事实认定正确，但原审对此以法人人格否认法理进行论述并据此作出判定并不恰当。本案应以股东滥用控制权，利用人格及财产混同来逃避债务，以致相对人无法分清其相互间的人格和财产，违反诚实信用和公平原则，判令控制股东及相关联的两家公司三者共同对债务承担连带清偿责任为宜。

二审判决如下：①撤销一审判决第一项；②变更一审判决第二项为：厦门喜洋洋食品有限公司、厦门永昌荣食品有限公司、谢得财应于本判决生效后 10 日内一次性连带偿还厦门市电力投资发展总公司 25 万元及利息（从 2003 年 9 月 26 日起计至实际还款之日，利率按银行同期贷款利率计算）。

[案例评析]

法律赋予公司法律人格是为了便于公司以自己名义独立开展商业活动，独立承担法律责任。如果公司人格被用于不正当目的、不正当地损害他人利益，或者妨碍了公共政策的实施，那么，在具体案件中，法院就有理由不承认该公司的法人资格。

如果承认公司法律人格是一般规则，在具体案件中，为实现公平或公共政策而否认公司法律人格就是该一般规则的例外。而适用例外规则的前提应当是，法院已穷尽相关的所有一般规则而无法实现公正裁判，不适用例外规则势必导致不公平的判决结果。

法人人格否认，并非只为了保护公司债权人。在不同情形，否认公司人格可能保护公司的债权人、股东的债权人、股东本人或者公共利益。

在我国审判实践中，在特定法律关系中不承认公司法律人格的常见理由有：

（1）公司与其股东在财产、业务、人员等方面"混同"，难分彼此，事实上无区别（"纵向人格混同"）。

（2）公司清偿能力不正常降低，例如：股东抽逃出资、转移资产导致公司丧失清偿能力，或者拒不履行清算义务致使债权人丧失受偿机会。

（3）受同一控制人控制的关联公司在财产、业务、人员等方面"混同"、重叠，不分彼此，事实上无从区别（"横向人格混同"）。审判实践中，法官常形象地称此现象为"一套人马，两块牌子"。

在特定案件中，股东或控制人不尊重公司独立人格的行为可能表现为上述情形中的多种情形，例如股东与公司存在"纵向人格混同"现象时，股东又有转移公司资产的行为，法院因此也可能基于多个理由否认公司法律人格。

公司法律人格被否认并非彻底否定（或消灭）公司的法人资格，而是在具体法律关系中产生如下法律后果：①公司行为被视为股东的行为，股东对公司行为负责（这实际上也是在个案中否认了股东的有限责任）；②公司与其他公司被视为同一法律主体，公司财产亦用于清偿其他公司债务。

《公司法》第20条第3款规定："公司股东滥用公司法人独立地位和股东有限责任，逃避债务，严重损害公司债权人利益的，应当对公司债务承担连带责任。"第64条规定："一人有限责任公司的股东不能证明公司财产独立于股东自己的财产的，应当对公司债务承担连带责任。"这是现行公司法对公司法律人格否认的两条明确规则。

在2005年《公司法》增加股东滥用法人地位责任条款（第20条第3款）之前，最高人民法院和地方法院均有若干案例以"人格混同"为理由，以《民法通则》"诚信原则"和"公平原则"为依据，判定有限责任公司股东对公司债务承担连带责任，本案即为一例。

本案一审判决认为，谢得财分别与喜洋洋公司和永昌荣公司"人格混同"，喜洋洋公司与永昌荣公司"人格混同"。前者的理由是，谢得财分别为喜洋洋公司和永昌荣公司的唯一股东和法定代表人，将公司财产视同个人财产（表现为挪用公司财产清偿个人债务），致使公司无力偿还公司债务，最终损害了公司债权人的利益；后者的理由是，永昌荣公司和喜洋洋公司的投资者、经营地址、电话号码及管理从业人员完全相同，实为"一套人马、两块牌子"，二者财产和财务上不分彼此。现喜洋洋公司徒具空壳，无力偿还数额巨大的众多到期债务；而永昌荣公司还有数百万元的资产，足以推定谢得财操纵并利用关联公司之间的财产转移来逃避合同义务和法律责任。如果仅追究喜洋洋公司的责任，原告债权便无法实现，"不符合诚实信用原则和公平理念"。最终，法院认为谢得财、喜洋洋公司和永昌荣公司三者"人格混同"，谢得财和永昌荣公司应对喜洋洋公司的债务承担连带清偿义务。

二审法院认为，一审判决以"法人人格否认法理"为理据裁判是不妥当的，因为司法机关应以制定法为裁判依据，而该法理尚未成为立法。此外，二审判决对"法人人格否认法理"发表观点认为，该法理的主要功能是"排除对股东有限责任的保护，直接追究公司股东的责任"。因此，一审先判令喜洋洋公司承担债务，再判令股东承担连带责任，与该法理不合；同时，判令两关联公司

"人格混同"（而不涉及股东有限责任之排除），也不符合该法理。这里提出的问题是：①依据民法基本原则（如诚实信用和公平原则），法院可否为实现个案的公正处理而否认公司法人人格？②否认法人人格仅仅是"排除对股东有限责任的保护，直接追究公司股东的责任"吗？③处于同一股东控制下的关联公司被法院视为同一个公司（所谓"横向人格混同"），共同对债务承担责任，是否属于否认法人人格？（参见本章中国信达资产管理公司与四川泰来装饰工程公司上诉案。）

一审法院判决喜洋洋公司应于判决生效后 30 日内一次性偿还原告 25 万元及利息，谢得财、永昌荣公司承担连带清偿责任，而二审判决是，喜洋洋公司、永昌荣公司、谢得财三者应于判决生效后 10 日内一次性连带偿还原审原告 25 万元及利息。试分析，上述两个判决对原审原告而言区别何在？

案例二： 中国信达资产管理公司与四川泰来装饰工程有限公司等上诉案[1]

[案件事实]

原告：中国信达资产管理公司成都办事处（以下简称信达成都办）。

被告：四川泰来装饰工程有限公司（以下简称装饰公司）。

被告：四川泰来房屋开发有限公司（以下简称房屋公司）。

被告：四川泰来娱乐有限责任公司（以下简称娱乐公司）。

1999 年 10 月 18 日，装饰公司、房屋公司、娱乐公司与中国银行成都市蜀都大道支行（以下简称中行蜀都支行）签订《债务重组协议》，对装饰公司原在中国银行成都市分行信托部的逾期贷款 2200 万元进行债务重组，约定：由装饰公司向中行蜀都支行承担全部贷款及欠息；装饰公司、房屋公司、娱乐公司共同承诺用装饰公司和房屋公司投资组建的娱乐公司在中国酒城内开发的"西南名商会所"项目形成的各种资产和权益作为装饰公司上述借款的抵押物；担保手续完成后，装饰公司、房屋公司、娱乐公司与中行蜀都支行重新签订借款合同、抵押合同及其他相关补充合同。同日，装饰公司、房屋公司、娱乐公司共同向中行蜀都支行出具《还本付息计划书》，承诺以装饰公司、房屋公司、娱乐公司的经营收入和其他资金来源履行还款义务。1999 年 10 月 19 日，装饰公司、房屋公司、娱乐公司分别向中行蜀都支行出具《保函》，保证用"西南名商会

---

〔1〕 最高人民法院民事判决书，(2008) 民二终字第 55 号，发布于《最高人民法院公报》2008 年第 10 期。

所"项目的各种资产和权益作为装饰公司上述借款的抵押物，并委托装饰公司同中行蜀都支行签订有关法律文件并办理相关手续。

1999年11月12日，装饰公司与中行蜀都支行重新签订《借款合同》。《借款合同》还约定，合同项下全部债务由《最高额抵押合同》提供担保。1999年11月18日，双方完成了借款支付手续。同日，装饰公司、房屋公司与中行蜀都支行签订《最高额抵押合同》和《最高额抵押合同补充合同》（以下简称《补充合同》）。《最高额抵押合同》约定，抵押担保范围为中行蜀都支行和装饰公司1999年11月17日~2002年11月16日签订的所有借款合同项下的全部债务，担保最高限额为2200万元。

2004年6月25日，中行蜀都支行与信达成都办签订《债权转让协议》。中行蜀都支行将涉案债权全部转让给信达成都办，转让清单记载截至2004年5月31日装饰公司尚欠借款本金1986万元。

装饰公司系1993年由沈氏兄弟投资（香港）有限公司（以下简称沈氏公司）投资成立的港商独资企业，注册资本1032万元，2004年经工商登记变更为中外合资经营企业，股东为娱乐公司和沈氏公司。房屋公司于1992年由沈氏公司投资成立，企业类别为港商独资企业，注册资本300万元。娱乐公司于1995年设立，股东为房屋公司和装饰公司，注册资本50万元。装饰公司、房屋公司、娱乐公司的法定代表人均为沈华源，三公司地址、电话号码相同，财务管理人员在同一时期内存在相同的情况。

装饰公司2000年度审计报告反映：装饰公司借款大部分投向其他公司，有少部分不属公司自身经营活动需要，而是代集团内公司筹款。装饰公司以泰来集团名义向中行蜀都支行出具的《经营发展概况及贷款展期报告》和装饰公司、房屋公司、娱乐公司2000年度资产负债表载明：装饰公司将其收入直接用于中国酒城项目的修建、装修、装饰。截至2000年11月，泰来集团共有资产2.23亿元中，娱乐公司资产为1.43亿元，房屋公司资产为7600万元，装饰公司资产为200万元。泰来集团共有贷款1.71亿元中，娱乐公司贷款为50万元，房屋公司贷款为5175万元，装饰公司贷款为1.04亿元。娱乐公司和房屋公司承诺收益将优先支付本案《借款合同》项下借款本息。娱乐公司1998年度审计报告的会计报表附注表明：银行存款账户中有两个账户在支付装饰公司和房屋公司贷款利息。娱乐公司1998年度审计报告载明：1998年度资产总额达到1.09亿元，净资产额为8315万元，对装饰公司的欠款7392万元和房屋公司的欠款1086万元以负债转投资的方式形成资本公积金8478万元。装饰公司2001~2005年度审计报告及会计报表附注反映：装饰公司对外有长期投资，2003~2005年度装饰公司对娱乐公司的投资有2795万元。

信达成都办起诉称，中行蜀都支行与装饰公司之间的借款关系真实合法，装饰公司应当履行还款义务。前述抵押合同合法有效，信达成都办依法应对抵押物享有抵押权。房屋公司和娱乐公司作出的愿意对贷款承担连带保证责任的意思表示真实合法，应当对上述借款承担连带清偿责任。并且，装饰公司、房屋公司、娱乐公司资产混同、主体混同，实为同一主体，房屋公司与娱乐公司依法也应当对装饰公司债务承担连带责任。故请求法院判令：①装饰公司向信达成都办偿还借款本金1986万元及支付相应利息。②房屋公司和娱乐公司对上述债务承担连带清偿责任。③信达成都办对装饰公司、房屋公司、娱乐公司在中国酒城内投资开办的"茵梦湖"城市温泉商务套房和"流金岁月"西餐厅的以下财产和权益享有抵押权：其一，全部财产；其二，项目经营权；其三，房屋和配套建筑的使用权，并有权就上述财产和权益拍卖、变卖的价款或产生的孳息优先受偿（优先受偿的债权范围包括但不限于借款本金、利息以及实现债权和抵押权的费用）。④装饰公司承担本案全部诉讼费用及保全费用，房屋公司和娱乐公司对该费用承担连带清偿责任。

［判决意见］

四川省高级人民法院经审理认为：本案当事人签订的《借款合同》、《延期还款协议书》是签约双方真实意思表示，且当事人主体资格具备，合同内容不违反法律、法规禁止性规定，故均应认定有效。《借款合同》签订后，中行蜀都支行按约履行了贷款发放义务，装饰公司在借款到期后仅归还部分借款本金，未按《借款合同》约定履行归还全部借款本息的义务，构成违约，故装饰公司应承担逾期还款的违约责任。

关于装饰公司、房屋公司、娱乐公司是否存在人格混同及责任承担问题。该院认为，装饰公司、房屋公司、娱乐公司股权关系交叉，实际均为沈氏公司出资设立，沈华源作为三公司的董事长，对公司拥有绝对的控制权，沈华源对此本应依照诚实信用和权利不得滥用原则，严格遵守财产分离原则，尽力维护法人制度和公司利益。但本案中，沈华源无视三公司的独立人格，滥用对公司的控制权，将装饰公司贷款大量投入娱乐公司中国酒城项目；在未办理工商变更登记的情况下，将娱乐公司对装饰公司欠款7392万元和对房屋公司欠款1086万元转为两公司对娱乐公司的投资款，且2003年以后装饰公司对娱乐公司的投资只有2795万元，装饰公司的3597万元投资款去向不明；将中国酒城项目的经营收益用于支付泰来集团名下所有公司的房租、水电费、员工工资；将沈氏公司对房屋公司的投资用于支付中国酒城项目设计费；装饰公司、房屋公司、娱乐公司还共同为装饰公司贷款还本付息的情形均表明装饰公司、房屋公司、娱乐公司人格和财产持续发生混同。装饰公司、房屋公司、娱乐公司均认为对

"流金岁月"及"茵梦湖"项目的资产享有处分权，以并不存在的泰来集团名义向贷款人出具函件，致使贷款人也无法区分三者间的人格及财产。装饰公司、房屋公司、娱乐公司办公地址相同、联系电话相同、财务管理人员在一段时期内相同的情况，也是沈华源滥用控制权、公司人格混同的表现。装饰公司无法偿还到期大量债务，损害了贷款人的合法权益，沈华源以其对公司的控制权，利用公司独立人格来逃避债务，违背了法人制度设立的宗旨，违反了诚实信用和公平原则，故装饰公司的债务应由娱乐公司和房屋公司承担连带清偿责任。对信达成都办的该诉讼主张，该院予以支持。

综上，装饰公司对信达成都办负有到期债务拒不偿还，信达成都办要求装饰公司还本付息的诉讼请求应予支持。装饰公司、房屋公司、娱乐公司人格和财产混同，娱乐公司和房屋公司应当对装饰公司债务承担连带清偿责任。

该院依《民法通则》第 4 条、第 135 条、第 137 条、第 140 条，《合同法》第 60 条第 1 款、第 80 条第 1 款、第 81 条、第 205 条、第 206 条、第 207 条，《担保法》第 18 条、第 34 条、第 41 条、第 42 条第 5 项、第 53 条之规定，判决如下：①装饰公司自本判决生效之日起 10 日内偿还信达成都办借款本金 1986 万元及利息；②对装饰公司的上述债务在最高额 2200 万元限额内，信达成都办就建华会计师事务所出具的评（98）第 14 号、第 15 号《资产评估报告书》所附"流金岁月"西餐厅和"茵梦湖"城市温泉商务套房的设备享有抵押权，并有权在其拍卖、变卖后的价款中优先受偿；③房屋公司和娱乐公司对装饰公司的上述债务承担连带清偿责任；④驳回信达成都办其余诉讼请求。

装饰公司、房屋公司、娱乐公司均不服原审法院上述民事判决，分别向最高人民法院提起上诉。其共同的上诉主张和理由为：一审以三被告办公地址相同、联系电话相同、财务管理人员在一段时期内相同的情况认定本案三上诉人主体人格混同属错判。

关于装饰公司、房屋公司、娱乐公司是否存在人格混同的问题，最高人民法院经审理认为：根据原审查明的本案事实，装饰公司、房屋公司、娱乐公司股权关系交叉，均为关联公司，实际均为沈氏公司出资设立，沈华源作为公司的董事长，同时身兼三公司的法定代表人，其利用对三公司的控制权，将装饰公司贷款大量投入娱乐公司中国酒城项目；在未办理工商变更登记的情况下，将娱乐公司对装饰公司欠款 7392 万元和对房屋公司欠款 1086 万元转为两公司对娱乐公司的投资款，且 2003 年以后装饰公司对娱乐公司的投资只有 2795 万元，装饰公司的 3597 万元投资款去向不明；并将中国酒城项目的经营收益用于支付所谓泰来集团名下所有公司的房租、水电费、员工工资；将沈氏公司对房屋公司的投资用于支付中国酒城项目设计费；装饰公司、房屋公司、娱乐公司还共同为装饰公司贷款还本付息，装饰公司、房屋公司、娱乐公司均认为对"流金岁月"及"茵梦湖"项目的资产享有处分权，以并不存在的泰来集团名义向贷款人出具函件，致使贷款人也无法区分三者间的人员及财产。装饰公司、房屋公司、娱乐公司还存在办公地址相同、联系电话相同、财务管理人员在一段时期内相同的情况。上述事实表明，装饰公司、房屋公司、娱乐公司表面上是彼此独立的公司，但各公司之间已实际构成了人格混同，其行为违背了法人制度设立的宗旨，违反了诚实信用和公平原则，损害了债权人利益。因此，原审法院判令装饰公司的债务应由娱乐公司和房屋公司承担连带清偿责任并无不当，本院予以维持。

最高人民法院最后认为，原审判决认定事实清楚，适用法律正确。判决驳回上诉，维持原判。

[案例评析]

本案是公司法经修订新增法人人格否认规则（第 20 条第 3 款）之后，《最高人民法院公报》首次公布的涉及法人人格否认的案件。但是，该案并未适用第 20 条第 3 款作为判决依据。

《公司法》第 20 条第 3 款只适用于"公司股东滥用公司法人独立地位和股东有限责任"，即股东与公司"纵向人格混同"的情形。而不适用于在同一控制人控制下的若干公司之间的人格混同。本案房屋公司、娱乐公司和装饰公司在资产、财务、人员和管理上均有混同迹象。但三公司之间并非单向的母子公司关系（见下图），因此，难以适用第 20 条第 3 款进行裁判。故法院不得不求助于《民法通则》第 4 条所规定的民法基本原则——诚实信用原则作为裁判依据。

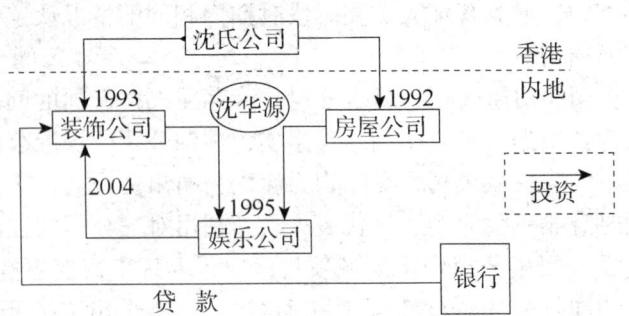

五、公司名称

经典案例

案例一：　　　镇江唐老一正斋药业有限公司与吉林一正
　　　　　　　药业集团有限公司等上诉案[1]

［案件事实］

原告：镇江唐老一正斋药业有限公司（以下简称唐老一正斋公司）。

被告：吉林一正药业集团有限公司（以下简称一正集团公司）。

被告：一正集团吉林省医药科技实业有限公司（以下简称一正科技公司）。

被告：江苏大德生药房连锁有限公司。

被告：江苏大德生药房连锁有限公司镇江新概念药房。

清朝康熙年间，原告法定代表人的先祖唐守义创设了"唐一正斋"膏药店，制作主治跌打损伤等病症的"奕正膏"，后改称为"益症膏"，又称"万应灵膏"，以后又改名"一正膏"。"一正"源于唐氏祖训"一心本一德治病救人，正人先正已一丝不苟"。1922年，"唐一正斋"改名为"唐老一正斋"。1930年，唐守义的第九代传人将其父唐棣（字萼楼）的头像注册为"一正膏"膏药的商标，以肖像为商标在我国为首创。20世纪50年代~80年代，"一正膏"中断，改称"镇江膏药"进行生产和销售，在市场上有相当的知名度。1992年11月27日，唐氏后人唐镇凯投资设立原告，主要生产销售"一正膏"牌膏药。1994年8月7日，该公司注册"唐萼楼肖像"和"唐老一正斋"文字和图形组合商标并被核准，核定使用商品为第5类膏药。目前原告生产的"一正膏"膏药因历史原因没有药品批准文号并主要通过坐诊配药和邮购销售，未进入药店销售。1996年8月"唐老一正斋"加"唐萼楼肖像"图形和文字组合商标获得镇江市首届知名商标称号，2005年6月原告被中国商业联合会下属的中华老字号工作委员会评为"中华老字号"会员单位。2007年3月"一正斋"膏药制作技艺被江苏省人民政府列为江苏省非物质文化遗产。

被告一正集团公司设立于2003年4月23日，主要生产片剂、膏剂、颗粒剂等产品。其下辖三个子公司：吉林省一正医疗科技发展有限公司、一正科技公司和四平市春江医疗有限公司。一正科技公司设立于2005年11月14日，主要

---

[1]　江苏省高级人民法院判决书，（2009）苏民三终字第0091号，发布于《最高人民法院公报》2011年第12期。

生产"一正痛消"膏药等产品。于春江分别是一正集团公司和一正科技公司的法定代表人。一正集团公司及其子公司注册了"一正"、"一正春"、"一正消"汉字或者汉字图形组合商标，并相互许可使用，现均处于有效存续期间。其中第3743982号"一正"商标，核定使用商品为第5类的膏剂，分别于2006年7月12日、2007年5月15日被评为吉林省著名商标、四平市知名商标，2008年3月5日被国家工商行政管理总局商标局评定为中国驰名商标。"一正痛消"膏药在国内主要由药店经销，卫生许可证号为"吉四卫健证字〔2005〕第004号"，批准文号为"吉卫健用字〔2006〕002号"。一正集团公司、一正科技公司主要通过公司开办的网站、央视及部分地方卫视对企业形象和产品进行广告宣传并通过全国部分药店销售。

被告一正集团公司、一正科技公司认为使用"一正"汉字为企业字号并注册为商标源于其宗旨：一心一意做事，堂堂正正做人。

被告江苏大德生药房连锁有限公司镇江新概念药房是被告江苏大德生药房连锁有限公司的连锁店。

2007年8月9日，原告以商标侵权、不正当竞争为由提起诉讼，提出上述诉求。庭审中，经过法庭释明，原告选择不正当竞争进行本案的诉讼，即认为被告一正集团公司和一正科技公司未经其同意擅自使用"一正"作为其企业字号和产品商标名称，属于不正当竞争行为，请求判令停止使用并赔偿损失。

[判决意见]

镇江市中级人民法院一审认为：本案争议焦点为，被告一正集团公司、一正科技公司在企业名称中使用"一正"汉字作为企业字号并注册为商标的行为是否构成不正当竞争。

原告企业名称中的字号应是"唐老一正斋"五个汉字，经过核准登记后其有使用"唐老一正斋"的在先权利。该汉字组合从文字结构上属于偏正结构，中心词为"斋"，"唐老一正"均为修饰，表示所属及渊源关系。因此，仅仅"一正"两个汉字并不能完全表达"唐老一正斋"所寓含意义及其企业名称以及字号的显著性和独特性。原告不能因为注册其企业名称和对"唐老一正斋"使用在先，即获得"一正"两汉字的专用权而排除他人使用。

原告没有充分证据证明"一正膏"膏药现已与被告一正集团公司和一正科技公司涉案产品所到达的地域一致，并产生销售地域的交叉，且在上述地域，原告产品没有因为销售时间、销售额、销售对象、进行任何宣传的持续时间、程度和地域范围，以及作为知名商品受保护的情况使其具有一定的市场知名度，为相关公众所知悉，构成知名商品，且从双方产品的销售渠道来看，可以推定原告的产品比一正集团公司和一正科技公司的产品具有更小的地域范围，由于不进入药店销售，在药店销售时并没有混淆和误认的条件。一正集团公司和一正科技公司的证据能够证明其使用"一正"作为企业字号和产品名称等并非恶意。因此，认定一正集团公司和一正科技公司擅自使用原告膏药特有的名称或使用与其近似的名称，造成和其膏药相混淆，使购买者误认的证据不足；虽然本案中一正科技公司的产品进入了镇江地区销售，在客观上与原告产品的销售区域出现重合，但现有证据证明消费者对两者商品来源不足以产生混淆，且即使可能存在混淆和误认，原告也只能主张一正集团公司和一正科技公司通过附加产品标识用以区分两者产品而非请求判令其停止使用"一正"两个汉字；原告所获得的"中华老字号"会员单位称号并不等同于"中华老字号"，并不能因此获得法律的例外保护。最后，由于原告长期以来仅仅通过坐诊配药和邮购，也没有提供证据证明投入了相应的人力、财力、物力进行品牌推广和宣传，听任其企业名称中以及"一正膏"产品名称中的"一正"显著性弱化，相反一正集团公司和一正科技公司投入了相当资金进行宣传，使"一正"、"一正药业"和"一正集团"等名称的显著性逐渐增强，如支持原告的请求，有悖公平原则。判决：驳回原告的诉讼请求。

唐老一正斋公司不服一审判决，向江苏省高级人民法院提起上诉。

江苏省高级人民法院二审认为：

1. 被上诉人一正集团公司、一正科技公司注册使用"一正"商标的行为不构成不正当竞争行为。

唐老一正斋公司目前提供的现有证据所认定的"一正膏"的知名度，尚不足以支持其运用反不正当竞争法来禁止被一正集团公司、一正科技公司注册使用其驰名商标"一正"的主张。

（1）"一正膏"的历史商誉因其曾更名生产等因素而中断多年。由于上诉人的前身曾经变更为其他主体，原纯正的"一正膏"也曾经中断生产，而改称"镇江膏药"，故"唐老一正斋"与"一正膏"自清朝起即累积的历史商誉已经中断了近40年，从而使得知晓"唐老一正斋"与"一正膏"历史商誉的人群主要为在江苏镇江等地区了解一定历史的相关公众。

（2）"一正膏"因其生产和销售模式的特殊性而限制了其现有社会影响力的扩展。目前上诉人生产的"一正膏"并没有获得药品批准文号，故该商品至今还无法进入药店进行销售，而只能采用坐堂问诊、邮寄销售等具有局限性的销售模式，该种特殊的销售渠道使得知晓"一正膏"商品的人群范围相对有限；同时，由于"一正膏"在药材的原料选择及生产工序方面均有严格的要求，因此目前"一正膏"尚无法进行规模化生产，其生产量有限，这也一定程度上影响了"一正膏"的对外销售规模和销售额，上述因素均使得"一正膏"现有的社会影响力相对有限。

（3）被上诉人一正集团公司、一正科技公司注册使用"一正"商标的行为并不违反法律规定和商业道德，不影响正当竞争秩序的维护。反不正当竞争法是确立和维护有序、公平竞争的法律，其立法目的在于在防止混淆商品出处、禁止恶意攀附的基础上，维护商业道德和正当的竞争秩序。而在本案中，一正集团公司、一正科技公司注册使用在膏剂类商品上的"一正"商标经过多年广泛使用，已为相关公众广为知晓并享有较高声誉，且在 2008 年被评定为驰名商标，在全国市场上具有较高的知名度。而上诉人并没有提供证据证明一正集团公司、一正科技公司在注册使用"一正"商标时，攀附了其现有的商誉；同时，尽管一正集团公司、一正科技公司生产的"一正痛消"等产品与"一正膏"均适用于筋骨酸痛等病症，但"一正痛消"膏药等产品因具有批准文号而主要由药店经销，每贴"一正痛消"为 1.8 元，其使用时间为 24 小时左右，不可反复贴用，而"一正膏"尚无法进入药店销售，每贴膏药 240 元，可以反复贴用，且两类产品的外观也不相同，故由于"一正痛消"膏药等产品与"一正膏"的外观、使用方法、销售价格、销售渠道完全不同，使得知晓"一正膏"的特定人群能够将两者区分开来，不会产生混淆和误认。

2. 被上诉人一正集团公司与一正科技公司使用"一正"作为其企业字号的行为不构成不正当竞争行为。

本案中，上诉人唐老一正斋公司主张以反不正当竞争法中的企业名称权获得保护。上诉人和被上诉人一正集团公司、一正科技公司均是经过当地工商部门核准登记而取得企业名称权，当双方当事人因企业名称权的使用发生权利冲突后，上诉人能否以其享有反不正当竞争法所规定的企业名称权为由，主张禁止一正集团公司、一正科技公司使用"一正"字号，则同样需要根据本案查明的事实，结合反不正当竞争法的立法目的、法律条文及司法解释等规定予以综合考量。

（1）按照我国企业名称登记管理的有关规定，企业名称一般由行政区划、字号、行业和组织形式组成，其中字号是企业名称中的核心要素。上诉人唐老一正斋公司企业名称中的字号应当为"唐老一正斋"，故从严格意义上来说，其与被上诉人一正集团公司、一正科技公司的字号"一正"并不相同。

（2）即使"一正"可以视为上诉人字号中的核心部分，但上诉人目前的知名度，尚不足以支持其运用反不正当竞争法来禁止一正集团公司、一正科技公司依法使用其"一正"字号。

（3）上诉人并没有提供证据证明一正集团公司、一正科技公司在注册登记"一正"字号时，攀附了其现有商誉，且造成了市场混淆。基于以上考虑，法院认为，如果认定一正集团公司、一正科技公司使用字号"一正"二字就构成对上诉人的不正当竞争，将导致对上诉人字号的扩大保护，对合法使用其字号的一正集团公司和一正科技公司不公平。

综上所述，被上诉人一正集团公司、一正科技公司不构成不正当竞争。被上诉人江苏大德生药房连锁有限公司、江苏大德生药房连锁有限公司镇江新概念药房合法销售"一正痛消"膏药等产品，亦不构成侵权。

二审判决：驳回上诉，维持原判。

[案例评析]

公司名称是公司据以区别其他公司的主要标识之一，公司名称中最核心、最独特的部分是字号。对公司来说，字号是一项重要的财产利益，尤其当公司具备了相当的知名度时，字号更是承载着公司的竞争力，凝聚了公司的核心价值。

在我国，公司名称的法律保护主要依赖于两个方面的法律规范：

1. 《公司法》和公司登记法规（包括行政法规和部门规章）。这部分规范设定了有关公司名称的基本规则：①分辖区保护；②全称保护。分辖区保护，即公司名称仅在其登记主管机关辖区内具有排他力；全称保护，即以组成名称的行政区划、字号、行业和组织形式为整体进行保护，仅是字号相同或近似不认为是企业名称相同或近似（《企业名称登记管理规定》第6、7条）。这两个原则极大地限制了公司依公司法和登记规范对自己字号进行保护尤其是跨区域的保护。

2. 《反不正当竞争法》。该法第5条规定，经营者不得采用"擅自使用他人的企业名称或者姓名，引人误认为是他人的商品"的手段从事市场交易，损害竞争对手。审判实践中，此类不正当竞争行为已包括擅自使用他人企业名称中的字号的行为。此外，法律对商标和企业名称分别规范和保护，互不覆盖。企业名称权与商标权之间的冲突时有发生：①企业将他人的知名商标作为企业字号使用；②企业将其他知名企业的名称或者字号注册为自己企业的商标。对于第一类冲突，须依据《商标法》及其相关司法解释处理；对于第二类冲突，名称权人仍须借助《反不正当竞争法》第5条为请求权基础。

本案原告即以反不正当竞争法为依据提起诉讼，主张被告的企业名称和注册商标侵犯其企业字号和商标权。值得注意的是，一、二审法院对于是否发生不正当竞争，采取了实质主义的审查立场。二审法院指出："在审查具有一定知名度的老字号企业依据反不正当竞争法所规定的知名商品特有名称权和企业名称权，主张禁止同业竞争者使用其注册商标与企业名称时，需要根据反不正当竞争法的立法目的、法律条文及司法解释的规定，综合考量老字号企业的历史沿革以及现有社会影响力的范围、同业竞争者及其商品知名度的范围以及其是否具有攀附老字号企业现有商誉的主观故意等因素予以确定。"这就是说，法院不是简单地、孤立地看争议双方使用的字号和商标是否相同或者近似，而是审查是否真实存在不正当的竞争行为。其立场集中表现在，法院要求原告对被告"攀附了其现有商誉，且造成了市场混淆"承担举证责任；原告不能证明，则不成立不正当竞争行为。

案例二： 山东起重机厂有限公司与山东山起重工有限公司申请再审案[1]

[案件事实]

被告：山东山起重工有限公司（简称山起重工公司）。

原告：山东起重机厂有限公司（简称山东起重机厂）。

山东起重机厂成立于 1968 年，以起重机械制造加工为主，1976 年 4 月组建益都起重机厂，1991 年 10 月 31 日变更名称为山东起重机厂，2002 年 1 月 8 日成立山东起重机厂有限公司，其经营范围包括起重机械及配件的设计、制造、安装、咨询、技术服务与销售等业务。山起重工公司成立于 2004 年 2 月 13 日，2004 年 5 月 24 日获得企业法人营业执照，其经营范围为起重机械、皮带输送机械、石油机械设备制造、销售、安装、维修。

在山起重工公司成立过程中，山东省工商行政管理局于 2004 年 1 月 13 日同意其预先核准企业名称为山东山起重工有限公司。2004 年 2 月 26 日，青州市经济贸易局向山东省工商行政管理局发出《关于申请保护山东起重机厂有限公司名称的报告》。该报告称："'山起'既是山东起重机厂的简称，也代表着企业的形象，山起重工公司的注册损害了山东起重机厂的名称权利，并在职工中引起了强烈反响，恳切希望贵局对此企业名称予以撤销。"2004 年 2 月 20 日，青州市工商局请示山东省工商行政管理局研究处理因山起重工公司的企业名称引发的纠纷。但山起重工公司至今未变更企业名称。该纠纷发生后，双方虽经青州市工商行政管理局、山东省工商行政管理局处理，但当事人未达成一致意见。根据青州市经济贸易局印发的 2005 年 5 月份《工业经济月报》，山起重工公司 2005 年 1 月至 5 月份利润总额为 150.2 万元。

山东起重机厂于 2005 年 7 月 11 日向山东省青州市人民法院起诉，请求判令山起重工公司立即停止对"山起"字号的使用，赔偿损失 50 万元，并承担诉讼费用。后来本案被移送至山东省潍坊市中级人民法院审理。

---

[1] 最高人民法院民事裁定书，(2008) 民申字第 758 号，载《最高人民法院公报》2010 年第 3 期。

[判决意见]

一审法院认为，山东起重机厂在生产经营状况、企业规模、企业营销、企业荣誉、企业贡献等诸多方面不仅为同行业认可，而且被社会广泛认知，具有较高知名度，并已形成一个消费群体，用户在看到具有"山起"字样的名称时，很容易与其产生联系，应当确认"山起"系山东起重机厂企业名称的简称。山起重工公司使用山东起重机厂在先使用并知名的企业名称中最核心的"山起"字号，双方当事人所属行业相同或有紧密联系，其住所地都在青州市，使相关公众产生误认，应当认定山起重工公司已构成对山东起重机厂名称权的侵犯，应该赔偿因此给山东起重机厂造成的经济损失。由于山东起重机厂未能提供证据证明山起重工公司在侵权期间的全部获利情况，也未提供其因侵权所受到的损失，需综合考虑山起重工公司侵权行为的性质、情节、持续期间、范围，结合青州市经济贸易局印发的《工业经济月报》中的相关数据，酌情确定赔偿数额。判决：①山起重工公司到工商管理部门办理变更企业名称的相关手续，停止使用"山起"二字作为字号；②赔偿山东起重机厂经济损失人民币20万元；驳回山东起重机厂的其他诉讼请求。

山起重工公司不服一审判决，向山东省高级人民法院提起上诉。二审法院查明的事实与一审法院查明的事实一致。二审法院另查明，山东起重机厂与山海关起重机械厂签订的"山起"注册商标转让合同经河北省高级人民法院（2007）冀民再终字第27号民事判决确认为有效合同。

二审法院认为，山东起重机厂是起重机行业中的知名企业，在特定区域，特别是在青州市，"山起"已经被相关公众识别为山东起重机厂，两者之间建立了特定联系，可以认定为山东起重机厂的特定简称。山起重工公司在企业名称中使用"山起"，没有正当理由，并且由于其与山东起重机厂同处青州市，导致相关公众对两家企业产生误认，构成不正当竞争。一审法院结合2005年5月青州市经济贸易局印发的《工业经济月报》，综合考虑山起重工公司侵权行为的性质、情节等因素，酌定赔偿数额为20万元并无不当。2008年6月5日，二审法院判决驳回上诉，维持原判。

最高人民法院审查查明，原审法院认定事实基本属实。另查明，本案中，"山起"这一名称的使用情况主要分为两类：①山东起重机厂自己主动使用；②社会公众或其他有关单位使用"山起"作为"山东起重机厂"的代称。又查明，河北省高级人民法院（2007）冀民再终字第27号民事判决确认山东起重机厂与山海关起重机械厂签订的"山起"注册商标转让合同为有效合同。再查明，山东起重机厂在原审中提供了潍柴动力股份有限公司技术改造部、潍坊市储运有限公司和青州市邮政局出具的证明。潍柴动力股份有限公司技术改造部的证明内容为山起重工公司曾以与山东起重机厂是一家为名招揽业务。潍坊市储运有限公司的证明内容为该公司曾误认山起重工公司为山东起重机厂。青州市邮政局的证明内容为该公司曾将山起重工公司的邮件误投到山东起重机厂。山起重工公司则提供了山东筑金机械有限公司等 17 家单位的证明，证明内容为上述公司没有对山起重工公司和山东起重机厂产生误认。

关于原审判决认定山起重工公司使用"山起"字号构成不正当竞争是否正确，最高人民法院再审认为：对于具有一定市场知名度、为相关公众所熟知并已实际具有商号作用的企业或者企业名称的简称，可以视为企业名称。如果经过使用和公众认同，企业的特定简称已经为特定地域内的相关公众所认可，具有相应的市场知名度，与该企业建立起了稳定联系，已产生识别经营主体的商业标识意义，他人在后擅自使用该知名企业简称，足以使特定地域内的相关公众对在后使用者和在先企业之间发生市场主体上的混淆，进而将在后使用者提供的商品或服务误认为在先企业提供的商品或服务，造成市场混淆，在后使用者就会不恰当地利用在先企业的商誉，侵害在先企业的合法权益。此时，《反不正当竞争法》第 5 条第 3 项对企业名称保护的规定可以适用于保护该企业的特定简称。山起重工公司与山东起重机厂同处青州市区，两者距离较近，经营范围基本相同，在"山起"作为山东起重机厂的特定简称已经为相关公众认可的情况下，山起重工公司也理应知道"山起"是山东起重机厂的特定简称。在这种情况下，山起重工公司仍然在企业名称中使用"山起"作为字号，足以造成相关公众对两家企业产生误认，侵犯了山东起重机厂的合法权益，构成不正当竞争。山东起重机厂提供了潍坊市储运有限公司、青州市邮政局等出具的证明，说明相关公众曾经将山起重工公司误认为山东起重机厂。山起重工公司虽然提交了 17 份客户单位证明及宣传材料、照片，但这些证据既不能否定实际误认的发生，更无法否定误认发生的较大可能性。山起重工公司认为其不构成不正当竞争的主张不能成立，本院不予支持。

关于原审法院判决山起重工公司赔偿山东起重机厂 20 万元是否正确，最高人民法院认为：在山起重工公司侵权获利的情况以及山东起重机厂所受损失无法查明的情况下，原审法院综合考虑山起重工公司侵权行为的性质、情节、持续期间、范围，结合青州市经济贸易局印发的《工业经济月报》中的相关数据，酌情确定赔偿数额为 20 万元，并无不当。

综上，裁定：驳回山东山起重工有限公司的再审申请。

[案例评析]

本案值得关注的是，法院通过判决扩张了企业名称权的保护范围，即将可特指原告的企业简称也予以法律上的排他性保护。这是司法机关以个案判决创制法规范的一个例子。

当然，法院并非无条件地给予企业简称与企业名称同等保护。最高人民法院的裁定意见指出："企业名称的简称源于语言交流的方便。企业简称的形成与两个过程有关：①企业自身使用简称代替其正式名称；②社会公众对于企业简称的认同，即认可企业简称与其正式名称所指代对象为同一企业。由于简称省略了正式名称中某些具有限定作用的要素，可能会不适当地扩大正式名称所指代的对象范围。因此，企业简称能否特指该企业，取决于该企业简称是否为相关社会公众所认可，并在相关社会公众中建立起与该企业的稳定的关联关系。对于具有一定的市场知名度、为相关社会公众所熟知并已经实际具有商号作用的企业或者企业名称的简称，可以视为企业名称。如果经过使用和社会公众认同，企业的特定简称已经在特定地域内为相关社会公众所认可，具有相应的市场知名度，与该企业建立了稳定的关联关系，具有识别经营主体的商业标识意义，他人在后擅自使用该知名企业简称，足以使特定地域内的相关社会公众对在后使用者和在先企业之间发生市场主体的混淆、误认，在后使用者就会不恰当地利用在先企业的商誉，侵害在先企业的合法权益。具有此种情形的，应当将在先企业的特定简称视为企业名称，并根据《反不正当竞争法》第 5 条第 3 项的规定加以保护。"

与前文的"唐老一正斋公司案"不同的是，本案原告举证证明了被告具有攀附原告知名企业简称的行为，并证明相关公众曾经将山起重工公司误认为山东起重机厂。这对法院认定被告实施了不正当竞争行为具有重要作用。

最高人民法院在本案中的创新性意见可以归纳为一点："对于具有一定市场知名度、为相关公众所熟知并已实际具有商号作用的企业或者企业名称的简称，可以视为企业名称。"值得深入研究的一个法律方法论上的问题是，上述观点是否认为现有法律法规对企业简称缺乏必要保护，即存在法律漏洞，而本案判决是类推适用了关于企业名称的规范。

六、合伙企业（合伙关系认定，债务清偿）

经典案例

南通双盈贸易有限公司诉镇江市丹徒区联达机械厂、魏恒聂等案[1]

［案件事实］

原告：南通双盈贸易有限公司（以下简称双盈公司）。

---

[1] 江苏省高级人民法院判决书，载《最高人民法院公报》2011 年第 7 期。

被告：镇江市丹徒区联达机械厂（以下简称联达厂）。

被告：魏恒聂。

被告：蒋振伟。

被告：卞跃。

被告：祝永兵。

被告：尹宏祥。

被告：洪彬。

原告双盈公司与被告联达厂于 2006 年 10 月 3 日签订工矿产品购销合同一份，约定由双盈公司向联达厂提供焦炭 2000 吨，单价为 1200 元/吨，货到需方场地后一周内结清货款。合同签订后，双盈公司先后向联达厂供货 1636.625 吨，总货款为 1 821 038.65 元。联达厂支付了部分货款，尚欠 1 213 785.95 元。2007 年 1 月 7 日，联达厂向双盈公司出具欠条一份，载明"发票已全部收到，共计欠款 1 213 785.95 元"。

此前，被告魏恒聂于 2005 年 9 月 8 日登记注册成立个人独资企业即被告联达厂，并领有营业执照。后来被告魏恒聂、蒋振伟、卞跃及祝永兵于 2005 年 12 月 18 日签订合伙合同一份，约定：合伙人魏恒聂原独资经营的联达厂因扩建、改建需追加投资，现由魏恒聂、蒋振伟、卞跃、祝永兵 4 人共同出资，合伙经营，变更为合伙经营企业；合伙人魏恒聂以位于镇江市丹徒区高资镇巢山村的部分厂房和土地作价 15 万元出资，土地上现有部分房屋将在合伙后拆除，原有企业的机器设备也将报废；蒋振伟、卞跃、祝永兵 3 人根据实际建房及购买设备需要出资；合伙后的企业名称仍为联达厂，仍使用原魏恒聂领取的联达厂营业执照，原个人独资企业营业执照自合伙合同签订之日起归合伙企业所有，原投资人魏恒聂不得再单独使用该营业执照；蒋振伟、卞跃、祝永兵的出资，用于新建厂房和购买机械设备，全部投资结束后，根据实际使用资金大家共同认可；魏恒聂、蒋振伟、卞跃、祝永兵各占 25% 的比例分配；合伙债务先由合伙财产偿还，合伙财产不足清偿时，由各合伙人共同承担；合伙企业由魏恒聂负责生产及工人的管理，蒋振伟负责对外开展业务，对合伙企业进行日常管理和产品销售，卞跃负责财务，祝永兵负责采购。合伙合同签订后，联达厂购买了冶炼炉等设备进行技术改造，并向原告双盈公司购买焦炭用于生产。

2006 年 12 月 23 日，被告魏恒聂、蒋振伟、卞跃、祝永兵、尹宏祥、洪彬又签订协议书一份，载明魏恒聂等 6 人按照约定出资成立联达厂，因正常生产进入困境，现就怎样解决该厂困境一事，协商达成一致意见：在 10 日内理清该厂自成立至该协议生效期间的所有账目；魏恒聂等 6 人一致同意全权委托魏恒聂将该厂对外承包，承包费用于偿还对外的债务和 6 人各自的投资；承包金额暂定最低每年 50 万元；该厂承包前对外的债权债务由魏恒聂负责处理，与其余 5 人无关。此后，联达厂将厂房、设备等租赁给他人使用。

原告请求：判令联达厂、魏恒聂、蒋振伟、卞跃、祝永兵、尹宏祥、洪彬共同给付货款 1 213 785.95 元，并承担逾期付款利息（自 2006 年 12 月 15 日起至判决确定的给付之日止按银行同期贷款利率计算）。

[判决意见]

江苏省南通市中级人民法院一审认为：本案一审的争议焦点是：①被告联达厂是否欠原告双盈公司货款；②如联达厂欠货款，被告卞跃等个人应否向双盈公司承担责任。

1. 原告双盈公司已提供了购销合同、入库单、欠条等证据证明被告联达厂欠双盈公司货款未付，被告卞跃对该证据的真实性虽提出异议，但未能提供抗辩证据。相反，卞跃提供的被告魏恒聂的调查笔录能证明联达厂确欠双盈公司货款。其他被告均因不到庭而放弃了抗辩的权利。因此，对于双盈公司关于联达厂欠其货款 1 213 785.95 元的主张，应予采信。

2. 原告双盈公司主张被告联达厂由被告魏恒聂、蒋振伟等人合伙经营，并提供了合伙合同、协议书等证据证明。双盈公司还认为，其提交的入库单中有被告祝永兵的签名，祝永兵正是按合伙合同中关于其负责采购的分工约定而在入库单中签名，由此说明合伙合同已实际履行。被告卞跃主张其虽签有合伙合同、协议书，但实际并未履行。一审法院认为，双盈公司提供的合伙合同等证据已能证明魏恒聂等人之间系合伙关系，卞跃提供的本案另 3 位被告的书面陈述，因其不到庭，对其真实性难以认定。即使卞跃及其他 3 位被告所作的陈述是真实的，其也只是提出投资未到位，而投资未到位只能说明未诚信履约，并不能产生如同解除合同或退伙、散伙等法律行为所产生的法律效果。相反，在后来魏恒聂、蒋振伟等 6 人签订的协议书中，却进一步明确了联达厂系 6 人出资成立的事实，并且 6 人还同意以该厂对外承包的费用来偿还对外债务及 6 人各自的投资。因此，对于双盈公司提出的联达厂系魏恒聂等人合伙经营的主张，应予采信。

被告联达厂按工商登记仍为个人独资企业，但事实上已转为合伙企业，只是尚未也不想在工商部门进行变更登记，此有合伙人在合伙合同中延用原营业执照的约定为证。从后来被告魏恒聂、蒋振伟等的 6 人协议书来看，4 人签订合伙合同之后，被告尹宏祥、洪彬 2 人又加入合伙企业成为合伙人。

综上所述，被告联达厂尚欠原告双盈公司货款 1 213 785.95 元，此款应由联达厂偿还。联达厂通过出具欠条明确了义务，其未付款即应付款并赔偿双盈公司货款的利息损失。联达厂系魏恒聂等 6 人合伙经营的企业，根据法律规定，合伙人对合伙的债务承担连带责任，魏恒聂等 6 名合伙人应对联达厂的债务承担连带清偿责任。据此，依照《民法通则》第 35 条、第 84 条、第 88 条第 1 款，《最高人民法院关于贯彻执行〈中华人民共和国民法通则〉若干问题的意见（试行）》第 47 条，判决：①被告联达厂偿还原告双盈公司货款 1 213 785.95 元，并给付双盈公司该款自 2007 年 1 月 8 日起至判决确定的给付之日止按中国人民银行同期贷款利率计算的利息；②被告魏恒聂、蒋振伟、卞跃、祝永兵、尹宏祥、洪彬对被告联达厂的上述债务承担连带清偿责任。

卞跃不服一审判决，向江苏省高级人民法院提起上诉。

江苏省高级人民法院二审认为：

1. 原审被告联达厂是上诉人卞跃和原审被告魏恒聂、蒋振伟、祝永兵、尹宏祥、洪彬 6 人合伙经营的企业。

上诉人卞跃等人有合伙经营联达厂的确定意思表示。原审被告魏恒聂、蒋振伟、祝永兵和卞跃 4 人于 2005 年 12 月 18 日签订的合伙合同，明确约定由该 4 人共同出资、合伙经营，将原由魏恒聂独资经营的原审被告联达厂变更为合伙企业。上诉人卞跃等人已实际出资并共同参与了原审被告联达厂的经营决策活动。

2. 上诉人卞跃等人的出资数额、出资比例不明确以及原审被告联达厂名义上的个人独资企业性质均不影响本案中各合伙人的民事责任。

出资数额、出资比例是合伙协议的重要内容，但仅涉及合伙企业各合伙人的内部关系，依法不应影响合伙企业及合伙人对外的责任承担。因此，尽管根据现有证据合伙人的出资数额及比例尚不清楚，但这不影响上诉人卞跃等合伙人在本案中的责任承担。

由于合伙合同明确约定合伙后的企业仍沿用原企业名称与营业执照、原个人独资企业营业执照自合伙合同签订之日起归合伙企业所有、原投资人魏恒聂不得再单独使用该营业执照，故尽管原审被告联达厂实质上已变更为合伙性质、生产经营活动由各合伙人共同决策，但联达厂在工商行政管理部门仍登记为个人独资企业。换言之，联达厂未据实变更企业性质系各合伙人作出的不合法的安排。各合伙人既然共同决定联达厂的生产经营活动，就应对联达厂生产经营过程中对外所负的债务负责。上诉人卞跃等合伙人故意不将联达厂的个人独资企业性质据实变更为合伙企业的行为，不仅应当受到相关行政法规的规制，亦不应当成为各合伙人不承担民事法律责任的理由，否则交易安全得不到保护，相关法律规制合伙企业及合伙人的目的将会落空。

综上所述，原审被告联达厂虽在工商行政管理部门登记为个人独资企业，但实质系上诉人卞跃、原审被告魏恒聂、蒋振伟、祝永兵、尹宏祥、洪彬合伙经营的企业。联达厂欠被上诉人双盈公司的 121 378 595 元货款发生于合伙期间，属于合伙企业的债务。对合伙债务如何承担，《民法通则》、《最高人民法院关于贯彻执行〈中华人民共和国民法通则〉若干问题的意见（试行）》以及《中华人民共和国合伙企业法》（1997 年 8 月 1 日起施行）均有相关规定。1997年《合伙企业法》第 39 条规定："合伙企业对其债务，应先以其全部财产进行清偿。合伙企业财产不足清偿到期债务的，各合伙人应当承担无限连带清偿责任。"第 40 条第 1 款规定："以合伙企业财产清偿合伙企业债务时，其不足的部分，由各合伙人按照本法第 32 条第 1 款规定的比例，用其在合伙企业出资以外的财产承担清偿责任。"据此，合伙企业债务的承担分为两个层次：第一顺序的债务承担人是合伙企业，第二顺序的债务承担人是全体合伙人。由于债权人的交易对象是合伙企业而非合伙人，合伙企业作为与债权人有直接法律关系的主体，应先以其全部财产进行清偿。1997 年《合伙企业法》第 39 条所谓的"连带"责任，是指合伙人在第二顺序的责任承担中相互之间所负的连带责任，而非合伙人与合伙企业之间的连带责任。本案中，对于联达厂欠双盈公司的货款，联达厂应先以其全部财产进行清偿。联达厂的财产不足清偿该债务的，卞跃等合伙人对不能清偿的部分承担无限连带清偿责任。

判决：①维持江苏省南通市中级人民法院（2007）通中民二初字第 0062 号民事判决第 1 项及案件受理费部分；②撤销江苏省南通市中级人民法院（2007）通中民二初字第 0062 号民事判决第 2 项；③魏恒聂、蒋振伟、卞跃、祝永兵、尹宏祥、洪彬对联达厂不能清偿的债务部分承担无限连带清偿责任。

[案件评析]

本案的焦点问题之一是，6 位自然人之间是否存在合伙关系。从外观看，6人之间的关系并非一目了然：6 被告一方面先后签订了合伙协议，另一方面又约定合伙继续使用原个人独资企业的营业执照。对此法院坚持实事求是的观点，认为"在当事人约定合伙经营企业仍使用合资前个人独资企业营业执照，且实际以合伙方式经营企业的情况下，应据实认定企业的性质。各合伙人共同决定企业的生产经营活动，也应共同对企业生产经营过程中对外所负的债务负责。合伙人故意不将企业的个人独资企业性质据实变更为合伙企业的行为，不应成为各合伙人不承担法律责任的理由。"

一、二审法院的判决意见之所以存在差异，关键在于适用了不同的法律规范。除《合伙企业法》以外，《民法通则》及其司法解释中也有关于合伙的法律规范。一审法院是按照民法通则及其司法解释作出判决；二审法院则依照合伙企业法判决。而《民法通则》和《合伙企业法》在关于合伙人如何承担合伙债务的问题上，规则不同。

《民法通则》第35条规定："合伙的债务，由合伙人按照出资比例或者协议的约定，以各自的财产承担清偿责任。合伙人对合伙的债务承担连带责任，法律另有规定的除外。偿还合伙债务超过自己应当承担数额的合伙人，有权向其他合伙人追偿。"依该规定，合伙的债务即合伙人的共同债务，应直接由合伙人清偿。本案一审法院的判决意见即来于此。

《合伙企业法》（1997年）第39条规定："合伙企业对其债务，应先以其全部财产进行清偿。合伙企业财产不足清偿到期债务的，各合伙人应当承担无限连带清偿责任。"第40条第1款规定，"以合伙企业财产清偿合伙企业债务时，其不足的部分，由各合伙人按照本法第32条第1款规定的比例，用其在合伙企业出资以外的财产承担清偿责任。"[1]上述规范表明，我国合伙企业法实际上承认，在法律地位上合伙企业一定程度上独立于合伙人，合伙企业财产一定程度上独立于合伙人个人财产。据此，合伙企业债权人须先请求合伙企业清偿债务，合伙企业全部财产不足清偿到期债务的，才可以请求合伙人承担无限连带责任。这事实上为合伙企业的合伙人设定了一种类似于一般担保人的先诉抗辩权。而上述规范不同于民法通则的规则。二审法院所谓"合伙企业债务的承担分为两个层次"的说法正是源于上述合伙企业法规范。

因此，判决没有涉及但值得探讨的一个问题是，本案被告成立的合伙并未依照合伙企业法登记为合伙企业，那么，本案究竟应适用《民法通则》还是《合伙企业法》。

七、公司的能力

经典案例

中建材集团进出口公司诉江苏银大科技有限公司等担保合同纠纷案[2]

[案件事实]

2005年中建材公司接受恒通公司委托，为恒通公司代理进口工业计算机系统和其他物品，并代垫有关费用，恒通公司向中建材公司支付进口工业计算机

---

[1] 《合伙企业法》于2006年8月修订后，第38、39、40条与该两条规定基本相同。
[2] 北京市高级人民法院判决书，（2009）高民终字第1730号，载《最高人民法院公报》2011年第2期。

系统货款及各项费用（包括进口代理费）。中建材公司按照双方约定履行完进口代理义务后，恒通公司未能及时履行合同义务，一直拖欠部分货款及各项费用。2006 年 10 月 10 日，中建材公司、恒通公司签订一份《备忘录》，确认截至 2006 年 9 月 30 日，恒通公司仍欠中建材公司的数额，恒通公司需于 2006 年 12 月 31 日之前分期还清全部欠款。同时，银大公司等几家公司分别向中建材公司出具《承诺书》及《承诺函》，承诺为恒通公司对中建材公司全部应偿还债务（包括但不限于本金及违约金、利息、追索债权费用）提供连带责任保证。恒通公司仅偿还部分本金，各保证人亦未能清偿全部货款和各项费用，故中建材公司诉至法院。银大公司原名称为江苏广兴银大科技有限公司，于 2005 年 5 月变更为现名称。2005 年 5 月至 2007 年 6 月期间，何寿山系银大公司法定代表人，并且《承诺书》原件显示，何寿山是在加盖了"江苏广兴达银大科技有限公司"印章的《承诺书》复印件上签字确认。另外，原"江苏广兴达银大科技有限公司"印章在此期间一直存放在银大公司档案室。

[判决意见]

本案争议的焦点就在于银大公司法定代表人何寿山的签字并盖章的担保合同对公司是否具有效力。一审判决判定《承诺书》对银大公司有效，银大公司应对恒通公司的债务本息向中建材公司承担连带清偿责任。

本案二审的争议焦点仍在于银大公司法定代表人何寿山出具的《承诺书》是否构成合法有效的第三人保证问题。法院认为，此《承诺书》构成合法有效的第三人保证。理由如下：

1. 银大公司出具的《承诺书》具备相应的形式要件。本案中，虽然银大公司出具的《承诺书》是复印件，但该承诺提供担保的函件得到当时银大公司法定代表人何寿山的签字确认，故根据《合同法》第 32 条关于"当事人采用合同书形式订立合同的，自双方当事人签字或者盖章时合同成立"的规定，银大公司出具的《承诺书》有效成立。此外，公司的行为能力及意思表示通过法定代表人以公司的名义所为的行为，是公司法人的法律行为，由此产生的权利义务对公司法人具有约束力，故根据《民法通则》第 38 条关于"依照法律或者法人组织章程规定，代表法人行使职权的负责人，是法人的法定代表人"以及《民法通则》第 43 条关于"企业法人对它的法定代表人和其他工作人员的经营活动，承担民事责任"的规定，银大公司法定代表人何寿山的行为在法律上即视为银大公司自身的行为，其在《承诺书》上签字的行为应当认定为银大公司对《承诺书》的确认。

2. 银大公司提供担保的承诺应有效。银大公司出具的《承诺书》签订于 2006 年 10 月，故本案应适用新《公司法》。通过对新《公司法》第 16 条含义的理解，该条并没有规定公司违反上述规定对外提供担保应认定为无效。但关于公司违反这一规定对外提供担保的合同效力问题，根据《最高人民法院关于适用〈中华人民共和国合同法〉若干问题的解释（二）》第14条关于"合同法第52条第5项规定的'强制性规定'，是指效力性强制性规定"的规定，在《合同法》的基础上进一步明确缩小了合同因违反法律、行政法规的强制性规定而无效的情形。因此，新《公司法》第16条的规定并非效力性强制性的规定。在新《公司法》没有明确规定公司违反新《公司法》第16条对外提供担保无效的情形下，对公司对外担保的效力应予确认。此外，根据《合同法》第50条关于"法人或者其他组织的法定代表人、负责人超越权限订立的合同，除相对人知道或者应当知道其超越权限的以外，该代表行为有效"以及《最高人民法院关于适用〈中华人民共和国担保法〉若干问题的解释》（以下简称《担保法解释》）第11条关于"法人或者其他组织的法定代表人、负责人超越权限订立的担保合同，除相对人知道或者应当知道其超越权限的以外，该代表行为有效"的规定，公司的法定代表人违反公司章程的规定对外提供担保应认定为有效。可见，对于公司法定代表人越权对外提供担保的情形，公司对外仍应对善意第三人承担民事责任，故本案银大公司的担保责任不能免除。

[案例评析]

公司作为社团法人的典型代表，是法律拟制的人。关于法人的行为能力有法人拟制说与法人实在说。法人拟制说认为公司的行为应通过其自然人代理人完成，法人实在说认为应由公司的组织机关完成，无论站在哪一种学说的立场，法人的行为均需要通过自然人来完成。通过本案主要了解公司与法定代表人的关系，法定代表人的行为对公司的影响以及交易安全的关系。

1. 公司与法定代表人的关系：关于公司与其法定代表人的关系，在我国理论界存在"代表说"与"代理说"，二者在解决法定代表人行为的法律后果归属问题上各有其特点。代表说认为法定代表人的行为就是法人的行为，法定代表人行为的后果当然归属于法人本身。该学说的优点在于简化了法律关系，有利于提高效率，对于维护交易安全、保护第三人起到了重要作用；但是它也为法定代表人滥用代表权打开了方便之门，从而易使法人的利益受到损害。代理说强调法定代表人与法人之间是代理关系，法定代表人的行为只有在法人的授权范围内或者虽超越了权限，但事后得到法人的追认时，才由法人对该行为的后果承担责任，否则法定代表人的行为后果只能由其自身承担。无论是采用代表说还是代理说，都可产生法定代表人行为的后果归于法人的结果。但是随之带来的问题是，若法定代表人未明示其代表公司而为行为，则后果由谁承担？

2. 法定代表人代表行为的一般构成要件：

（1）具有代表人的身份。我国《公司法》第13条规定："公司的法定代表人依照公司章程的规定，由董事长、执行董事或者经理担任，并依法登记……"因而，一个自然人经过公司法和公司章程规定的程序被选举为董事长，并经工商登记而公示，即具有法定代表人的身份。实践中，还要注意这样的情况：某自然人经无效程序被选举为董事长，并已经工商登记而公示，或者已经登记的公司法定代表人被公司董事会罢免，但未经工商登记变更。处理此类问题，应该遵循公司法的一项重要法理，即公司登记的公信力原则，也就是公司法定代表人一经登记，即使其任命手续存在瑕疵，其法定代表人对于善意第三人仍有效。

（2）以公司法人的名义。法定代表人必须以公司法人的名义进行活动，如果是以个人的名义进行活动，又无其他情况表明该行为确属在公司授权范围内为公司的利益而从事的行为，则不能认定法定代表人的行为是公司的代表行为，只能是法定代表人的个人行为。

（3）在权限范围内。如果法定代表人的行为超越权限，其代表行为无效，除非其行为构成表见代表。表见代表是指相对人不知道也不应该知道公司的法定代表人的行为超越权限，则法定代表人的代表行为仍为有效。如何界定在法定代表人超越权限的情况下相对人"知道或应当知道"？通常对法定代表人权利的限制有三种：①法律的直接限制。如果法定代表人的行为超越了法律法规的限制，任何相对人都没有理由主张自己不应该知道，所以此时法定代表人的代表行为无效。②公司章程的限制。从我国的实践来看，有些地方查阅公司章程程序繁琐，受到限制。并且，在交易中，相对人认真查阅对方章程的情形也不普遍，因此，一般认为，章程的备案和公开本身不足以构成"相对人知道或应当知道"的证据，也即超越公司章程限制的代表行为仍为有效。③公司董事会和股东会决议的限制。董事会和股东会直接以决议的形式限制董事长的权利，决议一般也不具有公示性，所以相对方一般是不知道或不应当知道的。所以，只要法定代表人以公司名义，并且在权限范围内作出的代表公司的行为都是有效的，甚至在越权行为的情况下，如果相对人不知道也不应当知道，代表行为仍为有效。在本案中，何寿山具有公司的法定代表人的身份，以公司的名义签订担保承诺书，虽然在内部关系上，何寿山的行为未经公司同意，但从外观表现上，由于有公司签章，导致债权人有合理理由相信其为代表公司的行为。

八、公司对外担保的效力

经典案例

中国光大银行深圳分行与创智信息科技股份有限公司 借款担保合同纠纷上诉案[1]

[案件事实]

2005 年 9 月 30 日，中国光大银行深圳分行（以下简称光大银行）与深圳智信投资有限公司（以下简称智信公司）签订一份《借款合同》，约定：光大银行向智信公司提供 18 500 万元人民币贷款；贷款用途为借新还旧；借款期限为 2005 年 9 月 30 日至 2006 年 7 月 30 日；借款年利率为 5.58%；创智信息科技股份有限公司（以下简称创智股份）与湖南创智集团有限公司（以下简称创智集团）对贷款提供连带责任保证担保。由于智信公司未按照借款合同约定按期结付利息，而且光大银行认为作为保证人的创智股份与创智集团存在巨额对外债务和担保，并已经有债权人对他们提起诉讼，且采取了财产保全措施，影响贷款安全，光大银行遂向广东高院提起诉讼。经查，创智股份 2005 年 6 月 29 日公开披露的《公司章程》第 119 条第 1 款第 8 项规定，董事会在股东大会的授权范围内，决定本公司的风险投资、资产抵押及其他担保事项。2006 年 2 月 28 日，深圳证券交易所发布深证上〔2006〕第 13 号件——《关于对创智股份公司及相关人员予以公开谴责的决定》，对创智股份及相关人员未履行相应审批程序，也未即时履行临时报告信息披露义务，对外提供包括本案担保在内的担保行为进行谴责。创智股份也于 2005 年 12 月 6 日公开披露了本案担保情况。

[判决意见]

本案一审法院认为，根据创智股份向社会公开披露的公司章程规定，董事会在股东大会授权范围内决定公司的资产抵押及其他担保事项。在该公司章程中，并没有规定董事长有权代表公司决定对外提供担保。根据当时施行的《公司法》第 123 条及《法人登记管理条例实施细则》第 25 条的规定，董事、经理应当遵守公司章程，公司法定代表人应当根据章程行使职权，因此，董事长超出公司章程的授权擅自以企业名义进行活动为越权行为。创智股份法定代表人丁亮与光大银行签订的保证合同，并无证据表明经过公司董事会决议，且创智股份在对外公开披露信息中公开披露了该担保行为未经董事会讨论通过，深圳

---

〔1〕　最高人民法院判决书，（2007）民二终字第 184 号。

证券交易所对此进行了公开谴责。因此，创智股份法定代表人丁亮在本案中代表公司所签订担保合同行为超越了职权，并非创智股份的真实意思表示。并且，光大银行应当知道丁亮超越权限而与之签订担保合同，所订立的担保合同依法应认定无效。二审法院认为，本案中借款及担保合同签订于2005年9月30日，起诉时间为2006年1月13日，依照《最高人民法院关于适用〈中华人民共和国公司法〉若干问题的规定（一）》（法释〔2006〕3号）第1条规定，应适用2004年8月28日生效的《中华人民共和国公司法》（以下简称原《公司法》），在旧法没有明确规定的情况下，可以参照适用2005修订、2006年1月1日生效的《中华人民共和国公司法》（以下简称新《公司法》）。原《公司法》中并未要求公司对外提供担保必须经董事会或股东代表大会决议。证监会2000年6月6日发布的证监公司字〔2000〕61号《关于上市公司为他人提供担保有关问题的通知》第5条规定了"上市公司为他人提供担保必须经董事会或股东大会批准"。证监会、国资委联合发布的证监发〔2003〕56号《关于规范上市公司与关联方资金往来及上市公司对外担保若干问题的通知》第2条第2款第1项规定了"上市公司不得为控股股东及本公司持股50%以下的其他关联方、任何非法人单位或个人提供担保"，第2条第2款第3项规定了"上市公司对外担保应当取得董事会全体成员2/3以上签署同意，或者经股东大会批准"。证监会和国资委的上述规定是向社会公布的规范上市公司经营行为的部门规章，对作为上市公司的创智股份具有约束力。因此，虽然原公司法中对公司担保能力未作明确规定，创智股份对外担保在程序上也应当经董事会或股东大会批准。至于到底需要股东大会还是董事会的批准，则属于公司自治的范畴。创智股份2005年6月29日向社会公布的章程中第119条规定："董事会行使下列职权……⑧在股东大会授权范围内，决定本公司的风险投资、资产抵押及其他担保事项。"而章程第43条股东大会的职权中，并无关于担保问题的规定。可以认定创智股份选择由董事会决定担保事项。因此，根据上述部门规章以及创智股份的公司章程之规定，本案中创智股份作出担保意思决定，需经董事会决议。

本案二审期间，光大银行向法庭提交了创智股份董事会同意担保的决议。创智股份对该份董事会决议提交的反驳证据，证明的主要内容是作出声明的董事个人没有签署过该份董事会决议。对于该份董事会决议，光大银行仅负有形式审查的义务，即只要审查董事会决议的形式要件是否符合法律规定，银行即尽到了合理的注意义务。该份董事会决议上有丁亮等7位董事签名，符合董事会决议形式要件的要求，并加盖了创智股份的印章。决议上的签名是否为董事亲笔所签，则属于实质审查的范畴，光大银行对此并无法定义务。创智股份公开披露本案担保未经董事会决议及深圳证券交易所出具谴责报告的时间都在担保合同签订之后，不能证明光大银行在签订担保合同时明知该董事会决议存在瑕疵。在创智股份没有证据证明光大银行存在恶意的情况下，应当认定光大银行对该份董事会决议已履行了合理审查的义务。创智股份与光大银行签订保证合同为智信公司借款提供连带责任保证，该保证合同形式完备，内容不违反法律、法规的强制性规定，依法应确认有效。当智信公司没有清偿光大银行债务时，创智股份应对智信公司债务承担连带清偿责任。光大银行请求改判创智股份对智信公司承担连带清偿责任的上诉请求应予支持。创智股份承担连带清偿责任后，有权就代偿的数额向智信公司追偿。

[案例评析]

本案中，焦点问题是在 2005 年新《公司法》颁布生效之前，公司对外签订担保合同，是否必须经过董事会或者股东会（股东大会）决议，在公司未形成内部决议的情况下签订的担保合同效力如何。本案起诉时间是 2006 年 1 月 13 日，但争议的担保合同签订于 2005 年 9 月 30 日，在法律适用上，本案应适用原《公司法》的相关规定，在没有明确规定的情况下，可以参照适用 2005 年新《公司法》。通过本案需了解公司对外担保行为与公司内部决议的效力，超越章程范围对外签订担保合同的效力，公司章程限制以及第三方（债权人）审查义务之间的关系。

（一）公司内部决议对外效力的认定

虽然当时生效的原《公司法》、《担保法》对公司担保能力没有明确规定，但是依据证监会、国资委的部门规章及公司章程的规定，可以认定：创智股份作出对外担保需经董事会决议。新《公司法》第 16 条规定："公司向其他企业投资或者为他人提供担保，依照公司章程的规定，由董事会或者股东会、股东大会决议；公司章程对投资或者担保的总额及单项投资或者担保的数额有限额规定的，不得超过规定的限额。公司为公司股东或者实际控制人提供担保的，必须经股东会或者股东大会决议。前款规定的股东或者受前款规定的实际控制人支配的股东，不得参加前款规定事项的表决。该项表决由出席会议的其他股东所持表决权的过半数通过。"这一规定在实践中引发了争议：公司在对外担保时未能提供董事会或股东（大）会的决议，担保合同的效力该如何认定。一种意见认为，董事会或者股东（大）会属于公司机关，是否经其决议反映的是公司的意思形成过程，是公司内部事情；加盖公司公章的担保合同反映的是公司的对外意思表示，债权人只需审查公司的对外意思表示，是否有决议不影响担保的效力。另一种意见认为，该条规定属于强制性规定，既然法律明确规定公司对外担保应经董事会或者股东（大）会决议，作为债权人就负有审查义务，公司在对外担保时不能提供决议的，担保不生效。

《最高人民法院关于当前形势下审理民商事合同纠纷案件若干问题的指导意见》第 15 条规定，人民法院应当注意根据《合同法解释（二）》第 14 条之规定，注意区分效力性强制规定和管理性强制规定，违反效力性强制规定的，人民法院应当认定合同无效；违反管理性强制规定的，人民法院应当根据具体情形认定其效力。《公司法》关于公司对外担保须经董事会或者股东（大）会决议的规定应属管理性强制性规定，违反该规定并不必然导致公司对外担保行为无效。另外，《担保法司法解释》第 11 条规定："法人或者其他组织的法定代表人、负责人超越权限订立的担保合同，除相对人知道或者应当知道其超越职权的以外，该代表行为有效。"因此，公司是否正确履行了内部决议程序，对与公司交易的善意第三人没有约束力，也不能作为确认交易行为效力的依据，只是导致公司内部相关责任人对公司承担相应的法律责任。根据对案情的分析，按照对《公司法》的适用原则和当时的法律规定，担保合同的生效应当经董事会决议。本案争议的《担保合同》的签订属于法定代表人的越权行为，则创智股份是否应当对光大银行承担保证责任就取决于光大银行是否是善意第三人。

（二）公司担保债权人善意的认定

本案二审中光大银行提交一份创智股份同意为智信公司担保的董事会决议，而创智股份对该份决议的真实性提出异议，并举出 7 份证人证言。这里涉及光大银行对该份创智股份董事会决议负有的审查义务问题，即本案中光大银行对该份创智股份董事会决议负有形式审查义务还是实质审查义务。

1. 形式审查标准的确定。关于担保债权人对担保公司之相关文件履行审查义务的标准，存在实质审查和形式审查两种截然不同的对立观点。无论学界还是实务界，绝大多数人赞成形式审查标准，纵观赞成形式审查标准的理由，包括以下几个方面：①适当履行原则因素。担保债权人在审查董事会或股东会（股东大会）的决议以及其他书面材料时，仅对文件的真实性与合法性进行合理审慎的外观审查即可视为适当履行了义务，而不是要求审查人对外观之外的内容进行超越普通商事交易习惯和普通审查技能的审查。②交易成本因素。若是要求公司担保债权人对公司相关决议以及其他法律文件的真实性与合法性进行实质性审查，就会不适当地加大担保合同的交易成本，与商事交易的简便快捷发展趋势相悖。③信息不对称因素。在公司的实际运营过程中，公司经营管理者常常不愿详细、真实、全部地披露相关信息，使公司债权人无法充分利用公司的现有信息而处于劣势。因此，实质审查标准虽然有利于保护中小股东等利益群体的利益，但很可能会超出担保债权人的固有审查能力。

2.《公司法》明确规定的义务内容。根据《公司法》第 16 条、第 105 条和第 122 条的规定，公司担保债权人对担保合同的审查义务包括以下几个方面：①公司提供担保的决定主体是董事会或者股东会、股东大会。②公司提供的担保不得突破公司章程规定的限额。超过公司章程规定担保限额的，超过的部分无效。③公司为股东和实际控制人提供担保的特殊规定。公司为股东或实际控制人提供担保，必须经过股东会或者股东大会的决议。这是法律的特别规定，公司章程也不得对此作出相反的规定。在决议表决时，受被担保股东或实际控制人支配的股东不得参加该担保事项的表决。同时，在排除该受支配股东的表决权后，决议的表决由出席会议的其他股东所持表决权的过半数通过，才视为有效的决议。④关于上市公司担保的特殊限制。公司立法关于上市公司的担保限制体现在以下几个相互关联的条件：时间限制条件即在 1 年内；担保数额限制条件即超过公司总资产的 30%；表决权限制条件即经出席会议的股东所持表决权的 2/3 以上通过。银行工作人员并非笔迹鉴定专家，银行也缺少进行实质审查的技术能力，因此，其对决议仅负有形式审查的义务。在创智股份没有证据证明光大银行存在恶意的情况下，应当认定光大银行已尽到合理的审查义务。一般而言，担保合同形式完备，内容不违反法律、法规的强制性规定，应认定为合法有效。

九、一人公司

经典案例

张涛等与中国东方资产管理公司青岛办事处
金融借款合同纠纷上诉案[1]

[案件事实]

2000 年 12 月 19 日，被告吕黎明与中国建设银行青岛市中山路支行（以下简称建行中山路支行，原中国建设银行青岛市分行营业部）签订汽车消费借款合同，贷款人民币 134 000 元，贷款期限 2000 年 12 月 19 日～2005 年 12 月 19 日。同日，被告与建行中山路支行签订抵押合同，以其名下鲁 U11993 号车为该笔贷款提供抵押担保，该抵押担保已经车辆登记机关备案。被告吕继利、被告神龙源车行有限公司（以下简称神龙源公司）还分别与建行中山路支行签订保证合同，为该笔贷款提供连带还款责任保证。建行中山路支行将该笔贷款划入

---

〔1〕 青海省高级人民法院民事判决书，(2011) 青民四商终字第 25 号。

被告吕黎明指定账号内。被告吕黎明未按合同约定偿还贷款本息，截至 2009 年 10 月 31 日，拖欠贷款本金人民币 76 017.17 元、利息 44 646.95 元。被告吕继利、被告神龙源公司也未履行连带还款义务。被告神龙源公司成立于 2000 年，其股东张涛、刘慧为夫妻关系。张涛、刘慧用于出资的财产为夫妻共同共有的财产，实际为无法人资格的私营独资企业，在神龙源公司无偿还债务能力时，张涛、刘慧应当对欠款承担共同清偿责任。建行中山路支行于 2004 年 6 月 28 日与中国信达资产管理公司济南办事处（以下简称信达资产济南办事处）签订债权转让协议，将本案所涉债权转让给信达资产济南办事处，信达资产济南办事处于 2004 年 11 月 29 日将同一债权转让给原告中国东方资产管理公司青岛办事处。上述债权转让事宜已按照法律规定发布了债权转让及催收公告，履行了必要的、恰当的通知义务。

［判决意见］

一审法院认为，被告神龙源公司的股东为被告张涛、刘慧夫妻二人，被告张涛、刘慧各自投入公司的出资从表面上看虽然是不同股东的股份，但在事实上是共同的财产，其出资实际上是单一的，故被告实质上为一人公司，按照我国《公司法》关于一人公司的相关规定，一人公司的股东不能证明公司的财产独立于股东自己的财产，应对公司债务承担连带责任。因被告张涛、刘慧未能提供证据证明相关财产的独立性，故其依法应对上述债务承担清偿责任。被告神龙源公司、被告张涛、刘慧之辩称缺乏事实和法律依据，该院不予采纳。二审审理时，上诉人提交神龙源公司 2000 年~2009 年的年度财务审计报告，证明神龙源公司的财产和股东财产是独立的。

二审法院认为，上诉人张涛、刘慧非借款、担保合同的当事人，其作为神龙源公司的股东应否对公司的债务承担民事法律责任为本案上诉焦点。

［案例评析］

在本案中，争议的焦点是神龙源公司是否是一人公司，并进而引发一人公司与普通有限责任公司相比存在的特殊性问题，需要根据《公司法》规定及相关法理分析。

（一）一人公司概说

一人公司又称独资公司，股东（自然人或法人）仅为 1 人，并由该股东持有公司的全部出资或所有股份的公司。我国《公司法》目前只规定了一人有限责任公司。从学理上划分，一人公司可分为形式意义上的一人公司和实质意义上的一人公司。形式意义上的一人公司，指的是设立时股东即为 1 人或者设立时股东为 2 人以上，但在存续过程中由于出资和股份的转让、继承、赠与等原因而致使股东仅剩 1 人的公司，前者称为设立时的一人公司，后者称为存续中的一人公司。实质意义上的一人公司，是指公司股东在人数上为复数，但实际上只有一人为"真正的股东"，其余股东仅是为了满足法律上对公司最低人数的要求或是其他因素挂名而已。本案一审、二审形成两种截然不同的审判结果，一审认为神龙源公司是实质上的一人公司，但二审认为其并非一人公司，股东之间具有某种亲属关系及财产关系并不能当然地认定为是同一股东，有必要对夫妻共同财产进行认定，以确定夫妻财产关系的特殊性对设立公司的影响。所谓夫妻共同财产，是指夫妻婚姻关系存续期间双方所得的可以共同支配的一切财产。其特点是：夫或妻作为共有人对共同财产共同的平等的享有所有权，没有份额的区别，夫或妻各自的份额只有在婚姻关系消灭时才能确定。按我国《婚姻法》的规定，"夫妻共同财产制"是一种共同共有关系，但这种共有关系并不能使夫妻成为一个独立的民事主体。所以，夫妻以共同财产设立公司，并非单一主体设立公司。另外，夫妻共有的财产已经过一系列合法程序转化为夫妻公司的法人财产，对法人财产的处理，中国公司法和相关法律有严格的程序和实体限制，非经合法程序，不得随意处理夫妻公司的法人财产，按照中国现行立法关于公司财产独立性的要求，夫妻双方对公司财产的共有并不必然损害公司法人财产的独立性。无论是一人公司，还是普通的有限责任公司或者股份有限公司，其本质都是公司独立于出资人，法人财产的独立性。即使有人认为一人公司是对公司社团性的否定，但公司的这一本质始终没有变。

（二）一人公司对公司社团性的挑战

一人公司的出现对公司社团性是一个严重的挑战。公司独立人格的确认实际上是对团体人格的确认，为的是将众多股东的意志能简便地转换为公司的意志表现出来。传统公司的法人治理结构也是以公司股东多元为基础确立的，其法律价值在于调整公司内部复数股东的利益关系。然而，一人股东作为公司的董事、经理，以公司的名义从事活动，谋求公司的利益，由此而生的权利、义务归公司享有或承担；作为公司的唯一股东，仍拥有公司股东会的所有权力，可以作出符合他自身利益最大化的各种决定。当这些身份混同时，因一人公司不存在复数股东的相互监督，因而无法及时纠正一人股东的不当行为，公司的法人治理结构也无法起作用。所以一人公司已使得传统公司制度的社团性根基被大大动摇。公司作为法人是没有争议的，这是我们探究公司本质（包括一人公司本质）的一个共识。如果将公司视为团体，它应是一个法人团体，而"具有法人性质的团体"是指某种特定的组织形态，其特征是组织本身相对于成员而言具有高度的独立性。因此，公司作为法人组织，应强调其公司独立于出资人，这就是它的本质。这种公司本质论可以表现不同公司的共同性，略去公司现象的个别属性。同时，也强调了公司法人存在的最基本前提，即使是一人公司，公司与出资人也必须相互独立。

（三）一人有限公司的特别法律规则——以保护债权人为视角

尽管一人公司得到法律的承认，但由于其股东只有 1 人的特殊构成，权力集中于唯一的股东，相对于多人组成的公司，更容易发生股东滥用公司法人地位和股东有限责任、损害债权人利益的情况。因此，公司法一方面明确肯定了一人公司的合法地位，另一方面又针对其特殊性规定了特别适用规则。

1. 由于一人公司发起人具有唯一性，股东承担有限责任，并且需要由其直接承担责任的情况下，发起人自有资本总额的数量，必然限制着债权人利益的最终实现，即其资本的多寡决定了债权人债权的实现程度。因此，《公司法》规定了一人公司比普通有限公司更高的最低资本额标准和更严格的出资缴纳要求，第 59 条规定，一人有限责任公司的注册资本最低限额为人民币 10 万元。股东应当一次足额缴纳公司章程规定的出资额。

2. 如果允许一个自然人投资设立若干家一人有限责任公司，易导致公司资产薄弱、清偿债务能力减弱等弊端，在我国市场经济法律制度和社会信用体系尚不够健全的情况下，《公司法》第 59 条规定，1 个自然人只能设立 1 个一人有限公司，该一人有限责任公司不能投资设立新的一人有限责任公司。

3. 为了给交易相对人提示公司的信用和与之交易的风险，《公司法》第 60 条规定，一人有限责任公司应当在公司登记中注明自然人独资或者法人独资，并在公司营业执照中载明。

4. 为从财务上对一人公司加以控制，在公司财产和股东个人财产之间设置防火墙，防止股东个人财产与公司财产混同，同时避免股东转移、盗取公司财产，从而损害债权人利益，对一人公司规定了更为严格的审计会计要求。《公司法》第 63 条规定，一人有限责任公司应当在每一会计年度终了时编制财务会计报告，并经会计师事务所审计。

5. 对普通公司而言，公司财产的独立是不证自明的，如果要否定其财产的独立，需要提出主张的人举证证明其财产的不独立。但鉴于一人公司完全为一个股东控制，极易出现公司财产与股东财产混同、公司财产被股东不当占有和支配的情形，《公司法》第 64 条规定，一人有限责任公司的股东不能证明公司财产独立于股东自己的财产的，应当对公司债务承担连带责任。此为典型的举证责任倒置。

股东是否承担公司的债务应当依据股东对公司的责任形式及股东是否滥用公司人格损害债权人利益等事实作为判定依据。在本案中，从神龙源公司的工商登记档案显示，该公司登记为自然人控股的具有法人资格的有限责任公司，且股东的出资也已经到位。上诉人张涛、刘慧是神龙源公司的两名股东，张涛、刘慧虽系夫妻关系，但股东之间具有某种亲属关系及财产关系并非法律所禁止。二审审理时，根据上诉人提交的神龙源公司的 2000 年～2009 年的年度审计报告可以证明，神龙源公司的财务及资产独立核算，并非与上诉人的财产混同。因此，神龙源公司不是实质上的一人公司，为具有独立法人资格的有限责任公司，应当以其公司所有的财产独立承担法律责任。上诉人张涛、刘慧不应对神龙源公司的债务承担法律责任。

拓展案例

徐工集团工程机械股份有限公司诉成都川交工贸有限责任公司等案[1]

[案件事实]

原告徐工集团工程机械股份有限公司诉称：成都川交工贸有限责任公司（简称川交工贸公司）拖欠其货款未付，而成都川交工程机械有限责任公司（简称川交机械公司）、四川瑞路建设工程有限公司（简称瑞路公司）与川交工贸公司人格混同，三个公司实际控制人王永礼以及川交工贸公司股东等人的个人资产与公司资产混同，均应承担连带清偿责任。法院生效裁判认为：川交工贸公司与川交机械公司、瑞路公司三个公司之间表征人格的因素（人员、业务、财务等）高度混同，导致各自财产无法区分，已丧失独立人格，构成人格混同。川交机械公司、瑞路公司应当对川交工贸公司的债务承担连带清偿责任。

[问题与思考]

川交工贸公司与川交机械公司、瑞路公司何种情形下构成公司人格混同，其法律后果是什么，如何适用公司法规范？

[重点提示]

川交工贸公司与川交机械公司、瑞路公司利用公司人格混同，逃避债务的行为违背了法人制度设立的宗旨，违背了诚实信用原则，其行为本质和危害结果与《公司法》第 20 条第 3 款规定的情形相当，应参照适用《公司法》第 20 条第 3 款的规定。

---

〔1〕　最高人民法院指导案例 15 号（最高人民法院审判委员会讨论通过 2013 年 1 月 31 日发布）。

第二章

公司设立

知识概要

公司设立是公司取得法人人格的重要过程，因此在设立部分主要选取了近几年我国出现的典型案例。围绕着出资瑕疵的问题，发起人责任的问题，章程自治与强制性规定之间的关系，设立中公司的法律地位及其效力，尤其是我国未设立瑕疵之诉讼制度的情况下，使学生了解根据目前的法律框架如何解决公司设立中存在的问题。

一、出资协议的法律效力（发起人协议）

经典案例

陈甲诉上海博宁投资管理合伙企业等公司设立纠纷上诉案[1]

[案件事实]

上诉人（原审被告）：陈甲。

被上诉人（原审原告）：林某某。

被上诉人（原审被告）：周某某。

被上诉人（原审被告）：李某。

被上诉人（原审被告）：上海博宁投资管理合伙企业。

2008 年 7 月 21 日，作为协议列明的当事方周某某、李某、陈甲、林某某、张某、刘某等 6 人形成"发起人协议书"一份，决定共同发起设立"易池商务会所管理有限公司"（以下简称"易池商务会所"），主要协议内容为：周某某、

---

[1] 上海市第二中级人民法院判决书，(2011) 沪二中民四（商）终字第 413 号。

李某两人为主发起人；发起人各方一致同意根据香港法律、法规以发起方式设立易池商务会所，公司为永久存续的有限公司；公司注册资本为港币50万元，股份总数为20股，均为普通股；其中，周某某以出资额人民币1200万元（以下所涉币种均为人民币）认购公司股份4份，占总股本的20%；李某以出资额600万元认购公司股份2份，占总股本的10%；陈甲、林某某、张某、刘某各以出资额300万元认购公司股份1份，分别占总股本的5%；发起人各方在协议签署之日各交纳50万元作为定金，并于协议签署之日起10日内将各方出资额的30%（含定金）存入公司在银行开设的指定账户，其余出资额于2009年4月30日前分批缴纳，支付账户为博宁企业在上海农村商业银行总行营业部的账户；除公司未能设立的情形外，发起人各方一经签署协议并缴纳出资额后，不得抽回其出资；主发起人承诺公司成立后第一年（2008年8月1日~2009年8月1日）的投资回报率为30%，并以其全部股权作为担保；公司设立的筹建期自签约之日至公司取得企业法人营业执照之日止，筹建期间委托主发起人负责公司设立事宜，具体职责为：召集和主持发起人会议，召集和主持公司创立大会，办理公司设立申请手续，起草设立公司的有关文件、章程、报批文件等，决定筹建期间的其他重要事宜；筹建经费由设立后的公司承担，筹建期内由主发起人垫付，如公司未能成立，筹建经费由发起人各方按约定出资比例承担。协议还对发起人权利义务、公司组织机构、违约责任等作了约定。

该协议由周某某、李某、陈甲、林某某、刘某等5人予以签名确认，但未反映有张某的签名确认。

周某某、李某、陈甲、林某某、刘某等5人签约后，林某某于2008年8月5日向协议指定的博宁企业银行账户汇款50万元，用途为投资款。期间，周某某也汇入100万元。之后，上述150万元由周某某通过指示博宁企业付款或者由其本人直接领款的方式悉数使用完毕。根据周某某向博宁企业出具的用款证明及其他证据显示，该150万元的具体用途为：①80万元用于因收购杨浦易池商务会所60%股权而支付的定金，该收购协议由周某某个人与案外人林利平签订，所支付的80万元定金款项由林利平向周某某出具收据，并言明：收到周某某80万元退股首付款；②30万元用于收购徐汇吉田桑拿会所100%股权而支付的定金，由案外人胡乐云向周某某出具收据；③30万元用于回购虹桥易池商务会所20%股权支付的首付款；④20万元用于租赁办公楼、设备添置、工资、差旅费等费用，支付方式均为支票或电汇方式。周某某认为上述款项用途系经由全体发起人同意，对此，林某某、陈甲、李某均不予认可。一审原告诉请被告返还投资款。

一审法院基于周某某作为主发起人实际支配使用了林某某的投资款项，判决其承担返还之责；陈甲作为博宁企业的法定代表人，对款项的使用应当负有审慎的审查义务，但其未履行阻止及通知义务，遂判决其对林某某投资款的返还承担连带责任。

判决后，陈甲不服，向本院提起上诉称：涉案"发起人协议"已由一审法院判决认定未依法生效。因此，陈甲与林某某之间就易池商务会所的设立事宜不再存在有任何权利义务关系。同时，陈甲也不再具有涉案"发起人协议"的发起人身份。至于原协议当事人之间则也不应构成合伙的法律关系。由此，对于林某某的 50 万元出资行为，应视为其个人的行为。而陈甲作为无关的第三方，对于林某某所交付的 50 万元出资款项当然也就不应负有所谓的审慎的审查义务。除外，更没有义务去阻止周某某所实施的用款行为或对此向林某某本人履行相应的通知义务。因此，本案陈甲不负有过错责任。更何况，林某某对于周某某所作出的付款指令以及所直接实施的领款行为，事前均为明知和同意。故本案对于周某某的用款应认定系经林某某本人同意，属于林某某自行处置其财产的行为。综上，陈甲对于周某某返还林某某投资款 50 万元的责任，不应承担连带清偿之责。请求：撤销上海市嘉定区人民法院（2010）嘉民二（商）初字第 1028 号民事判决第 2 项；陈甲不承担本案一、二审案件受理费。

二审法院经审理认为，款项的监管责任全部认定由作为博宁企业法定代表人的陈甲一人承担，加重了陈甲本人所应承担的责任和义务。对于约定不明所造成的后果，包括林某某在内的其他发起人亦存在着一定的缔约过错。故陈甲应对周某某不能清偿的还款部分向林某某承担相应的赔偿责任。遂撤销一审判决第 2 项；改判为对于被上诉人周某某应向被上诉人林某某返还的投资款 50 万元，由上诉人陈甲对被上诉人周某某不能清偿部分的 2/3 向被上诉人林某某承担赔偿责任。

[判决意见]

一审法院经审理后认为：承诺生效时合同成立。讼争发起人协议中列名的发起人有 6 名，但作为上述发起人之一的张某最终并未签名确认，且目前也无证据表明张某以其他方式作出了承诺，故该发起人协议未生效。嗣后，协议拟发起设立的易池商务会所实际也未成立，因而相关发起人之间可比照合伙关系处理。在公司设立失败的情况下，林某某要求退还投资款，应当予以准许，但其应当对设立公司过程中所产生的必要费用予以合理分担。由于周某某未能就必要的费用予以合理举证，故本案不予处理。关于周某某辩称有关款项的使用经过了全体发起人同意的理由，因其并未能提供证据证实，故难以采信。周某某作为主发起人实际支配使用了林某某的投资款项，对此，其应当承担返还之责。陈甲作为博宁企业的法定代表人，对讼争款项的支出应当明知，由于其是发起人之一，其对款项的使用应当负有审慎的审查义务。在无证据表明周某某指示付款已经过全体发起人、特别是投资人林某某同意的情况下，陈甲未履行阻止及通知义务，显然有过错，应当对林某某投资款的返还承担连带责任。

综上，一审法院依照《合同法》第 25 条、《民法通则》第 30 条、第 35 条第 1 款、《最高人民法院关于贯彻执行〈中华人民共和国民法通则〉若干问题的意见（试行）》第 47、55 条之规定，判决：①周某某应于判决生效之日起 10 日内返还林某某投资款 50 万元；②陈甲应对周某某上述付款责任承担连带清偿之责……负有给付义务的当事人如未按判决指定的期间履行给付金钱义务，应当依照《民事诉讼法》第 229 条之规定，加倍支付迟延履行期间的债务利息。

本案一审案件受理费 10 750 元，由林某某负担 3016.19 元，由周某某负担 7733.81 元。

二审法院认为：在本案审理中，周某某并未能就其所主张的在会所筹建期内所开展的经营活动已事前征得其他发起人同意的案件事实提供有效的证明依据。况且，根据周某某在本案审理中所提供的部分证据材料，也无法证明本案系争投资款项确实系由其用于拟设立的易池商务会所的经营事务。因此，对于周某某在易池商务会所筹建期间内向博宁企业所作出的付款指令以及其本人所直接实施的领款行为，应认定系其个人所实施的经营行为，相应的法律后果应归属于其本人。故在易池商务会所设立不成的情况下，依法应由其向林某某返还本案系争 50 万元投资款项。

陈甲作为博宁企业的法定代表人，对于周某某在易池商务会所筹建期间内就林某某 50 万元投资款而向博宁企业作出的付款指令以及其本人所直接实施的领款行为，理应知晓。而且，上述款项的支付事前应当是得到陈甲同意和批准的。作为涉案"发起人协议"的当事协议一方，陈甲对于作为主发起人的周某某在易池商务会所筹建期间内所能行使的职权范围应该为明知和清楚。故其对于周某某就林某某 50 万元投资款所作出的付款指令及领款行为，应及时与林某某本人进行核实或根据发起人协议的约定通知其他发起人共同参与讨论决定。但从本案的事实反映，显然无证据证明陈甲就周某某本人所作出的付款指令以及所直接实施的领款行为是否已经林某某本人授权的情况进行过核实，或通知其他发起人共同参与讨论决定，对此，陈甲有过错责任。但因本案周某某为直接的侵权损害行为人，陈甲与周某某之间并不存在串通或共同侵权的故意。况且，在涉案"发起人协议"中，协议的投资各方对于博宁企业所代收的投资款项在易池商务会所筹建期间是否可由主发起人支配使用，博宁企业和作为该企业法定代表人的陈甲对此是否负有监管责任，均未作出明确的约定。在此情况下，如将款项的监管责任全部认定由作为博宁企业法定代表人的陈甲一人承担，显然加重了陈甲本人所应承担的责任和义务。对于约定不明所造成的后果，包括林某某在内的其他发起人亦存在着一定的缔约过错，故陈甲应对周某某不能清偿的还款部分向林某某承担相应的赔偿责任。基于此，原审法院所作出的陈甲应对周某某50万元付款责任承担连带清偿之责的判决存在不当，应予纠正。

综上，陈甲对于周某某在易池商务会所筹建期间内就林某某50万元投资款而向博宁企业作出的付款指令以及其本人所直接实施的领款行为，负有未尽审慎审核义务的过错。故依法其应对周某某不能清偿的还款部分向林某某承担相应的赔偿责任。据此，依照《民法通则》第106条第1款、第2款、《民事诉讼法》第153条第1款第3项之规定，判决如下：①撤销上海市嘉定区人民法院（2010）嘉民二（商）初字第1028号民事判决第2项；②对于被上诉人周某某应向被上诉人林某某返还的投资款50万元，由上诉人陈甲对被上诉人周某某不能清偿部分的2/3向被上诉人林某某承担赔偿责任。

本案一审案件受理费10 750元，由上诉人陈甲负担2516.19元，被上诉人林某某负担500元，被上诉人周某某负担7733.81元；二审案件受理费8800元，由上诉人陈甲负担2400元，被上诉人林某某负担400元，被上诉人周某某负担6000元。

[案例评析]

本案主要涉及发起人协议性质及发起人的责任承担问题。

发起人也称创办人，是指依照有关法律规定订立发起人协议，负责筹办公司设立，认购公司股份，并对公司设立承担责任者。

发起人在公司设立完成时要承担资本充实责任和对公司损害赔偿责任，在公司设立失败时要承担对已收股款的返还责任和对设立行为所生费用和债务的连带赔偿责任。

《公司法》第2条规定："本法所称公司是指依照本法在中国境内设立的有限责任公司和股份有限公司。"因本案中所涉易池商务会所是根据香港法律、法规以发起方式设立，故其不适用《公司法》的规定。但发起人签订的设立公司协议从性质上讲属于民事合伙合同，发起人之间的关系也就是合伙关系，每个成员都是发起人合伙中的一个成员。根据《涉外民事关系法律适用法》第41条"当事人可以协议选择合同适用的法律。当事人没有选择的，适用履行义务最能体现该合同特征的一方当事人经常居所地法律或者其他与该合同有最密切联系的法律"的规定，本案可以适用《民法通则》和《合同法》的规定。

基于发起人协议的合伙合同性质，发起人应按照发起人协议的约定负有勤勉的义务。发起人在设立公司的过程中应当勤勤恳恳，尽职尽责。

　　本案中，协议在"发起人权利和义务"章节部分规定，发起人参与组建公司、共同决定公司筹建期的重大事项；公司依法设立后，各方发起人投入的出资款项将全部用于投资建设易池商务会所，不得挪作他用。上述协议内容表明，筹建期的重大事项应由全体发起人共同参与决定。基于此，作为主发起人的周某某应依照"发起人协议"的约定将上述会所筹建期的重大事项通知全体发起人共同参与决定。而陈甲对于作为主发起人的周某某在易池商务会所筹建期间内所能行使的职权范围应该为明知和清楚，作为博宁企业的法定代表人，对于周某某在易池商务会所筹建期间内就林某某50万元投资款而向博宁企业作出的付款指令以及其本人所直接实施的领款行为，理应知晓。但是，陈甲就周某某本人所作出的付款指令以及所直接实施的领款行为没有进行核实，也没有通知其他发起人共同参与讨论决定。对此，陈甲没能尽到勤勉义务，违反了发起人协议的约定要求，负有过错责任；当然，包括林某某在内的其他发起人亦存在着一定的缔约过错。故陈甲应对周某某不能清偿的还款部分向林某某承担相应的赔偿责任，而不是对全部投资款承担连带责任。因此，二审法院的判决更正确，更符合公平原则。

　　本案反映出发起人协议具有合伙合同性质，发起人应尽到合同义务，并且相互之间亦应按照协议约定履行相互监督义务，否则便要共同承担责任。

二、设立登记

经典案例

许彪诉北京酷乐门娱乐有限责任公司请求变更公司登记纠纷案[1]

[案件事实]

　　原告：许彪。

　　被告：北京酷乐门娱乐有限责任公司。

　　原告诉称：2007年9月4日，酷乐门公司成立，原告许彪和吴英勋分别占2%的股份，北京三一经典装饰有限公司（以下简称：三一经典公司）占96%的股份，但三一经典公司分文未投且否认自己的股东身份。后吴英勋与许彪签订股东会决议及《股权转让协议》，约定原告、吴英勋是酷乐门公司仅有的两名股东，确认吴英勋的出资份额为59%，许彪的出资持有份额为41%，吴英勋将其

〔1〕　北京市大兴区人民法院判决书，（2012）大民初字第9133号。

全部股权转让给许彪。股权转让协议签订后，许彪向吴英勋支付了全部股款，但后来双方在履行协议时产生纠纷，北京市大兴区人民法院作出了（2011）大民初字第9475号民事判决书确认股权转让协议有效，后经一中院判决维持。原告许彪提供了相应证据，并认为酷乐门公司应当根据公司规定为原告办理工商变更登记。现请求：①判令被告酷乐门公司为原告办理在工商局的股东变更手续；②诉讼费由被告酷乐门公司承担。

被告酷乐门公司既未作出答辩，也未参加本院庭审，亦未提出书面异议，故北京市大兴区人民法院对原告许彪提交证据的真实性、关联性、合法性予以确认。

法院查明：本案被告酷乐门公司成立于2007年9月4日。该公司工商登记注册资本为50万元，其中许彪登记出资1万元，吴英勋登记出资1万元，三一经典公司登记出资48万元，吴英勋在公司成立时任法定代表人、执行董事。

2011年3月3日，酷乐门公司作出关于股权转让的股东会决议，会议主持人为吴英勋，内容为："应到会股东2方，实际到会股东2人，代表额数100%，会议以当面方式通知股东到会参加会议。全体股东经过讨论，会议通过以下决议：①同意转让方吴英勋将其在酷乐门公司59%的股份转让给受让方许彪；②同意公司章程按照上述内容修改，并进行工商登记变更。"该决议全体股东签字盖章处由许彪、吴英勋签名和酷乐门公司盖章。

2011年3月5日，许彪与吴英勋签订《股权转让协议》，内容为：酷乐门公司于2007年9月4日在北京设立，由许彪、吴英勋合资经营，注册资金为50万元，其中吴英勋占59%股权。吴英勋愿意将其占第三人酷乐门公司59%的股权以320万元转让给许彪，许彪愿意受让。本协议书经许彪、吴英勋双方签字即产生法律效力。双方应于协议书生效后30日内（即2011年4月15日前）到相关工商行政管理机关办理变更登记手续。此转让协议后，许彪按约定支付了股权转让价款，但吴英勋、酷乐门公司未办理工商变更登记。

三一经典公司曾在（2011）大民初字第9475号案件中陈述其在酷乐门公司成立时根本不认识许彪、吴英勋，酷乐门公司登记的三一经典公司的出资额和股权与三一经典公司无关，应属于许彪、吴英勋，但具体分担多少数额其不清楚。被登记为酷乐门公司股东应是由于中介公司造成的，其由中介公司代办设立，公司的公章和手续在中介公司处，是中介公司把三一经典公司登记为酷乐门公司的股东，但三一经典公司不知情。另三一经典公司注册成立的时间是2007年8月13日，三一经典公司提交了酷乐门公司的预核准名称投资人名录表，其中投资人名称记载了三一经典公司，核发时间是2006年11月8日，此时三一经典公司还没有预先核准名称也没有注册成立。三一经典公司对 2011 年 3 月 3 日许彪、吴英勋签订的股东会决议、2011 年 3 月 5 日许彪、吴英勋签订的股权转让协议的真实性认可，三一经典公司也不主张任何权利。

　　[判决意见]

　　法院认为，根据我国民事诉讼法的规定，当事人有答辩并对对方当事人提交的证据进行质证的权利。本案中，酷乐门公司经本院传票传唤，拒不到庭应诉，应视为其放弃答辩和质证的权利。根据《公司法》第 33 条的规定，公司应当将股东的姓名或者名称及其出资额向公司登记机关登记；登记事项发生变更的，应当办理变更登记。酷乐门公司的关于股权转让的股东会决议（2011 年 3 月 3 日）以及许彪与吴英勋于 2011 年 3 月 5 日作出的股权转让协议经生效的法律文书确认为合法有效，酷乐门公司应当根据股东会决议和股权转让协议进行工商变更登记。因此，本院对于许彪要求酷乐门公司为其在工商局办理变更登记手续的诉讼请求予以支持。

　　[案例评析]

　　本案属于公司登记事项发生变化时公司履行变更登记的案例。通过案情的梳理可知，本案发生时由于第三方的错误登记，使得被告公司由两名股东变为 3 名股东，且两名股东在此情况下签订了合法有效的股权转让协议。那么本案的争论焦点应为被告公司是否应当办理相关事项的变更登记。根据我国现行《公司法》第 33 条之规定，公司应当将股东的姓名或者名称及其出资额向公司登记机关登记；登记事项发生变更的，应当办理变更登记。同时，根据合同法的规定，当事人应当按照合同的约定全面履行自己的义务。由此说明，办理变更登记不仅是股东身份的公示要件，更是公司等主体基于合法有效的股权转让协议的一项法定义务。

　　但是变更登记这一义务的履行必须基于有效的股权转让协议。根据我国现行《合同法》的规定，依法成立的合同，自成立时生效。而合同生效的一般要件为：当事人具备相应的缔约能力；缔约人的意思表示真实；合同内容未违反法律、行政法规的强制性规定或者社会公共利益。本案证据已经表明，被告成立时三一经典公司不可能成为被告股东，即本案股东实际上只有原告、吴英勋两人，而两位股东对其股权具有合法的处分权，那么股权转让协议当属有效。且股权转让协议的效力亦得到法院的认可。故本案被告应当在合同约定的期间内为原告办理相应的变更登记。本案法院判决当属公允。同时，我们应当看到，正是由于本案中当事人在公司成立时登记的混乱滋生了股东在公司成立后不必要的矛盾。登记部门在办理登记时加强审查实属必要。

三、设立中公司

浙江某某装饰工程有限公司诉绍兴县都某百货有限公司及其
法定代表人柴某某装饰装修合同纠纷上诉案[1]

[案件事实]

上诉人（原审原告）：浙江某某装饰工程有限公司。

被上诉人（原审被告）：绍兴县都某百货有限公司及其法定代表人柴某某。

2009 年 6 月 15 日被告柴某某以绍兴县都某百货有限公司（公司名称预先核准日期为 2009 年 4 月 13 日，保留期至 2009 年 10 月 12 日，核准日期为 2010 年 11 月 8 日，经营期限为 2009 年 7 月 17 日~2029 年 7 月 13 日）名义与原告前身杭州荣盛装饰工程有限公司（2010 年 8 月 26 日变更为现名称）订立《建筑装饰工程合同》一份，合同规定，发包方（甲方）绍兴县都某百货有限公司将都某百货、淘宝城装饰工程以包工包料方式发包给原告施工，承包范围为以图纸设计为准，预算范围内所有施工项目。合同价款为 1 643 180 元（按预算内容及单价施工，工程量按实结算），款于同年 7 月 10 日前支付 30 万元，同年 8 月 10 前支付 40 万元，余款于同年 9 月 20 日前付清。双方另对其他事项作了约定。合同成立后，原告根据柴某某认可的设计图纸进行施工，工程结束后被告绍兴县都某百货有限公司投入使用。原告法定代表人徐元连与柴某某于 2010 年 10 月 16 日进行结算，被告柴某某以被告绍兴县都某百货有限公司名义出具欠条一份交原告为凭，载明：今欠徐某一装饰款人民币 102 万元整，约定归还时间：2010 年 12 月 30 日前还清。到期后被告分文未付，原告催要未果，遂成讼，要求被告绍兴县都某百货有限公司及其法定代表人柴某某共同承担责任，支付工程款。

一审法院基于柴某某是以绍兴县都某百货有限公司名义订立合同和出具欠条，是公司设立中柴某某作为公司发起人从事的民事行为，由成立后公司承担责任，遂判决被告绍兴县都某百货有限公司支付原告工程款，被告柴某某不承担责任。

浙江某某装饰工程有限公司不服一审判决，提起上诉称：①一审判决认定"无论是订立合同还是出具欠条，柴某某都是以绍兴县都某百货有限公司名义进行，是公司设立中柴某某作为公司发起人从事的民事行为"是错误的。事实上，

---

[1]　浙江省绍兴市中级人民法院判决书，(2011)浙绍民终字第 1324 号。

无论是订立合同还是出具欠条，柴某某都是以绍兴县都某百货有限公司名义和自己的名义共同进行的。理由是：其一，无论是合同还是欠条，柴某某均有个人签名，特别是在欠条上的签名，明确是以个人名义签名的。其二，从合同内容来看，装饰工程承包范围为位于绍兴县华舍街道的都某商业中心2号楼、3号楼1~2层。而绍兴县都某百货有限公司的工商登记情况可以证明，该公司的经营地址为都某商业中心2号楼1~2层；3号楼1~2层是以柴某某为法定代表人的另一公司即爱某数码科技有限公司的经营地。也就是说，合同一部分是为了设立中的公司即绍兴县都某百货有限公司的利益，另一部分是为了柴某某的个人利益。因此，本案中的工程款应由两被上诉人共同支付。②一审判决适用法律错误。即便如一审法院认为柴某某是以设立中的绍兴县都某百货有限公司的名义与上诉人签订合同的，从现有证据来看，本案符合《最高人民法院关于适用〈中华人民共和国公司法〉若干问题的规定（三）》第3条第2款的规定，3号楼部分合同内容应该由柴某某个人承担责任。况且在欠条上有绍兴县都某百货有限公司和柴某某的共同签名。综上，请求二审法院撤销原判，依法直接改判由两被上诉人共同承担责任。

二审法院经审理，驳回上诉，维持原判。

[判决意见]

一审法院认为：依法成立的合同，自成立时生效。经查，被告柴某某于2009年6月15日以发包人即本案被告绍兴县都某百货有限公司名义与原告订立《建筑装饰工程合同》时，绍兴县都某百货有限公司已经工商部门预先核准名称，柴某某为该公司的发起人之一，投资比例占70%，共计35万元，该公司于翌年11月8日经工商部门核准登记。无论是订立合同还是出具欠条，柴某某都是以绍兴县都某百货有限公司名义进行，是公司设立中柴某某作为公司发起人从事的民事行为，根据《最高人民法院关于适用〈中华人民共和国公司法〉若干问题的规定（三）》第3条第1款"发起人以设立中公司名义对外签订合同，公司成立后合同相对人请求公司承担合同责任的，人民法院应予支持"之规定，现原告要求被告绍兴县都某百货有限公司承担合同责任，于法有据，本院应予支持。原告认为合同是由柴某某以两被告名义与原告订立，与本案事实不符，本院不予采纳。现被告绍兴县都某百货有限公司尚欠原告工程款102万元，事实清楚，证据确凿，足以认定，现原告要求其支付，理由正当，本院应予支持，被告绍兴县都某百货有限公司并应偿付该款自2010年12月31日起至本院确定付款日止按中国人民银行发布的同期同类贷款利率计算的利息。

依照《合同法》第279条，《最高人民法院关于审理建设工程施工合同纠纷案件适用法律问题的解释》第17条、第18条，《最高人民法院关于适用〈中华人民共和国公司法〉若干问题的规定（三）》第3条之规定，判决：①被告绍兴县都某百货有限公司应支付原告浙江某某装饰工程有限公司工程款102万元，并偿付该款自2010年12月31日起至本判决确定付款日止按中国人民银行发布的同期同类贷款利率计算的利息，限于本判决生效后10日内履行完毕；②驳回原告的其他诉讼请求。

一审案件受理费13 980元，由被告绍兴县都某百货有限公司负担，限于本判决生效后7日内向本院交纳。

二审法院认为：本案中《建筑装饰工程合同书》明确显示涉案工程的发包方为绍兴县都某百货有限公司，柴某某是以该公司法定代表人（发起人）的身份予以签字的。故柴某某在欠条上的签字应认定为职务行为，欠条中的欠款人应认定为仅是绍兴县都某百货有限公司。上诉人认为，无论是订立合同还是出具欠条，柴某某都是以绍兴县都某百货有限公司名义和自己的个人名义共同进行的，该主张缺乏事实依据，本院不予采信。上诉人还认为，本案应适用《最高人民法院关于适用〈中华人民共和国公司法〉若干问题的规定（三）》第3条第2款的规定，即"公司成立后有证据证明发起人利用设立中公司的名义为自己的利益与相对人签订合同，公司以此为由主张不承担合同责任的，人民法院应予支持，但相对人为善意的除外"。本院认为，上诉人并未能提供充分的证据证明柴某某利用设立中的绍兴县都某百货有限公司为自己的利益与上诉人签订合同，且绍兴县都某百货有限公司也并未否认其自身应承担全部合同责任，故本院对上诉人的前述主张不予采纳。因此，上诉人要求被上诉人柴某某与绍兴县都某百货有限公司共同支付工程款102万元于法无据，本院不予支持。

综上，上诉人提出的上诉理由不足，其上诉请求本院不予支持。原审判决认定事实清楚，适用法律正确。依照《民事诉讼法》第153条第1款第1项之规定，判决如下：

驳回上诉，维持原判。

二审案件受理费13 980元，由上诉人浙江某某装饰工程有限公司负担。

[案例评析]

本案主要涉及设立中公司发起人的责任承担问题。

设立中公司指公司发起人（或称设立人）订立设立公司的合同或协议，根据《公司法》及相关公司法规的规定着手进行公司成立的各种准备工作到公司登记为止的特殊组织，其性质一般界定为无权利能力的社团。我国一般是以公司名称的预先核准登记作为公司设立的起点。

发起人是公司设立行为主要的具体实施者，是设立中公司的执行机关。设立中公司的交易行为是指在公司具有独立的法人资格之前，发起人以其公司的名义与其他经济主体所为的合同行为。

关于公司设立中发起人的责任承担问题，《最高人民法院关于适用〈中华人民共和国公司法〉若干问题的规定（三）》第 2 条规定："发起人为设立公司以自己名义对外签订合同，合同相对人请求该发起人承担合同责任的，人民法院应予支持。公司成立后对前款规定的合同予以确认，或者已经实际享有合同权利或者履行合同义务，合同相对人请求公司承担合同责任的，人民法院应予支持。"第 3 条规定："发起人以设立中公司名义对外签订合同，公司成立后合同相对人请求公司承担合同责任的，人民法院应予支持。公司成立后有证据证明发起人利用设立中公司的名义为自己的利益与相对人签订合同，公司以此为由主张不承担合同责任的，人民法院应予支持，但相对人为善意的除外。"

在本案中，《建筑装饰工程合同书》明确显示涉案工程的发包方为绍兴县都某百货有限公司，不能证明柴某某利用设立中的绍兴县都某百货有限公司为自己的利益与上诉人签订合同，此乃公司设立中柴某某作为公司发起人从事的民事行为。柴某某在《欠条》上的签字也应认定为职务行为，欠条中的欠款人应认定为仅是绍兴县都某百货有限公司。

因此，无论是订立合同还是出具欠条，柴某某都是以绍兴县都某百货有限公司名义进行，相关责任应该由绍兴县都某百货有限公司承担。本案判决是正确的。

这反映出，在公司设立过程中，一定要区分发起人为自己利益的行为与为公司设立的行为，以此来判断其签名是以个人名义还是以公司名义的职务行为，这最终影响到发起人个人与公司的责任承担。

四、公司设立无效

经典案例

太平洋机电（集团）有限公司与中国建设银行上海第三支行等借款合同纠纷上诉案[1]

［案件事实］

1995 年 9 月，中国建设银行上海第三支行与上海汇川物业发展有限公司（系借款单位，以下简称汇川公司）签订借款合同一份。后因借款到期后，汇川公司并未按约还款，担保公司亦未履行担保责任，故上海第三支行诉至法院。

---

[1] 上海市高级人民法院民事判决书，（2002）沪高民三（商）终字第 14 号。

经查，1994年1月22日，华云公司、上海纺织设备器材工业联合公司（以下简称器材公司，1994年7月与案外人共同组建太平洋公司，器材公司则于1994年12月20日注销）和健利达有限公司（以下简称健利达公司，外方公司）经批准，成立了汇川公司，董事长为被告胡晓。根据汇川公司章程，该公司投资总额应为1000万美元，其中华云公司出资50万美元，原器材公司出资100万美元，健利达公司出资850万美元。1995年3月13日，汇川公司提交的年检报告反映，1994年度外方已出资340万美元，中方未缴资；1999年12月22日，汇川公司被吊销企业法人营业执照。另查，1993年，胡晓（因审理需要，一审法院在2000年5月8日追加胡晓为本案被告参加诉讼）伪造了健利达公司的委托书，并冒充该公司法定代表人郑志成的签名，与华云公司、器材公司共同成立了汇川公司。此外，又伪造了案外人湖南省联丰物业有限公司报表及长沙税务局涉外税务分局的证明，自湖南汇款至汇川公司用于注册资金验资，验资完毕后，款项全部抽回。1995年7月~1997年7月，汇川公司共5次在上海第三支行借得款项人民币1080万元，并全部汇至湖南，其中即包括本案讼争的人民币200万元。

［判决意见］

原审法院认为，由于汇川公司已被吊销企业法人营业执照，但并未成立清算小组，故华云公司、太平洋公司作为汇川公司的投资人，依法应当对汇川公司进行清算，并以该公司清算后的财产向原告履行还款责任。同时，因查明华云公司、太平洋公司作为汇川公司的投资人并未尽足额投入注册资金的义务，故两公司依法应当在各自所应投入的注册资金范围内，就汇川公司的财产不足以清偿原告债权的部分向原告承担赔偿责任。太平洋公司不服一审判决，向法院提起上诉称：汇川公司合同及章程是胡晓通过伪造健利达公司的委托书、冒充该公司法定代表人郑志成的签名以及提供虚假文件等一系列欺诈手段订立的，且投资额占注册资本总额85%的唯一外方主体健利达公司自始未存在，故汇川公司设立合同及其章程无效，上诉人没有义务履行该合同及其章程，亦没有义务对非法设立的汇川公司进行投资。

二审法院认为，对于公司设立无效的法律后果，我国公司法并未作出明文规定。但是，根据我国《公司法》的基本原则、我国最高人民法院有关司法解释的基本精神及公司法的基本原理，公司设立无效并不当然否定公司在被撤销前的行为的效力。具体而言，公司设立无效的事由在被发现后，在公司被撤销或营业执照被吊销之前以公司名义实施的法律行为的效力不受影响，股东对公司的出资责任也不受影响。这是因为，在公司已经成立的情况下，公司股东之间投资协议的瑕疵事由，属公司内部法律关系中的事由。由于处于公司外部的第三人不可能对公司的设立情况进行全面审查，在这种情况下如要求第三人承担公司设立无效的风险后果，实质上意味着将公司设立无效的风险转嫁给善意第三人。因此，在公司经登记并取得营业执照后，公司股东即必须对公司的设立承担责任，并对公司资本的充足性和真实性承担担保义务，确保出资的真实、有效，而不得以公司设立中的瑕疵为由免除这种责任。本案中，胡晓的欺诈和伪造签名的事实，不足以成为太平洋公司和华云公司对抗公司以外的第三人的理由。由于汇川公司依法登记，领取了营业执照，建行三支行正是基于此种信任，与其签订了借款合同，这种信赖应当受到法律的保护。因此，二审法院认为原审法院认定事实清楚，适用法律正确。太平洋公司关于公司设立无效而可免除其出资责任的上诉理由不能成立，法院不予支持。

[案例评析]

本案在原审和二审中虽然均未直接判定汇川公司设立无效，但从本案的争议焦点是公司设立无效是否会导致投资人无须对公司承担投资责任的后果这一事实，我们可以看出两审法院都是认定汇川公司设立无效。有关公司设立无效这一制度，我国《公司法》及相关法律没有明确、具体的规定。只是在《公司法》第199条规定："违反本法规定，虚报注册资本、提供虚假证明材料或者采取其他欺诈手段隐瞒重要事实取得公司登记的，由公司登记机关责令改正……情节严重的，撤销公司登记或者吊销营业执照。"一般认为，这是我国对公司设立无效制度的规定，但是有关设立无效的原因、法律后果等有待进一步完善。下面结合国外立法及相关法理，对这一制度进行简单梳理。

（一）含义

公司设立无效在广义上包括两种情形：设立失败和设立无效或设立不存在（日本）。狭义的公司设立无效仅指公司设立虽然在形式上已经完成甚至公司已经获得营业执照，但实质上却存有条件或程序方面的缺陷，或者说设立有瑕疵，故法律上认为该公司应当撤销，该公司的设立应当被认定为无效。通常采狭义的设立无效概念。公司设立无效一般包括以下三层含义：①公司法人在形式上已经成立。即从外观上看已经进行了设立登记，取得了企业法人资格乃至进行营业所需要的所有法律文件。②公司的设立不符合法定条件。虽然世界各国对公司设立的干涉程度、许可设立原则各不相同，但对公司设立都规定有一定的条件这一点是相同的。公司设立无效制度的功能是将不符合设立条件，不应该具有法人资格的公司从市场中剔除出去以实现立法的目的和意图。③公司设立无效的后果是导致法人资格的彻底否定，即法律自始不承认公司的法人人格。

（二）设立无效的原因

公司必须依法设立，其中主要包括公司种类、股东人数、注册资本、股东出资、设立方式以及设立的程序等必须合法。由于公司设立过程中存在瑕疵，可能导致公司设立无效。导致公司设立瑕疵的事由可依不同的标准分类，主要有：①依产生的原因分为主观瑕疵和客观瑕疵。主观瑕疵指发起人存在行为能力和意思表示方面的缺陷，客观瑕疵主要指设立行为违反法律规定的条件、程序或者其他强制性规定。②依严重程度分为可补救的瑕疵与不可补救的瑕疵。③依内容不同分为程序瑕疵和实体瑕疵。程序瑕疵指公司设立违反法定程序，实体瑕疵指公司设立违反法定的实质要件。

结合各国公司立法实践，公司设立无效的原因，具体包括公司设立违反法定条件、法定程序以及违反其他强制性规定等，在性质上限于不可补救的严重客观瑕疵。按照上述对公司设立无效原因的分析，汇川公司在设立过程中，被告胡晓（汇川公司董事长）伪造并不存在的发起人——健利达公司的委托书并冒充签名，并且伪造验资证明，抽回投资，设立行为在程序上违反法律规定，性质上可以认定为是不可补救的严重客观瑕疵。

（三）设立无效诉讼的法律后果

当公司的设立行为出现设立的严重瑕疵时，有关利害关系人可以通过诉讼的方式请求法院宣告公司的设立无效，公司设立无效的诉讼在诉的性质上属于形成之诉。公司设立无效的判决将会产生以下几个方面的法律效力：①公司设立无效的效力不仅及于原告及公司，而且也及于第三人。因此，任何人不得再次提起公司设立无效之诉；同时，任何人也不得再提起设立有效之诉。②公司设立无效判决不具有溯及既往的效力。也就是说，公司设立无效对公司被确认设立无效前所发生的公司、股东及第三人之间的权利、义务关系的效力不产生影响，从而将公司设立无效的效果限制在将来，而使判决确定前功尽弃的公司如同有效存在一样。这种法律状态通常被称为"事实上的公司"，这主要是为了保护交易的安全。③公告。法院一旦作出公司设立无效的判决，公司即应当在其住所地将该判决予以公告，以保护第三人的合法权益。④清算。法院一旦判决公司设立无效后，清算义务人应当组织清算组对公司的财产进行清算。⑤注销登记。公司被确认设立无效并经清算义务人清算后，应当注销公司的登记。

本案中汇川公司被认定设立无效，但是，由于公司设立无效判决不具有溯及既往的效力。即公司设立无效对公司被确认设立无效前所发生的公司、股东及第三人之间的权利、义务关系的效力不产生影响。汇川公司经登记并取得营业执照，公司股东（华云公司、太平洋公司）必须对公司的设立承担责任，对公司资本的充足性和真实性承担担保义务，对公司的债权人基于合理信任签订的借款合同承担还款义务，而不得以公司设立中的瑕疵为由免除这种责任。

（四）结合国外立法态度的思考——参考《日本公司法》内容

公司设立无效因影响围绕公司的法律关系以及法律的稳定性，所以虽然日本公司法规定了设立无效制度，但是严格限制其适用。但是公司实体根本不存在，瑕疵比较重大时，公司属于不存在的状态。关于公司设立无效之诉讼的原告以及期限，《日本公司法》828条规定："从公司登记之日起2年之内股东等可以提起诉讼。"无效的理由，只限于重大的理由：①缺乏章程规定绝对记载事项，该记载违法时；②章程未经公证（日本设立公司时必须要公证章程）；③股份（权）发行事项未经全体发起人同意的；④创立大会的召开不符合法律规定；⑤设立登记事项无效的情形。无效判决的效力具有对世性，但是不具有溯及力（《日本公司法》第839条），但是需要按一般公司的解散程序办理清算程序。

关于认购股份而未出资的情形是否属于无效事由的问题，一直以来存在两种见解。一种见解认为欠缴程度重大时属于无效事由；另一种见解认为无论是否存在瑕疵，董事以及发起人履行了缴付担保责任（现行公司法取消）瑕疵得到弥补，无效事由自然消灭。但是，瑕疵未得到弥补，依然存在设立无效的理由。第二种见解是通说，与我国《公司法司法解释三》有关出资瑕疵的规定类似。

五、公司章程的性质

经典案例

姜彭年诉上海申华实业股份有限公司
增补董事的决议无效案[1]

［案件事实］

姜彭年系上海申华实业股份有限公司（以下简称申华公司）股东。1995年2月25日，申华公司召开三届二次董事会，会议通过第5、6号2份决议，增补马俊、莫全富为公司董事。同年8月12日，申华公司召开三届三次董事会，会议通过第7号决议，增补李伟荣为公司董事并增选其为常务副董事长。申华公司董事会增补李伟荣等3人为董事等事项，是依据申华公司1994年4月28日股东大会通过的公司章程。该章程第18条规定："股东大会闭会期间，董事人选有必要变动时，由董事会决定，但所增补的董事人数不得超过董事总数的1/3。"第20条规定："董事会设董事长1人，根据需要可设副董事长1~2人。董事长

---

〔1〕　上海市中级人民法院民事判决书，(1998) 沪一中民终字第171号。

和副董事长由董事会以全体董事过半数选举和更换。""副董事长"李伟荣在公司董事长外出期间，未经董事长同意，召开公司董事会，决定增补董事，为此，董事会内产生严重分歧。姜彭年得悉后，认为申华公司董事会增选李伟荣、马俊、莫全富等为董事，是违反《公司法》的行为，并由此引发了一系列的违法侵权行为，侵犯了股东的利益，乃向法院提起诉讼，请求判令申华公司停止侵权并确认增补李伟荣、马俊、莫全富等3名董事的决议无效。申华公司及第三人对董事会增补李伟荣等三人为董事等事项之事实无异议，但认为上述行为是依据申华公司章程实施的行为，而公司章程是经股东大会通过，反映了全体股东的意志。同时，李伟荣等董事身份也经过新闻媒介向股东告示，并无股东提出异议。

[判决意见]

一审法院审理后判决：①被告上海申华实业股份有限公司第三届第二次董事会第5号、第6号关于增补马俊、莫全富为董事的决议无效；②被告上海申华实业股份有限公司第三届第三次董事会第7号关于增补李伟荣为董事、常务副董事长的决议无效。

在二审中，法院认为，我国《公司法》明确规定了股份有限公司股东大会、董事会的性质与职权，股东大会是公司的权力机构，选举和更换董事的职权由股东大会行使；董事会对股东大会负责，执行股东大会的决议，为公司的执行和经营决策机构。申华公司第三届第二、三次董事会作出增补董事及常务副董事长决议的行为，是发生在我国《公司法》颁布实施之后，因此是违法的。申华《公司章程》第18条内容为"股东大会闭会期间，董事人选有必要变动时，由董事会决定，但所增补的董事人数不得超过董事总数的1/3"的规定不仅违反了《公司法》，而且与我国《公司法》颁布前股份有限公司设立以来的有关政策、法规亦是相悖的。因此，该公司章程规定不具有法律效力。申华公司第三届董事会作出增补董事的决议，超越了我国股份有限公司董事会的权限，违反法律，侵害了股东的权益。因此，原审法院据此确认该行为无效，依法所作的判决，是正确的。

[案例评析]

本案对于如何理解章程自治与法律的强制性规定有着很好的启示作用。我国《公司法》虽然在2005年新公司法中放宽诸多规定，实现了章程自治，但是，章程自治应在公司法的强制性规定以外，股东可以约定的范围之内。比如，传统观点认为：保护债权人的盈余分配规则等就不应属于股东自治的范围，像调整公司内部关系的公司组织机关的权限以及责任，意思决定程序等制度需要防止因资本多数决带来的大股东的专制，因此原则上应为强制性规定；而与此相反，在美国 20 世纪 80 年代开始兴起的法和经济学者认为公司是"合同的集成（nexus of contracts）"，主张"合同自由能给利益相关人能够带来最大的富有"，认为公司法原则上应为任意性法规（章程自由）。而基于这一见解很多公司法的理念行不通，它只是将一切行为归结为"交易费用"的节减而已。当然，根据不同形态的公司的类型，完全的章程自治是有可能实现的。比如说创投企业是专业投资者（有技术）与创业资本家（资金提供者）的结合，因此可以通过协议来规定一切事项。但是，适用于创投企业的规则被导入到公司法的一般性规定是不适合的。因为一般性的有限责任公司或股份公司并不一定都是由专业的投资者构成。我国《公司法》第 38 条第 1 款规定："股东会行使下列职权……②选举和更换非由职工代表担任的董事、监事，决定有关董事、监事的报酬事项……"可见，我国法律将董事人选的任免赋予了股东大会。但是本案中，申华公司却在其公司章程中规定将董事人选的变动时的选任权赋予了董事会。在公司章程规定与法律的强制性规定出现冲突时，该如何处理，这涉及了公司章程自治与遵守法律规定之间的协调问题。公司章程是由设立公司的股东制定并对公司、股东、公司经营管理人员具有约束力的调整公司内部组织关系和经营行为的自治规则。

（一）公司章程的自治性

关于公司章程的性质，国内外主要有两种学说：

1. 自治法说。该说认为，公司章程是公司根据国家赋予组织体内部的立法权而制定的规范公司本身及其活动的自治法则，章程不仅约束制定章程的制定者或者发起人，也约束公司机关及新加入公司的股东，因此，公司章程对于已经成为其成员者，都具有普遍的约束力，章程不管其成员的个人意思如何，都可以根据其成员的一般意思而变更；股东的变动或者股份的转让也不影响章程的法规性质。

2. 契约说。该学说认为，公司章程是公司发起人之间在意思协商一致的基础上而订立的合意性文件，是发起人之间意思表示一致的结果，并且，章程制定后即对发起人产生约束力，因此具有契约的性质。

在我国，通说采用公司章程的自治法说，认为公司章程是公司自治性质的根本规则。其实，无论是自治说还是契约说，公司章程是投资者就公司的重要事务及公司的组织和活动作出具有规范性的长期安排，体现了章程的自治性特征，公司章程是公司的自治规则和自治手段。

公司章程的自治法说既强调了公司章程自治的"自治性"，在一定程度上体现了公司当事人的意思自由，同时兼顾了公司章程的法规性质，能够较好的规范公司各方的利益。公司章程具有先天自治性，从公司组建开始实现着公司权力的分配，并直接反映了股东对于公司经营若干事项的直接意见。而章程的制定与变更是公司全体股东协商一致的结果，反映了全体股东的意思自治；同时，它不能排除强制性规范的限制，不仅在内容上不得与公司法相抵触，而且在程序规则上也必须服从公司法的强制性规定。

（二）公司章程的法定性

所谓法定性是指公司章程的制定、内容、效力和修改均由公司法明确规定。尤其是公司章程的内容，作为对公司的管制模式之一，公司法将公司设立及组织机构所必备事项预先规定在公司法之中，成为公司章程的准据，并由公司章程予以针对性地细化和作出具体规定。我国《公司登记管理若干问题的规定》第 12 条规定，公司章程内容违背国家法律、行政法规规定的，公司登记机关应当要求申请人修改。申请人拒绝修改的，应当驳回公司登记申请。

公司章程的法定性直接影响公司章程的效力。如果公司章程的内容、制定、修改等违反法律的强制性要求，将导致公司章程无效。公司章程的法定性实质上反映了国家对公司的干预。

（三）公司章程自治性与法定性的协调

公司章程自治应该是以不违反法律、行政法规为前提的。基于章程的法定性特征，公司章程必须依据公司法制定。由于公司章程是公司登记必须报送的文件之一，要经过有关政府部门必要的形式审查甚至实质审查，因此，公司章程的自治性是相对的。公司章程的法定性和自治性比较直接地反映了公司法融强行性规范与任意性规范于一体的特点。

在制定和运用公司章程时需要正确处理好与公司法之间的关系：公司法是一种法律机制，公司章程是一种自治机制。公司法的规定适用于所有公司，确立的是一般规则，但是，每一个公司都是独特的，都需要适合本公司特点的具体的自治规则。因此，公司章程的任务就是结合本公司自身特点，将公司法的一般规定予以细化，并在不违反法律、行政法规的前提下，利用公司法中的一些授权性规范，有针对性地作出具体规定，成为本公司组织和经营活动的自治规则，使公司章程的规定具有可操作性。

本案中，由于我国《公司法》将董事人选的任免赋予了股东（大）会，申华公司章程却规定股东大会闭会期间，董事人选有必要变动时，由董事会决定，这是明显违反《公司法》的强行性规定的。现代公司法尊重公司的章程自治，但是这种自治是在遵守法律法规规定的基础之上的。因此，申华公司章程作出的这一规定是不具有法律效力的，按照章程规定所作出的决议也是无效的。

六、发起人责任

经典案例

北京首汽集团公司诉四川省经济
技术协作开发公司返还股金案[1]

[案件事实]

1993 年 3 月，四川省经济技术协作开发公司（以下简称经协公司）与西藏天然矿泉水有限公司及西藏国际体育旅游公司订立了设立"西藏圣地矿泉水股份有限公司"的发起人协议。此后，圣地矿泉水公司筹委会便开始了资本募集，其募股说明书及章程释明该公司以开发、生产、出售天然矿泉水为主营业，定向募集来的资本也将用于矿泉水生产设备及厂房投资。1994 年 6 月 18 日，该筹委会与首汽公司（当时名为北京市首都汽车公司）订立了定向法人股认购协议书，约定圣地公司向首汽公司发售面值 1 元人民币的定向募集法人股 160 万股，同时其补充协议约定向其职工配售 40 万股内部职工股。首汽公司按约向圣地矿泉水公司支付了股金 200 万元，圣地矿泉水公司及其证券商海南港澳国际信托投资有限公司共同向首汽公司及其 10 名职工分别出具了股金收据。时至 1994 年 4 月，圣地矿泉水公司已明显不能募足 5000 万资本。西藏自治区体改办于 4 月 21 日批复以圣地矿泉水公司为发起人之一，按《公司法》新设立社会募集公司。同年 8 月，经协公司与西藏自治区拉萨啤酒厂、西藏自治区国际体育旅游公司、西藏自治区交通工业公司、海南金川（香水湾）股份有限公司订立了"西藏圣地股份有限公司"发起人协议书，筹建以开发、生产、经营啤酒为主营业总资本 6000 万元的社会募集公司，并将首汽公司列入该公司筹委会。这份发起人协议寄达首汽公司后，首汽公司即提出异议，认为该协议所称的圣地公司已非先前的圣地矿泉水公司，自己不愿作其股东，要求经协公司等发起人退还股金。同年 10 月 29 日，首汽公司邀经协公司等发起人会谈，并将会谈事项作成书面备忘录，该备忘录记明圣地矿泉水公司发起人应退还首汽公司全部股金。西藏天然矿泉水有限公司法定代表人戴光耀（亦为圣地矿泉水公司董事长）在该备忘录上签署意见为："募股失败而未设立（公司），退款。"经协公司王建则未作明确表态，只表示在 11 月 30 日前公函回复。此后，首汽公司未能收回股金，遂于 1995 年 6 月向法院提起诉讼，要求经协公司作为主要发起人退还全部

---

[1]　成都市中级人民法院判决书，（1995）成经初字第 195 号。

200万元股金及利息,并承担全部诉讼费用。

[判决意见]

法院认为:圣地矿泉水公司未能成立。圣地矿泉水公司没有筹足资本,没有完成《股份有限责任公司规范意见》规定的设立程序,也没有最终取得企业法人营业执照,因而,其法律上的主体资格没能得到确立。虽然西藏自治区体改办批复将圣地矿泉水公司改制为社会募集公司,但按此批复筹办的圣地公司在发起人、公司主营业、资本结构等核心内容上与圣地矿泉水公司已完全不同,不能视为同一公司的改制变更,而构成了另一不同的公司。

圣地矿泉水公司作为股份有限公司,在不能成立时,其发起人应承担退还首汽公司认缴股金及其利息的连带责任。作为股份有限公司,圣地矿泉水公司的设立经过了政府授权部门的批准,其资本除发起人认购外,可采取定向募集方式筹集,其筹委会与首汽公司订立的定向法人股认购协议书是合法有效的。首汽公司因认缴股金,而可成为圣地矿泉水公司成立后的股东,若该公司不能成立,也对该股金享有合法的财产权,有权追回。《规范意见》及现行《公司法》均有相同规定,即股份公司未能成立时,其发起人应向认股人承担连带退还股金及利息的责任。因而,圣地矿泉水公司的三方发起人应退还首汽公司已认购的法人股160万元,并就此承担连带责任。

最终本案以调解结案。

[案例评析]

本案中,原被告争议的焦点是原定向募集的西藏圣地矿泉水股份有限公司与后来募集设立的圣地公司是否为同一个公司,进而引发公司设立中公司的起止时间及发起人对公司设立的责任问题。发起人以设立公司为目的实施与公司的设立相关的行为,在公司成立过程中发挥了重大作用,由此产生了与设立中公司、成立后公司之间的法律关系(参照《公司法解释三》有关设立中公司的地位的规定)。

(一)设立中的公司

设立中的公司是指自订立公司章程起至公司登记成立前进行公司设立事项的组织体。设立中公司是公司法人的前形态,是公司法人成立所不可逾越的阶段。通说认为,设立中的公司始于发起人订立发起人协议,止于公司注册登记。在公司设立这一过程中,发起人协议的签订是为解决设立行为所产生的权利义务最终归属问题而订立的,标志着公司设立行为的开始。如果公司的设立行为最终未取得公司登记机关的登记,即标志着公司设立失败。原定向募集设立的圣地公司发起人协议是由经协公司与西藏天然矿泉水有限公司、西藏国际体育旅游公司订立的,这标志着圣地公司设立行为的开始,但因未能募足资本不能取得公司登记，所以该圣地公司的设立失败。后来，经协公司又与西藏自治区拉萨啤酒厂等签订协议，标志着以社会募集设立的圣地公司的设立行为开始。但此圣地公司非彼圣地公司，因此属于两个设立行为。

（二）发起人概念界定及其法律地位

发起人是参加公司的设立活动并为公司设立行为承担责任的人。我国《公司法解释三》第1条规定，为设立公司而签署公司章程、向公司认购出资或者股份并履行公司设立职责的人，应当认定为公司的发起人，包括有限责任公司设立时的股东。对公司发起人的法律地位，理论上有无因管理说、为第三人利益合同说、设立中公司机关说、当然继承说等，在立法中各个国家关于发起人的含义也界定不同。我国《公司法》第77条、第80条规定发起人必须制订公司章程、必须认购其应认购的股份，并承担公司筹办事务。因此，根据相关法理和法理规定，发起人在法律上须同时具备以下三个法律特征，即为设立公司一要"签署公司章程"、二要"向公司认购出资或者股份"、三要"履行公司设立职责"。关于发起人的法律地位，应从两个方面来确定：一方面，应从设立中公司与发起人的关系来看。在该关系中，发起人作为一个整体应属于设立中公司的机关，对外代表设立中的公司进行创立活动履行设立义务。由于设立中的公司与成立后的公司其实体是同一的，所以发起人因设立行为所生的权利义务自然归属于将来成立的公司。另一方面，应从发起人之间的关系来看。发起人之间为设立公司所形成的协议为合伙协议，发起人之间的关系是合伙关系。所以，如果公司未能合法成立，发起人对其设立行为所产生的义务对第三人负连带责任。

（三）发起人承担责任方式

成立后公司是设立中公司法律人格的延续，在公司成立后，为公司设立而产生的债权债务就会发生概括转移，由成立后的公司承受。在必要的范围之内，发起人为设立公司所实施的行为，主要指对外代表设立中公司进行一切属于公司成立所必需的经济、法律方面的往来以及为组建公司而进行的事务性工作，因这些行为产生的法律后果直接归属于成立后的公司。因某些原因的存在可能导致公司不能成立的，设立中公司消灭，但它毕竟实际存在过，只能由发起人作为负担主体对为设立公司而从事的交易行为产生的债务负责。具体而言：

1. 对其他认股人的责任：在公司设立阶段，认股人是特殊债权人。公司不能成立时，对认股人已缴纳的股款，发起人负返还股款并加算银行同期存款利息的连带责任。

2. 对债权人的责任：在公司不能成立时，对设立行为所产生的债务和费用负连带责任；在公司设立过程中，由于发起人的过失致使公司利益受到损害的，应当对公司承担赔偿责任。我国《公司法解释三》对其有具体规定。

本案中，针对名称相同的圣地公司有两份发起人协议，说明两个圣地公司是不同的，首汽公司作为认股人投资的原圣地公司，但因为未筹足资金而设立失败，发起人应负返还股款的责任，不能因经协公司又与其他发起人订立圣地公司的发起人协议而拒绝返还。

拓展案例

案例一： 吉玛公司诉施某不履行发起人责任案[1]

[案件事实]

2009 年 9 月 19 日，吉玛公司作为甲方与作为乙方的施某签订了一份《股份合作协议》。协议约定，由甲、乙双方共同出资在中国境内注册有限责任公司，公司名称为 ArtizPhotography（艺匠摄影），公司注册地址为_____（空白），经营地址为上海市茂名北路 X 号楼 106～109 室。公司注册资金为人民币 100 万元（以下币种均为人民币），甲、乙双方均以货币出资方式各出资 50 万元，分别占公司注册资金的 50%。协议另约定，由乙方根据合同约定事项制作《公司章程》，经甲方审阅后甲、乙双方签字。甲、乙双方出资到位后，由乙方聘请有资质机构进行验资，获取《验资报告》，所需费用由甲、乙双方负担。《公司章程》、《资产评估报告》、《验资报告》出具后 5 日内，由乙方编制公司注册申请表，到工商机关办理公司注册登记，领取《法人营业执照》。同日，吉玛公司、施某另签订了一份《补充协议》，该补充协议载明："甲方（即吉玛公司）出资的 50 万元实际是依（以）茂名北路 X 号楼 106～109 室的租赁使用权、现有设备、装饰、用具、服装折价 50 万元作为出资。自股份协议书及本补充协议签订之日起茂名北路 X 号楼 106～109 室的租赁使用权、现有设备、装饰、用具、服装所有权属于 ArtizPhotography 艺匠摄影所有。"吉玛公司、施某签署上述协议后，未进一步明确设立新公司 ArtizPhotography（艺匠摄影）的注册地址，亦未依约进行相关的资产评估、验资等手续，签约双方未能就设立新公司的相关事宜达成共识，最终亦未签署 ArtizPhotography（艺匠摄影）的《公司章程》。嗣后，吉玛公司以施某不履行设立新公司的工商登记手续为由，向原审法院提起诉讼。

[问题与思考]

本案是发起人责任诉讼纠纷还是公司设立纠纷？

---

〔1〕 上海市第二中级人民法院判决书，（2012）沪二中民四（商）终字第 508 号。

[重点提示]

发起人在法律上须同时具备以下三个法律特征：为设立公司，一要"签署公司章程"，二要"向公司认购出资或者股份"，三要"履行公司设立职责"。本案中，吉玛公司与施某签订《股份合作协议书》后，始终未能就设立艺匠摄影共同签署公司章程，因此，无论是吉玛公司还是施某，均不具备上述发起人条件之一的须"签署公司章程"的法律要件，非法律意义上的发起人。

案例二： 原告诉杭州某某食品有限公司履行担保义务案[1]

[案件事实]

2009 年 9 月 22 日，被告周某某向原告借款 100 万元，并出具借款收据 1 份，约定：借期为 1 年，从 2009 年 9 月 22 日至 2010 年 9 月 21 日；返利 15 万元。被告杭州某某农产品有限公司作为上述借款的担保人在该借款收据上盖章。被告周某某借得款后，至今未还分文，被告杭州某某农产品有限公司也未履行担保义务。原告催讨无果，于 2010 年 12 月 16 日诉至法院，要求支持其诉称中的请求。

另查明，被告周某某系被告杭州某某农产品有限公司的股东和法定代表人。被告杭州某某农产品有限公司的公司章程第 12 条规定：公司股东会由全体股东组成，股东会是公司的权力机构，依法行使《公司法》第 38 条规定的第 1~10 项职权。另外在《公司法》16 条还规定公司可为公司的股东或者实际控制人提供担保作出决议。对前款所列事项股东以书面形式一致表示同意的，可以不召开股东会会议，直接作出决定，并由全体股东在决定文件上签名、盖章。

[问题与思考]

被告的对外担保合同效力如何？

[重点提示]

《公司法》第 16 条第 2 款规定："公司为公司股东或者实际控制人提供担保的，必须经股东会或者股东大会决议。"该法条并没有规定公司违反上述规定对外提供担保应认定为无效。公司内部决议程序，不得约束第三人。该条款并非效力性强制性的规定。依据该条款认定担保合同无效，不利于维护合同的稳定和交易的安全。

---

[1] 浙江省杭州市萧山区人民法院判决书，（2011）杭萧商初字第 2322 号。

案例三： 童丽芳等诉上海康达化工有限公司股东权案[1]

[案件事实]

2006 年 7 月 29 日，被告上海康达化工有限公司召开股东会会议，讨论关于被告公司修改公司章程的事宜，该会议对于表决情况和会议内容作出了《关于修改〈公司章程〉的决议》（2006）第 03 号的相关记录表明：应出席 54 100 股，实际出席 53 891 股，出席股东所持表决权占全部股权的 99.60%，经表决，同意 42 451 股，不同意 11 440 股（其中 13 名原告的表决意见均为"不同意"），同意的比例为 78.8%，不同意的比例为 21.20%，同意的比例超过 2/3，该议案获得表决通过而有效；公司将在完成增加注册资本之后，对该形成的新公司章程进行工商登记。同时，将《上海康达化工有限公司章程》作为该决议的附件。该修改的公司章程第 24 条"自然人股东死亡后，其股权的处置办法"第 2 项规定："合法继承人继承第 25 条股东权利中的第 1、2、5、6 项的权利和所有义务。"第 3 项规定："继承人可以出席股东会，必须同意由股东会作出的各项有效决议。"第 25 条"股东享有下列权利"中第 1 项规定："有权将自己的名称、住所、出资额及出资证明书编号等事项记载于股东名册内。"第 2 项规定："按照出资比例分取红利，公司新增资本时，按照股东会决议可以优先认缴出资。"第 5 项规定："股东依法转让其股权后，由公司将受让人的名称、住址以及受让的出资额记载于股东名册。"第 6 项规定："公司终止后，按照出资比例分得公司清偿债务后的剩余财产。"第 29 条规定："股东会作出的决议，须经出席会议的股东所持表决权过半数通过。但股东会作出有关公司增加或者减少注册资本、分立、合并、解散或者变更公司形式及修改公司章程的决议必须经出席会议的股东所持表决权的 2/3 以上通过。"第 41 条规定："公司不设监事会，设监事一名，由公司工会主席担任。"股东会决议还对被告公司原有章程的其他部分内容作了修改。之后，因原告童丽芳等 13 名股东认为被修改的公司章程中上述四条内容违法，故起诉到法院。法院经审理认定原审法院［上海市浦东新区人民法院（2006）浦民二（商）初字第 2800 号］确认的事实属实，并认为，上海康达化工有限公司于 2006 年 7 月 29 日作出的《上海康达化工有限公司关于修改〈公司章程〉的决议》中"上海康达化工有限公司章程"第 24 条第 2、3 项、第 25 条第 4 项、第 29 条、第 41 条的内容因违反《公司法》相关规定而被依法确认无效，原审法院对此已有详尽论述，不再赘述认定。童丽芳等 13 名原告又以章程的无效修改条款为公司章程法定必备条款为由而上诉，对此，二审认为，

---

[1] 上海市第一中级人民法院民事判决书，(2007) 沪一中民三（商）终字第 172 号。

《上海康达化工有限公司关于修改〈公司章程〉的决议》涉及的内容是对上海康达化工有限公司于 2002 年 6 月 18 日制定的《公司章程》进行修改，其召集、表决程序均符合法律规定。由于章程修改所涉及的第 24 条第 2、3 项、第 25 条第 4 项、第 29 条、第 41 条与现行法律相悖，故被依法确认无效。无效民事法律行为的后果和基本处理准则为恢复原状，据此公司章程中第 24 条第 2、3 项、第 25 条第 4 项、第 29 条、第 41 条的修改内容不具有法律效力，相应条款仍应以上海康达化工有限公司于 2002 年 6 月 18 日制定的《公司章程》为准。综上，童丽芳等 13 名上诉人的上诉理由不成立，二审不予采信。原审判决认定事实和适用法律正确，本院应予维持。于 2007 年 5 月 21 日作出判决：驳回上诉，维持原判。

　　[问题与思考]

　　公司章程在什么情况下不具有法律效力？

　　[重点提示]

　　《公司法》兼具强制性和任意性的特征，公司章程是股东、发起人意思自治的体现，当事人可以通过自由协商一致，约定相互之间的权利义务关系，并由公司根据自己的经营目的、状况等依法自行制定的规则，它属于自治性规则，但不得违反《公司法》的强制性规范，否则不具有法律效力。本案的争议焦点在于，哪些《公司法》规范属于强制性规范？当公司章程的条款与《公司法》强制性规范之间发生冲突时，其效力如何认定？

第三章

股东与股权

知识概要

本章节知识点与案例比较多。保护股东利益是公司法最基本的理念。我国公司法也设立了保护股东利益的相关条文，但是出现了虽有查账权而无法查阅的情况；股东优先购买权被歪曲利用的情况；一股二卖的效力如何认定的问题；关于股权继承只有一个法律条文，在继承方面不区分法人财产和股权的情形；身份权与财产权的区分的问题；异议股东收购请求权因缺乏操作规范无法实现的问题；原则禁止例外允许的股份回购变相被利用的情况；等等。还包括有限责任公司人合性与资合性的探讨。

一、股东除名

经典案例

湘潭某某有限公司清算组与舒某某股东资格确认纠纷上诉案[1]

[案件事实]

上诉人（原审被告）：湘潭某某有限公司清算组。

被上诉人（原审原告）：舒某某。

原审查明：原告于 1977 年进湘潭某某厂工作，先后担任车间主任等职务。1997 年 11 月湘潭某某厂破产重组，改制成立湘潭某某有限公司，原告将某某厂发给原告的破产安置费 19 560 元及现金 4500 元共计 24 060 元（每股 10 元，占公司股份 2406 股）投入湘潭某某有限公司，成为湘潭某某有限公司的股东之

---

〔1〕　湖南省湘潭市中级人民法院民事判决书，（2012）潭中民三终字第 98 号。

一，并于 2001 年 2 月～2004 年 1 月期间担任湘潭某某有限公司董事长兼总经理。2005 年湘潭某某有限公司以原告挪用公款、侵吞公司集资利息款等严重经济错误为由，下发湘压（2005）7 号文件《关于对舒某某同志的处理决定》，对原告给予除名处理并罚没全部股份。原告对该决定不服，于 2005 年 4 月向湘潭市劳动争议仲裁委员会申请劳动仲裁，湘潭市劳动争议仲裁委员会经过审理，下达了潭劳仲裁字（2005）9 号裁定书，撤销了湘压（2005）7 号文件《关于对舒某某同志的处理决定》中对原告的除名处理决定。同年，原告向湘潭市雨湖区人民法院起诉湘潭某某有限公司，要求确认湘压（2005）7 号《关于对舒某某同志的处理决定》罚没原告全部股份的处理无效，该院作出（2005）雨法民二初字第 27 号民事判决书，判决确认湘潭某某有限公司作出的湘压（2005）7 号文件《关于对舒某某同志的处理决定》罚没原告全部股份的处理无效。湘潭某某有限公司于 2005 年 11 月 9 日下发湘压（2005）19 号文件，在决定撤销湘压（2005）7 号文件的同时，以原告"挪用公款、侵吞集资利息款等经济错误"为由，认定原告挪用公款 14 500 元及侵吞集资利息款 7359.84 元，个人所得税 1471.97 元，税务罚款 2556.06 元，合计 25 887.87 元，并对挪用的公款及非法所得利息处 2 倍罚款计 43 719.68 元，共计 69 607.55 元，限原告在 10 日内上交公司财务部，逾期以欠付工资及股金自动抵减和作出自动离职处理决定。2006 年 1 月 16 日，湘潭某某有限公司在湘潭日报上刊登公告，公告了湘压（2005）19 号文件的内容。事后，原告多次找湘潭某某有限公司提出异议未果，于是原告又多次向行办和经委申诉，行办和经委于 2007 年 10 月 18 日、2008 年 11 月 18 日、2009 年 2 月 11 日，三次组织双方协调，但未协调成功。2010 年，湘潭某某有限公司宣告清算，公司的权利义务均由被告继承，原告于是不断向被告要求恢复股东身份，但是被告并未给原告明确的答复。2011 年 7 月 6 日，原告再次向行办申诉，行办批转由被告进行处理。2011 年 10 月 12 日，被告建议原告通过法律途径解决。此后，原告向一审法院起诉，请求依法确认湘潭某某有限公司于 2005 年 11 月 9 日作出的湘压（2005）19 号文件无效，并要求被告湘潭某某有限公司清算组恢复原告的股东身份。

二审查明的案件事实与一审查明的一致，并对一审查明的事实予以确认。

二审庭审中上诉人湘潭某某有限公司清算组向本院提交了三组证据：①某某公司的财务凭证，拟证明被上诉人有挪用公款、侵吞集资利息款等行为；②《关于请求依法恢复股东身份的报告》，拟证明被上诉人曾承认挪用公款、侵吞集资利息款的事实；③胡新宇的证词，拟证明被上诉人挪用公款 5 万元及侵吞集资利息款后，经董事会、监事会与其协商，被上诉人同意从其保证金中抵扣 35 500 元。

被上诉人对上诉人提供的证据质证如下：证据①、②、③均属于一审开庭前上诉人掌控中，但上诉人并未向法庭提交，不属于二审中的新证据，不予质证。

经审查，本院认为上述证据不符合《最高人民法院关于民事诉讼证据的若干规定》第41条第1款2项的规定，不是二审中的新证据，本院不予采信。

被上诉人舒某某在二审期间未向本院提交新的证据。

[判决意见]

（一）一审判决

1. 原告向湘潭某某有限公司交纳了股款，湘潭某某有限公司向原告出具了股权证，这就是湘潭某某有限公司发给原告的出资证明书，而且原告于2001年2月~2004年1月担任公司董事长兼总经理，根据《湘潭某某有限公司章程》第30条、第36条的规定，担任董事长的人必定是公司股东。该院（2005）雨民二初字第27号民事判决书也对原告系湘潭某某有限公司股东作出了认定。还有湘潭某某有限公司所作出的湘压（2005）7号、湘压（2005）19号文件，也确认了原告系湘潭某某有限公司的股东。故该院认为原告完全具备湘潭某某有限公司股东的特征，被告提出异议却没有提供相应的证据，该院对被告的异议不予支持，并认定原告具有湘潭某某有限公司股东资格。

2. 公司与股东之间是一种投资与被投资的关系，双方处于平等的民事主体地位，公司只能依照公司法与公司章程的规定对股东的行为加以约束，并无权任意处罚股东。而挪用公款、侵吞利息的行为依法应该由刑法来规范和调整，公司作为一个民事主体，根本无权制定这方面的处罚规定。我国《公司法》也没有赋予一个公司有处罚股东的权利，即使公司发现股东有挪用公款、侵吞集资利息款的嫌疑，也只能通过向有权机关举报、控告、起诉等方式维护自己的权利，而无权自己去处罚。

3. 根据本案查明的事实，湘潭某某有限公司并没有证据证明原告曾有挪用公款、侵吞集资利息款等错误行为。另外，湘潭某某有限公司曾经以原告犯有"挪用公款、侵吞集资利息款等经济错误"为由下发湘压（2005）7号文件处理过原告，但该文件已被另案确认为违法，其罚没原告股权的处理已被确认为侵权。然而被告又以同样的理由处罚原告，只不过变更了处罚方式，但被告行为的性质并未改变。故湘潭某某有限公司作出湘压（2005）19号文件既没有法律依据，也没有事实依据，且违反了法律的强制性规定，侵犯了原告的合法权益。湘潭某某有限公司于2005年11月9日下发湘压（2005）19号文件，并于2006年元月16日公告了文件的内容。而原告从2007年开始就不间断地向湘潭某某有限公司、行办、经委等部门和单位申诉，一直持续到提起诉讼，原告向被告主张权利的时间并未超过 2 年。故被告辩称原告起诉超过诉讼时效不符合事实，原告本次起诉没有超过诉讼时效。

综上所述，依据《民法通则》第 58 条第 1 款第 5 项、第 135 条、《公司法》第 32 条第 1 款的规定，判决：确认湘潭某某有限公司（被告前身）于 2005 年 11 月 9 日作出的湘压（2005）19 号文件《关于对舒某某错误的处理决定》无效，限被告湘潭某某有限公司清算组在本判决生效之日起 3 日内恢复原告舒某某的股东身份。案件受理费 500 元，由被告承担。

（二）二审判决

1. 挪用公款、侵吞集资利息款是一种违法犯罪行为，属于刑法调整的范围。上诉人没有提供有关司法机关对被上诉人犯有上述违法犯罪行为予以认定并处理的法律文书等证据予以证实，故其提出被上诉人实施了挪用公款、侵吞集资利息款行为，原审判决认定事实不清的上诉理由不成立，本院不予支持。

2. 被上诉人在单位改制中，将自己的安置费和出资投入上诉人前身股份制企业湘潭某某有限公司，并获得了股权证明书，具备了股东资格，其股东权益应受到法律保护。根据我国《公司法》的规定，股东只有在以下四种情形下才可能丧失其股东资格：①股东自愿、合法转让其所持有的股权；②人民法院依强制执行程序转让股东的股权；③对股东会决议持异议的股东请求公司回购其股权；④自然人股东死亡。据此，股权作为被上诉人因出资而享有的固有权利，是被上诉人的合法财产权，被上诉人合法财产权的处分权，依法只能由被上诉人本人行使。上诉人在未征得被上诉人同意的情形下，通过章程规定及股东会决议，以"罚没全部股份"或"股金自动抵减"方式非法剥夺被上诉人在企业中的股权，并实际上取消了被上诉人股东资格，是对股东合法权益的侵害，违反了我国《公司法》的相关规定，一审法院据此判决确认被告前身湘潭某某有限公司于 2005 年 11 月 9 日作出的湘压（2005）19 号文件《关于对舒某某错误的处理决定》无效，限令被告恢复原告股东身份并无不当，上诉人提出的上诉理由不能成立，本院不予支持。

综上所述，原审判决认定事实清楚，适用法律正确，处理恰当，依法应予维持。依据《民事诉讼法》第 153 条第 1 款 1 项的规定，判决如下：驳回上诉，维持原判。

［案例评析］

本案是关于股东除名的案例，其主要的法律争点是公司作出的股东除名决议的效力问题以及公司行使股东除名应符合哪些条件。

就本案而言，一、二审判决都指出公司对于股东的违法犯罪行为无权作出财产性的惩罚。股东经依法出资取得公司的股东资格，其股权受法律保护（《公司法》第 4 条、《侵权责任法》第 2 条）；根据我国行政处罚法、行政程序法以及刑法、刑事诉讼法的相关规定，对公民的违法犯罪行为的财产性的惩罚，依法只能由法律明确授权的适格主体经正当程序作出，作为私主体的公司未经授权不具有该权限；公司的决议罚没全部股份或"股金自动抵减"方式，客观上剥夺被上诉人在企业中的股权，而且因公司不具有该权限，其侵权行为不具有违法阻却事由，公司主观上具有故意，故应承担侵权责任。股东的股权作为一种权利，第三人负有消极的不作为义务，而公司决议积极侵害债权，违反了公司法、侵权责任法所规定的禁止性规定（对不作为义务的违反），属于《公司法》第 22 条所规定的公司股东会或者股东大会、董事会的决议内容违反法律、行政法规，故该文件所规定的内容无效。

我国《公司法》规定，因贪污、贿赂、侵占财产、挪用财产或者破坏社会主义市场经济秩序，被判处刑罚，执行期满未逾 5 年的人员不得担任公司高管，董事、监事、高级管理人员在任职期间出现上述情形的，公司应当解除其职务。可见，对于特定身份的犯罪股东，公司有权解除其职务。此外，董事、监事、高级管理人员执行公司职务时违反法律、行政法规或者公司章程的规定，给公司造成损失的，应当承担赔偿责任。若高管同时还是股东身份，那么该损害赔偿之债权能否与股权发生法定抵销呢（正如该公司主张的股金自动抵减），依据我国合同法关于法定抵销的规定，需要双方互负相同种类的债权债务，而股权显然不是债权，股东与公司之间也不当然具有债权债务关系，股权的性质也与损害赔偿之债的性质迥异，因而不能发生抵销的效果。若公司对高管的损害赔偿之债成立，其只能通过强制执行程序才能变动股东的股权

本案二审判决要旨涉及股东除名的条件问题，其认为股东只有在四种情况下才可能丧失其股东资格：①股东自愿、合法转让其所持有的股权；②人民法院依强制执行程序转让股东的股权；③对股东会决议持异议的股东请求公司回购其股权；④自然人股东死亡。但是除了这四种情形导致失去股东资格外，还有一种与本案有更直接关联的股东除名制度。

股东除名是违背被除名股东的意愿而剥夺其在公司的权利，排除其对公司的参与的制度。是否对不履行义务的股东除名，是依公司一方的意思表示，性质上属于形成权。该除名制度是对不履行义务或者滥用股东权利的股东的一种惩罚，旨在维护公司的人合性和相互的信赖关系。我国公司法并没有关于股东除名制度的一般规定，但《最高人民法院关于适用〈中华人民共和国公司法〉若干问题的规定（三）》（以下简称《公司法解释三》）第 18 条第 1 款规定了一种股东除名的情形，即有限责任公司的股东未履行出资义务或者抽逃全部出资，经公司催告缴纳或者返还，其在合理期间内仍未缴纳或者返还出资，公司以股

东会决议解除该股东的股东资格，该股东请求确认该解除行为无效的，人民法院不予支持。可见，在我国现行的公司法体系下，股东除名遵循法定主义原则，股东除名需要严格的条件和程序：①仅对有限责任公司，对股份公司不适用；②仅限于未履行出资义务或者抽逃全部出资的情形；③需经公司催告缴纳或者返还，其在合理期间内仍未缴纳或者返还出资时才可适用；④需股东会决议通过。作为司法解释的产物，该种除名制度应严格限定在规定的范围内，不宜滥用。

综上而言，我国现行《公司法》框架内的股东除名制度仅限于《公司法解释三》规定的一种情形，公司的章程自己规定除名的条件与程序则可能涉及侵犯股东的股权而无效。

二、章程限制与股权转让

经典案例

常州百货大楼股份有限公司诉常州市信和
信息咨询有限公司等股权转让纠纷案[1]

[案件事实]

原告：常州百货大楼股份有限公司（简称百货公司）。

被告：常州市信和信息咨询有限公司（简称信和公司）、常州市希慎企业管理策划有限公司（简称希慎公司）、常州太古商贸有限公司（简称太古公司）、常州惠泽商贸有限公司（简称惠泽公司）。

第三人：常州大诚纺织集团有限公司（简称大诚公司）等18家单位。

百货公司在国营常州百货大楼的基础上改制成立于1993年4月27日，注册资金为5000万元，股权结构为：国家股2000万元，占股本总额的40%；法人股2300万元，占股本总额的46%；职工个人股700万元，占股本总额的14%。《公司章程》第17条载明："一个法人股股东持有本公司的股份，原则上不得超过本公司股份总额的5%，对于突破本条界限的法人股东，在获得公司股份总额5%以上时，必须经本公司同意。"

自2003年7月起，信和公司、希慎公司、太古公司、惠泽公司分别与百货公司股东大诚公司等18家单位签订股权转让协议共22份，合计受让百货公司法人股4 464 222股，占百货公司总股本的7.292%。

---

〔1〕　江苏省高级人民法院民事判决书，（2005）苏民二级字第198号。

百货公司以信和公司、希慎公司、太古公司、惠泽公司系关联企业，其为规避百货公司章程关于股份转让所作的限制，采取一致收购行动，未经百货公司同意收购百货公司法人股超过股份总额5%的行为违反了百货公司章程，依法应确认为无效民事行为为由，诉至法院，请求判令：①确认被告与百货公司的股东大诚公司等签订的22份股权转让协议无效，价值人民币9 864 792元；②判令被告交还新的股权证书并恢复百货公司原股东身份和股权证书原状。

四被告辩称：①章程就股份转让所作的限制性规定并不能成为股权转让协议无效的理由。②四被告不是原告所说的关联公司，四被告所购百货公司股份不应合并计算。故请求驳回百货公司的诉讼请求。

第三人述称：股份转让并未违反法律规定，且已办理了过户登记手续，不存在股份转让侵权行为，请求驳回百货公司的诉讼请求。

常州市中级人民法院经审理认为：股份有限公司股权的依法自由转让是其基本要求。百货公司章程规定的对股权转让的限制，不仅不符合我国公司法就股份有限公司关于股权转让的规定，而且没有必要的正当理由，更无相应的补救措施。这种对股权让渡不合理的限制，除妨碍正常的股权交易外，还必然影响股权转让价格。因此，章程对股权转让所作的限制性规定，违反股权转让的基本原则，变相剥夺股东的股份转让权，应认定无效。此外，没有证据证明四被告构成关联公司，四被告分别受让股份的行为亦不属"一致行动"，四被告所持百货公司股份不应合并计算。综上，四被告与第三人签订股权转让协议的行为应认定为有效，原告的诉讼请求于法无据，应予驳回。

常州市中级人民法院依照《中华人民共和国公司法》（以下简称《公司法》）第143条、第144条，《中华人民共和国民事诉讼法》第130条之规定，判决：驳回百货公司的诉讼请求。

一审宣判后，原告百货公司不服，向江苏省高级人民法院提起上诉称：

1. 百货公司章程对股权转让所作的限制性条款有效。

（1）《公司法》第143条关于"股东持有的股份可以依法转让"的规定体现的股权转让原则是依法转让而不是绝对的自由转让，股权转让必须依据法律及公司章程进行。

（2）百货公司章程相关条款只对股权转让作出一定的限制而非变相禁止股权转让。首先在5%之内的转让是没有任何限制的，对超过5%时的股权转让也没有予以禁止，而是加以一定的程序上的限制条件，即"在获得公司股份额5%以上时，必须经本公司同意"。在通过以上程序之后，还是能够突破5%的限制而进行股权转让的，如果百货公司董事会同意，则受让人可合法办理受让手续，如果不同意，则转让人可将其股权分拆转让，或者重新寻找受让人，或者也可请求公司帮助其寻找双方均能认可、对公司发展有利的受让人，由此使股权转让成为一种既对转让人有利、又不至于损害公司利益的行为。因此该条款无论是在形式上还是在实体上均只是对股权转让给予一定条件的限制而不是禁止。

（3）大陆法系国家普遍允许非上市股份有限公司的章程对股份转让作出限制，应予借鉴。如《韩国商法》第335条规定，股份可以转让给他人，但章程可以规定股份转让须经董事会同意。《日本商法》第204条规定，股份有限公司可以通过章程规定股份转让须经董事会同意。

2. 四被上诉人构成关联公司和一致行动人，其所购股份应当合并计算。请求二审法院撤销原审判决，支持上诉人的诉讼请求。

被上诉人信和公司、希慎公司、太古公司、惠泽公司答辩称：原审判决认定事实清楚，适用法律正确，应予维持。

原审第三人述称：同意被上诉人的答辩意见。

江苏省高级人民法院审理认为：对于非上市股份有限公司能否在章程中对股份转让作出限制，目前立法无明确规定。百货公司以韩国、日本商法为例，主张本案应当借鉴域外立法精神，认定百货公司章程限制股份转让的规定有效。在法无明文规定的情形下，应否认可非上市股份有限公司章程对股份转让设限的效力，应综合分析各种相关因素，尽力找出现行立法的本意，并以此作为判断的标准。

1. 虽然韩国商法、日本商法均允许非上市股份有限公司章程对股份转让设限，但借鉴他国法律制度时应着眼于制度的整体而非局部。考察韩国、日本作此规定的基础，在于商法其他条款中对受到限制的股东提供了足够的救济手段，包括请求公司另行指定股份受让人或由公司收购股份等。反观我国《公司法》，其并未向受限制股东提供救济措施。修订后于2006年1月1日起施行的《中华人民共和国公司法》（以下简称新《公司法》）第五章第二节专门就股份有限公司的股份转让作了规定，根据其中第143条的规定，除"减少公司注册资本"、"与持有本公司股份的其他公司合并"、"将股份奖励给本公司职工"、"股东因对股东大会作出的公司合并、分立决议持异议，要求公司收购其股份"四种情形外，公司不得收购本公司股份，从而在立法上排除了公司章程限制股份转让情形下为拟转让股东提供救济的通道。鉴于我国立法不存在韩国、日本商法允许章程对股份转让设限规定的基础，故不应简单借鉴韩国、日本商法允许章程对股份转让设限的规定。

2. 对于章程能否对股份转让设限，新《公司法》区别对待有限责任公司和非上市股份有限公司的立法意图明显。依新《公司法》第72条第4款关于"公司章程对股权转让另有规定的，从其规定"的规定，有限责任公司章程可以自由约定对股份转让的限制。但新《公司法》未在股份有限公司立法中作出类似的原则性规定，该法在第 138 条确立了股份有限公司"股东持有的股份可以依法转让"的原则后，仅在第 142 条就发起人及董事、监事、高级管理人员所持本公司股份的转让作了法定限制，并例外规定"公司章程可以对公司董事、监事、高级管理人员转让其所持有的本公司股份作出其他限制性规定"。综合分析新《公司法》就有限责任公司和股份有限公司股份转让的不同规定，可以揭示出这样的立法精神：是否允许股份有限公司章程限制股份转让属于立法政策问题，如果法律允许章程设限，将会明确作出规定，否则不得以章程设限。

3. 关于"股东持有的股份可以依法转让"的理解。对于股份有限公司而言，大多数股东无力与公司管理层进行协商并对其进行有效的监督和制约，中小股东易被边缘化和外部化，利益易遭侵害，法律实施中对此必须予以关注；且股份有限公司属于资合公司，股份流通性是其生命，股份转让的自由度不仅直接影响公司自身利益和公司内部中小股东的利益，更关涉公司外部第三人利益。因此，有关股份有限公司的股份转让，立法既已作出规定，不能通过公司章程予以变更。"股东持有的股份可以依法转让"，在现有的立法框架下应包含两层含义：①股份转让必须依法进行；②只要依法进行，股份就可以转让。

4. 百货公司章程未向受限制股东提供必要的救济渠道。在立法未明确允许公司章程可就股份转让作出限制且未提供救济渠道的情况下，百货公司章程仅对股份转让作了限制，且无正当理由，更无相应的救济措施，这使得百货公司可以不需任何理由地拒绝股东的股份转让请求，构成对股份转让的变相禁止，不符合股份有限公司的资合性特征及相关立法精神。综上，是否允许股份有限公司以章程限制股份转让属于立法政策问题，除非立法有明文规定，否则司法不宜肯定。现行公司立法未明文许可股份有限公司可以章程限制股份转让，相反却规定"股份可以依法转让"，在此情形下，除非公司章程本身提供了相应的救济手段，否则认可其效力将使得拟转让股份的股东丧失救济渠道，与股份有限公司的特性及立法精神相违。故百货公司章程就股份转让所作的限制性规定应为无效。此外，虽然四被上诉人确已构成关联企业和一致行动人，但关联企业和一致行动人的认定不影响本案股权转让合同的效力。据此，百货公司关于撤销原判、支持其诉讼请求的上诉请求缺乏事实依据和法律依据，不予支持。原审判决认定事实基本清楚，适用法律虽不完全正确，但处理结果并无不当，应予维持。江苏省高级人民法院依照《中华人民共和国民事诉讼法》第 153 条第 1 款第 1 项之规定，判决：驳回上诉，维持原判。

[判决意见]

(一) 一审判决

1. 百货公司章程规定的对股权转让的限制，不仅不符合我国公司法就股份有限公司关于股权转让的规定，而且没有必要的正当理由，更无相应的补救措施。这种对股权转让不合理的限制，除妨碍正常的股权交易外，还必然影响股权转让价格。因此，章程对股权转让所作的限制性规定，违反股权转让的基本原则，变相剥夺股东的股份转让权，应认定无效。

2. 即使章程有效，也没有证据证明四被告构成关联公司，四被告分别受让股份的行为亦不属"一致行动"，四被告所持百货公司股份不应合并计算，因而也就没有违反章程关于"获得公司股份总额5％以上时，必须经本公司同意"的规定。

3. 四被告与第三人签订股权转让协议的行为应认定为有效。

（二）二审判决

1. 在比较法上，韩国、日本都允许非上市的股份有限公司的章程对股份转让设定限制，但两国的规定在法律体系上都有相关的制度保障股东的救济，与我国的现有公司法规范不同，不应当参照。

2. 从新旧公司法的历史解释、立法目的解释而言，新公司法区别对待有限责任公司和股份有限公司，特别规定股份有限公司的股份可以依法转让，在法律没有特别限制的情况下，章程也不得限制。

3. 百货公司章程未向受限制股东提供必要的救济渠道。在立法未明确允许公司章程可就股份转让作出限制且未提供救济渠道的情况下，百货公司章程仅对股份转让作了限制，且无正当理由，更无相应的救济措施，这使得百货公司可以不需任何理由地拒绝股东的股份转让请求，构成对股份转让的变相禁止，不符合股份有限公司的资合性特征及相关立法精神。

4. 四被上诉人确已构成关联企业和一致行动人，但关联企业和一致行动人的认定不影响本案股权转让合同的效力。

［案例评析］

本案是关于股份有限公司章程限制股份转让的典型案例，主要的法律争点是股份有限公司章程限制股份转让的规定的效力问题。

基于有限责任公司人合性的考虑，一般公司法都对有限公司的股权转让设定若干限制，如我国《公司法》第72条规定，股东向股东以外的人转让股权，应当经其他股东过半数同意。股东应就其股权转让事项书面通知其他股东征求同意，其他股东自接到书面通知之日起满30日未答复的，视为同意转让。其他股东半数以上不同意转让的，不同意的股东应当购买该转让的股权；不购买的，视为同意转让。除公司法的限制之外，公司法亦允许章程规定限制条件。而基于股份公司资合性以及鼓励交易的考虑，坚持股份转让自由的原则，如我国《公司法》第138条明确规定，股东持有的股份可以依法转让。但在比较法上，有些国家的公司法区分规定了封闭性股份公司和上市股份有限公司两种类型，基于封闭性股份公司规模较小，亦具有一定的人合性的考虑，股东之间基于特定情况亦有对股份转让作出限制的必要，因而在立法上明确规定允许封闭性股份公司的章程对股份转让作出限制。

就本案而言，《公司章程》第17条的规定意味着公司股东（单个或多个都一样）转让超过5%以上的股份给同一个法人时，需要经过公司的同意，构成对转让股东与受让人的限制。那么该限制属于章程自治的范畴还是违反法律的规定而无效呢？我国《公司法》第138规定股东的股份可以依法转让，确立了股份自由转让的原则，该原则说明股份有限公司的股东享有股份转让的自由权，而且依据文义以及立法目的的解释，该转让是不负担任何条件的（除非法律另有规定，如高管转让股份的时间限制），此外，结合《公司法》第142条，说明章程只有在公司法明确授权的范围内才能对股份转让予以限制。因此，章程对于股份转让的限制属于对股权的侵犯（股份转让权是股权的一个权能），而且没有正当的违法阻却事由，应承担侵权责任。股份转让自由的原则属于强行性规定，章程违反该强行性规定，应属无效。

而且，虽然有些外国立法例允许股份公司章程对股份转让作出限制，却没有为我国公司法所采纳，在我国公司法上，股份转让自由仍是股份公司的一项强行性原则，对于股份公司章程限制股份转让的案例，应明确适用该原则裁判，不存在法律漏洞需要弥补，无适用比较法解释的余地。

三、股份回购的效力

经典案例

湖南三立集团股份有限公司与彭利勇股权回购纠纷上诉案[1]

［案件事实］

上诉人（原审被告）：湖南三立集团股份有限公司。

被上诉人（原审原告）：彭利勇。

原审法院认定，2002年10月31日，原告彭利勇在三立集团购买内部股138 000股，成为三立集团的股东之一。2005年3月26日，三立集团召开股东大会，会议决议通过关于股份转让的有关规定。2005年5月17日，原告彭利勇同意将股份转让给被告三立集团，双方当日还签订了《股份转让协议》，协议书中

---

〔1〕　湖南省湘西土家族苗族自治州中级人民法院民事判决书，（2012）州民三终字第27号。

约定，彭利勇自愿将其所持有的股份 138 000 股，每股价值人民币 1 元计算，折合人民币 138 000 元转让给被告，同时还约定原告如果有以立据借支入股的股份，转让时不得领取现金，必须冲减原告的立据欠款。《股份受让结算审评单》记载原告彭利勇在购买内部股份时，有 69 000 股是立据借支入股，应予冲减，原告实际现金购买股份 69 000 股，应予退还。协议签订后，被告一直没有按照协议支付给原告股份转让款。在庭审中，被告称，原告尚欠被告子公司云南兰坪金甸选厂借款未还，故股份转让款 69 000 用于抵扣原告的欠款。但是被告抵扣时，并没有与原告办理书面抵偿结算手续。

原审法院认为，原告彭利勇与被告湖南三立集团所签订的《股份转让协议》只是缔约双方解除股东身份和投资合作关系的意思表示，退股行为成就与否尚有待于缔约双方是否按照《股份转让协议》的约定履行。本案中，原、被告签订《股份转让协议》之后，被告一直未依约定退回原告股资或与原告协议结算抵销债务，而且，被告湖南三立集团系发起方式设立的股份有限公司，股东退股系企业减资行为应依法办理减资登记和股东身份注销手续，但被告迄今仍未办理，因此，彭利勇的股东身份及股东权益仍然存在，现原告提出确认其股东身份资格的请求于法有据，应予支持。按照《中华人民共和国公司法》第 143 条第 1 款、第 2 款的规定，判决如下：确认原告彭利勇具有被告湖南三立集团股份有限公司股东资格。案件受理费 5000 元，由被告三立集团股份有限公司承担。

湖南三立集团股份有限公司不服原判决上诉称：①被上诉人彭利勇与上诉人所签订的《股份转让协议》内容未违反法律规定，双方签字系真实意思表示，合法有效；②被上诉人彭利勇依约将股权凭证交付上诉人三立集团，股份转让行为完成。综上，一审判决认定事实不清、适用法律错误，请二审法院依法查明事实后，予以改判。

被上诉人彭利勇答辩称：①上诉人未依据《股份转让协议》退回股资或结算抵销债务，被上诉人的股权及股东身份依然存在；②上诉人与被上诉人所签订的《股份转让协议》违反法律禁止性规定，属无效协议；③工商注册没有注销彭利勇股东资格，彭利勇的股东身份仍然存在。综上，一审判决认定事实清楚，适用法律准确，审判程序合法，请求二审驳回上诉，维持原判。

上诉人、被上诉人在二审中均没有提交新的证据。

二审审理查明的事实与一审认定的事实基本相同，本院予以确认。

另查明，上诉人湖南三立集团股份有限公司成立于 1998 年 8 月 8 日，于 2002 年 10 月完成民营化改造，此时被上诉人彭利勇成为其股东。至 2005 年，因公司经营遇到困难，许多股东纷纷要求转让股份，因为没有相应的股权受让人，上诉人于 2005 年 3 月 26 日通过股东大会决议，设立法人股收购了包括被上诉人彭利勇在内的一些股东手中所持有的股份，召开这次股东大会之时，上诉人股份总额为 4750 万股，股份转让价格为每股 1 元。从 2006 年以后，上诉人的经营状况开始好转，2007 年 5 月被认定为中国铅锌冶炼十强企业，至 2010 年，据媒体报道，上诉人拥有的总资产约 9.85 亿元。2010 年 3 月 18 日，被上诉人彭利勇向上诉人发出了请求落实其股东资格的报告，以上诉人没有支付相应股金为由，请求确认其股东身份并落实股本金额。

二审法院认为，本案有两个争议焦点：①上诉人与被上诉人于 2005 年 5 月 17 日所签订的《股份转让协议》是否有效；②如果该《股份转让协议》有效，上诉人未依据《股份转让协议》支付对价，被上诉人的股权及股东身份是否依然存在。

对于第一个争议焦点，上诉人与被上诉人于 2005 年 5 月 17 日所签订的《股份转让协议》是否有效的问题。本院认为，依据《中华人民共和国公司法》第 143 条第 1 款的规定："公司不得收购本公司股份。但是，有下列情形之一的除外：①减少公司注册资本；②与持有本公司股份的其他公司合并；③将股份奖励给本公司职工；④股东因对股东大会作出的公司合并、分立决议持异议，要求公司收购其股份的。"根据上诉人与被上诉人在一审中所提交的《股份转让协议》、《湖南三立集团股份有限公司 2005 年度股东大会决议》及《湖南三立集团股份有限公司关于股份内部转让的有关规定》，上诉人设立法人股收购各股东的股份，并不属于上述四种情形之一，且上诉人在一审至二审过程中也未提供证据证明当年公司设立法人股收购各股东的股份有符合以上四种情形之一的情况。因此，该股份转让行为在上诉人经营困难的当年进行，是有损于公司债权人的行为，违反了法律的强制性规定。根据《中华人民共和国合同法》第 52 条的规定，"有下列情形之一的，合同无效……⑤违反法律、行政法规的强制性规定。"但是在本案中双方当事人所签订的《股份转让协议》是否属于这类情况，还应根据《最高人民法院关于适用〈中华人民共和国合同法〉若干问题的解释（二）》第 14 条的规定来进行认定。该条规定："合同法第 52 条第 5 项规定的'强制性规定'，是指效力性强制性规定。"即只有违反了法律、行政法规的效力性强制性规定，合同才能被认定为无效。《中华人民共和国公司法》第 143 条的内容中没有明确规定违反其规定将导致合同无效或不成立，也没有与其相结合的其他法律条文明确规定了违反《中华人民共和国公司法》第 143 条的规定即导致合同无效。该条规定应属于取缔性（管理性）强制性规定，而非效力性强制性规定，违反该条规定并不导致合同无效。本案涉及的《股份转让协议》虽然违反了该规定，但因上诉人近年来发展较好，协议继续有效并不损害国家利益和公司债权人的利益，且本案的被上诉人彭利勇于 2005 年 5 月 17 日以家庭困难为由申请转让股权，并在《股份转让协议》及《股份受让结算审批单》上签字，可见，被上诉人系自愿转让股份，当事人双方自愿形成的合同关系应予认定和保护。因此，上诉人与被上诉人于 2005 年 5 月 17 日所签订的《股份转让协议》是有效的。

对于第二个争议焦点，上诉人未依据《股份转让协议》支付对价，被上诉人的股权及股东身份是否依然存在的问题。根据《中华人民共和国合同法》第 107 条的规定："当事人一方不履行合同义务或者履行合同义务不符合约定的，应当承担继续履行、采取补救措施或者赔偿损失等违约责任。"违约责任中不存在直接认定合同无效的情形，不能以此为由认定被上诉人的股权及股东身份依然存在。本案中涉及的《股份转让协议》是有效合同，且被上诉人彭利勇已经交付了相应的股权凭证，即已经失去了股东身份，对于上诉人与被上诉人之间存在的债权债务的法律关系，双方当事人可另行结算处理。

综上所述，一审判决认定事实基本清楚，但适用法律不当，实体处理不妥，本院依法予以改判。上诉人湖南三立集团股份有限公司的上诉理由成立。依照《中华人民共和国民事诉讼法》第 153 条第 1 款第 2 项、第 158 条的规定，判决如下：①撤销花垣县人民法院（2011）花民初字第 67 号民事判决；②驳回被上诉人彭利勇的诉讼请求。

一审案件受理费 5000 元，二审案件受理费 5000 元，共计 10 000 元，由被上诉人彭利勇承担。

[判决意见]

（一）一审判决

确认原告彭利勇具有被告湖南三立集团股份有限公司股东资格。原审法院认为，原告彭利勇与被告湖南三立集团所签订的《股份转让协议》只是缔约双方解除股东身份和投资合作关系的意思表示，退股行为成就与否尚有待于缔约双方是否按照《股份转让协议》的约定履行。本案中，原、被告签订《股份转让协议》之后，被告一直未依约定退回原告股资或与原告协议结算抵销债务，而且，被告湖南三立集团系发起方式设立的股份有限公司，股东退股系企业减资行为应依法办理减资登记和股东身份注销手续，但被告迄今仍未办理，因此，彭利勇的股东身份及股东权益仍然存在，现原告提出确认其股东身份资格的请求于法有据，应予支持。

（二）二审判决

上诉人与被上诉人于 2005 年 5 月 17 日所签订的《股份转让协议》有效。本院认为，《公司法》第 143 条的内容中没有明确规定违反其规定将导致合同无效或不成立，也没有与其相结合的其他法律条文明确规定了违反《公司法》第143条的规定即导致合同无效。该条规定应属于取缔性（管理性）强制性规定，而非效力性强制性规定，违反该条规定并不导致合同无效。本案涉及的《股份转让协议》虽然违反了该规定，但因上诉人近年来发展较好，协议继续有效并不损害国家利益和公司债权人的利益，且本案的被上诉人彭利勇于2005年5月17日以家庭困难为由申请转让股权，并在《股份转让协议》及《股份受让结算审批单》上签字，可见，被上诉人系自愿转让股份，当事人双方自愿形成的合同关系应予认定和保护。因此，上诉人与被上诉人于2005年5月17日所签订的《股份转让协议》是有效的。

上诉人未依据《股份转让协议》支付对价并不影响该协议的效力。根据《合同法》第107条的规定："当事人一方不履行合同义务或者履行合同义务不符合约定的，应当承担继续履行、采取补救措施或者赔偿损失等违约责任。"违约责任中不存在直接认定合同无效的情形，不能以此为由认定被上诉人的股权及股东身份依然存在。本案中涉及的《股份转让协议》是有效合同，且被上诉人彭利勇已经交付了相应的股权凭证，即已经失去了股东身份。

[案例评析]

本案属于典型的股份有限公司违法回购本公司股份的案例。该案涉及的主要法律争点是违法回购本公司股份所签订的股份转让合同的效力问题。

股份回购（Stock Repurchase），指公司因一定事由将发行在外的部分股份买回来的行为。对于股份回购行为，我国《公司法》第143条第1款明确规定，"公司不得收购本公司股份。但是，有下列情形之一的除外：①减少公司注册资本；②与持有本公司股份的其他公司合并；③将股份奖励给本公司职工；④股东因对股东大会作出的公司合并、分立决议持异议，要求公司收购其股份的"。即除上述四种法定情形外，公司不得收购本公司股份。但对于违反该条规定所签订的股份回购合同的效力，我国公司法没有作出明确的规定，导致法律实践中法官的判决结果和依据各不相同。

我国公司法理论上对于违法股份回购合同的效力也存在很大的争论。主要有以下四种观点：①无效说，认为违法回购行为当然无效；②有效说，认为从促进交易角度出发，该行为在私法上应为有效，对公司进行行政处罚即可；③相对无效说，认为违法回购行为在双方当事人之间原则上无效，但例外地当公司出让该股份时，受让人是善意的，该转让行为为有效；④可撤销说，认为在公司取得自己股份并不侵害他人权利之场合，应解释为有效；如违反了资本维持原则，导致公司的破产、支付不能，以致侵害债权人和其他股东的权利甚或导致其损害为目的，则应承认权利被侵害者享有撤销权。

从法律解释的技术而言，本案的一审判决回避了（也可能是没有发现）股份回购合同的效力这一较复杂的法律问题，没有对彭利勇与三立集团 2005 年 5 月 17 日所签订的《股份转让协议》是否有效作出裁判，而是认定股东与公司之间的股权是否发生变动应依股权转让合同双方是否相互支付对价来判断，这样就存在两个问题：首先，合同的效力是合同是否需要履行的前提，若合同无效，则其内容自始就对于双方当事人不具有约束力，也不存在解除合同或者违约的问题，一审判决直接指向了股份回购合同的履行问题（即受让人何时取得股东资格的问题），颠倒了合同效力与合同履行的先后关系；其次，对于股权变动的模式问题虽然存在争议，但是股权是否变动并不受是否对待给付的影响。

二审判决指出了本案的核心法律争点在于股份回购合同的效力问题，并且正确地解释了合同效力和合同履行、违约之间的关系和区别。对于本案中的股份回购合同是否有效的问题，二审法院说明的理由如下：首先，对于我国《公司法》第 143 条的性质作出判断，认为该条属于管理性强制性规定，而非效力性强制性规定，其理由是《公司法》第 143 条的内容中没有明确规定违反其规定将导致合同无效或不成立，也没有与其相结合的其他法律条文明确规定了违反《公司法》第 143 条的规定即导致合同无效；其次，二审判决还进行了相关利益的评价与衡量，认为近年公司发展较好，协议继续有效并不损害国家利益和公司债权人的利益，这一观点类似于上述可撤销说的表述，认为在本案中公司取得自己的股份并不侵害他人的合法权益，因而不足以对资本维持原则造成很大的冲击。

但二审判决的法律理由也存在如下问题：首先，理论上认为，《合同法》第 52 条第 5 项规定属于转介条款，赋予法官自由裁量的权力来判断某一条法律或者行政法规是否具有否定法律行为效力的评价，而不是只有当法条直接明确规定无效时才认定合同无效；其次，因为《合同法》第 52 条及其司法解释对于效力性强制性规定与管理性强制性规定的区分并没有给出明确的区分标准，法官应该提供充分的理由来说明为何某一法条属于前者或者后者，而二审法院的理由还是过于粗糙，价值判断过于武断；最后，能否以近年公司发展较好，协议继续有效并不损害国家利益和公司债权人的利益，来判断合同的效力也存在疑问。

我国《公司法》第 143 条关于公司不得违法收购本公司的股份规定，就其立法目的而言，我国立法者认为股份回购构成对资本维持原则的冲击，而资本维持原则在我国公司法上是一项重要的原则，所以只列举了四种例外情形允许公司回购股份。因此，基于公司资本维持与债权人保护的考虑，《公司法》第 143 条应属效力性的强制性规定。

二审法院虽然对《公司法》第 143 条的性质进行了讨论，但并没有注意到违法回购本公司股份的行为在法律上应该区分债权行为和股份的取得行为（准物权行为），即股份转让合同和股权的变动。对于违法回购本公司股份的债权行为的效力，基于上述关于《公司法》第 143 条性质的判断，应认定其因违反法律的效力性、强制性规定而无效；对于股份的取得行为的效力，学说上则存在无效、有效或者相对无效等几种看法。笔者认为，考虑到交易安全的保护，结合国外的立法例与学说，认定为相对无效较为妥当，即股份变动行为在股东和公司之间无效，但不得对抗善意第三人。因本案中股份只在原被告之间发生变动，不涉及善意第三人的保护，故应认定原告与被告的股份变动行为无效。

四、股东知情权

经典案例

李淑君等诉江苏佳德置业发展有限公司案[1]

[案件事实]

原告：李淑君。

原告：吴湘。

原告：孙杰。

原告：王国兴。

被告：江苏佳德置业发展有限公司（以下简称佳德公司）。

江苏省宿迁市宿城区人民法院一审查明：被告佳德公司是成立于 2003 年 10 月 15 日的从事房地产开发的有限责任公司。截至 2004 年 8 月 7 日，该公司的股东持股情况为：施允生 460 万元、王国兴 250 万元、张育林 160 万元、孙杰 65 万元、吴湘 65 万元。2007 年 9 月 7 日，张育林将其持有的全部股份转让给李淑君。

2009 年 4 月 8 日，四原告向被告佳德公司递交申请书，主张行使股东对公司的知情权。4 月 14 日，四原告诉至法院，请求判令四人对佳德公司依法行使知情权，查阅、复制佳德公司的会计账簿、议事录、契约书、通信、纳税申报书等（含会计原始凭证、传票、电传、书信、电话记录、电文等）所有公司资料。同日，法院受理该案。4 月 20 日，被告佳德公司函复四原告与指定律师联

---

〔1〕 江苏省宿迁市中级人民法院判决书，（2009）宿中民二终字第 319 号，载《最高人民法院公报》2011 年第 8 期（总第 178 期）。

系。4 月 27 日，法院向佳德公司送达应诉材料。法院查明：被告佳德公司和广厦建设集团有限责任公司（以下简称广厦公司）于 2005 年 5 月 26 日签订《宿迁市"颐景华庭"住宅工程建设工程施工合同》，广厦公司派驻管理工程的项目经理为张育林。2009 年 2 月 18 日，广厦公司以佳德公司拖欠其 19 954 940.05 元工程款为由，向宿迁仲裁委员会提请裁决。

[判决意见]

一审法院认为，本案争议焦点是：①四原告行使知情权的范围是否有法律依据；②四原告要求查阅、复制公司会计账簿是否具有不正当目的。

（一）一审判决

1. 《公司法》第 34 条规定："股东有权查阅、复制公司章程、股东会会议记录、董事会会议决议、监事会会议决议和财务会计报告。股东可以要求查阅公司会计账簿。……"因此，除会计账簿及用于制作会计账簿的相关原始凭证之外，四原告的诉讼请求已超出法律规定的股东行使知情权的范围，对超出范围的部分不予支持。

2. 根据《公司法》第 34 条第 2 款的规定，股东对公司会计账簿行使知情权的范围仅为查阅，且不能有不正当目的。但被告佳德公司原股东张育林现为"颐景华庭"工程承包人广厦公司派驻管理工程的项目经理，因佳德公司和广厦公司之间涉及巨额工程款的仲裁案件未决，与佳德公司之间存在重大利害关系。申请书和四原告的民事起诉状及授权委托书上均有张育林签字，四原告对此不能作出合理解释，证明张育林与本案知情权纠纷的发动具有直接的关联性，也证明四原告在诉讼前后与张育林之间一直保持密切交往，其提起知情权诉讼程序不能排除受人利用，为公司的重大利害关系人刺探公司秘密，进而图谋自己或第三人的不正当利益的重大嫌疑。

3. 此外，《公司法》第 34 条第 2 款还规定股东提起知情权诉讼的前置程序，即股东必须有证据证明公司在其提出书面请求并说明目的后，公司明确拒绝其查询会计账簿，或在法定的期间内（15 日）未予答复，方能提起知情权诉讼。具体到本案而言，四原告在 2009 年 4 月 8 日递交公司的《申请书》中称"四申请人准备于 2009 年 4 月 23 日前"至公司行使知情权，但 2009 年 4 月 14 日四原告即至法院起诉，期间仅 6 天时间，因此，四原告的起诉不符合法定的前置要件。

综上所述，一审法院认为，四原告要求行使知情权不仅超出法定范围，且其关于查阅会计账簿的起诉违反法定前置程序，同时被告佳德公司有合理根据表明四原告行使该权利可能损害公司合法利益，故对四原告的诉讼请求不予支持。据此，判决驳回原告诉讼请求。

原告不服一审判决，向江苏省宿迁市中级人民法院提起上诉。

（二）二审判决

1. 关于4名上诉人起诉要求行使知情权是否符合公司法规定的前置条件。依据《公司法》第34条第2款之规定，股东提起账簿查阅权诉讼的前置条件是股东向公司提出了查阅的书面请求且公司拒绝提供查阅。这一前置条件设定的目的在于既保障股东在其查阅权受侵犯时有相应的救济途径，也防止股东滥用诉权，维护公司正常的经营。本案中，4名上诉人于2009年4月8日向佳德公司提出要求查阅或复制公司的所有资料以了解公司实际财务状况的书面请求，虽然4月14日4名上诉人至一审法院起诉时佳德公司尚未作出书面回复，但佳德公司在4月20日的复函中并未对4名上诉人的申请事项予以准许，且在庭审答辩中亦明确表明拒绝4名上诉人查阅、复制申请书及诉状中所列明的各项资料。至此，4名上诉人有理由认为其查阅权受到侵犯进而寻求相应的法律救济，此时不宜再以4名上诉人起诉时15天答复期未满而裁定驳回其起诉，而应对本案作出实体处理，以免增加当事人不必要的讼累。

2. 关于4名上诉人要求行使知情权是否具有不正当目的。本案中，4名上诉人向被上诉人佳德公司提出书面请求说明其行使知情权的目的是了解公司实际经营现状，显属其作为有限责任公司股东应享有的知情权。佳德公司以4名上诉人具有不正当目的为由拒绝其查阅，则应对4名上诉人是否具有不正当目的并可能损害其合法利益承担举证责任。但是，佳德公司并无证据表明，4名上诉人查阅会计账簿的目的是为了收集并向广厦公司提供工程款纠纷仲裁一案中对佳德公司不利的证据，损害佳德公司及其他股东的合法利益。

3. 关于4名上诉人主张行使知情权的范围是否符合法律规定。4名上诉人请求查阅、复制被上诉人佳德公司的会计账簿、议事录、契约书、通信、纳税申报书等（含会计原始凭证、传票、电传、书信、电话记录、电文等）所有公司资料。法院认为，《公司法》第34条第2款规定，"股东可以要求查阅公司会计账簿"。账簿查阅权是股东知情权的重要内容。股东对公司经营状况的知悉，最重要的内容之一就是通过查阅公司账簿了解公司财务状况。《会计法》第9条第1款规定："各单位必须根据实际发生的经济业务事项进行会计核算，填制会计凭证，登记会计账簿，编制财务会计报告。"第14条规定："会计凭证包括原始凭证和记账凭证。办理本法第10条所列的经济业务事项，必须填制或者取得原始凭证并及时送交会计机构。……记账凭证应当根据经过审核的原始凭证及有关资料编制。"第15条第1款规定："会计账簿登记，必须以经过审核的会计凭证为依据，并符合有关法律、行政法规和国家统一的会计制度的规定……"因此，公司的具体经营活动只有通过查阅原始凭证才能知晓，不查阅原始凭证，中小股东可能无法准确了解公司真正的经营状况。根据会计准则，相关契约等有关资料也是编制记账凭证的依据，应当作为原始凭证的附件入账备查。据此，4名上诉人查阅权行使的范围应当包括会计账簿（含总账、明细账、日记账和其他辅助性账簿）和会计凭证（含记账凭证、相关原始凭证及作为原始凭证附件入账备查的有关资料）。对于4名上诉人要求查阅其他公司资料的诉请，因超出了《公司法》第34条规定的股东行使知情权的查阅范围，不予支持。

4. 关于查阅时间和地点，公司法赋予股东知情权的目的和价值在于保障股东权利的充分行使，但这一权利的行使也应在权利平衡的机制下进行，即对于经营效率、经营秩序等公司权益未形成不利影响。因此，4名上诉人查阅的应当是和其欲知情的事项相互关联的材料，而并非对公司财务的全面审计，故查阅应当在公司正常的业务时间内且不超过10个工作日，查阅的方便地点应在佳德公司。

5. 关于4名上诉人要求复制被上诉人佳德公司会计账簿及其他公司资料的诉讼请求，法院认为，《公司法》第34条第1款将股东有权复制的文件限定于公司章程、股东会会议记录、董事会会议决议、监事会会议决议和财务会计报告。第2款仅规定股东可以要求查阅公司财务会计账簿，但并未规定可以复制，而佳德公司章程亦无相关规定，因此4名上诉人要求复制佳德公司会计账簿及其他公司资料的诉讼请求既无法律上的规定，又超出了公司章程的约定，不予支持。

综上，二审法院判决撤销一审判决，被上诉人佳德公司于判决生效之日起10日内提供自公司成立以来的公司会计账簿（含总账、明细账、日记账、其他辅助性账簿）和会计凭证（含记账凭证、相关原始凭证及作为原始凭证附件入账备查的有关资料）供上诉人李淑君、吴湘、孙杰、王国兴查阅。上述材料由4名上诉人在佳德公司正常营业时间内查阅，查阅时间不得超过10个工作日。驳回上诉人李淑君、吴湘、孙杰、王国兴的其他诉讼请求。

[案例评析]

股东作为公司资本的提供者和经营风险的最终承担者，有权知悉公司的人事、财务、经营、管理等方面情况。根据公司法，凡是股东均有查阅公司资料的权利，无论其持股数量和时长，但有限公司和股份公司股东有权查阅或复制的资料范围不同。

有限公司股东有权查阅、复制公司章程、股东会会议记录、董事会会议决议、监事会会议决议和财务会计报告，有权查阅公司会计账簿。要求查阅公司会计账簿的股东应向公司提出书面请求，说明查阅目的。公司有合理根据认为股东查阅会计账簿有不正当目的，可能损害公司合法利益的，可以拒绝提供查阅，并应当自股东提出书面请求之日起 15 日内书面答复股东并说明理由。公司拒绝提供查阅的，股东可以请求人民法院要求公司提供查阅。（《公司法》第 34 条）

股份公司股东有权查阅公司章程、股东名册、公司债券存根、股东大会会议记录、董事会会议决议、监事会会议决议、财务会计报告。（《公司法》第 98 条）公司无权以目的不正当为由不向提供查阅。

自《公司法》2005 年修订增加查阅权条款以来，查阅权诉讼（主要由有限公司股东提起）频频发生。争议焦点通常是：原告是否具有股东资格；股东查阅目的是否正当；股东是否有权查阅会计凭证，是否有权复制会计账簿或会计凭证，是否有权邀请专业人员协助查阅；股东是否有权启动对公司的独立审计等。

有限公司和股份公司股东有权查阅的范围不同。前者的范围稍广，包括公司会计账簿；后者不包括会计账簿。审判实践中，主张查阅权的有限公司股东时常不满足于查阅会计账簿，他们通常会提出查阅会计凭证（包括原始凭证和记账凭证）的请求。但根据会计法，会计凭证是制作会计账簿的依据，但并非会计账簿的组成部分。（《会计法》第 15 条）审判实践中，法院对查阅会计凭证的请求大致有三种观点：①不支持。理由是，"根据我国会计法规定，会计账簿包括总账、明细账、日记账和其他辅助性账簿。因此，会计账簿并不包括会计凭证。"[1] ②有条件支持。理由是，会计凭证是制作会计账簿的依据，股东如对会计账簿所载内容有重大疑问的，可要求公司出示相关的会计凭证以供核对。[2] ③支持。理由是，股东有权查阅记账凭证和原始凭证。理由同样是会计账簿登记须以经过审核的会计凭证为依据，但认为，应对会计账簿作"扩大解释"，即包括记账凭证和原始凭证。[3] 北京市和江苏省的高级人民法院则在其司法指导意见中明确规定，有限责任公司股东有权查阅的公司会计账簿，包括记账凭证和原始凭证。[4]

有限公司股东查阅公司章程、股东会会议记录、董事会会议决议、监事会会议决议和财务会计报告，股份公司股东查阅公司章程、股东名册、公司债券存根、股东大会会议记录、董事会会议决议、监事会会议决议、财务会计报告，

---

[1]　中国外运金陵公司等诉上海亚联汽车维修有限公司案，上海市第二中级人民法院民事判决书，(2007) 沪二中民五（商）初字第 126 号。

[2]　广州市环境保护工程设计院有限公司与林汉萍等上诉案，广东省广州市中级人民法院民事判决书，(2007) 穗中法民二终字第 862 号。

[3]　东方银创国际经贸（北京）有限公司与杨德山上诉案，北京市第一中级人民法院民事判决书，(2009) 一中民终字第 7107 号。

[4]　北京市高级人民法院：《关于审理公司纠纷案件若干问题的指导意见》(2008)，第 19 条；江苏省高级人民法院：《关于审理适用公司法案件若干问题的意见》(2006)，第 66 条。

均不必向公司说明目的，公司也无权以股东有"不正当目的"而不提供查阅。

　　但股东查阅公司会计账簿，须先向公司提出书面请求，说明目的。公司如拒绝提供查阅，应在法定时间内书面答复股东并说明理由。股东提起查阅权诉讼的，唯在公司能够证明该股东有不正当目的，可能损害公司合法权益时，法院才不支持股东查阅会计账簿。对此，公司负举证责任。

　　什么样的目的属于"不正当目的"？一般来说，与股东维护其作为股东的正当利益无关的目的和动机应属"不正当目的"。但正当与否必须在个案中具体分析，不能一概而论。

　　本案涉及了股东知情权的若干重要问题，包括：行使知情权的前置条件、不正当目的的举证责任及证明内容、股东有权查阅的材料范围以及有权复制的材料范围等问题。判决意见的论证和说理都很充分，不必赘言。值得注意的是，二审法院基于立法目的对查阅范围作了扩张性解释。认为，股东有权查阅会计凭证（包括记账凭证和原始凭证）。因为，"公司的具体经营活动只有通过查阅原始凭证才能知晓，不查阅原始凭证，中小股东可能无法准确了解公司真正的经营状况。根据会计准则，相关契约等有关资料也是编制记账凭证的依据，应当作为原始凭证的附件入账备查"。作为《最高人民法院公报》公布的案例，上述意见将对审判实践具有指导意义。

　　本案还涉及哪些资料可以复制的问题。股东在查阅会计账簿（及会计凭证）时，如果发现疑点（例如，发现会计账簿的记载与会计凭证不符，或者发现虚假的会计凭证），可能要求复制有关资料，保留证据，但通常都遭到公司拒绝。依《公司法》第34条，股东对会计账簿仅有查阅权而无复制权。本案法院即不支持复印的请求。那么，一个现实的问题就是，应如何满足股东保存证据的正当需求？

　　股东可能不具备查账所必需的财务知识，他可否聘请一名会计师作为助手或顾问一同查阅会计账簿，或者委托他人查阅？通常情况下，这是一个合理的要求。有的高级人民法院支持这一请求。[1]最高人民法院在其拟定的"公司法解释四（征求意见稿）"中认为，股东应征得公司同意后委托他人查阅，双方意见不一致的，由法院指定专业人员查阅。也是一个可行的处理办法。

　　查阅权诉讼消耗了股东和公司的时间、精力和金钱。如果股东最终胜诉，不当或恶意阻挠股东查阅的公司管理者或控制股东是否应承担某种法律责任？对此，我国尚无立法和司法上的实践经验。可资参考的是，美国一些州的公司

---

　　[1]　例如，《北京市高级人民法院关于审理公司纠纷案件若干问题的指导意见》（2008年4月21日京高法发［2008］127号）第17条规定："有限责任公司股东可以委托律师、注册会计师代为行使公司会计账簿查阅权。"

法以不同方式对此类管理者施以惩罚性责任。例如，有些州公司法规定，管理者应按股东股份价值的一定比例（如1%或2%）向股东支付罚金；有的规定，按拖延查阅的天数，每天支付一定数额罚金；还有些州规定，管理者应承担股东的诉讼费和律师费。[1]

五、新股优先认购权

经典案例

贵州捷安投资有限公司与贵阳黔峰生物制品有限责任公司等案[2]

［案件事实］

原告：贵州捷安投资有限公司（以下简称捷安公司）。

被告：贵阳黔峰生物制品有限责任公司（以下简称黔峰公司）。

被告：重庆大林生物技术有限公司（以下简称大林公司）。

被告：贵州益康制药有限公司（以下简称益康公司）。

被告：深圳市亿工盛达科技有限公司（以下简称亿工盛达公司）。

第三人：贵阳友谊（集团）股份有限公司（以下简称友谊集团）。

黔峰公司成立于1997年3月。2005年6月29日，黔峰公司召开股东会及董事会。股东益康公司、血液中心、友谊集团、捷安公司、大林公司参加会议，并形成会议纪要：友谊集团将其持有的黔峰公司31%股权中的22%转让给益康公司，其余9%转让给捷安公司后，退出股东会和董事会，相关法律手续待办理完善。会议成立了黔峰公司新一届股东会，股东单位及股权比例为大林公司54%、益康公司19%、血液中心18%、捷安公司9%。

2007年4月，黔峰公司先后召开两次股东会，就黔峰公司增资扩股、改制上市等相关事宜进行磋商，但均未能达成一致意见。2007年5月28日，黔峰公司召开临时股东会，对拟引入战略投资者，按每股2.8元溢价私募资金2000万股，各股东按各自的股权比例减持股权，以确保公司顺利完成改制及上市的方案再次进行讨论。会议表决：①股东大林公司、益康公司从有利于公司发展的大局出发，同意按股比减持股权，引进战略投资者。同时承诺采取私募增资扩股方案完全是从有利于公司改制和上市的目的出发，绝不从中牟取私利。赞成

---

〔1〕 Hamilton, *The Law of Corporations*, in a Nutshell, 4th ed. , pp. 525～526.

〔2〕 最高人民法院民事裁定书，（2010）民申字第1275号，摘自何抒、杨心忠："股东对公司新增出资份额不享有优先认购权"，载《人民司法》2011年第12期。

91%（即大林公司、益康公司、亿工盛达公司赞成），反对9%（捷安公司反对）。②亿工盛达公司同意引进战略投资者、按股比减持股权的方案，但希望投资者能从上市时间及发行价格方面给予一定的承诺。赞成91%，反对9%。③同意捷安公司按9%股比及本次私募方案的溢价股价增持180万股。赞成100%。④本次私募资金必须在2007年5月31日前汇入公司账户，否则视作放弃。100%赞成。5月29日，大林公司、益康公司、亿工盛达公司、捷安公司股东代表均在决议上签字，其中，捷安公司代表在签字时特别注明"同意增资扩股，但不同意引入战略投资者"。同日，捷安公司向黔峰公司提交了《关于我公司在近三次股东会议上的意见备忘录》，表明其除应按出资比例优先认缴出资外，还要求对其他股东放弃的认缴份额行使优先认购权。5月31日，捷安公司将其180万股的认缴资金缴纳到黔峰公司账上，并再次致函黔峰公司及各股东，要求对其他股东放弃的出资份额行使优先认购权，未获其他股东及黔峰公司同意。为此，捷安公司以大林公司、益康公司、亿工盛达公司均放弃新股认购权总计1820万股后，在其已明确表示行使优先认购权的情况下，仍决定将该部分认购权让与公司股东以外的其他人，违反公司法的有关规定，侵犯其优先认购权为由诉至法院，请求判令确认其为黔峰公司股东，并确认其对黔峰公司增资扩股部分的1820万新股享有优先认购权。

［判决意见］

贵州省高级人民法院一审认为，捷安公司对其他股东放弃的份额没有优先认购权。首先，现行公司法对股东行使增资优先认购权范围进行了压缩，并未明确规定股东对其他股东放弃的认缴出资比例有优先认缴的权利。其次，公司股权转让与增资扩股不同，股权转让往往是被动的股东更替，与公司的战略性发展无实质联系，故要更加突出保护有限责任公司的人合性；而增资扩股，引入新的投资者，往往是为了公司的发展，当公司发展与公司人合性发生冲突时，则应当突出保护公司的发展机会，此时若基于保护公司的人合性而赋予某一股东的优先认购权，该优先权行使的结果可能会削弱其他股东特别是控股股东对公司的控制力，导致其他股东因担心控制力减弱而不再谋求增资扩股，从而阻碍公司的发展壮大。最后，黔峰公司股东会在决议增资扩股时，已经按照《公司法》第35条的规定，根据捷安公司的意思，在股东会决议中明确其可以按实缴出资比例认购180万股出资，且捷安公司已按比例缴纳了认股出资，故该股东会决议没有侵害捷安公司依法应享有的优先认购权。判决：①确认捷安公司为黔峰公司股东；②驳回捷安公司主张对黔峰公司其他股东放弃的1820万股增资扩股出资份额享有优先认购权的诉讼请求。

捷安公司不服上述一审判决，向最高人民法院提起上诉。

最高人民法院二审认为，从黔峰公司股东会决议内容可以看出，黔峰公司各股东对增资扩股是没有争议的，而争议点在于要不要引进战略投资者。尽管对此各股东之间意见有分歧，但也是形成决议的，是股东会形成资本多数决的意见。决议内容符合黔峰公司章程有关规定。因此该股东会决议是有效的，各股东应按照股东会决议内容执行。关于股份对外转让与增资扩股的不同，一审判决对此已经论述得十分清楚，予以认可。《公司法》第 35 条并没有直接规定股东对其他股东放弃的认缴出资比例增资份额有无优先认购权。对此，有限责任公司的股东会完全可以将此类事情交由公司章程规定，从而依据公司章程规定方式作出决议，该决议不违反法律强行规范，是有效力的，股东必须遵循。在已经充分保护股东认缴权的基础上，捷安公司在黔峰公司此次增资中利益并没有受到损害。当股东个体更大利益与公司整体利益或者有限责任公司人合性与公司发展相冲突时，应当由全体股东按照公司章程规定方式进行决议，从而有个最终结论以便各股东遵循。综上，捷安公司对其他股东放弃认缴的增资份额没有优先认购权。二审法院遂判决：驳回上诉，维持原判。

捷安公司不服二审判决，向最高人民法院申请再审。

最高人民法院经审查认为，根据捷安公司的申请再审理由，本案争议焦点在于黔峰公司增资扩股所涉股东会决议的效力以及捷安公司是否对其他股东承诺放弃认缴的新增出资份额享有优先认购权。最高人民法院指出，优先购买权作为一种排斥第三人竞争效力的权利，对其相对人权利影响重大，必须基于法律明确规定才能享有。其发生要件及行使范围须以法律的明确规定为根据。《公司法》第 35 条明确规定了全体股东无约定的情况下，有限责任公司新增资本时股东优先认缴出资的权利以及该权利的行使范围以"实缴的出资比例"为限，超出该法定的范围，则无所谓权利的存在。当然，有限责任公司的股东会完全可以有权决定将此类事情及可能引起争议的决断方式交由公司章程规定，从而依据公司章程规定方式作出决议，当然也可以包括股东对其他股东放弃的认缴出资有无优先认购权问题。但本案中黔峰公司股东会对优先权问题没有形成决议，故应当依据公司法规范来认定。本案捷安公司已根据《公司法》第 35 条之规定按照其实缴的出资比例行使了优先认购权，其对黔峰公司享有的支配权和财产权仍然继续维持在原有状态，不存在受到侵害的事实或危险。在公司法无明确规定有限责任公司新增资本时，部分股东欲将其认缴出资份额让与外来投资者其他股东有优先认购权的情况下，捷安公司不能依据与增资扩股不同的股权转让制度行使《公司法》第 72 条所规定的股权转让过程中的优先购买权。综上，捷安公司提出的再审事由不符合《民事诉讼法》第 167 条规定的再审条件，本案不应再审，裁定驳回贵州捷安投资有限公司的再审申请。

[案例评析]

黔峰公司股东会作出增资决议，其中两名股东声明放弃优先认缴权。股东放弃增资优先认缴权的法律后果是什么？是否意味着该两名股东放弃认缴的这部分出资可以由股东以外的人认缴？本案的争议焦点是，黔峰公司增资时，捷安公司是否对其他两名股东放弃认缴的新增出资份额享有优先认购权。

新股优先认购权，是指公司新增资本或发行新股时，能优先于他人认缴出资或者认购新股的权利。新股优先认购权的权利人可以是股东，也可以是股东外的第三人。[1]

公司向股东之外的人的筹集资本或发行新股时，公司原股东的权益比例将被"稀释"。股东之新股认购权旨在向原有股东提供保持其权益比例的机会。

公司法规定，有限公司新增资本时，股东较股东以外的人有权优先认缴出资。各股东有权优先认缴的数额按其已实缴出资在总实收资本中的比例计算。全体股东可以约定不按照实缴出资比例优先认缴出资。（《公司法》第35条）

可见，有限公司股东的新股优先认购权是法定权利，认购数额以其实缴出资比例为准，除非全体股东约定其他认购比例。此处有待解释的问题是：①全体股东应以何种形式作出这种不同于法定规则的"约定"？按常理解释，全体股东一致通过的章程条款、股东会决议或者股东协议等均符合法条文义。②全体股东能否约定排除优先认购权？作为一项民事权利，似无理由禁止。同样，股东也可以单独或者一致同意放弃自己的优先认购权。但是，部分股东放弃行使优先认购权时，其他股东是否对他们放弃的认缴份额享有优先于公司外第三人的认缴权？有待解释。本文贵州捷安投资有限公司案争议的就是这个问题。③股东之间转让新股优先认购权是否属于第35条所谓"不按照出资比例优先认缴出资"，从而须经全体股东一致同意？股东之间转让新股优先认购权不同于直接改变股东的认缴比例，因为，转让可以在承认各股东按实缴出资比例认缴的基础上进行，其效果类似于股东认缴出资后再行转让。股东之间转让股权尚不需要其他股东同意（《公司法》第72条第1款），转让新股优先认购权同样也无须其他股东批准。

股份公司发行新股时，公司法未规定股东享有优先认购权。但亦未禁止公司章程特别规定或者股东大会通过决议赋予原有股东优先认购权（参见《公司法》第134条）。如果股份公司章程和股东大会决议均未规定股东有新股优先认购权，则股东无此权利。

捷安公司主张优先认购权的理由主要是：其他两名股东放弃行使各自的优先认购权而任由新投资者认缴新增出资，实质上是向股东以外的人转让股权，而其作为

---

[1] 参见赖源河："论新股认购权"，载《政大法律评论》第15、16期。

原有股东之一，有权依据《公司法》第72条对拟转让的股权主张优先购买权。

　　捷安公司的这一主张看起来似乎混淆了公司增资和转让股权两种行为。但实际上并非完全没有道理。因为，从结果上看，其他两名股东放弃认缴新增出资的权利而任由新投资者认缴，与两名股东认缴出资后再原价转让给该新投资者完全相同。但后一情形属于有限公司股权对外转让，依《公司法》第72条，其他股东对拟转让之股权享有优先购买权；而前一情形法律未设任何规范。既然法律效果基本相同，两种情形就应该适用相同的法律规则。否则，就是不公平的。

　　一、二审判决和再审裁定均讨论了本案争议事由与股权转让的区别，但没有分析二者在法律效果上的相似性。最高人民法院在再审裁定中拒绝适用第72条的理由是：①新股优先购买权具有排斥第三人竞争的效力，对相对人权利影响重大，须基于法律明确规定才能享有。《公司法》第35条规定，在全体股东无约定的情况下，有限公司股东的优先认缴出资的权利以"实缴的出资比例"为限，超出该法定的范围，则不得主张法定的优先认购权。②有限公司章程或者股东会决议可以事先对本案争议事项作出规定，但黔峰公司并无此种章程条款或者股东会决议，故应当依据公司法规范处理。③捷安公司已根据《公司法》第35条之规定按照其实缴出资比例行使了优先认购权，"其对黔峰公司享有的支配权和财产权仍然继续维持在原有状态，不存在受到侵害的事实或危险"。综上，"在公司法无明确规定有限责任公司新增资本时，部分股东欲将其认缴出资份额让与外来投资者其他股东有优先认购权的情况下，捷安公司不能依据与增资扩股不同的股权转让制度行使《公司法》第72条所规定的股权转让过程中的优先购买权"。简而言之，最高人民法院认为，新股优先认购权仅确保原股东有机会保持自己的出资比例不被新增出资稀释，但不能排斥外部投资者入股，原股东对其他股东放弃行使的优先认购权无权主张优先认购。

　　六、股东优先购买权

经典案例

案例一：　　　　　　北京新奥特集团有限公司诉
　　　　　　　　　　中国华融资产管理公司案[1]

[案件事实]
　　原告：北京新奥特集团有限公司（以下简称新奥特集团）。

------

　　〔1〕　最高人民法院民事判决书，（2003）民二终字第143号，载《最高人民法院公报》2005年第2期。

被告：中国华融资产管理公司（以下简称华融公司）。

2002 年 6 月 28 日，华融公司与案外人比特科技控股股份有限公司（以下简称比特科技）、新奥特集团签订关于北京北广电子集团有限责任公司（以下简称北广集团）的股权转让协议，协议主要内容是：比特科技、新奥特集团共同组成收购团收购华融公司持有的北广集团 55.081% 的股权，股权转让的最终价格不低于 3 亿元。股权转让款的支付采取分期付款形式，协议签订起 3 日内，比特科技、新奥特集团按照华融公司提供的账户支付 1 亿元，余款在协议签订起 3 个月内或评估报告经国家主管部门备案之日起 7 日内付清。比特科技、新奥特集团依约支付 1 亿元后，华融公司协助办理股权转让的过户手续。受让方完全知悉其他股东不配合办理股权变更工商登记手续的风险，并承诺不为此向出让方提出任何抗辩，不影响受让方支付股权转让价款，出让方已经收到的股权转让价款不予返还。此外，协议还约定了股权质押、违约责任、适用法律等内容。

同年 6 月 28 日，经华融公司提议召开北广集团 2002 年度第一次临时股东会会议，拟就华融公司将其持有的北广集团全部股权一次性转让给比特科技和新奥特集团组成的收购团的相关事项作出决议。北广集团的另一股东北京电子控股有限公司（以下简称电子公司）未在相关决议上签章认可。同年 9 月 27 日，华融公司与案外人新疆国际信托投资有限责任公司（以下简称新疆国投）、新奥特集团、比特科技进行磋商；华融公司与新奥特集团、比特科技分别签订《关于股权转让相关问题的协议书》（一）、（二），两份协议书确认的事实主要是：新奥特集团、比特科技分别于同年 7 月 22 日、8 月 6 日、8 月 30 日共向华融公司交付股权转让款 1 亿元。新疆国投同意以信托方式对新奥特集团、比特科技给予融资支持，应于同年 9 月 28 日 12 时前将总值 2 亿元的资金汇出并进入约定的账户。协议书确定的内容还有，因北广集团的另一股东已经以华融公司侵犯其优先购买权为由提起仲裁程序，新奥特集团、比特科技同意对继续履行同年 6 月 28 日的股权转让协议作出承诺。即如华融公司在仲裁案件中败诉，造成转让的股权不能过户，股权转让协议不能继续履行时，新奥特集团、比特科技不得追究华融公司因签订上述协议而应当或可能负有的对 2 亿元的资金所产生的利息、融资成本、可预期利益、赔偿等相关责任。同年 12 月 10 日，新疆国投、新奥特集团、比特科技共同致函华融公司，要求华融公司在相关期限前，与新疆国投办理自资金共管账户取回相当于 2 亿元的一切手续；自新奥特集团向华融公司支付的 1 亿元资金中，向新疆国投支付 500 万元。华融公司已依此函执行。后华融公司北京办事处就余款 9550 万元（含股权转让项目的预付款 50 万元），致函新奥特集团、比特科技要求退款，并曾与北京市第二公证处公证人员一同送达退款通知函，但未得到答复。新奥特集团否认收到上述各退款通知。华融公司于 2003 年 4 月 16 日将新奥特集团、比特科技支付的股权转让款 9550 万元退回新奥特集团的账户。

比特科技向新奥特集团出具《委托书》，载明比特科技全权委托新奥特集团持有其合法取得的北广集团 0.5% 的股权，行使该股权对应的一切股东权利，并履行相应的义务。

2002 年 9 月 23 日，电子公司作为申请人，以华融公司为被申请人，向北京仲裁委员会申请就电子公司作为北广集团股东有权享有优先购买权作出相关裁决。同年 12 月 9 日，北京仲裁委员会作出终局裁决，裁决的主要内容为："2002 年 12 月 31 日前，电子公司有权行使作为北广集团股东所享有的同等条件对华融公司拟转让的北广集团 55% 股权的优先购买权。2002 年 12 月 31 日前一次性将转让的总价款 3 亿元付给华融公司。"依据上述裁决，同年 12 月 20 日，电子公司与华融公司签约；同年 12 月 23 日，电子公司向华融公司付款。

因华融公司与新奥特集团、比特科技签订的股权转让协议未能继续履行，新奥特集团于同年 12 月 19 日向原审法院提起诉讼，请求判令华融公司继续履行股权转让协议；赔偿因违反股权转让协议造成的损失 19 816 077 元；承担诉讼费和律师费用。

[判决意见]

一审法院审理认为：华融公司与比特科技、新奥特集团于 2002 年 6 月 28 日签订的关于北广集团的股权转让协议为各方当事人的真实意思表示，签约各方本应依约履行。因北京仲裁委员会先于本案的生效裁决书裁决北广集团的另一股东电子公司对华融公司拟转让的股权享有同等条件的优先购买权，且电子公司与华融公司已就此在仲裁裁决指定的时间内，签订了协议并给付款项，故华融公司与比特科技、新奥特集团股权转让协议目的已不能实现，履行合同的基础条件已经不具备，该合同应终止履行。故对新奥特集团要求继续履行股权转让协议的诉讼请求不予支持。

华融公司和新奥特集团均不服原审法院的上述民事判决，提起上诉。

最高人民法院二审认为：华融公司与新奥特集团、比特科技签订的股权转让协议是当事人的真实意思表示，且不违反相关的法律、行政法规的禁止性规定，属有效合同。股权转让协议未能继续履行的原因在于北京仲裁委员会生效的裁决书裁决案外人电子公司对华融公司拟转让的股权享有同等条件的优先购买权，且电子公司与华融公司已在仲裁裁决指定的时间内，签订协议并向华融公司给付了 3 亿元股权转让款。电子公司实际行使优先权的行为，使华融公司与新奥特集团签订的股权转让协议的标的不复存在，继续履行已不可能。原审判令该股权转让协议终止履行并无不当，双方当事人也未对此提起上诉，故本院对该项判决予以维持。

最高人民法院指出，本案争议的焦点之一是，股权转让协议终止履行后，给新奥特集团造成的损失如何承担。华融公司和新奥特集团在签订股权转让协议时，均知悉公司法规定的其他股东在同等条件下享有优先购买权，也知悉电子公司不放弃优先权的态度。由于法律对股东行使优先权的方式、期限等没有明确规定，华融公司采取通知函的形式，限期电子公司行使优先权，逾期视为放弃。新奥特集团完全认同华融公司已经以此方式排除了电子公司行使优先权的权利。双方在认为电子公司已丧失优先权的情况下签订了股权转让协议。此后的仲裁裁决没有支持华融公司与新奥特集团在优先权问题上的判断，而裁决电子公司有权行使优先权。电子公司实际行使优先权的行为，最终导致本案股权转让协议终止履行。由于华融公司与新奥特集团在签约时，应当预见该合同可能因电子公司行使优先权而终止，但没有预见，造成合同终止履行，对此双方均有过错。新奥特集团因准备合同履行及实际履行中产生的损失应由华融公司、新奥特集团各自承担50%。原审认定华融公司的责任大于新奥特集团，与事实不符，本院应予纠正。华融公司认为其履行生效的仲裁裁决而无法继续履行与新奥特集团的股权转让协议，没有过错，不应承担新奥特集团的损失，其理由与事实不符，本院不予支持。华融公司以协议约定股权不能过户的风险由新奥特集团承担为由，要求不承担协议终止履行造成的损失，因华融公司与新奥特集团在协议中，只约定了股权迟延过户的风险，并没有约定不能过户风险的承担问题，故华融公司的该上诉理由也不能成立，本院不予支持。优先购买权是法律规定股东在同等条件下对其他股东拟对外转让的股份享有的优先购买的权利，是一种为保证有限责任公司的人合性而赋予股东的权利。优先权的规定并不是对拟转让股份的股东股权的限制或其自由转让股份的限制。电子公司依法行使优先权，并不能证明华融公司对其持有的股权不享有完全的、排他的权利。新奥特集团以华融公司违反协议约定为由，要求其承担全部赔偿责任的上诉请求，没有事实和法律依据，本院不予支持。

[案例评析]

《公司法》第72条第3款规定："经股东同意转让的股权，在同等条件下，其他股东有优先购买权。两个以上股东主张行使优先购买权的，协商确定各自的购买比例；协商不成的，按照转让时各自的出资比例行使优先购买权。"据此，有限公司股东如对其他股东拟对外转让之股权主张行使优先购买权，须满足以下条件：

（1）除转让人外的其他股东过半数同意该股权转让事宜。如未经其他股东过半数同意，那么，表示不同意的股东"应当购买"拟转让股权。如不购买，视为同意转让。

（2）该股东须表示同意在同等条件下受让股权。所谓"同等条件"，按常理理解，应指与公司外受让人受让该股权同等的条件。"条件"通常包括股权转让的数量、价格、支付方式、履行期限等方面。通常，条件不宜分割。例如，股东如主张对拟转让股权的一部分行使优先购买权，应认为非同等条件。

转让人可能利用"同等条件"规则阻止其他股东行使优先购买权。例如，转让人可能制定一个苛刻的受让条件，而只有他属意的某人才满足该条件，或者转让人与某人假意约定一个极高的转让价格，以图吓退其他股东。值得探讨的问题是：此时，有意行使优先购买权的股东能否主张转让人所提条件不合理，因而损害其优先购买权？换言之，这里所谓的"转让条件"是否须为合理的条件，法院可否对其合理性进行审查？

拟行使优先购买权的股东须向转让人表示愿意在同等条件下购买股权。但该意思表示的效力是什么？是股权转让合同立即在转让人与优先购买权人之间成立，抑或是转让人产生须与优先购买权人订立转让合同的缔约义务？有待解释。

关于股东应在股权转让获得过半数股东同意后多长时间内表示行使优先购买权，以及应在多长时间内实际购买，《公司法》第 72 条亦未规定。审判实践中，法院可能对相关期限的合理性作出判断。在因强制执行而移转股权的情形，股东应自法院"通知之日"起 20 日内行使优先购买权，否则丧失优先购买权（第 73 条）。这里的 20 日期限可以参照适用。

本案值得特别关注的一点是，两审判决对涉案股权转让合同的效力均持肯定观点：既未以公司其他股东过半数同意作为转让协议生效的前提条件，亦未因其他股东即电子公司主张行使优先购买权而否定股权转让协议生效。可见，两审判决均视《公司法》第 72 条所规定的程序为股权转让协议的履行事项，而非决定股权转让协议效力的条件。

本案的另一个焦点问题是，股权转让协议因其他股东行使优先购买权而终止履行后，受让方即新奥特集团所受损失应如何承担。二审法院依据双方的过错及过错大小，对损失进行了分配。判决指出："由于华融公司与新奥特集团在签约时，应当预见该合同可能因电子公司行使优先权而终止，但没有预见，造成合同终止履行，对此双方均有过错。新奥特集团因准备合同履行及实际履行中产生的损失应由华融公司、新奥特集团各自承担 50%。"

案例二： **雷蕴奇与厦门产权交易中心等上诉案[1]**

［案件事实］

原告：雷蕴奇。

被告：厦门产权交易中心（以下简称交易中心）。

被告：厦门软件产业投资发展有限公司（以下简称软投公司）。

软投公司系国有公司，其与雷蕴奇均系恒深公司的股东。软投公司持有恒深公司59.26%的股份。2005年6月26日，恒深公司召开股东会。该次股东会上，参会股东一致通过并形成股东会决议，确认代表股权95.948%的股东同意软投公司按国家相关法律、法规及《公司法》有关规定转让其拥有的恒深公司全部出资和股权。2006年2月28日，交易中心在《厦门商报》发布以竞价方式出让恒深公司59.26%股份的产权交易信息公告。2006年3月11日，恒深公司再次召开股东会，雷蕴奇同意软投公司转让出资按国有产权转让的相关规定通过交易中心公开挂牌转让，但雷蕴奇及恒深公司的部分股东不同意按照交易中心的规定以办理意向登记手续并参加竞价会的方式行使优先购买权。2006年3月24日，雷蕴奇按照交易中心的规定填写了《产权买受初步意向登记表》，自愿以不低于人民币（下同）29.9万元的价格购买恒深公司59.26%的股份，同时向交易中心交纳保证金10万元。2006年4月21日，交易中心发布（06）厦产公字第16号《厦门市某智能软件系统有限公司59.26%股权竞价公告》，通知意向买受人于2006年4月26日参加竞价会。2006年4月30日，交易中心出具《厦门产权交易中心鉴证书》[（06）厦产鉴字第19号]，鉴证杨晨晖和厦门广角网络集成有限公司（下称广角公司）于2006年4月26日在交易中心举行的竞价会以31万元的价格成为恒深公司59.26%股权的买受人。受让人杨晨晖和广角公司均系恒深公司的股东。

雷蕴奇诉称，软投公司未经全体股东过半数同意，委托交易中心拍卖其在恒深公司的持股，该拍卖行为是无效的；交易中心拒绝让雷蕴奇的代理人入场参加竞价，已构成严重侵权。请求确认被告交易中心拍卖被告软投公司持有的恒深公司59.26%的股权无效。

［判决意见］

一审法院认为：雷蕴奇按照交易中心的规定填写《产权买受初步意向登记

---

〔1〕 福建省厦门市中级人民法院民事判决书，（2006）厦民终字第2151号，发布于国家法官学院、中国人民大学法学院编：《中国审判案例要览（2007年商事审判案例卷）》，人民法院出版社、中国人民大学出版社2008年版，第294页。

表》并交付保证金的行为应视为其放弃股份购买优先权。拍卖是指以公开竞价的方式，将特定物品或者财产权利转让给最高应价者的买卖方式。优先购买权则赋予权利人在同等条件下优先买受权。软投公司通过交易中心公开挂牌转让其持有的恒深公司股份，公开挂牌转让的方式导致股份优先购买权的行使与拍卖产生矛盾。雷蕴奇按照交易中心的规定填写了《产权买受初步意向登记表》，自愿以不低于29.9万元的价格购买恒深公司59.26%的股份，同时还向交易中心交纳了保证金10万元。雷蕴奇填写《产权买受初步意向登记表》并交纳保证金的行为可视为其放弃了其所享有的股份购买优先权，其实际上已同意采用竞价式购买软投公司转让的恒深公司股份。雷蕴奇未参加竞价会应视为其自动放弃竞价购买恒深公司股份。雷蕴奇未能获得软投公司转让的恒深公司股份，主要原因是雷蕴奇未参加2006年4月26日的恒深公司股份转让竞价会。因此，交易中心和软投公司的行为并未侵犯雷蕴奇对恒深公司股份的优先购买权，软投公司和交易中心的行为不构成侵权。雷蕴奇请求确认交易中心拍卖软投公司持有恒深公司59.26%的股份无效，不符合法律规定，不予支持。判决：驳回原告雷蕴奇的诉讼请求。

雷蕴奇上诉称：原审判决认定事实不清，适用法律错误。具体理由如下：①恒深公司的股东是由14位自然人和法人组成。2005年6月26日恒深公司的股东会到会股东只有5人，没有过半数，该股东会决议无效。软投公司的转让价格直到2006年2月底才确定，其没有按《公司法》的规定将其所持股份的转让条件和价格等转让事项依法书面通知全体股东。交易中心明知该决议无效，即于2006年2月28日在报纸发布《产权交易信息公告》是违法的。2006年3月11日恒深公司没有通知全体股东参加会议，参加会议的股东也没有形成一致的结论意见，该股东会会议纪要是无效的，交易中心以无效的《股东会会议纪要》作为拍卖依据，拍卖结果也是没有法律效力的。②雷蕴奇均填写《产权买卖初步意向登记表》，不能作为放弃优先购买权的依据。③雷蕴奇委托胡鲲交纳了10万元竞价保证金，并参与竞拍，但交易中心以《授权委托书》需要公证为借口，不让胡鲲参加竞拍，由于交易中心的侵权行为，导致雷蕴奇无法参与竞价。请求二审法院：撤销原判，改判确认拍卖无效。

二审法院认为：本案雷蕴奇并非此次拍卖成交的相对方，作为第三方其以侵害股东优先购买权为由，要求确认交易中心的拍卖行为无效。《公司法》确认的股东优先购买权，仅指股东向股东以外的人转让其股权时，其他老股东在购买价款和其他股权转让条件相同的前提下，可以优先于第三人受让股权。该条款纯为保护老股东既得利益免受陌生人加入公司而带来的不便或者不利强化公司的人合性而设。由于《公司法》并没有具体规定公司、转让股东、其他股东各方在股权转让过程中如何保证股东的优先购买权的行使，通过何种程序来行使。实践中，股东优先购买权的行使应当与股东转让权相兼顾，既可以表现为一锤定音的一次行为，也可能表现为历经多次角逐的动态过程，在这过程中既要体现其他股东与第三人的意思自治，又应当符合转让股东的利益最大化原则，只要符合征得"多数股东同意"及"同等条件下，其他股东有优先购买权"的条件就应当认定转让合法有效。因此，本案审查的应是交易中心接受委托拍卖依据的合法性及拍卖程序合法性的问题。

1. 软投公司委托交易中心挂牌上市具有法律依据。根据 2003 年国务院国有资产监督管理委员会、财政部令（第 3 号）《企业国有产权转让管理暂行办法》第 4 条规定："企业国有产权转让应当在依法设立的产权交易机构中公开进行……"软投公司系国有企业，其根据上述规定，委托交易中心挂牌上市具有法律依据。

2. 软投公司就此次股权转让已征得多数股东的同意，亦将股权转让事项通知其他股东，恒深公司的其他股东应当通过参加竞价会的形式来行使优先购买权。2005 年 6 月 26 日恒深公司股东会决议确认代表股权 95.948% 的股东同意软投公司按国家相关法律、法规及《公司法》有关规定转让其拥有的在恒深公司的全部出资及股权，并且这些股东及其代理人均签字确认，雷蕴奇也在该决议上签字确认。交易中心根据该股东会决议接受软投公司的委托拍卖。之后，交易中心通知有意向参加竞拍的股东办理意向登记，并发布竞价公告，披露此次股权转让的情况，依法履行了对恒深公司其他股东的告知义务。实际上，软投公司亦在 2006 年 3 月 11 日的股东会会议上将此次股权转让将通过交易中心挂牌转让的情况告知各股东，并告知各股东以办理意向购买登记手续并参加竞价会的方式行使优先购买权。上述事实足以证明软投公司及交易中心均已依法履行了"征得多数股东同意"及对股东的告知义务，恒深公司的其他股东应当通过参加竞价会的形式行使优先购买权。雷蕴奇虽在此次会上对"以办理意向登记手续并参加竞价会的方式行使优先购买权"有异议，但后来雷蕴奇填写了《产权买受初步意向登记表》，自愿以不低于 29.9 万元的价格购买恒深公司 59.26% 的股份，并缴纳了竞买保证金，这足以证明雷蕴奇在此后是同意软投公司将其拥有的恒深公司的股份通过交易中心挂牌交易，并通过在交易中心竞价的方式行使股东优先购买权。现雷蕴奇再以股东会决议无效为由主张交易中心接受委托拍卖的依据不合法，拍卖行为无效的证据不足，该理由不能成立。交易中心在此次拍卖中的拍卖依据和拍卖程序是合法的。

本案造成雷蕴奇不能行使优先购买权的实际原因在于其未参加竞价会。雷蕴奇主张交易中心以授权委托书未经公证为由，拒绝让其代理人胡鲲入场竞拍，但其提交的证据不足以证明上述事实的存在，且即使存在上述事实，亦是交易中心对雷蕴奇参与竞拍的权利进行侵害产生的侵权问题，交易中心应承担的是由于雷蕴奇不能参与竞拍产生的损害赔偿责任，与拍卖行为的法律效力并没有关联性，除非买受人参与该侵权行为，否则善意买受人通过合法的拍卖程序竞得的股权应当受到法律保护。由于案外人杨晨晖和广角公司已通过合法的拍卖程序买受软投公司拥有的恒深公司59.26%的股份，即使交易中心的行为构成对雷蕴奇侵权，并不导致拍卖行为无效，否则将影响交易秩序的稳定。因此，雷蕴奇以交易中心侵权为由要求确认拍卖无效理由不能成立。

综上所述，上诉人雷蕴奇的上诉理由没有事实和法律依据，其上诉请求应予驳回。二审判决：驳回上诉，维持原判。

[案例评析]

本案涉及如何理解《公司法》第72条第2款"其他股东过半数同意"的含义，以及如何处理股权拍卖与股东优先购买权的关系等问题。

关于其他股东是否过半数同意软投公司对外转让股权，一审判决书指出："2005年6月26日，雷蕴奇参加了恒深公司召开的股东会。参加该次股东会的股东一致通过并形成股东会决议，确认代表股权95.948%的股东同意软投公司按国家相关法律法规及《公司法》有关规定转让其拥有的恒深公司全部出资和股权。"而雷蕴奇上诉称："恒深公司的股东是由14位自然人和法人组成。2005年6月26日恒深公司的股东会到会股东只有5人，没有过半数。"可见，一审法院是按照股东出资比例计算表决权，但雷蕴奇主张，应以全体股东人数为基数，按照股东一人一票的规则，判断股权对外转让是否"经其他股东过半数同意"。对于这个争议问题，二审法院未予分析。关于有限公司股东行使表决权的方式，《公司法》第43条的表述是"按照出资比例行使"。第72条第2款规定的"股东向股东以外的人转让股权，应当经其他股东过半数同意"，显然与第43条的表述不同，故应作不同解释。结合第72条的立法目的，所谓"其他股东过半数同意"应解释为按照股东人数表决，而且拟转让股权的股东不应计算在内。

在股权拍卖的竞价过程中，股东能否行使优先购买权？一审法院的观点是："公开挂牌转让的方式导致股份优先购买权的行使与拍卖产生矛盾。"故一审法院认为，雷蕴奇按照交易中心的规定填写《产权买受初步意向登记表》并交付保证金同意参加竞拍的行为应视为放弃购买优先权。但二审法院认为，二者并不冲突，"只要符合征得'多数股东同意'及'同等条件下，其他股东有优先购买权'的条件"，优先购买权可以在拍卖过程中行使。

《拍卖法》第3条规定："拍卖是指以公开竞价的形式，将特定物品或者财产权利转让给最高应价者的买卖方式。"拍卖是一个寻求最高转让价格的过程。

在此过程中，如有竞买人享有优先购买权，则在同等价位上，该竞买人应优先于其他竞买人成交。故股东可以在拍卖中行使优先购买权，只不过拍卖组织者应事先披露有竞买人将行使优先购买权的事实，也可以在程序上稍作改变，使拍卖和行使优先购买权更好地衔接。例如，《最高人民法院关于人民法院民事执行中拍卖、变卖财产的规定》（2005 年）第 16 条规定，拍卖过程中，有最高应价时，优先购买权人可以表示以该最高价买受，如无更高应价，则拍归优先购买权人；如有更高应价，而优先购买权人不作表示的，则拍归该应价最高的竞买人。顺序相同的多个优先购买权人同时表示买受的，以抽签方式决定买受人。实践中，有拍卖公司规定，优先购买权人参加竞买时，举牌时跟价而不加价：如优先购买权人放弃举牌后又产生更高应价，则更高应价者成交；如优先购买权人一直举牌跟至最高应价，则其按照最高应价与出让人成交。

七、异议股东股权收购请求权

经典案例

郭新华诉北京华商置业有限公司案[1]

[案件事实]

原告：郭新华。

被告：北京华商置业有限公司（以下简称华商公司）。

2007 年 2 月，北京市大兴经济开发区开发经营总公司（以下简称大兴总公司）、北京念坛经济开发中心（以下简称念坛开发中心）、郭新华、北京京辰房地产投资有限公司四方共同出资设立华商公司，公司经营范围为房地产开发、房屋租售，注册资本 3500 万元。郭新华出资 420 万元，占出资比例 12%。

2007 年 11 月 21 日，大兴总公司、北京生物工程与医药产业基地开发经营中心（代表念坛开发中心）签署了《北京华商置业有限公司股东会议决议》，记载华商公司股东会决议如下，"经研究决定应出售部分厂房偿还贷款以缓解资金压力；关于出售厂房的价格应为：TOWNFACTORY 厂房每平方米 3200 元，标准厂房每平方米 2800 元，销售价格在上述价格标准以上即可出售"。

原告郭新华诉称：原告方得知被告华商公司于 2007 年 11 月 21 日召开股东会议，并作出出售部分厂房的决定。对于该决议，原告表示反对。2008 年 1 月 9 日，原告根据《公司法》第 75 条的规定向被告华商公司提出按合理的价格回购

---

〔1〕 北京市第一中级人民法院民事判决书，（2008）一中民初字第 02959 号。

原告持有股权的请求。被告华商公司表示拒绝该回购申请。原告请求人民法院判令：①被告华商公司以人民币 501 万元收购原告所持有的股权；②被告华商公司承担本案的全部案件受理费。

被告华商公司辩称：原告的诉讼请求不符合《公司法》第 75 条规定的法定适用条件，对其诉请应予以驳回。①原告不是行使股份回购请求权的适格主体。原告根本没有参加股东会，更谈不上对股东会的决议投反对票，不符合《公司法》第 75 条规定的权利主体要求。②被告在本案中转让财产的行为不是《公司法》第 75 条规定的"转让主要财产"的行为。首先，被告转让的房产不是公司主要财产。《公司法》第 75 条及相关司法解释都没有明确"公司主要财产"的具体衡量标准，从数量上看，被告转让的该项财产，与公司总资产从数量上相比较，不是公司的主要财产；从质量上看，根据《公司法》第 75 条立法本意，"公司主要财产"的质量应当是足以影响公司的存续，在本案中，被告转让的该项财产也根本不会影响到公司的存续。其次，从《公司法》第 75 条规定的立法本意来分析，被告转让财产的行为不属于该条款规定的"转让主要财产"的行为。《公司法》第 75 条规定的"转让主要财产"的立法本意，无非包括：转让主要财产的行为是否属于公司常规经营活动，转让的该财产是否实质性影响了公司设立之目的及公司存续，转让该财产的行为是否会损害公司和股东利益等，其立法目的无非就是防止不慎重的转让主要财产足以威胁公司的存在基础，对公司运营的前景产生重大影响，并从根本上动摇股东对公司的投资预期，即所谓的"股东期待权落空"，这也是《公司法》第 75 条规定的理论基础，同时，只有在此情形下，方可产生股东股份回购请求权的行使。但在本案中，被告转让财产的行为不仅不会损害公司和股东的利益，相反是在最大程度上维护了公司和全体股东的合法利益。①从被告的经营范围来看，转让该房产的行为是属于公司房地产开发的常规经营活动。②从转让财产对公司的影响来看，该财产的转让并没有实质性地影响了公司设立之目的及公司的存续。③被告转让财产的行为不仅不会损害公司和股东利益，反而在最大程度上维护了公司和股东利益。首先，被告在本案中转让财产是为了偿还银行贷款，维持公司的正常运转，避免给公司持续经营带来根本影响。其次，被告转让房产、筹措资金、偿还银行贷款的行为避免了更大的损失。综上，原告的诉讼请求依法不能成立，恳请法院依法驳回其诉讼请求。

法院查明，在 2007 年 11 月 21 日上午 10 时召开华商公司股东大会前，原告郭新华未有效地收到被告华商公司于 2007 年 11 月 19 日向华商公司全体股东发出关于在 2007 年 11 月 21 日上午 10 时召开股东大会研究出售房产偿还贷款等问题的通知。

[判决意见]

法院认为，华商公司通知其股东于 2007 年 11 月 21 日参加股东会会议时，没有有效地通知原告郭新华，郭新华在华商公司股东会决议作出后，才得知股东会决议的内容，郭新华无法在股东会会议上行使自己的权利，故郭新华在其知道或应当知道股东会决议内容的法定期间内有权依照《公司法》第 22 条、第 75 条的规定向华商公司主张权利。郭新华可以通过诉讼方式表示其反对此次股东会决议内容。现原告郭新华依照《公司法》第 75 的规定提起诉讼，本院予以支持。

依据华商公司章程的约定，华商公司经营范围为房地产开发、房屋租售。原告郭新华起诉前，华商公司固定资产包括建筑面积为 10 496.22 平方米标准厂房两栋、T/F 房屋 8229.45 平方米、4 辆汽车、地下配电设备等。根据公司章程的约定和华商公司资产的现状，标准厂房两栋、T/F 房屋是华商公司进行日常经营活动所必需的物质基础，应属于华商公司的主要财产。

2007 年 11 月 22 日，华商公司依据 2007 年 11 月 21 日作出的华商公司股东会决议，将华商公司标准厂房北楼（房屋建筑面积为 5248.11 平方米）出售给北京金海虹氮化硅有限公司，表明华商公司依据郭新华投反对票的股东会决议将其公司主要财产中的一部分进行了转让，异议股东郭新华丧失了继续留在公司的理由，其有权以此为由要求华商公司按照合理的价格收购其股权。

原告郭新华退出公司的行为实际上是构成华商公司注册资本的减少，应受公司减资制度的约束。现有证据表明，原告郭新华有关"被告华商公司以人民币 501 万元收购我持有的股权"的诉讼请求缺乏证据支持，故本院对郭新华有关判令华商公司以人民币 501 万元的价格收购其股权的诉讼请求不予采纳。判决如下：①被告北京华商置业有限公司应按照合理价格收购原告郭新华的股权；②驳回原告郭新华的其他诉讼请求。

[案例评析]

异议股东股权收购请求权是指，对公司重大变更持反对意见的股东要求公司回购其股权的权利。《公司法》第 75 条规定，在有限责任公司，出现下列情形之一时，对股东会该项决议投反对票的股东可以请求公司按照合理价格收购其股权：①公司连续 5 年不向股东分配利润，而公司该 5 年连续盈利，并且符合公司法规定的分配利润条件。②公司合并、分立、转让主要财产的。③公司章程规定的营业期限届满或者章程规定的其他解散事由出现，股东会会议通过决议修改章程使公司存续的。自股东会会议决议通过之日起 60 日内，股东与公司不能达成股权收购协议的，股东可以自股东会会议决议通过之日起 90 日内向人民法院提起诉讼。

有限公司股东主张退股权的前提是对公司的相关决议"投反对票"。然而，就第 1 项事由而言，股东须对哪次决议"投反对票"是不清楚的。公司也可能不对是否分配利润作出决议，公司法并未要求公司对不分配必须作出决议。因此，公司不作不分配之决议或者召开股东会而不通知特定股东的情况下，股东如何表达异议进而要求公司回购其股权都成问题。

在股份有限公司，股东因对股东大会作出的公司合并、分立决议持异议，要求公司收购其股份的，公司可以回购该股东的股份。公司回购的股份应当在 6 个月内转让或者注销。(《公司法》第 143 条)

本案原告并未参加该次股东会会议，未在会议上对转让公司资产的决议投反对票。被告认为，依据《公司法》第 75 条的表述，原告已无起诉资格。但法院认为，华商公司未有效通知原告郭新华，郭新华在股东会决议作出后才得知决议内容，故郭新华并非主动放弃表达异议的机会，而是根本无法在股东会议上行使自己的权利。因此，法院认为，郭新华可以通过诉讼方式表示其反对此次股东会决议内容。显然，法院根据案件的特殊情节，基于公平考虑，对法条进行了扩张解释。

本案的一个争议焦点是，涉诉交易是否构成第 75 条所谓"转让主要财产"。原告认为，被转让的资产占公司总资产的 80%，又是公司开展核心业务、取得主要经营收入的来源，故股东会决议转让的厂房是公司"主要财产"。但被告强调："转让财产的行为不仅不会损害公司和股东的利益，相反是在最大程度上维护了公司和全体股东的合法利益。"法院支持了原告的观点，认为被转让资产在价值和数量上是公司的主要部分，是"华商公司进行日常经营活动所必需的物质基础，应属于华商公司的主要财产"。该主要财产的转让使原告"丧失了继续留在公司的理由"。显然，法院判断"主要财产"的标准是看被转让资产的数量和价值是否构成"主要"。而被告强调的理由则主要是该交易对公司有利，未损害小股东利益。但是，转让是否有利于公司与转让标的是否为"公司主要财产"，显然是两个不同的问题。异议股东股权收购请求权的立法目的并不是让异议股东阻断有损公司的资产交易，而是给异议股东一个退出机会。因此，涉诉交易是否有利于公司并不是法院判断的要点。

判决书还指出，"原告郭新华退出公司的行为实际上是构成华商公司注册资本的减少，应受公司减资制度的约束"。其实，股东退出公司未必导致公司减资。如果公司收购异议股东的股权后并不注销，而是转让给其他股东或者股东以外的人，公司就不必减资。不过判决书的上述说法提出一个值得思考的问题：如果公司收购股权后注销导致减资的话，该收购事项是否应依《公司法》第 44 条第 2 款"必须经代表 2/3 以上表决权的股东通过"？如是的话，异议股东的退股请求很可能被大股东否决，使第 75 条形同具文；如不是的话，法律依据何在？

八、股东资格认定

经典案例

兰州常柴西北车辆有限公司、宁夏常宁动力机械有限公司与中国农业银行银川市新市区支行等借款担保纠纷案[1]

[案件事实]

1994 年 9 月 29 日，西北轴承集团有限责任公司（以下简称西北轴承公司）与常柴股份有限公司签订协议，共同组建常柴银川柴油机有限公司（以下简称常柴银川公司），1996 年 7 月 7 日宁夏第二会计师事务所作出变更验资报告，确认常柴股份有限公司的出资额为 1699.8 万元，西北轴承公司的出资额为 1129.6 万元。

2001 年 11 月 7 日～2002 年 2 月 26 日，常柴银川公司以自有资产作为抵押，与中国农业银行银川市新市区支行（以下简称新市区支行）签订 5 份借款合同。2002 年 3 月 7 日～2002 年 6 月 5 日，新市区支行与常柴银川公司又签订 5 份借款合同。在签订 5 份借款合同的同时，新市区支行与兰州常柴西北车辆有限公司（以下简称兰州常柴公司）还签订了 5 份保证合同。以上 10 笔借款到期后，常柴银川公司未能偿还借款本金，保证人兰州常柴公司亦未承担保证责任。

甘肃兰驼集团有限责任公司（以下简称兰驼公司）与常柴银川公司，于2000 年 9 月 25 日签订股权转让协议书，约定兰驼公司将自己持有兰州常柴公司的 5700 万股权转让给常柴银川公司，形成了股东会决议并修改了公司章程，常柴银川公司占兰州常柴公司注册资本的 57%，是兰州常柴公司的控股股东，2000 年 12 月 30 日，兰州常柴公司向常柴银川公司签发了出资证明书，并置备了《兰州常柴西北车辆有限公司股东名册》，向社会公示。所以常柴银川公司认为自己是兰州常柴公司控股股东。

而新市区支行证据则欲证明常柴银川公司不是兰州常柴公司控股股东。因为如果常柴银川公司是兰州常柴公司的控股股东，则公司为股东担保因违反2002 年《公司法》第 60 条的规定而无效。故其认为兰州常柴公司自称兰驼公司已于 2000 年 12 月 28 日将 5700 万元股权转让给了常柴银川公司，并在一审中提供了《股权转让协议书》等文件，但作为转让主体的兰驼公司和受让人常柴银

---

〔1〕　参照吴庆宝主编：《权威定评最高法院公司法指导案例》，中国法制出版社 2010 年版，第 294页。

川公司在《兰州常柴公司股东会决议》上只有法定代表人签名，没有法人印章。同时，常柴银川公司法定代表人朱新民也是兰州常柴公司的股东。没有兰驼公司、常柴银川公司两个法人的公章，不能体现是全体股东的意思表示；兰州常柴公司认为常柴银川公司已成为其大股东，其已行使了大股东的权利和义务。但是在原审中其并没有举证证明常柴银川公司行使大股东权利的证据，其观点不能够成立。并且本案中兰州常柴公司也为没有进行股东变更登记，工商行政管理局是企业依法登记注册成立的法定部门，是否在工商行政管理局登记是确认公司股东的必备要素。

[判决意见]

（一）宁夏高级法院判决

原审法院审理认为兰州常柴公司的 5 份证据是真实的，但是其所要证明常柴银川公司是兰州常柴公司控股股东的事实不能成立。因为，虽然兰驼公司与常柴银川公司，于 2000 年 9 月 25 日签订股权转让协议，将自己持有兰州常柴公司的 5700 万股权转让给常柴银川公司，并且经过股东会决议同意，但是其忽视了该股权的转让必须在工商行政管理部门依法登记变更这一法定程序。《公司法》（2004年修正）第 36 条规定："股东依法转让其出资后，由公司将受让人的姓名或者名称、住所以及受让的出资额记载于股东名册。"但时至现在兰州常柴公司工商档案的股东名册里，仍没有常柴银川公司是兰州常柴公司股东的记载。因此，兰州常柴公司质证认为常柴银川公司是兰州常柴公司控股股东，公司为股东的担保因违反《公司法》第 60 条而无效的观点不能成立，故其证据该院不予采信。

（二）最高法院判决

最高法院经审理认为，本案的争议焦点之一为常柴银川公司是否具有兰州常柴公司股东资格。关于常柴银川公司是否具有兰州常柴公司股东资格的问题。上诉人兰州常柴公司在一审中所提交的《股权转让协议书》等 5 份证据，经质证是真实有效的证据，该证据能够证明常柴银川公司是兰州常柴公司的控股股东。首先，新市区支行提出兰州常柴公司所提供 5 份文件中的两份即《兰州常柴公司股东会决议》和《兰州常柴西北车辆有限公司〈章程〉修正案》只有朱新民的签字，而没有常柴银川公司和兰驼公司的盖章，新区支行认为"股东会决议"和"章程修正案"缺少生效要件。本院认为，根据《合同法》第 32 条规定："当事人采用合同书形式订立合同的，自双方当事人签字或者盖章时合同成立。"对法人订立的合同，并不要求必须同时签字盖章，只要有法定代表人签字或公司盖章，意思表示一致即可成立。而且本案中未注明各股东及代表签字处，应认定一个股东可以代表其所能代表的其他公司。所以兰驼公司法定代表人签字可以认定有效，同时朱新民的签字现亦没有其他证据证明其不能够代表常柴银川公司和常柴股份有限公司。其次，被上诉人新市区支行认为股权变更的工商登记是依法确立股东合法身份的法律依据，兰州常柴公司进行股权转让没有经过工商登记和年检，常柴银川公司不是兰州常柴公司的股东。本院认为，工商行政管理机关是企业依法登记注册成立的法定部门，登记不是确定股东地位的唯一要件。常柴银川公司已实际控制了兰州常柴公司，可以认定常柴银川公司是兰州常柴公司股东。与本案相关联的股权转让协议有效，且已实际履行。故本院认为兰州常柴公司关于常柴银川公司是其股东的上诉理由成立，应予支持。原审判决关于此事实认定不当，予以纠正。

[案例评析]

具有公司股东资格应该具备下列要素：①公司章程记载为股东，并在公司章程上签名、盖章，表达自己成为股东的意思表示；②被载入公司股东名册，公司承认其是股东的意思表示；③在工商行政机关登记的公司文件中列名为股东；④向公司投入在章程中承诺投入的资本，实际履行了出资义务；⑤在公司成立后取得公司签发的出资证明书；⑥在公司中享有资产受益、重大决策和选择管理者等股东权利。但在现实的公司实践中，完全具备上述所说有限责任公司股东特征的股东并不多见，尤其是就股东资格发生纠纷时，争议的股东往往欠缺上述特征。具备所有条件是最好的，如果不能具备所有条件，那么，就只看最主要条件，例如支付股权受让款，在公司实际履行了经营管理责任，即应当实事求是地认定。

本案中一审法院认为兰州常柴公司工商档案的股东名册里没有记载常柴银川公司是兰州常柴公司的股东，因此，对常柴银川公司的股东资格不予认定。二审法院则是认为兰州常柴公司向常柴银川公司签发了出资证明书，并置备了《兰州常柴西北车辆有限公司股东名册》，向社会公示。此外，常柴银川公司实际已经实际控制了兰州常柴公司，具备了实质要件，不因为是否进行工商登记影响它的股东地位。新市区支行欲证明常柴银川公司不是兰州常柴公司的股东，没有实质证据。笔者同意二审法院的判决，关于股东资格认定的各要件效力而言，应当结合个案具体分析，本案中工商登记应是对抗要件，但新市区支行并不是属于善意第三人的范围。在认定股东资格时，公司章程、工商登记和股东名册效力是不同的，以下作具体阐述：

1. 公司章程的记载对于确定有限责任公司股东资格具有重要意义，规范的有限责任公司股东除在公司章程上签字、盖章还应被记载于公司章程上。就公司章程记载和签署公司章程而言，对于有限责任公司的股东来说，公司章程的记载仅仅能表明公司股东的基本构成情况。因此，签署公司章程的证据意义要大于公司章程的记载。

2. 工商行政管理部门注册登记确认的有限责任公司股东的姓名或名称并没

有创设股东资格的效果。就股东资格而言，工商注册登记并非设权性程序，其只具有对善意第三人的证权功能。因此，工商登记材料可以被视为证明股东资格并对抗第三人的表面证据，其只有在与公司以外的第三人就股东资格发生争议的情况下才具有实际的法律审判意义。当公司内部由于股东资格问题发生争议时，工商注册登记的确认结果不具有确认股东资格的决定意义，其证明效力并不比其他证据要高，这时应探究投资人的真实意思表示。

3. 股东名册具有"权利推定力"，即股东名册虽然不能实体确定股东资格，但是可以确定谁可以无须举证地主张股东资格。因此，在通常情况下，股东名册上记载的股东可以被认定为公司的股东，否认股东名册上记载的股东的权益的人要承担举证责任。另一方面，将股东记入股东名册是公司的义务、股东的权利，如果因为公司拒绝作股东登记或登记有错误，则属于履行义务不当，不能产生否定股东资格的效力。同时，对那些没有置备股东名册的公司，显然也不能仅以缺乏股东名册的记载来否定股东的资格。总而言之，以股东名册的记载来确认股东资格的模式，尽管有广泛的代表性，但同其他证据形式一样，都不具有绝对的法律意义。

4. 出资是投资人获得股东资格的一种主要途径，但出资与取得股东资格之间不是一一对应的关系。股东是否出资不能成为认定股东资格的唯一要素，不出资不一定不能获得股东资格不仅仅在股东资格继受取得的前提下有意义，对于一些特殊的股东类型如"干股股东"、"挂名股东"等股东资格的原始取得也具有重要的意义。而对于有限责任公司签发的出资证明书，仅仅是一种物权凭证，表明投资人出资这一事实，以及出资证明书所代表的物权的所属，其与股东资格确认之间没有必然的联系，出资证明书的持有人不能仅仅以持有出资证明书而向公司主张股东资格。因此，出资行为和出资证明书都不能单独成为股东资格认定的主要依据。

在公司内部真实反映公司股东变动情况的文件是股东名册，股权转让的事实表现为股权受让人的姓名或名称被记载于股东名册，股东名册的记载是公司股东向公司主张股东资格的表面证据；在公司外部反映公司股东变动情况的是公司的变更登记，第三人依此判断公司的股东构成情况。我国《公司法》规定，有限责任公司股东的变动应记入股东名册。根据我国《公司登记管理条例》的有关规定，有限责任公司的股东或注册资本发生变更，应及时地进行变更登记。

由此可以看出，有限责任公司股东的股权转让必须变更股东名册，否则，即便相对人因合法原因及方法而受让股份，也不可以对公司行使股权。就公司的内部关系而言，股东名册的更改是公司的义务，但也是其可自由控制的行为。如果公司拒绝或未及时履行其更改股东名册的义务，则股权受让人的股东资格不应被否认，股权受让人可依照合法有效的股权转让协议要求确认其股东资格。就公司的外部关系而言，第三人只需依据工商注册登记确认的内容判断公司股东的真实情况，如果由于公司或股东的原因导致公司股东变动的情况未及时反映在公司的登记内容上，即公司未及时进行变更登记，则股权受让人不得以其获得公司股权的事实向第三人主张权利，第三人也不向公司注册登记确认的股东以外的人承担法律责任，这完全符合商法的公示主义和外观主义原则。

九、股权继承

经典案例

北京保利泰克贸易有限公司与刘燕法人财产继承纠纷案[1]

[案件事实]

1999 年 1 月，周杰出资 35 万，刘燕出资 15 万元成立保利泰克公司，周杰持有公司 70% 的股份，担任公司执行董事和经理职务，刘燕持有公司 30% 的股份，担任监事职务。根据周杰与刘燕共同签署的保利泰克公司章程，"股东享有了解公司经营状况和财务状况的权利；股东会由全体股东组成，行使聘任或解聘公司经理，根据经理的提名，聘任或解聘公司副经理、财务负责人，决定其报酬事项等职权；执行董事行使提名公司经理人选交股东会任免等职权；公司设经理一名，由股东会聘任或解聘；监事行使检查公司财务等职权"。

保利泰克公司成立后，一直由周杰负责经营管理。2000 年 7 月 4 日，刘燕与周杰在北京市西城区人民法院调解离婚，双方协议共同财产已分清。2003 年 10 月 20 日，周杰因病去世，去世前立下遗嘱，其中第三项内容为：从 2003 年 10 月 31 日起公司由王欣接管经营，（2003 年 10 月 31 日之前所做工程款 550 万不归王欣所有）之后公司财产归王欣所有，一切债权债务由王欣处理。

在保利泰克公司的工商登记中，至今刘燕与周杰均是股东。原告刘燕认为周杰作为公司股东无权处分公司的全部财产，另外，周杰在未征得刘燕同意的情况下，擅自指定接管公司经营的人员，此行为不符合法律规定，要求认定周杰所立遗嘱无效并且要求确认自己的股东权利。

[判决意见]

（一）一审判决

北京市门头沟区人民法院判决认定：根据《公司法》第 4 条的规定，公司

---

〔1〕 北京市第一中级人民法院民事判决书，（2006）一中民终字第 03191 号。

股东作为出资者按投入公司的资本额享有所有者的资产收益、重大决策和选择管理者等权利；公司享有由股东投资形成的全部法人财产权。据此，对保利泰克公司的财产，只有保利泰克公司才享有所有权。周杰作为保利泰克公司的执行董事在其遗嘱中确定 2003 年 12 月 31 日之后的公司财产归王欣所有，违反了法律规定，侵害了刘燕作为公司股东所享有的资产收益权。根据保利泰克公司章程，股东会由全体股东组成，行使聘任或解聘公司经理等职权；执行董事行使提名公司经理人选交股东会任免等职权；公司设经理一名，由股东会聘任或解聘。据此，公司经理的聘任属于股东会的职权。在股东会就公司经理人选未作出决议的情况下，周杰在其遗嘱中确定从 2003 年 10 月 31 日起公司由王欣接管经营，一切债权债务由王欣处理，违反了法律规定和公司章程，侵害了刘燕对公司事务的重大决策权。故周杰所立遗嘱的上述内容无效。

（二）二审判决

二审法院查明事实后，认为：刘燕以股东身份向保利泰克公司主张股东权利提起本案诉讼，刘燕是否为保利泰克公司股东，是否能够行使股东权利成为双方当事人争议的焦点。股东资格的确认，涉及实际出资额、股权转让合同、公司章程、股东名册、出资证明书、工商登记等，因此，确认股东资格应当综合考虑多种因素，本案中，保利泰克公司章程、股东名册及该公司工商登记中均记载刘燕是该公司股东，现保利泰克公司、王欣无有效证据证明刘燕已不是该公司股东，故应认定刘燕仍为保利泰克公司的合法股东，其主张股东权利，于法有据，本院予以支持。

关于周杰所立遗嘱中涉及处分保利泰克公司财产与由王欣接管公司的部分效力问题。根据《公司法》第 4 条的相关规定，公司享有由股东投资形成的全部法人财产权。因此，对保利泰克公司的财产，只有保利泰克公司才享有所有权。周杰作为保利泰克公司的执行董事在其遗嘱中确定 2003 年 12 月 31 日之后的公司财产归王欣所有，违反了上述法律的规定，侵害了刘燕作为公司股东所享有的资产受益权，应属无效。另外，根据保利泰克公司章程，股东会由全体股东组成，行使聘任或解聘公司经理等职权；执行董事行使提名公司经理人选交股东会任免等职权。因此，保利泰克公司经理的聘任应由股东会决定。周杰在未召开股东会的情况下，在其遗嘱中确定从 2003 年 10 月 31 日起公司由王欣接管经营，一切债权债务由王欣处理，违反了保利泰克公司章程，侵害了刘燕对保利泰克公司事务的重大决策权，亦应属无效。

[案例评析]

本案对于民营企业混同公司财产与个人财产，混同公司资产与股权的含义具有重要的启示作用。实践中出现了众多法盲民营企业家擅自将公司资产作为遗产处分侵犯其他股东利益、债权人利益的案例，本案在这方面具有典型性。本案的审理既要具备公司法的知识，还要了解继承法的知识。笔者 2012 年遇到类似本案的例子，继承法学者认为有效，而笔者从公司法角度分析认为无效。但是，关于股权继承，我国公司法只有《公司法》第 76 条的规定。

（一）公司财产的独立性

公司是一种具有法人地位的企业组织，法人的特征在于其具有独立的人格、独立的组织机构、独立的财产和独立承担民事责任。独立是指：①它独立于"出资人"，使它无法像支配个人之物那样随心所欲；②它独立于财产的实际支配人，使他不能像支配个人之物那样直接从中获益；③它独立于国家政权，使它不能以为这是无主财产而先占。而具体谈到"法人财产"时，这里的财产即是包括有体物、智力成果、行为等利益的实现载体的综合体，与股东的资产相区别。由于法人财产的独立性，股东无权处分法人财产，破坏其独立性。这种财产独立性既是公司赖以进行业务经营的物质条件，也是其承担财产义务和责任的物质保证。公司的财产主要由股东出资构成，公司的盈利积累或其他途径也是形成公司财产的来源。公司是其财产的所有人，对其财产享有法律上的所有权。

我国《公司法》第 3 条第 1 款规定："公司是企业法人，有独立的法人财产，享有法人财产权。公司以其全部财产对公司的债务承担责任。"在公司财产权问题上，应当区分公司的财产权和股东的股权之间的关系。对于物的财产，公司的财产权无论是定性为所有权还是法人财产权，都应属于物权，是对物的直接支配权当然只能由公司享有。公司的股东在其资产出资于公司之后，不再对这些财产享有任何直接的支配权，而只作为股东享有股权。因而股东在出资后，再对其出资的财产进行处分的行为就构成了对公司财产权的侵犯。

在法律上，股东可以以遗嘱的方式对自己的股权进行处分。《继承法意见》第 3 条也规定："公民可继承的其他合法财产包括有价证券和履行标的为财物的债权等。"可以说，现行《公司法》和《继承法》都明确了有限公司股东对自己股权的处分权，其立意主要在于对死亡股东其继承人的权利予以最大限度的保护。但是，股东遗嘱受到公司章程或已故股东与其他股东之间协议的限制，并且股东遗嘱中不得擅自处分公司法人的财产、经营权。

本案中周杰作为保利泰克公司的执行董事在其遗嘱中确定 2003 年 12 月 31 日之后的公司财产归王欣所有，违反了上述法律的规定，侵害了刘燕作为公司股东所享有的资产收益权，应属无效。另外，根据保利泰克公司章程，股东会由全体股东组成，行使聘任或解聘公司经理等职权；执行董事行使提名公司经理人选交股东会任免等职权。因此，保利泰克公司经理的聘任应由股东会决定。

周杰在未召开股东会的情况下，在其遗嘱中确定从 2003 年 10 月 31 日起公司由王欣接管经营，一切债权债务由王欣处理，违反了保利泰克公司章程，侵害了刘燕对保利泰克公司事务的重大决策权，亦应属无效。根据一、二审的判决，公司法人财产或是经营权无法通过遗嘱或遗赠的方式进行继承，股东在遗嘱中仅能处理自己的股东权益。

（二）股权继承

我国《公司法》第 76 条规定："自然人股东死亡后，其合法继承人可以继承股东资格；但是，公司章程另有规定的除外。"该条款包括两层含义：①自然人股东死亡后，其合法继承人可以继承股东资格，而并非只对财产权的继承；②公司章程可以对股权继承作出特别规定，排除对股东资格的当然继承。

股权的合法继承会导致公司股东的变更，这对有限责任公司会产生深刻影响。因为有限责任公司具有人合性和资合性，是基于股东之间的相互信任设立的，如法律不加限制的允许股东的继承人继承股东资格，会导致因新旧股东的不合而产生纠纷或者突破法律对公司股东人数的限制等。股份有限公司因为其资合性，并不存在股份继承的障碍问题，这也是我国公司法只在有限责任公司章节部分规定股权继承而没有在股份有限公司章节部分规定股份继承的原因。但是，从比较法的视域出发，国外大多立法对股权继承是限定为股权的继承，而非股东资格（身份）的继承。例如，德国《有限责任公司法》第 15 条第 1 款规定："股份可以出让和继承。"该法还规定，为了维护公司的人合性阻止不受欢迎的继承人因继承股份而加入公司，此时公司可以回购其股份。当公司想回购股权时应当在合理的期限内进行，且无需以特殊的形式通知继承者。"法国《商事公司法》第 44 条规定："公司股份可以通过继承方式或在夫妻之间清算共同财产时自由转移，并在夫妻之间以及直系尊亲属和直系卑亲属之间自由转让，但公司章程可以规定配偶、继承人、直系尊亲属、直系卑亲属只有在按章程规定的条件获得同意后，才可成为股东。"在新修订的《商事公司法》在第 43 条中加入如下条款："章程可以规定，如果一名股东死亡，则公司可由其继承人及健在的股东或仅由健在的股东继续维持运作。如果公司仅由健在的股东继续维持运作或者如果继承人接任股东未获许可时，则继承人拥有死亡股东所持有之股权的财产价值。""章程所规定的其他任何人或者遗嘱的授权的其他任何人继续维持运行。如果公司在这些条件下继续运行，则受益人所获得的公司股权价值作为继承财产。"《意大利民法典》第五编第五章"公司"部分第 2469 条第 1 款规定："除非设立文件另有规定，参股可以在生者之间自由转让，也可以因死亡而继承。"《美国统一有限责任公司法》第 503 条第 1 款规定："如果转让人根据经营协议之授权给予受让人特定权利或经其他所有成员的同意，分配利益的受让人可成为有限责任公司的成员。"英国《1989 年公司法》规定："已故股东的私人代表只有在重新申请并登记注册后，才能真正取得继受股东的资格。"通过对上述各国立法例的详细分析可知，各国对股权的继承都是原则上是对股份的继承，对股东身份的继承需要满足其他条件。为了避免诸多纠纷，我国《公司法》第 76 条亟须修改。

十、表决权行使

经典案例

厦门金龙公司与苏州金龙公司、陈江峰、创元公司股东会议表决权纠纷案[1]

[案件事实]

厦门金龙公司与苏州机械控股（集团）有限公司（以下简称机械控股公司）于 1998 年共同出资设立苏州金龙公司。2000 年 3 月 1 日，厦门金龙公司董事长叶同授权该公司总经理庹新永出任苏州金龙公司的股权代表。同年 7 月 15 日庹新永参加了修改苏州金龙公司章程的股东会，章程上加盖了厦门金龙公司公章。2000 年 7 月 15 日修改的《公司章程》第四章规定：股东会议由董事长召集；出资各方股东代表由出资方法定代表人出任或授权他人出任，参加股东会议，代表出资方行使股东权益；公司董事会应在股东会会议召开前 15 天书面通知双方股东，每年召开 1 次，经一方提议可以召开临时会议；股东会依据《公司法》及本章程的规定行使职权，股东会的所有决议须经 2/3 以上股东通过方为有效。2001 年 1 月，庹新永向厦门金龙公司申请辞职，同年 4 月 12 日庹新永向陈江峰出具书面函称，鉴于在我的辞职申请期间，董事会未能委派新任总经理，为了维持公司的正常经营活动，特委托陈江峰先生全面负责公司的经营活动，直至董事会委派新的人选为止。

在一审过程中，陈江峰为证明其实际行使了代总经理职权，提供了在 2001 年 4 月~2001 年 7 月间以代总经理身份签字的南京市中级人民法院的送达回证、公司员工的聘任通知、工资调整呈报表等文件。在二审庭审中，对于庹新永离职后厦门金龙公司的经营活动是否由陈江峰实际负责的问题，厦门金龙公司称："陈负责一些事务，未明确他代理总经理。"2001 年 6 月 22 日，陈江峰与机械控股公司代表曹进参加了苏州金龙公司股东会并作出决议，包括增资方案和修改

---

〔1〕　江苏省高级人民法院民事判决书，（2002）苏民二终字第 239 号。

公司章程。2001 年 7 月 18 日，厦门金龙公司召开董事会，并作出决议称苏州金龙公司 2001 年 6 月 22 日股东会决议对公司无法律约束力，陈江峰无权代表公司在股东会上签字，陈江峰所签署的决议公司不予承认。公司将通过一定的法律程序将苏州金龙公司的股权结构先恢复到原状。2001 年 7 月 20 日，厦门金龙公司下达任免通知，批准庹新永的辞职申请，免去其总经理职务，免去陈江峰财务总监职务。聘任沈伟为公司总经理。同年 8 月 15 日，厦门金龙公司向厦门市开元区人民法院起诉，要求确认 2001 年 6 月 22 日的股东会决议无效。2002 年 1 月 22 日，厦门市开元区人民法院将此案移送苏州市中级人民法院审理。在一审审理过程中，苏州金龙公司对厦门金龙公司当庭要求确认 2001 年 6 月 8 日的股东会决议的请求实际应诉、答辩。诉讼中，厦门金龙公司对 2001 年 6 月 8 日、6 月 22 日股东会决议及公司章程上的公章真实性没有异议。机械控股公司于 2001 年 12 月 21 日变更名称为创元公司。

[判决意见]

（一）一审判决

一审法院认为，苏州金龙公司于 6 月 8 日、6 月 22 日作出的股东会决议是否有效，应当取决于以下事实和法律问题。

陈江峰能否代表厦门金龙公司参加股东会行使表决权。对此，厦门金龙公司强调陈江峰不能代表厦门金龙公司参加股东会，理由是：①陈江峰未经董事会同意也未得到法定代表人的授权；②不属于紧急情况，也不是为了公司利益，因此不能根据庹新永的函认定转委托陈江峰参加股东会。庹新永辞职期间厦门金龙公司未任命总经理，故委托陈江峰全面负责公司的经营活动应属于为了公司利益，且陈江峰实际行使职权，据此陈江峰强调其有权代表厦门金龙公司参加股东会进行表决。是否属于紧急情况、是否为了公司利益，应根据陈江峰在庹新永辞职后的所为来综合判断。创元公司、苏州金龙公司均认为，陈江峰未越权。

一审法院认为，庹新永出于维护公司经营管理的需要委托陈江峰全面负责公司事务至本案争议的决议通过之日有相当一段时间，在该过程中，陈江峰实际行使了总经理职责，董事会对此没有提出任何异议，因此，陈江峰的行为应当认定是为了厦门金龙公司的利益。而陈江峰以厦门金龙公司名义参加股东会并在决议上加盖公章的行为，因厦门金龙公司对行使总经理职责且保管公章的陈江峰未明确限制公章的使用范围，也应认定为厦门金龙公司的行为。据此，应认定陈江峰有权代表厦门金龙公司参加 6 月 8 日、6 月 22 日的股东会行使表决权。厦门金龙公司的主张，缺乏法律的依据，不能成立。

陈江峰参加 6 月 22 日股东会，确有两种身份，但不同于厦门金龙公司所指的双方代理。因陈江峰代表厦门金龙公司行使表决权并在决议上盖章的行为属于厦门金龙公司的行为，而且，厦门金龙公司没有证据证明陈江峰作为自然人所作的表决损害了厦门金龙公司利益。故应当认定陈江峰参加股东会所行使的表决权正当，而并非滥用表决权损害厦门金龙公司的利益。据此，厦门金龙公司的主张，缺乏事实和法律依据，不能成立。

综上所述，苏州金龙公司股东会于6月8日、6月22日作出的两份决议有效。

（二）二审判决

关于陈江峰是否有权代表厦门金龙公司参加苏州金龙公司股东会行使表决权问题。二审法院认为：

1. 陈江峰参加苏州金龙公司股东会所依据的是庹新永的授权，因此，庹新永在2001年4月12日即签署对陈江峰的授权委托书和5月17日在苏州金龙公司关于召开股东会会议通知上作出声明之时，是否仍然是厦门金龙公司的股东代表，成为本案的关键之一。根据本案事实，庹新永的辞职虽然发生在2001年1月，但直到2001年7月20日，厦门金龙公司董事会才批准庹新永的辞职申请，在此期间，庹新永的股东代表的资格并没有被厦门金龙公司解除，更未通知苏州金龙公司。因此苏州金龙公司向庹新永发出召开股东会议的通知是正当的，庹新永此时仍应有权转委托陈江峰参加苏州金龙公司的股东会。从庹新永的辞职自申请到批准的期间长达半年这一事实来看，厦门金龙公司董事会对总经理辞职这样重大的公司事务长时间不作任何决定，可以认为厦门金龙公司董事会在事实上运行已经不十分正常，庹新永将权力转委托陈江峰是合理的。

2. 根据《合同法》第400条规定："……转委托未经同意的，受托人应当对转委托的第三人的行为承担责任，但在紧急情况下受托人为维护委托人的利益需要转委托的除外。"虽然就参加股东会而言并非紧急情况，但法律对未经委托人同意的转委托的处理，并非是转委托的第三人所为行为当然无效，而是加重了实施转委托行为的受托人的责任。因此，陈江峰参加苏州金龙公司股东会并行使表决权的行为的效力取决于本案各被上诉人是否有理由相信陈江峰能够代表厦门金龙公司行使表决权。

3. 根据陈江峰所举证据和厦门金龙公司在庭审中对相关问题的陈述来看，在2001年4月12日后直到同年7月20日期间，陈江峰事实上在厦门金龙公司代总经理之职处理公司事务。因此陈江峰赴苏州参加股东会之时的身份已经不能再以财务总监、而应以厦门金龙公司代总经理的身份看待。由于在此之前厦门金龙公司参加苏州金龙公司股东会均由时任总经理职务的庹新永参加，在当时的股东会决议加盖的公章也为红章而非钢印，因此，陈江峰以此身份参加股东会并加盖公章这一事实本身，能够使被上诉人相信他能够代表厦门金龙公司行使表决权。因此厦门金龙公司关于陈江峰无代理权的上诉理由不成立。

[案例评析]

随着企业公司组织形式的集团化，当公司企业以公开发行股份的方式向社会大众集资，不可避免地就会造成股权分散结果，由于一般股东特别是公司企业组织中为数众多的中小股东往往表现出对于公司业务的漠不关心，他们根本无心在公司的经营管理上，若他们放弃该表决权不用，会导致处于经营地位的董事很容易因此而控制支配公司，甚至会因为出席股东大会的股东所持有的股份总额不及法定足额（我国没有法定额数的规定）而导致股东大会不能正常召开。为解决这种问题，法律上允许股东出具授权委托书，委托他人代为出席股东会行使投票权。我国 2005 年新《公司法》第 107 条所确定："股东可以委托代理人出席股东大会会议，代理人应当向公司提交股东授权委托书，并在授权范围内行使表决权。"股东因此在每次未能出席股东会时出具授权委托书，载明授权原因及范围，委托代理人出席股东会代理股东行使表决权。

（一）代理人的资格

从各国或地区的公司法来看，代理制度大致可以概括为两种：①委托公司的经营者或其他个人为代理人；②将代理权委托给一个有组织的中间人，通常是银行。在西方国家股权运作的实践中，上述两种委托代理方式都受到了批评，其共同缺陷是都不同程度地削弱了股东在公司决策中的地位。目前我国立法对代理人的资格并未作限制性规定。鉴于上述两种代理方式的弊端，在确定代理人资格时，既不宜突出强调董事会的代理权限和代理地位，也不宜选定一个中间组织专任代理人，而应以尊重股东个人意愿和方便代理权的行使为原则。赵旭东教授认为，凡具有完全民事行为能力者，不论其是否是本公司的股东，均可接受股东的委托作为股东的代理人。当然，如果公司章程约定代理人以本公司股东为限，法律对此约定的效力也应予以肯定。

（二）代理权招揽制度

代理权的招揽是指股东有偿招揽其他股东行使股权的委托书。对此，有的国家或地区基于契约自由原则，允许招揽委托书；有的国家或地区因为招揽代理权的结果可能导致分散的小股东的股权最后由一人实质行使，形成与大股东的抗衡而禁止招揽代理权。

毫无疑问，无限制的招揽代理权既可能在私益上损害公司及股东的利益，又可能在公益上危害社会。与其让招揽委托书的小股东来决定公司的前途和命运，还不如让持有公司大多数股份的股东来控制公司。因为基于风险与利益一致的原则，后者至少比前者更关注公司的发展前途。

在我国，有的学者主张，我国公司法应明文禁止招揽代理权的行为，即使允许股权的代理行使，也应对一人代理股份的总额加以必要限制，以防止代理权招揽行为的发生。对此，我国台湾地区"公司法"即规定："除信托事业外，一人同时受 2 人以上股东委托时，其代理的表决权不得超过已发行股份总数表决权的 3%，超过部分不予计算。"此规定可资借鉴。

（三）转委托的有效性

代理人事先未取得被代理人同意，事后告知被代理人，代理人的转委托行为是否有效？一般而言，被代理人享有追认权和否决权。若被代理人不同意代理人的转托行为，则由代理人对自己所转托的人（转委托代理人）的行为负民事责任。若被代理人事后承认代理的越权转委托行为，代理人从无权转委托代理变为有权转委托代理。但是，在紧急情况下，代理人为了被代理人的利益可以非经被代理人同意，并且不承担责任。我国《合同法》第 400 条规定："……转委托未经同意的，受托人应当对转委托的第三人的行为承担责任，但在紧急情况下受托人为维护委托人的利益需要转委托的除外。"本案即属于此种情形，厦门金龙公司原股权代表庾新永出于维护公司经营管理的需要委托陈江峰全面负责公司事务至本案争议的决议通过之日有相当一段时间，在该过程中，陈江峰实际行使了总经理职责，董事会对此没有提出任何异议。一、二审判决认为陈江峰的行为应当认定是为了厦门金龙公司的利益，有理由认为陈江峰能够代表厦门金龙公司行使表决权。

十一、一股二卖

经典案例

浙江宏立控股集团有限公司与杭州阳城热电有限公司股权纠纷案[1]

［案件事实］

杭州阳城热电公司（下称热电公司）成立于 1995 年，是浙江萧山区内一家重要的公共型企业，置地集团拥有其 15% 的股份，但在 2006 年大股东（系自然人张可夫）决定转让其 78% 的股份。2006 年 9 月 14 日，宏立公司与张可夫签订《股权转让协议》一份。协议约定张可夫以 3430 万元将其持有的阳城公司 78% 股权转让给宏立公司。协议签订后，宏立公司按约支付张可夫 1630 万元股权转让款。同月，张授权后者处理热电公司一切事务。但在 2006 年 12 月，张又与同

---

〔1〕 浙江省杭州市萧山区人民法院民事判决书，（2008）萧民二初字第 3558 号。

为股东的置地集团签订了另一份协议，再度约定转让全部股份。

正是这"一股二卖"的两份转让协议引发了争端。由于受让双方都不愿放弃，在协商不成的情况下，2007 年 1 月 31 日，置地集团向杭州市上城区人民法院提起诉讼，要求判令公司与张可夫签订的股权转让协议合法有效，并判令张依法履行股权转让引起的工商变更登记手续。2007 年 2 月 7 日、3 月 22 日，上城区法院经两次公开开庭审理后，判决置地集团与张可夫签订的股权转让协议有效，张可夫应协助置地集团办理股权变更登记手续。上城区法院认为，张可夫的两次股权转让行为是否有效，应根据新《公司法》的规定和依公司章程认定。《公司法》第 72 条规定，有限责任公司的股东之间可以相互转让其全部或者部分股权；股东向股东以外的人转让股权，应当经其他股东过半数同意；经股东同意转让的股权，在同等条件下，其他股东有优先购买权。而就股权转让事宜，热电公司《章程》还规定应"书面通知其他股东征求意见"。法院审理查实，张可夫没有就其与宏立公司转让股权的事宜口头或书面通知原告置地集团及另外股东。上城区法院据此认为，张可夫向宏立公司转让股权的行为不符合热电公司章程的规定。但宏力公司不愿退让。

2007 年 6 月 7 日，张可夫向杭州市中级人民法院起诉，要求确认张可夫、宏立公司于 2006 年 9 月 14 日签订的股权转让协议无效及宏立公司领回已付转让款 1630 万元。同年 7 月 4 日，宏立公司提起反诉，要求：①确认张可夫、宏立公司的股权转让协议合法有效；②张可夫配合办理宏立公司和张可夫之间的股权转让过户手续；③张可夫向宏立公司支付违约金 500 万元。

[判决意见]

2007 年 8 月，杭州市中级人民法院准许杭州置地投资控股集团有限公司（以下简称置地公司）以第三人身份参加该案诉讼。2008 年 5 月 8 日，杭州市中级人民法院作出（2007）杭民二初字第 143 号民事判决，判决确认张可夫、宏立公司于 2006 年 9 月 14 日签订的股权转让协议有效，并驳回张可夫的本诉请求及宏立公司的其他反诉请求。

2008 年 9 月 24 日，浙江省高级人民法院对该案作出（2008）浙民二终字第 147 号民事判决，判决认为："原判确认的宏立公司与张可夫签订的本案股权转让协议有效，并无不当，应予维持。鉴于置地公司作为阳城公司的股东，在其诉讼中明确表示要主张优先购买权，而置地公司的优先购买权是否成立的问题，在其未得到司法机关的终局裁决之前，宏立公司现在提出的有关办理股权变更登记的诉讼请求，依据不足。对置地公司的优先购买权是否成立问题，当事人可另案解决。若另案确认置地公司的优先购买权不成立，则宏立公司关于张可夫与宏立公司办理股权变更登记的请求成立。"

2008 年 10 月 8 日，宏立公司向杭州市萧山区人民法院起诉，要求：①确认杭州萧山南阳资产经营公司（以下简称南阳公司）和置地公司对张可夫转让给宏立公司的阳城公司 78% 股权的优先购买权不成立；②南阳公司、置地公司、张可夫配合办理变更登记。杭州市萧山区人民法院于 2009 年 10 月 21 日作出（2008）萧民二初字第 3558 号民事判决，判决确认置地公司对张可夫出卖给宏立公司的阳城公司 78% 股权的股东优先购买权不成立。置地公司不服该判决，提起上诉。同年 12 月 17 日，置地公司向杭州市中级人民法院申请撤诉。杭州市中级人民法院于同年 12 月 18 日作出裁定准许其撤回上诉。

[案例评析]

所谓的一股二卖，是指公司股东在已经签订股权转让协议的情况下，于办理股权过户手续之前，又与其他受让人签订股权转让协议并办理股权过户手续的情形。物债二分的德国式民法理论体系构建是导致一股二卖可能发生的根本原因。

承认合同效力与股权变动的效力的分离是分析一股二卖中法律关系的前提。在本案中，存在着两个股权转让合同，即张可夫与宏立公司以及张可夫与置地集团的两份股权转让协议，这两份合同在股权办理过户登记之前都只具有平等的债权效力。从理论上讲，任何一个受让人都有权请求出让人办理过户登记手续，但均不享有优先于其他受让人的权利。

追根溯源，这一切都与我国目前通行的债权形式主义的物权变动模式密切相关。在该模式下，债权合同效力的发生并不直接引起物权变动的法律效果。物权变动法律效果的发生，须以生效的债权合同与交付行为（或登记行为）这一民事法律事实构成为前提。

对于股权转让法律关系，赵旭东教授也认为，股权转让行为也存在着类似于物权转让的法律关系，其中存在着两种行为：①股份转让的债权行为；②股份转让的权利变动的行为。对于股权转让合同而言，仅能产生债权效力，受让人仅享有请求出让人交付股权的请求权，此时，股权并未发生实际权利的变动。对于股权的交付，应理解为法律上的交付，即办理变更股东名册的过户手续。对于股权变动行为而言，办理股东名册的变更可以产生股权变更的生效效力，而在工商行政管理机关登记则能产生对抗效力。

一般在"一股二卖"的案件中，处理的争议主要集中于两点：①对未经股东行使优先购买权的股权转让协议的协议效力判断；②对两份股权转让协议的履行效力比较以确定股权最终归属。

（一）未通知其他股东行使优先权的协议效力判断

对于股东在未通知其他股东行使优先购买权的情况下，即与非股东签订的股权转让协议效力认定问题，理论和实务界形成了无效说、可撤销说、生效说、附生效条件说、效力待定说等各种不同观点。

对侵犯其他股东优先权的协议效力的判定关键在于分析该协议侵犯的具体权利属性，这要求首先对《公司法》第72条规定的股权转让限制程序作层次性和结构性分析。根据《公司法》第72条第2款、第3款的相应规定，为了保障有限公司的人合性，公司法在股东对外转让股权时赋予了其他股东两项权利：同意权和优先购买权。股东对外转让股权时对《公司法》第72条规则的违反，并不能简单地认定为侵犯股东的优先购买权，有些情形需要适用同意权规则。在实践中，侵犯股东同意权主要表现为股东与非股东签订股权转让协议时没有通知其他股东，或者通知但没有得到其他股东同意即签订股权转让协议两种情形。而侵犯优先购买权的情形主要是指在其他股东过半数同意（抑或时间经过推定同意）的情形下，未经过其他股东行使优先购买权而与非股东签订股权转让协议。

总之，侵犯的权利属性不同对股权转让协议的效力影响也不同。对于违反公司法关于股权转让限制程序的协议效力，其判断的关键并不在于该协议是否侵犯股东优先购买权，而在于是否侵犯股东同意权。

在本案中，置地集团主张张可夫与宏立公司之间的股权转让协议侵犯了其的优先购买权，实质上应该看是否有证据表明张可夫与宏立公司之间的股权转让协议侵犯了股东的同意权，或者说是否有证据可推定此转让行为已经过股东半数同意。未通知其他股东或者未征得同意侵犯股东同意权的股权转让协议效力待定，而一旦股东同意或者推定同意股权对外转让，不管其是否侵犯其他股东优先购买权，协议都成立并生效。

（二）两份协议均为有效时的履行效力比较

股权转让协议有效是股权转让的必备前提，但是股权转让协议的有效并不等同于股权的实际交付或移转。如前所述，优先购买权并不能对股权转让协议效力产生影响，但是这并不意味着优先购买权在股权转让限制体系中没有作用。

不同于股权转让协议的债权行为，股权移转是对所有物的处分行为，而这种处分要受到优先购买权的限制。但是此种限制并不是限制该处分权本身，而只是限制其顺位，即当存在优先购买权时，该行使优先购买的股权转让协议的履行优先于股权对外转让协议。即使股东与非股东签订的股权转让协议有效，如果其他股东行使优先购买权，为了保证有限公司的人合性，拟转让股东应当优先向行使优先购买权的股东转让股权，此时对外转让股权的协议将因优先购买权的行使面临履行不能的问题。但是在特殊情形下，如果出让方选择向非股东履行股权转让协议，而该拟行使优先购买权的股东最终又放弃了优先购买权，则该股权可以直接有效地转让给非股东，否则将会出现转让方与原拟行使优先购买权的股东双重违约的情形。

在"一股二卖"中，当股权对外转让协议侵犯股东同意权时，该协议效力待定。而侵犯优先购买权时该协议成立并生效，拟转让方可以自行选择履行对象，但是股权转让的履行顺位受到影响，行使优先购买权的股权转让协议履行优先。

（三）股权能否适用善意取得制度

善意取得制度是指无权处分的动产占有人以动产所有权的转移或他物权的设定为目的，移转占有于善意第三人，善意受让人基于公信力仍可取得动产所有权或他物权的制度。然而，有限公司股权是以登记而非占有为公示要件，按照通常理解，登记公示的权利人和实际权利人应当一致。因此有人认为，股权转让应当适用不动产物权变动规则，登记权利人转让所有权或设定他物权方为有效，不适用善意取得，这是登记公示的必然逻辑结果。这种观点在一般情况下是正确的，但是基于股权的特殊性，以下情形下我们认为还是可以适用善意取得制度的。

1. 在隐名投资的情况下，隐名股东可以根据其与名义持股人的协议等证据来证明自己的股东身份，从而推翻法律形式对股东资格的推定，要求法院对自己的股东身份作出实质认定。而一旦名义持股人已先将股东权依公司法规定转让给善意第三人，并变更了股东名册，在此种情形下，善意第三人基于对工商登记记载的合理信赖，就合法取得了股权。变动股东名册是股权变动的生效要件，其法律效力相当于动产交易之交付，而隐名股东也就因善意取得制度的使用不能再主张股权，只能由名义持股人依过错承担损害赔偿责任。

2. 在股权证明文件存在冲突的场合，依照《公司法》第33条之规定，公司股权确认标准内部是股东名册，外部是工商登记。若公司股东几经转让却只变更了股东名册而没有变更过工商登记，工商登记的股东依公司法向善意第三人转让股权有效。第三人对股东识别和确认的依据是工商登记，而无论股权流转至谁手，股东名册如何变动。

股权转让中可能适用善意取得的情形并不局限于上述两种情形，需在个案中具体分析。但是，有的股权转让看似能够适用善意取得，实则不然，如有限责任公司股东侵害其他股东优先购买权向第三人转让股权并变更工商登记的情形。另外，由于股权转让情形的复杂性和多样性，股权善意取得制度的法律要件还有待进一步探讨和澄清。

十二、股权质押

经典案例

重庆名豪实业（集团）股份有限公司与曲阜博一
建设发展有限公司等合同纠纷案[1]

[**案件事实**]

2006年4月20日，名豪公司与福建博一建设发展有限责任公司（福建博一建设发展有限责任公司于2005年更名为曲阜博一建设发展有限责任公司）签订《合作保密协议书》，约定：名豪公司通过与博一公司合作收购重庆红岛大酒店有限公司（重庆红岛大酒店有限公司于2008年5月5日更名为重庆红岛置业有限公司）的全部股权方式，进行该项目房地产开发，名豪公司保证作为博一公司的资金合作伙伴，并全部提供收购红岛大酒店项目的资金等。

同月25日，博一公司与名豪公司签订《关于合作收购重庆红岛大酒店有限公司股权框架协议书》。2006年9月1日，博一公司与名豪公司签订《〈关于合作收购重庆红岛大酒店有限公司股权框架协议书〉的补充协议》。最终于2006年9月1日，博一公司与名豪公司签订《关于合作收购重庆红岛大酒店有限公司股权的协议》约定：根据2006年4月25日协商精神，就合作收购红岛公司100%股权进行项目开发经营达成如下协议：双方在合作收购中，先由博一公司收购香港玉成贸易发展有限公司持有的红岛公司25%的股权，所需2000万元资金由名豪公司提供，收购完成后办理工商变更登记手续。其后中国烟草总公司重庆市公司持有的75%股权由博一公司收购。博一公司收购中国烟草总公司重庆市公司持有的75%股权时，名豪公司负责协调中国烟草总公司重庆市公司并保证其在两个月内（自本协议第2条约定的红岛大酒店有限公司25%的股权过户到甲方名下之日起算）与博一公司签订红岛公司75%股权的转让协议（采取其他收购方式的另行协商），但如因政府规定及程序要求方面的原因可适当延长此期限。有关股权变更登记等手续由博一公司办理，名豪全力配合。2006年9月1日，博一公司出具委托书：委托名豪公司将收购香港玉成有限公司持有红岛公司25%股权的转让款2000万元支付给香港玉成有限公司。同日名豪公司通过银行将2000万元支付给香港玉成有限公司。香港玉成有限公司出具了收据。此后，香港玉成有限公司将持有红岛公司25%股权转让给博一公司。2006年9

---

[1] 重庆市高级人民法院判决书，（2009）渝高法民终字第21号。

月 2 日，博一公司与名豪公司签订《关于合作收购重庆红岛大酒店有限公司股权的协议的补充协议》。

2006 年 11 月 28 日，博一公司股东会作出决议：同意将该公司持有红岛公司的 25% 的股权质押给名豪公司，质押标的为该公司向名豪公司借款 2000 万元。名豪公司举示了一份 2006 年 12 月 13 日红岛公司股东会议决议，内容为"同意博一公司将其在红岛公司的股权质押给名豪公司"，红岛公司确认质押事项记载于股东名册。李恩华、毛晶晶分别在中国烟草总公司重庆市公司、博一公司处签字，无单位盖章。名豪公司和博一公司到重庆市公证处办理了博一公司将持有的红岛公司 25% 股权质押给名豪公司的质押公证，重庆市公证处于 2006 年 12 月 15 日出具了公证书。

2007 年 11 月 26 日，博一公司与顾嘉公司签订《重庆红岛大酒店有限公司股权转让协议》约定：博一公司将其持有的红岛公司 45.69% 的股权转让给顾嘉公司，价格为 3000 万元。同日，中国烟草公司重庆市公司与顾嘉公司签订《重庆红岛大酒店有限公司股权转让协议》约定：中国烟草公司重庆市公司将其持有的红岛公司 54.31% 的股权转让给顾嘉公司，价格为 3375 万元。在顾嘉公司获得红岛公司 100% 股权后，于 2008 年 1 月 28 日分别与顾德金、顾德龙签订了《重庆红岛大酒店有限公司股权转让协议》，顾嘉公司将其持有的红岛公司股权的 70% 转让给顾德金、30% 转让给顾德龙。此后，顾德金、顾德龙在工商机关办理了红岛公司股权变更登记的相关手续。

[判决意见]

（一）一审判决

1. 关于合同效力。根据 2006 年 9 月 1 日的《〈关于合作收购重庆红岛大酒店有限公司股权框架协议书〉的补充协议》的内容，名豪公司向博一公司提供借款 2000 万元并已实际履行，该行为属于企业之间的资金拆借，违反了我国的金融监管制度，应属无效。双方签订的《关于合作收购重庆红岛大酒店有限公司股权的协议》约定：为了保证合作收购的顺利完成及甲方承诺义务的完全履行和在本次总体收购不能完成的情况下乙方 2000 万元出资安全收回，甲方同意在本协议第 2 条约定的收购完成后，立即将登记在甲方名下的红岛大酒店有限公司 25% 的股权质押给乙方。该约定表明，博一公司同时将其持有的红岛大酒店有限公司 25% 的股权质押给名豪公司，作为其向名豪公司借款 2000 万元的担保。《担保法》第 5 条规定，担保合同是主合同的从合同，主合同无效，担保合同无效。因此，《关于合作收购重庆红岛大酒店有限公司股权的协议》中关于股份质押的约定无效。

2. 关于股份质押的效力。《关于合作收购重庆红岛大酒店有限公司股权的协议》中关于股份质押的约定无效。根据《担保法》第78条第3款规定，以有限责任公司的股份出质的，适用公司法股份转让的有关规定。质押合同自股份记载于股东名册之日起生效。《公司法》第72条第2款规定，股东向股东以外的人转让股权，应当经其他股东过半数同意。股东应就其股权转让事项书面通知其他股东征求同意。股权质押应当经公司其他股东同意，并记载于股东名册。本案中名豪公司提供的红岛公司股东会决议中没有股东的盖章，也没有证据证明签字的自然人得到了股东的授权。虽然该股东会决议得到了红岛公司的确认，但公司并不能代替公司股东作出意思表示。因此，本案股权质押的行为不符合法律规定的条件。基于上面两点，博一公司将其持有的红岛公司的股份质押给原告名豪公司的质押行为无效。

3. 《民法通则》第59条第2款规定，被撤销的民事行为从行为开始起无效。既然博一公司将其持有的红岛公司的股份质押给名豪公司的质押行为无效，博一公司将其持有的红岛公司的股份转让给顾嘉公司就不再受质押权的限制。博一公司与顾嘉公司，顾嘉公司与顾德金、顾德龙分别签订的《重庆红岛大酒店有限公司股权转让协议》是当事人的真实意思表示，内容没有违反法律、行政法规的强制性规定，应为有效合同。

4. 鉴于博一公司与顾嘉公司、顾嘉公司与顾德金、顾德龙签订的《重庆红岛大酒店有限公司股权转让协议》有效，且当事人已经实际履行，并完成了工商变更登记手续。名豪公司要求博一公司将质押在名豪公司名下的红岛公司的股份过户至原告名豪公司名下的诉讼请求，已经不可能实现。即使按照名豪公司的主张股份质押有效，根据《担保法》第40条的规定，订立抵押合同时，抵押权人和抵押人在合同中不得约定在债权履行期届满抵押权人未受清偿时，抵押物的所有权转移为债权人，因此，名豪公司也不能通过股份质押直接获得被设置质押的股份。

（二）二审判决

1. 关于合同效力及履行问题。名豪公司上诉称其借款给博一公司只是双方约定的合作方式，而不是单纯的双方借资行为，且企业间相互拆借行为违反的是人民银行的《贷款通则》，不是合同法规定的法律、行政法规的强制性规定，不应认定为无效。虽然双方签订了单独的借款协议，约定了借款金额、用途、借款期限、还款方式、担保等内容，但从双方签订的有关合作协议来看，双方约定共同收购红岛公司的股权，因博一公司缺乏收购资金，双方约定由名豪公司代为支付，因此，名豪公司借给博一公司2000万元的行为，是以借款为表现形式，实际上是代为支付行为，代为支付并不违反法律、行政法规的强制性规定，应属有效。为此，一审法院认定属于企业拆借，违反我国金融监管制度不当，名豪公司上诉理由成立，应予支持。

2. 在本院主持下，名豪公司与红岛公司、顾嘉公司、顾德龙和顾德金达成调解协议，本院认为该调解协议是各方当事人的真实意思表示，不违背法律的规定，且并未损害博一公司的权益，应属合法有效，予以确认。在调解协议中，名豪公司明确放弃确认博一公司将其持有的被告红岛公司的股份质押给名豪公司的质押行为合法有效的诉讼请求以及对红岛公司、顾嘉公司、顾德龙和顾德金的诉讼请求，本院予以确认。

[案例评析]

(一) 法律适用

有限责任公司的股权具有财产性和让渡性，因此可以成为质权的标的。但因有限责任公司的封闭性和人合性，其股权对非股东的转让设有一定限制，从而导致有限责任公司股权设质与股份有限公司股权设质存有一定区别。这种差别产生的原因主要在于有限责任公司股权设质对股权转让相关规定的适用上。因此，有必要首先讨论一下有限责任公司股权质押的设立对股权转让相关法律规定的适用问题。

我国《担保法》第 78 条第 3 款规定："以有限责任公司的股份出质的，适用公司法股份转让的有关规定……"而《公司法》第 72、73 条则规定，股东之间可以相互转让其全部出资或者部分出资；股东向股东以外的人转让其出资时，必须经其他股东过半数同意；其他股东半数以上不同意转让的，不同意的股东应当购买该转让的股权；不购买的，视为同意转让。经股东同意转让的股权，在同等条件下，其他股东有优先购买权。依此规定，可以认为：①股东向作为债权人的同一公司中的其他股东以股权设质，不受限制；②股东向同一公司股东以外的债权人以股权设质，必须经全体股东过半数同意；③在第 2 种情形中，如果过半数的股东不同意，又不购买该出质的股权，则视为同意出质。

对于是否有必要如此适用股权转让的规定，给股权质押的设立设置种种限制，学者们之间有不同的看法。有的学者认为，为了有效地维护有限责任公司的人合性特征，在股权质押设立时，就应当适用股权转让的程序和限制。有的学者则认为，如此规定会在实务操作层面造成很大的问题。依此规定不同意出质的股东应购买出质股权，若其不愿购买而被视为同意出质，则对设质人或质权人均皆大欢喜。但若其愿意购买出质股权时，对设质人或质权人即会带来意想不到的后果：对设质人而言，出质股权虽有实行质权时丧失股权之可能，但其设质之目的非为转让股权，而仅仅是为担保某项债务，何以仅因股东未过半数同意设质而不同意之股东愿意购买出质股权这一与股权转让毫不相干的事而给设质股东带来丧失股权的后果？对质权人而言，其接受股权设质并非一定基于以流质的质权实现方式成为该有限公司股东之目的，且流质于我国法上为禁止之列，何以仅因前述同样之事实而使其不得不另寻担保物？在此基础上，该学者认为，此处之问题与日本旧《有限公司法》所遇到的问题相类似，其原因根源于将质权设定与质权实行的后果相混淆。为此，向非股东就股权设定质权的要件应采取日本新《有限公司法》的修正规定，仅依当事人设质合意即可，而无须再经其他股东同意。

我国公司法出于对有限责任公司人合性的维护，对其股权转让进行了限制。同样地，基于对公司人合性的维护，对其股权设质也应加以限制。在某个股东坚决以股权向股东以外其他人设质，而其他股东坚决不同意的情况下，出于人合性的考虑，由反对股东购买该股权也是合情合理的。而且设质不成也并不必然导致股权的转让，法律并未禁止设质股东放弃以股权设质并最终避免股权的转让。可见，我国公司法对有限责任公司股权设质的此种限定是合乎理论逻辑的，在实务操作层面亦无漏洞，应当是值得肯定的。

（二）股权质押的生效条件

依我国《担保法》第 78 条和《担保法解释》第 103 条第 3 款的规定，以有限责任公司股权设质的，质押合同自股份出质记载于股东名册之日起生效。也就是说，依我国现行法律规定，有限责任公司股权质押的生效要件有二：①质押合同的订立；②股东名册的出质登记。

有限责任公司与非上市股份公司同为非上市公司，在股权质权设定方面具有许多相似之处，并经《担保法解释》第 103 条统一归类为非上市公司规定了同一生效要件。同样的，如前文关于非上市股份公司股权质押生效要件构建的理由，笔者认为，有限责任公司股权设质亦应添补工商行政管理机关的设质登记作为质押生效要件，以替代有限责任公司股权质押中质物移转占有要件的缺失。但因有限责任公司股权的特殊性，有以下两点需要进一步说明。

1. 根据《公司法》第 32 条规定，有限责任公司成立的，应当向股东签发出资证明书。并且许多学者认为，在股权转让中，股东应向受让人交付出资证明书，即出资证明书须随股权一同转让。那么，有限责任公司股权质押中，出资证明书的交付可否代替质物的移转占有呢？笔者认为不可。理由主要在于，出资证明书仅是表彰有限责任公司股东股权的证明文书，而非有价证券，对其占有并不必然代表享有股东权利。有限责任公司主要依据股东名册的记载确认股东资格。出资证明书移转占有后，占有人不可依据出资证明书的占有向公司要求股东资格的变更，而原持有人却可依股东名册记载要求公司补发出资证明书。因此，对出资证明书的占有不具股票占有的公信力，无法发挥股票移转占有的效果，不能作为有限责任公司股权质押的生效要件。

2. 根据《公司法》第 33 条，有限责任公司应当将股东的姓名或者名称及出资额向公司登记机关登记，登记事项发生变更的，应当变更登记，未经登记或变更登记的，不得对抗第三人。有限责任公司股权转让中，工商行政管理机关登记的公示效力及范围得到了法律明确的规定。这为前文所述得以工商行政管理机关设质登记替代质物移转占有作为质权生效要件的理由进一步提供了立法上的支撑。因此，对于有限责任公司股权质押的设定来说，工商行政管理机关的设质登记作为生效要件具有当然的立法上的依据和理论上的支持。

本案中名豪公司提供的红岛公司股东会决议中没有股东的盖章，也没有证据证明签字的自然人得到了股东的授权。虽然该股东会决议得到了红岛公司的确认，但公司并不能代替公司股东作出意思表示。因此，本案股权质押的行为不符合法律规定的条件。本案主要探讨博一公司将其持有的红岛公司的股份质押给原告名豪公司的质押行为无效或有效的问题。

拓展案例

案例一：　　　　　北京熊猫恒盛机械设备有限公司与
上海熊猫机械（集团）有限公司上诉案[1]

［案件事实］

上海熊猫机械（集团）有限公司（以下简称熊猫集团）系北京熊猫恒盛机械设备有限公司（以下简称恒盛公司）股东，占公司股份50%。因要求查账被拒绝，熊猫集团起诉请求法院判令恒盛公司提供会计账簿供其查阅。恒盛公司辩称，熊猫集团有不正当目的。

二审判决认为，熊猫集团一直向恒盛公司提供产品，由恒盛公司在北京进行销售，现熊猫集团在北京设立了分公司，该分公司也在销售熊猫集团生产的同类产品。恒盛公司的账簿包括原始凭证中，必然会涉及该公司以往产品的销售渠道、客户群、销售价格等商业秘密。熊猫集团查阅账簿了解上述情况后，势必会掌握恒盛公司的商业秘密，从而存在占领恒盛公司开发的市场、损害恒盛公司利益的可能。据此，恒盛公司拒绝熊猫集团查阅公司会计账簿的请求，理由正当，应予支持。熊猫集团的诉讼请求不能得到支持。

［问题与思考］

如何判断股东查阅公司会计账簿的目的是否正当？

---

〔1〕　北京市第一中级人民法院民事判决书，（2008）一中民终字第5114号。

[重点提示]

如果被告公司举证证明，原告股东与公司确实存在同业竞争，而公司会计账簿也确实包括商业秘密，那么，股东查阅会计账簿确有可能损害公司利益，其目的正当性就是可质疑的。

案例二：　　　　　浙江复星商业发展有限公司诉
　　　　　　　上海长烨投资管理有限公司案[1]

[案件事实]

上海外滩 8-1 地块归属于上海证大外滩国际金融服务中心置业有限公司（以下简称项目公司），该项目公司系由上海证大置业公司设立。后项目公司被海之门房地产投资管理有限公司收购。海之门公司的股权结构为：浙江复星持股 50%，证大五道口公司持股 35%，绿城公司持股 10%，磐石投资持有5%。在证大五道口公司收购磐石投资公司之后，SOHO 中国全资子公司上海长烨分别收购了经过资产剥离的证大五道口公司以及绿城公司，从而间接持有海之门公司 50% 股权以及项目公司 50% 的股权。浙江复星认为这种收购行为侵犯了其依据《公司法》第 72 条所享的有限责任公司股东优先购买权，属于恶意串通，遂向上海市第一中级人民法院提起诉讼申请宣告被告方之间的交易合同无效。

[问题与思考]

第三人通过间接收购方式而控制目标公司股权，是否侵害目标公司其他股东的优先购买权？

[重点提示]

从法律文义上看，上海长烨公司并未直接购买海之门公司的股权，并未侵害浙江复星的股东优先购买权。上海长烨等被告是否属于故意规避《公司法》第 72 条第 2 款，从而构成恶意串通或者以合法形式掩盖非法目的，须考虑《公司法》第 72 条第 2 款规范的适用范围和立法目的、恶意串通或者以合法形式掩盖非法目的等条款的适用范围和立法目的、浙江复星是否遭受不公正损失等问题。

---

[1] 上海市第一中级人民法院民事判决书，(2012) 沪一中民四（商）初字第 23 号。

案例三：　　　　　　　　**张超诉稳健公司案**[1]

[案件事实]

被告稳健公司成立于 2002 年 8 月。2006 年 11 月，股东张超通过查阅稳健公司财务会计报告及财务会计账簿，获悉从 2002 年 8 月～2006 年 12 月 31 日，稳健公司连续 5 年均有赢利。2007 年 10 月 11 日，张超致函稳健公司请求召开股东会，提出利润分配方案，并说明若不同意分配利润，则请求稳健公司按合理的价格收购其股权。2007 年 10 月 30 日，稳健公司召开股东会。该次会议因股东陆志平、彭美琴提出，公司的 100 多万元应收款未收回导致账上无利润可分，最终未形成是否分配公司利润的股东会决议，亦未能同意收购张超股份。张超遂提起诉讼，请求判令被告稳健公司以人民币 35 万元价格收购其 25% 的股权。

[问题与思考]

股东请求公司收购股份，是否须以公司形成不分配利润的股东会决议且该股东对该决议投反对票为前提条件？

[重点提示]

异议股东股份收购请求权旨在保护股东在对公司重大决策持不同意见时，有机会按照公平价格，收回出资、退出公司。因此，张超是否在股东会上对不分配利润表达过反对意见，是法院的审查重点。

案例四：　　　　**叶志远与北京通成达水务建设有限公司**
　　　　　　　　　　股东资格确认纠纷上诉案[2]

[案件事实]

原告叶志远因与被告北京通成达水务建设有限公司（以下简称通成达公司）股东资格确认纠纷一案，不服北京市朝阳区人民法院（2011）朝民初字第 21607 号民事判决，向北京市第二中级人民法院提起上诉。

在本案中，一审法院认为通成达公司登记的股东为北京市第二水利工程处和通成达工会。叶志远持有的通成达持股会出资证明表明叶志远系通成达持股会会员，叶志远与通成达持股会之间系代持股的关系，叶志远是实际出资人，

---

〔1〕　陈昌、沈璇敏："股份收购请求权案件的调解思路与方法"，发布于上海法院网，http: // www. hshfy. sh. cn, 2009 年 8 月 21 日。

〔2〕　北京市第二中级人民法院判决书，（2011）二中民终字第 19721 号。

通成达工会是名义股东，现叶志远要求确认其为通成达公司股东，并要求通成达公司出具持股证明，但通成达公司唯一的其他股东北京市第二水利工程处对此并不同意，故叶志远的诉讼请求，该院不予支持。综上，依照《最高人民法院关于适用〈中华人民共和国公司法〉若干问题的规定（三）》第25条第3款的规定，判决：驳回叶志远的诉讼请求。

叶志远不服一审法院上述民事判决，向本院提起上诉。其主要上诉理由是：一审法院判决认定事实不清，没能维护叶志远的合法权益。故叶志远上诉请求：撤销一审法院判决，依法改判为通成达公司确认叶志远的股东身份，给叶志远出具股本金额为57 510元的持股证明。

通成达公司服从一审法院判决。其针对叶志远的上诉理由答辩称：叶志远多次起诉通成达公司，在其他诉讼中曾陈述其对通成达持股会出资57 510元，已有生效判决认可。叶志远作为通成达持股会会员，通成达持股会已向叶志远出具了出资证明，通成达公司的股东仅为北京市第二水利工程处和通成达工会。故通成达公司不同意叶志远的上诉意见，请求驳回叶志远的上诉，维持原判。北京市第二中级人民法院认为：根据已生效判决及其他现有证据，能够认定叶志远系向通成达持股会出资，故叶志远是通成达持股会的会员，其与通成达持股会之间的权利义务应依照通成达持股会章程确定。现叶志远要求确认其具有通成达公司股东资格，但叶志远未能举证证明其与通成达公司具有直接出资关系；且通成达公司在工商行政管理机关登记的股东为北京市第二水利工程处和通成达工会，叶志远未被记载于通成达公司章程中，通成达公司和通成达公司唯一的其他股东北京市第二水利工程处亦不同意叶志远的主张。因此，叶志远的上诉理由缺乏依据，不能成立。对叶志远的上诉请求，本院不予支持。综上，一审法院判决认定事实清楚，适用法律正确，处理并无不当，本院应予维持。依照《中华人民共和国民事诉讼法》第153条第1款第1项之规定，判决驳回上诉，维持原判。

[问题与思考]

确定股东资格（即股权）是以工商登记为准，还是以实际出资为准？

[重点提示]

股东资格原则上以公司在注册登记表中登记的范围为准，也就是以工商登记核准的股东范围为主。但是实践中不可否认的是有的出资人并没有被公司如实地登记在册，当工商登记与实际上出资的股东登记有矛盾时，应当以实际出资的股东范围为准，以此充分保护公司出资人的合法权益，也就是保护股东的合法权益。

案例五：　　金军（JINJUN）等诉上海维克德钢材有限公司股权确认纠纷案[1]

[案件事实]

上诉人金军、金杰妮因与被上诉人上海维克德钢材有限公司、第三人薛小钧股权确认纠纷一案，不服上海市浦东新区人民法院（2008）浦民二（商）初字第2541号民事判决，向上海市第一中级人民法院提出上诉。

原审法院认为：本案系涉外股权确认纠纷，由于维克德公司的注册、经营地均在中国境内，依据最密切联系原则，应适用中国法律处理。

《公司法》第76条规定，自然人股东死亡后，其合法继承人可以继承股东资格；但是，公司章程另有规定的除外。金军、金杰妮是金非的合法继承人，而维克德公司的章程又未对股权继承问题作出与法律相反的规定，因此，金军、金杰妮有权继承金非在维克德公司的股东资格，包括其持有的维克德公司90%的股权。

关于金军、金杰妮要求维克德公司、薛小钧办理股权变更登记手续的问题。因内资企业的股东是否可以变更登记为外国人，涉及我国对外国人投资内资企业的行政审批制度。商务部等六部委制定的《关于外国投资者并购境内企业的规定》中规定：外国投资者并购境内企业，应符合中国法律、行政法规和规章对投资者资格的要求及产业、土地、环保等政策；被并购境内企业原有所投资企业的经营范围应符合有关外商投资产业政策的要求；不符合要求的，应进行调整；外国投资者并购境内企业设立外商投资企业，应依照本规定经审批机关批准，向登记管理机关办理变更登记或设立登记。境内公司的自然人股东变更国籍的，不改变该公司的企业性质。金非投资维克德公司后由中国国籍变更为外国国籍，按照上述《关于外国投资者并购境内企业的规定》，未改变维克德公司的内资企业性质，但金非死亡后，其拥有外国国籍的继承人继承其在内资企业的股东资格，欲成为公司股东，是否需要获得国家外资管理部门的批准，及在获得批准后变更企业性质，并向工商登记管理机关办理变更登记，上述规章没有规定。关于这一问题，金军、金杰妮的委托代理人在原审审理中确认，其向有关机关咨询后得到的答复是，外国人继承股权可以参照《关于外国投资者并购境内企业的规定》操作，金军、金杰妮要求维克德公司和薛小钧办理股权变更登记手续，需要得到审批机关的批准文件。由此，原审法院认为，在金军、金杰妮没有获得批准文件前，工商登记管理机关不会受理维克德公司的变

---

[1]　上海市第一中级人民法院判决书，（2009）沪一中民五（商）终字第7号。

更登记申请。故对金军、金杰妮请求判令维克德公司和薛小钧办理股权变更登记手续的诉讼请求不予支持。

原审法院同时认为，根据《中华人民共和国公司法》之规定，记载于股东名册上的股东，可以依照股东名册主张行使股东权利。公司股东未经登记或者变更登记，不得对抗第三人，即，股权登记并非确认股权的生效要件。因此，本案中，维克德公司未进行股东变更登记不影响确认金军、金杰妮继承股权。

金军、金杰妮不服原审判决，向本院提出上诉，请求撤销（2008）浦民二（商）初字第2541号民事判决之第二项，改判维克德公司和第三人为其办理股东变更手续。两上诉人认为：维克德公司是内资公司，注册资金来源于国内。两上诉人因继承而取得公司股权，并无外资注入公司，无需办理外商投资企业行政审批手续。两上诉人取得了公司股权，即有权要求登记为公司股东，被上诉人及第三人应予配合。

被上诉人维克德公司辩称：两上诉人继承公司股权和两上诉人成为公司股东不是同一概念。继承股权是继承股权对应的财产权。两上诉人要成为股东，必须经过公司过半数股东的同意。两上诉人在主张权利的过程中严重影响了公司的正常经营，现第三人作为股东不同意与其合作经营公司，故请求驳回两上诉人的上诉请求。

第三人薛小钧对两上诉人的股东身份持有异议，其不否认两上诉人有权合法继承股权，但两上诉人的行为损害了其作为小股东的利益，故不同意金军、金杰妮成为维克德公司的股东。

上海市第一中级人民法院认为：本案系因外国人继承公司股权、股东资格而发生的涉外股权确认纠纷，该公司是依中华人民共和国法律设立的有限责任公司，故本案争议应当适用中华人民共和国法律处理。

根据《公司法》第76条规定，自然人股东死亡后，其合法继承人可以继承股东资格；但是，公司章程另有规定的除外。本案两上诉人出具的上海市《继承权公证书》证明其为公司股东金非的合法继承人，而公司章程亦未对股东资格继承另作约定，故两上诉人在继承了金非在维克德公司的股权的同时，亦应继承相应的股东资格，而无需公司过半数股东的同意。

上海市第一中级人民法院注意到，两上诉人是外国国籍，维克德公司是内资公司，但这并不影响两上诉人依法继承股东资格。由于两上诉人系因继承取得维克德公司股东资格，并未改变该公司注册资金来源地，该公司的性质仍为内资公司，故无需国家外商投资管理部门批准。

据《公司登记管理条例》第35条第1、2款的规定，有限责任公司的自然人股东死亡后，其合法继承人继承股东资格的，公司应当依照规定申请变更登记。因此，被上诉人维克德公司应当为两上诉人金军、金杰妮办理股东变更登记。第三人是公司股东，两上诉人要求第三人为其办理股东变更登记没有法律依据，本院不予支持。

综上，两上诉人金军、金杰妮合法继承了被上诉人维克德公司的股东金非的股权，即依法取得股东资格，其有权要求被上诉人为其办理相关股东变更登记手续。两上诉人的上诉理由于法有据，其上诉请求本院应予支持；被上诉人的答辩意见于法无据，本院不予采纳。据此，依照《民事诉讼法》第 153 条第 1 款第 2 项，《公司法》第 76 条，《公司登记管理条例》第 35 条第 1、2 款之规定，判决撤销上海市浦东新区人民法院（2008）浦民二（商）初字第 2541 号民事判决；确认金军、金杰妮为上海维克德钢材有限公司股东，分别持有上海维克德钢材有限公司 45% 的股份；上海维克德钢材有限公司应当在本判决生效之日起 30 日内为金军、金杰妮办理股东变更登记手续；驳回金军、金杰妮要求薛小钧为其办理股东变更登记手续的诉讼请求。

［问题与思考］

有限责任公司的自然人股东死亡后其继承人是否可以继承股东资格？继承人继承股权是否包含继承股东身份？

［重点提示］

遗产继承是财产转让的合法形式之一。根据继承法的规定，遗产是公民死亡时所遗留的个人合法财产。而股权就其本质属性来说，既包括股东的财产权，也包括基于财产权产生的身份权即股东资格，该身份权体现为股东可以就公司的事务行使表决权等有关参与公司决策的权利。就股权所具有的财产权属性而言，其作为遗产被继承是符合我国现行法律规定的。

而股东资格的继承问题，则有必要在公司法中作出规定。《公司法》第 76 条的规定提供了股权继承的一般原则，即：自然人股东的合法继承人可以继承股东资格。同时也允许公司章程作出其他安排。

案例六：　　公司职工退回职工股的效力认定案[1]

［案件事实］

原告陈燕影原系被告江苏省南京正大经济开发有限公司（以下简称正大公司）职工。2003 年 8 月，原告向被告出资 9926 元，同年 8 月 15 日，被告改制

---

〔1〕　本案例来自北大法宝网。一审案件号为：（2006）鼓民二初字第 438 号，二审案件号为：（2006）宁民二终字第 699 号。

成为有限责任公司。在被告的公司章程上记载原告系其股东,原告本人也在章程上签字确认。2004年1月6日,原告向被告出具书面报告,表示其已按公司要求将购买的公司股份退还给公司,请公司结清其购股钱款。1月7日,被告向原告支付了全部退股现金计9770元,但在工商部门登记的公司章程上原告的股东身份一直未予变更。2006年4月16日,被告召开股东大会,未通知原告参加。原告认为被告侵犯了其作为股东的知情权,故诉至南京市鼓楼区人民法院,要求被告告知其2006年4月16日股东大会的会议内容并提供2005年度公司财务报表。对此被告认为,对原告提出的退股申请,被告表示同意,且已将原告的入股款全部退还给了原告,所以原告已不再是被告的股东,不再享有相应的股东权利,请求法院驳回原告的诉讼请求。

南京市鼓楼区人民法院一审认为,原告虽然仍被登记记载为公司股东,但事实上,原、被告已就原告退股一事达成一致,原告也已将所持有的被告公司股份予以退还并取得了相应的退股款;而且原告所持有的股份是具有职工股性质的股份,依据《江苏省现代企业制度试点企业职工持股会暂行办法》的有关精神,持股职工经批准脱离公司时,公司应将职工货币出资形成的股权购回,同时将股份收回;此外有限责任公司的股东名册、公司章程及公司登记机关对股东资格的登记或记载,仅是当事人取得股东资格的表面证据,如果其已事实上丧失了股东资格,即不能以登记或记载确认其仍享有对公司的股权。根据上述理由,一审判定本案原告已不再是被告的股东,其亦不应享有基于股东资格而享有的股东权利。故原告要求行使股东知情权的请求,缺乏依据,依法判决驳回原告陈燕影的诉讼请求。

原告不服一审判决,向南京市中级人民法院提起上诉。二审法院认为,被告正大公司为有限责任公司,股东在向公司履行了出资义务后,不能以任何形式从公司取回投资款;正大公司与陈燕影之间办理的退股手续实质为公司退还陈燕影投资款,该行为违反了公司法的强制性规定,应为无效。故陈燕影虽然收取了退股款,其仍是被告的股东。但是股东在投资款不到位的情况下,其股东权利的行使应当受到限制,因此陈燕影必须在退还正大公司退股款的情况下,方能行使知情权,查阅正大公司的相关文件。二审法院判决陈燕影在归还正大公司退股款9770元后,有权查阅正大公司2006年4月16日股东会议决议和2005年度正大公司财务报表。

[问题与思考]

1. 有限责任公司股东是否具有退股权?

2. 公司违法回购股份(股权)行为的效力如何?

［重点提示］

有限责任公司虽然具有一定的人合性，但本质上也具有资合的特点，所以除了公司法规定的公司可以回购股份的情形以外，应否定股东的退股权。我国公司法遵循传统大陆法系公司法基于资本充实原则限制股份回购的做法，严格限制公司回购股权。那么，违法公司法的规定回购股权的效力如何？关于此，有不少学说的争论，有无效说、有效说、相对无效说等主张。但是，无论如何，股份（股权）回购的债权行为的效力应被否定。

第四章

资本制度

知识概要

　　资本制度是公司法的最基本、最重要的制度之一。资本维持、减资、增资既关系到股东利益，又关系到保护债权人利益的问题。在这一部分需要了解资本金的作用，资本公积金的作用，抽逃出资损害债权人利益的问题。在实务中增资变相被利用，减资变相被利用的情况也比较多，明知变相被利用了，而无法操作，阻止的情形较多。所以本章节主要探讨增资无效之诉讼案例，增资协议效力等。增资协议无效（对赌协议无效）为去年商法学界最具关注的案例。

一、资本维持与减资

经典案例

江阴市房屋建设工程有限公司与上海天南实业有限公司上诉案[1]

[案件事实]

原告：上海天南实业有限公司（以下简称天南公司）。

被告：江阴市房屋建设工程有限公司（以下简称江阴房屋建设公司）。

被告：上海中大紫来建材设备有限公司（以下简称中大紫来公司）。

被告：上海奥伯实业有限公司（以下简称奥伯公司）。

被告：王生劳。

　　2003 年 12 月，江阴房屋建设公司与中大紫来公司签订产品销售合同，约定前者向后者订购多孔砖成型机组一套，货款 68 万元。江阴房屋建设公司随即预

---

　　[1]　上海市第一中级人民法院民事判决书，(2009) 沪一中民二（民）终字第 3281 号。

付货款 408 000 元。后中大紫来公司因故未能完全履约，同意退还部分货款。2008 年 11 月，江阴房屋建设公司诉至法院，要求判令中大紫来公司、天南公司、奥伯公司及王生劳偿还尚未退还的预付款 15.8 万元。

中大紫来公司由天南公司、奥伯公司及王生劳三方出资成立，原注册资本人民币 1000 万元。2006 年 7 月 1 日，中大紫来公司形成股东会决议，同意"股东上海天南实业有限公司以原出资额 510 万元，退出全部投资"，"公司注册资本由 1000 万元减至 490 万元"。同年 7 月 5 日，中大紫来公司向上海市工商行政管理局金山分局出具《上海中大紫来建材设备有限公司有关债务清偿及担保情况说明》，称"根据 2006 年 7 月 1 日上海中大紫来建材设备有限公司股东会决议，本公司编制了资产负债表及财产清单，在该决议作出之日起的 10 日内通知了债权人，并于 7 月 3 日在《上海法治报》上刊登了减资公告。根据公司编制的资产负债表及财产清单，对公告期内债权人申报的要求提前清偿的债权，已予以清偿，未清偿债务的，由公司继续清偿，并由上海天南实业有限公司、上海奥伯实业有限公司、王生劳提供相应担保"。作为中大紫来公司的股东，天南公司、奥伯公司及王生劳在上述情况说明担保栏内签名盖章。上述减资及担保的情况未通知江阴房屋建设公司。

[判决意见]

一审法院认为，本案争议的焦点是天南公司、奥伯公司及王生劳应否对中大紫来公司上述债务承担清偿责任。根据我国《公司法》第 178 条、第 205 条之规定，公司应当在作出减少注册资本决议之日起 10 日内通知债权人，并于 30 日内在报纸上公告，否则应承担相应的法律责任。而中大紫来公司方对于江阴房屋建设公司这样已知的债权人未履行通知义务，仅在报纸上公告，程序严重不当，具有明显的逃避债务的企图，理应承担相应的法律责任。退而言之，中大紫来公司在减资时，其设立时的投资人即天南公司、奥伯公司、王生劳对未清偿的债务进行了担保，该担保系根据公司减资时的法律规定所作出，虽不同于典型的担保合同，但系担保人对国家工商行政部门作出的承诺，具有明显的对外公信效力，系天南公司、奥伯公司及王生劳对中大紫来公司债务的加入。从维护债权人利益及市场经济诚实信用的原则出发，在中大紫来公司下落不明、不能清偿到期债务时，天南公司、奥伯公司及王生劳作为出资人应当对中大紫来公司的债务共同清偿。故判决：①上海中大紫来建材设备有限公司应于判决生效后 10 日内支付江阴市房屋建设工程有限公司预付款 158 000 元；②上海天南实业有限公司、上海奥伯实业有限公司、王生劳应于判决生效后 10 日内在上海中大紫来建材设备有限公司不能清偿上述债务时，向江阴市房屋建设工程有限公司共同清偿上述债务。如果未按判决指定的期间履行给付金钱义务，应当依照《民事诉讼法》第229条之规定，加倍支付迟延履行期间的债务利息。

判决后，天南公司不服，上诉称：中大紫来公司为有效利用资金，其股东会决定将公司注册资本从1000万元减少至490万元，减资程序系按照我国《公司法》的规定及登记机关的要求实施，并得到工商行政管理部门的核准。在减资报审期间，中大紫来公司于2006年7月10日向江阴房屋建设公司出具了退款承诺书并得到江阴房屋建设公司的同意，嗣后中大紫来公司亦实际退款共计25万元。因此，原审法院认定中大紫来公司的减资行为"具有明显的逃避债务的企图"属认定事实错误，而且原审法院援引《公司法》第205条作为中大紫来公司对减资行为承担法律责任的依据亦属错误。2006年末，中大紫来公司减资后仍处于赢利状态，上诉人退出中大紫来公司已达3年之久，现中大紫来公司依然合法存在并未进入清算程序，故理应由中大紫来公司独立承担民事责任。综上，要求撤销原审判决第2项，改判上诉人不承担补充清偿责任。

二审法院认为，目前尚无证据显示中大紫来公司已就公司减资事宜告知了江阴房屋建设公司，江阴房屋建设公司亦否认曾被告知，即便中大紫来公司在报纸上作了减资公告亦无法免除其根据公司法规定向已知债权人江阴房屋建设公司所应履行的告知义务。鉴此，一审法院认定中大紫来公司方具有明显逃避债务之企图，理由成立。虽然天南公司作为中大紫来公司的投资方未就中大紫来公司之退款义务向江阴房屋建设公司作出过担保之意思表示，但鉴于包括天南公司在内的当时中大紫来公司的3位出资人在中大紫来公司向工商管理部门出具的关于债务清偿及担保情况说明中均签字确认对于中大紫来公司的未清偿债务承担担保责任，故一审判决据此认定天南公司应就中大紫来公司与江阴房屋建设公司之间的预付款返还义务承担补充清偿责任，于法不悖。天南公司上诉认为应由中大紫来公司独立承担预付款之返还责任，依据不足，本院不予采纳。故判决：驳回上诉，维持原判。

[案例评析]

公司减资时未通知已知债权人，公司应承担何种民事责任？在什么条件下股东也应该承担民事责任？承担责任的应该是全体股东还是减资的股东？这是本案提出的具有典型意义的法律问题。

一审判决指出："中大紫来公司方对于江阴房屋建设公司这样已知的债权人未履行通知义务，仅在报纸上公告，程序严重不当，具有明显的逃避债务的企图，理应承担相应的法律责任。"但《公司法》并未规定在这种情况下中大紫来公司应承担何种法律责任。

尽管天南公司、奥伯公司及王生劳三位出资人在工商局备案的书面材料中表示："未清偿的债务，由公司继续清偿，并由上海天南实业有限公司、上海奥伯实业有限公司、王生劳提供相应担保。"但是，该意思表示并非对原告作出，依合同法规范，三位出资人与原告之间并未成立担保合同。

不过，一审法院认为，上述意思表示具有"明显的对外公信效力"，构成各被告"对中大紫来公司债务的加入"。因此，一审法院判决被告对原告债务承担补充责任。二审法院同样认为被告具有"明显逃避债务之企图"，但没有接受一审关于"债务加入"的观点，而是认为三位出资人的上述意思表示表明他们自愿承担担保责任。

因此，本案两审法院判决 3 位出资人对原告承担补充清偿责任，并非是解释法律而是解释当事人意思表示的结果。

问题是，假如本案被告从未作出上述承担担保责任的声明，他们究应对公司债权人承担何种责任？上海市第一中级人民法院另一案件的判决中，法院认为，公司未通知已知债权人而实施减资与股东抽逃出资无异。当法律和司法解释对前一种情形股东的法律责任未加规定时，应该类推适用有关抽逃出资的司法解释，即《最高人民法院关于适用〈中华人民共和国公司法〉若干问题的规定（三）》第 14 条。因此，减资股东应当在减资范围内对公司债务承担补充赔偿责任。[1]这一见解值得重视。

另外，公司依法定程序减少注册资本，简称"减资"，是公司避免资本闲置或者股东取回出资的合法途径。其基本程序通常是：

1. 作出减资决议。公司董事会制定减资方案（《公司法》第 47、104 条第 2 款），提交股东会或股东大会表决。有限公司股东会作出减资决议，须经代表 2/3 以上表决权的股东通过（《公司法》第 44 条第 2 款）；股份公司股东大会作出减资决议，须经出席会议的股东所持表决权的 2/3 以上通过（《公司法》第 104 条第 2 款）。减资决议应避免公司减资后的注册资本低于法定最低限额（《公司法》第 178 条第 3 款）。

2. 编制资产负债表及财产清单（《公司法》第 178 条第 1 款）。

3. 履行债权人保护程序。公司应当自作出减少注册资本决议之日起 10 日内通知债权人，并于 30 日内在报纸上公告。公司法对"债权人"未作限定，应解释为公司的全部债权人，包括合同债权人和侵权债权人。除因债权人之故而无法通知的，公司均应予以通知。通知应以书面形式，于减资决议作出之日起 10 日内发出。债权人自接到通知书之日起 30 日内，未接到通知书的自公告之日起 45 日内，有权要求公司清偿债务或者提供相应的担保（《公司法》第 178 条第 2 款）。

---

〔1〕 上海市第一中级人民法院民事判决书，（2011）沪一中民一（民）终字第 1458 号。

4. 实施减资。公司减资的方法主要有：①返还出资，即将股东已缴付的出资财产部分或全部返还股东；②减免出资义务，指部分或全部免除股东已认缴但未实缴的出资数额；③缩减股权或股份，是指在公司因亏损而减资时，不向股东返还出资，而是注销股东的一部分股权或股份。将已发行股份合并，例如二股合为一股，也可达到缩减股份的目的。

5. 变更工商登记。公司在进行股权回购（《公司法》第 75 条第 1 款、143 条第 1 款第 1 项）后注销股权，或者新设分立（或称派生分立），导致注册资本减少的，也应履行减资程序。

减资可能减少公司的责任财产，也可能减免股东出资义务。这两种情况均有可能危及公司债权人的利益，因此减资过程中，应有必要的规则保护公司债权人。我国《公司法》规定，公司减资时应当通知债权人并公告。目的是让债权人知悉公司减资事宜，并由其自主决定采取何种救济措施。根据《公司法》的规定，债权人此时"有权要求公司清偿债务或者提供相应的担保"。但债权人无权对减资提出异议，不能阻止公司减资。

二、抽逃出资

经典案例

重庆万州荣高实业有限公司等与重庆申高生化制药有限公司上诉案[1]

[案件事实]

原告：重庆申高生化制药有限公司（以下简称申高公司）。

被告：重庆万州荣高实业有限公司（以下简称荣高公司）。

第三人：成都市荣高商贸有限公司（以下简称荣高商贸公司）。

2000 年 1 月 18 日，重庆荣高生化制药厂（后变更为重庆申高生化制药有限公司，即原告）由荣高公司出资人民币 100 万元，陈荣高个人出资人民币 400 万元组建设立。同日，重庆华正会计师事务所出具华正验（2000）07 号验资报告载明，截至 2000 年 1 月 18 日，该厂收到股东出资人民币 500 万元。2000 年 1 月 19 日，申高公司正式注册成立。同日，该投资款 500 万元中的 498 万元通过转账的形式转到荣高商贸公司。

2001 年 6 月 25 日，荣高公司（甲方）与申高公司（乙方）签订《融资租赁协议》，约定乙方融资租赁甲方厂房及土地，价值 380 万元，乙方月前已付甲

---

〔1〕 重庆市第二中级人民法院民事判决书，（2010）渝二中法民终字第 27 号。

方 70 多万元，余款由乙方分期付给甲方。余款付清后房屋产权归乙方所有，并办理产权过户手续。2007 年 10 月 22 日，重庆荣高生化制药有限公司经有关部门核准变更为重庆申高生化制药有限公司。2001 年 11 月 3 日，重庆天健会计师事务所重庆健万验（2001）76 号验资报告载明：按照 2001 年 2 月 16 日公司股东会决议和 2001 年 10 月 18 日股份转让协议，公司股东结构已发生变化，但注册资本保持不变。其中陈荣高先生已将其持有公司（重庆申高生化制药有限公司）35% 的股份分别以赠予方式转让给陈瑞清先生 12%、陈文斌先生 10%、戴勇先生 8%、龚志国先生 5%，重庆万州荣高实业有限公司已将其持有公司 20% 的股份全部以赠予的方式转让给龚志国先生。2006 年 1 月 15 日，龚志国（甲方）、陈荣高（乙方）、陈文斌（丙方）、重庆申高生化制药有限公司（丁方）、重庆万州荣高实业有限公司（戊方）签订协议书约定，乙方、丙方将持有丁方 55% 的股权，作价人民币 180 万元，转让给甲方。丁方在乙方、丙方借款人民币 100 万元，由丁方负责清偿，甲方承担连带责任。丁方在戊方借款人民币 620 万元，由丁方负责清偿，甲方承担连带责任。以上款项合计人民币 900 万元，如丁方不能清偿人民币 720 万元，则由甲方负责全部清偿。2003 年 2 月 28 日，荣高公司从申高公司购价值 8300 元的货物后，至今未给付该笔货款。2004 年 9 月 27 日，荣高公司收到申高公司支付的人民币 10 万元。原告请求：判令荣高公司、荣高商贸公司补足注册资本 100 万元；判令荣高公司给付欠款 10 万元和货款 8300 元。

［判决意见］

一审法院审理认为，申高公司是由荣高公司和陈荣高个人共同出资依法成立的有限责任公司，对于有限公司的资本，应采取严格的资本确认和资本维持不变的原则。在公司的生产经营活动中，公司的资产处于不断的变化中，而公司的注册资本则非经法定程序不得变更。股东出资后，其财产即为公司的财产，对于公司的财产公司的股东不得擅自取回。本案中，荣高公司和陈荣高个人在出资成立申高公司后，利用其股东的便利，在申高公司成立的当日，即将注册资本 500 万元中的 498 万元抽回，违背了资本不变的原则，导致申高公司在其后的经营活动中造成了一定的损失。荣高商贸公司因无合法享有 100 万元的依据，其行为侵害了申高公司的利益，对此应承担相应责任。申高公司要求荣高公司、荣高商贸公司补足注册资本 100 万元的诉请，该院予以支持。申高公司要求判令荣高公司给付欠款 10 万元和货款 8300 元属另一法律关系，不属本案的调整范围，该院不作处理。根据《中华人民共和国公司法》第 36 条的规定，判决：①荣高公司在该判决生效后 10 日内补足申高公司注册资本 100 万元；②荣高公司在该判决生效后 10 日内支付申高公司 100 万元本金的利息，从 2000 年 1 月 20

日起至付清之日止按中国人民银行同期贷款利率计算；③荣高商贸公司对荣高公司的上列义务承担连带清偿责任；④驳回申高公司的其他诉讼请求。

上诉人荣高公司和上诉人荣高商贸公司不服一审判决，提起上诉。

二审审理查明，荣高公司与荣高商贸公司法定代表人系同一人陈荣高。二审法院认为，足额按期缴纳出资是股东的法定义务。在申高公司成立的当日，其注册资本500万元中的498万元即以转账的方式转到上诉人荣高商贸公司，荣高公司与荣高商贸公司的法定代表人均系陈荣高，因此荣高商贸公司应当明知上述498万元转账的事实。上诉人荣高公司在庭审中亦对该转账事实不予否认，但认为上诉人荣高公司实物出资已到位，出资方式发生改变。根据《公司法》第28条的规定，荣高公司向申高公司认缴的是货币出资，其主张变更为实物出资并补足了实物出资，但没有提供充分的证据予以证实。荣高公司抽回出资事实成立，应当依法返还其抽回的出资数额并支付相应的资金利息。荣高商贸公司明知上述转账的事实，但在申高公司成立之初，双方没有提供存在其他民事法律关系的证据，因此荣高商贸公司应当返还其不当得利。判决：驳回上诉，维持原判。

[案例评析]

抽逃出资意指股东未经合法程序而取回其出资财产，但依然保留其原有股权或股份。既然股东的出资被认为是清偿公司债务的责任财产，那么，必须禁止股东非法取回出资（《公司法》第36条）。

抽逃出资的方式，包括股东直接将出资财产取回，也包括股东或公司采取各种迂回途径将出资财产返还股东。《最高人民法院关于〈公司法〉若干问题的规定（三）》第12条列举了几种迂回抽逃出资的典型形态，包括：①将出资款项转入公司账户验资后又转出；②通过虚构债权债务关系将其出资转出；③制作虚假财务会计报表虚增利润进行分配；④利用关联交易将出资转出；⑤其他未经法定程序将出资抽回的行为。认定上述4种抽逃行为以及"其他未经法定程序将出资抽回的行为"，尤其是将之与正常的公司行为和交易相区别时，都需要法院对股东或公司的行为和交易进行实质性审查，而不能仅凭外观形式判断法律性质。

就股东责任而言，抽逃出资与出资不实的法律后果类似。一方面，公司或者其他股东有权请求抽逃出资之股东向公司返还出资本息，有权请求协助抽逃出资的其他股东、董事、高级管理人员或者实际控制人对此承担连带责任。另一方面，公司债权人有权请求抽逃出资的股东在抽逃出资本息范围内对公司债务不能清偿的部分承担补充赔偿责任，协助抽逃出资的其他股东、董事、高级管理人员或者实际控制人对此承担连带责任的（《公司法解释三》第14条）。代垫资金协助发起人设立公司的第三人，在一定条件下也有可能因该发起人抽逃出资而承担连带责任（《公司法解释三》第15条）。

根据《最高人民法院关于审理民事案件适用诉讼时效制度若干问题的规定》，基于投资关系产生的缴付出资请求权，不适用《民法通则》关于诉讼时效的规定。因此，股东构成抽逃出资的，公司有权要求其返还出资，不受诉讼时效期间的限制。

申高公司成立之前，两个股东的出资已经验资机构的审验，符合公司法的出资要求。但仅在验资次日，即申高公司成立当日，作为注册资本的500万元出资中的498万元就被转移至荣高商贸公司。这一资金转移，无证据表明是具有正当的目的。①申高公司的两名股东一为荣高公司，一为陈荣高。荣高公司以陈荣高为法定代表人，受陈荣高控制。故申高公司完全在陈荣高一人的掌控之下。②498万元资金被转移至荣高商贸公司，而该公司法定代表人亦为陈荣高。可见资金移转过程也完全由陈荣高控制。③诉讼中，荣高公司主张其最初出资为货币出资，后变更为实物出资，因此其收回100万资金并非抽逃出资而是变更出资方式。但法院指出，荣高公司没有提供充分的证据对上述事实予以证实。基于上述三点，公司成立当日发生的异常的资金转移，只能解释为股东抽逃出资的行为。

值得注意的是，本案原告并未将股东陈荣高个人列为被告，而是以荣高公司和荣高商贸公司为被告。因此，其要求补足的出资额仅为荣高公司的原出资额100万元。而荣高商贸公司之所以承担连带责任，是因为它接受100万元资金构成不当得利。

三、增资协议效力

经典案例

甘肃世恒有色资源再利用有限公司等与苏州工业园区海富投资有限公司增资纠纷再审案[1]

[案件事实]

申请再审人（一审被告、二审被上诉人）：甘肃世恒有色资源再利用有限公司。

法定代表人：陆波，该公司总经理。

---

〔1〕 最高人民法院民事判决书，（2012）民提字第11号。

申请再审人（一审被告、二审被上诉人）：香港迪亚有限公司。

法定代表人：陆波，该公司总经理。

被申请人（一审原告、二审上诉人）：苏州工业园区海富投资有限公司。

法定代表人：张亦斌，该公司执行董事。

一审被告、二审被上诉人：陆波。

2009 年 12 月 30 日，海富公司诉至兰州市中级人民法院，请求判令世恒公司、迪亚公司和陆波向其支付协议补偿款 1998.2095 万元并承担本案诉讼费及其他费用。

甘肃省兰州市中级人民法院一审查明：2007 年 11 月 1 日前，甘肃众星锌业有限公司（以下简称众星公司）、海富公司、迪亚公司、陆波共同签订一份《甘肃众星锌业有限公司增资协议书》（以下简称《增资协议书》），约定：众星公司注册资本为 384 万美元，迪亚公司占投资的 100%。各方同意海富公司以现金 2000 万元人民币对众星公司进行增资，占众星公司增资后注册资本的 3.85%，迪亚公司占 96.15%。依据协议内容，迪亚公司与海富公司签订合营企业合同及修订公司章程，并于合营企业合同及修订后的章程批准之日起 10 日内一次性将认缴的增资款汇入众星公司指定的账户。合营企业合同及修订后的章程，在报政府主管部门批准后生效。海富公司在履行出资义务时，陆波承诺于 2007 年 12 月 31 日之前将四川省峨边县五渡牛岗铅锌矿过户至众星公司名下。募集的资金主要用于以下项目：①收购甘肃省境内的一个年产能大于 1~5 万吨的锌冶炼厂；②开发四川省峨边县牛岗矿山；③投入 500 万元用于循环冶炼技术研究。第 7 条特别约定第 1 项：本协议签订后，众星公司应尽快成立"公司改制上市工作小组"，着手筹备安排公司改制上市的前期准备工作，工作小组成员由股东代表和主要经营管理人员组成。协议各方应在条件具备时将公司改组成规范的股份有限公司，并争取在境内证券交易所发行上市。第 2 项业绩目标约定：众星公司 2008 年净利润不低于 3000 万元人民币。如果众星公司 2008 年实际净利润完不成 3000 万元，海富公司有权要求众星公司予以补偿，如果众星公司未能履行补偿义务，海富公司有权要求迪亚公司履行补偿义务。补偿金额 =（1-2008 年实际净利润/3000 万元）×本次投资金额。第 4 项股权回购约定：如果至 2010 年 10 月 20 日，由于众星公司的原因造成无法完成上市，则海富公司有权在任一时刻要求迪亚公司回购届时海富公司持有之众星公司的全部股权，迪亚公司应自收到海富公司书面通知之日起 180 日内按以下约定回购金额向海富公司一次性支付全部价款。若自 2008 年 1 月 1 日起，众星公司的净资产年化收益率超过 10%，则迪亚公司回购金额为海富公司所持众星公司股份对应的所有者权益账面价值；若自 2008 年 1 月 1 日起，众星公司的净资产年化收益率低于

10%，则迪亚公司回购金额＝（海富公司的原始投资金额－补偿金额）×（1＋10%×投资天数/360）。此外，还规定了信息披露约定、违约责任等，又约定该协议自各方授权代表签字并加盖了公章，于协议文首注明之签署日期生效。协议未作规定或约定不详之事宜，应参照经修改后的众星公司章程及股东间的投资合同（若有）办理。

2007年11月1日，海富公司、迪亚公司签订《中外合资经营甘肃众星锌业有限公司合同》（以下简称《合资经营合同》），有关约定为：众星公司增资扩股将注册资本增加至399.38万美元，海富公司决定受让部分股权，将众星公司由外资企业变更为中外合资经营企业。在合资公司的设立部分约定，合资各方以其各自认缴的合资公司注册资本出资额或者提供的合资条件为限对合资公司承担责任。海富公司出资15.38万美元，占注册资本的3.85%；迪亚公司出资384万美元，占注册资本的96.15%。海富公司应于本合同生效后10日内一次性向合资公司缴付人民币2000万元，超过其认缴的合资公司注册资本的部分，计入合资公司资本公积金。在第68条、第69条关于合资公司利润分配部分约定：合资公司依法缴纳所得税和提取各项基金后的利润，按合资方各持股比例进行分配。合资公司上一个会计年度亏损未弥补前不得分配利润。上一个会计年度未分配的利润，可并入本会计年度利润分配。还规定了合资公司合资期限、解散和清算事宜。还特别约定：合资公司完成变更后，应尽快成立"公司改制上市工作小组"，着手筹备安排公司改制上市的前期准备工作，工作小组成员由股东代表和主要经营管理人员组成。合资公司应在条件具备时改组成立为股份有限公司，并争取在境内证券交易所发行上市。如果至2010年10月20日，由于合资公司自身的原因造成无法完成上市，则海富公司有权在任一时刻要求迪亚公司回购届时海富公司持有的合资公司的全部股权。合同于审批机关批准之日起生效。《中外合资经营甘肃众星锌业有限公司章程》（以下简称《公司章程》）第62、63条与《合资经营合同》第68、69条内容相同。之后，海富公司依约于2007年11月2日缴存众星公司银行账户人民币2000万元，其中新增注册资本114.7717万元，资本公积金1885.2283万元。2008年2月29日，甘肃省商务厅甘商外资字（2008）79号文件《关于甘肃众星锌业有限公司增资及股权变更的批复》同意增资及股权变更，并批准"投资双方于2007年11月1日签订的增资协议、合资企业合营合同和章程从即日起生效"。随后，众星公司依据该批复办理了相应的工商变更登记。2009年6月，众星公司依据该批复办理了相应的工商变更登记。2009年6月，众星公司经甘肃省商务厅批准，到工商部门办理了名称及经营范围变更登记手续，名称变更为甘肃世恒有色资源再利用有限公司。另据工商年检报告登记记载，众星公司2008年度生产经营利润总额

26 858. 13 元，净利润 26 858. 13 元。

一审法院认为，根据双方的诉辩意见，案件的争议焦点为：①《增资协议书》第 7 条第 2 项内容是否具有法律效力；②如果有效，世恒公司、迪亚公司、陆波应否承担补偿责任。

经审查，《增资协议书》系双方真实意思表示，但第 7 条第 2 项的内容，即世恒公司 2008 年实际净利润完不成 3000 万元，海富公司有权要求世恒公司补偿的约定，不符合《中华人民共和国中外合资经营企业法》第 8 条关于企业利润根据合营各方注册资本的比例进行分配的规定，同时，该条规定与《公司章程》的有关条款不一致，也损害公司利益及公司债权人的利益，不符合《中华人民共和国公司法》第 20 条第 1 款的规定。因此，根据《中华人民共和国合同法》第 52 条第 5 项的规定，该条由世恒公司对海富公司承担补偿责任的约定违反了法律、行政法规的强制性规定，该约定无效，故海富公司依据该条款要求世恒公司承担补偿责任的诉请，依法不能支持。由于海富公司要求世恒公司承担补偿责任的约定无效，因此，海富公司要求世恒公司承担补偿责任失去了前提依据。同时，《增资协议书》第 7 条第 2 项内容与《合资经营合同》中相关约定内容不一致，依据《中华人民共和国中外合资经营企业法实施条例》第 10 条第 2 款的规定，应以《合资经营合同》内容为准，故海富公司要求迪亚公司承担补偿责任的依据不足，依法不予支持。陆波虽是世恒公司的法定代表人，但其在世恒公司的行为代表的是公司行为利益，并且《增资协议书》第 7 条第 2 项内容中，并没有关于由陆波个人承担补偿义务的约定，故海富公司要求陆波个人承担补偿责任的诉请无合同及法律依据，依法应予驳回。至于陆波未按照承诺在 2007 年 12 月 31 日之前将四川省峨边县五渡牛岗铅锌矿过户至世恒公司名下，涉及对世恒公司及其股东的违约问题，不能成为本案陆波承担补偿责任的理由。

综上，一审法院认为海富公司的诉请依法不能支持，世恒公司、迪亚公司、陆波不承担补偿责任的抗辩理由成立。依照《中华人民共和国合同法》第 52 条 5 项，《中华人民共和国公司法》第 6 条第 2 款、第 20 条第 1 款，《中华人民共和国中外合资经营企业法》第 2 条第 1 款、第 2 款、第 3 条，《中华人民共和国中外合资经营企业法实施条例》第 10 条第 2 款之规定，该院于 2010 年 12 月 31 日作出（2010）兰法民三初字第 71 号民事判决，判决驳回海富公司的全部诉讼请求。

海富公司不服一审判决，向甘肃省高级人民法院提起上诉。

二审查明的事实与一审一致。

二审法院认为：当事人争议的焦点为《增资协议书》第 7 条第 2 项是否具有法律效力。本案中，海富公司与世恒公司、迪亚公司、陆波四方签订的协议书虽名为《增资协议书》，但纵观该协议书全部内容，海富公司支付 2000 万元的目的并非仅仅是享有世恒公司 3.85% 的股权（计 15.38 万美元，折合人民币 114.771 万元），期望世恒公司经股份制改造并成功上市后，获取增值的股权价值才是其缔结协议书并出资的核心目的。基于上述投资目的，海富公司等四方当事人在《增资协议书》第 7 条第 2 项就业绩目标进行了约定，即世恒公司 2008 年净利润不低于 3000 万元，海富公司有权要求世恒公司予以补偿，如果世恒公司未能履行补偿义务，海富公司有权要求迪亚公司履行补偿义务。补偿金额 =（1 - 2008 年实际净利润/3000 万元）× 本次投资金额。四方当事人就世恒公司 2008 年净利润不低于 3000 万元人民币的约定，仅是对目标企业盈利能力提出要求，并未涉及具体分配事宜；且约定利润如实现，世恒公司及其股东均能依据《中华人民共和国公司法》、《合资经营合同》、《公司章程》等相关规定获得各自相应的收益，也有助于债权人利益的实现，故并不违反法律规定。而四方当事人就世恒公司 2008 年实际净利润完不成 3000 万元，海富公司有权要求世恒公司及迪亚公司以一定方式予以补偿的约定，则违反了投资领域风险共担的原则，使得海富公司作为投资者不论世恒公司经营业绩如何，均能取得约定收益而不承担任何风险。参照《最高人民法院关于审理联营合同纠纷案件若干问题的解答》第 4 条第 2 项关于"企业法人、事业法人作为联营一方向联营体投资，但不参加共同经营，也不承担联营的风险责任，不论盈亏均按期收回本息，或者按期收取固定利润的，是明为联营，实为借贷，违反了有关金融法规，应当确认合同无效"之规定，《增资协议书》第 7 条第 2 项部分该约定内容，因违反《中华人民共和国合同法》第 52 条第 5 项之规定应认定无效。海富公司除已计入世恒公司注册资本的 114.771 万元外，其余 1885.2283 万元资金性质应属名为投资，实为借贷。虽然世恒公司与迪亚公司的补偿承诺亦归于无效，但海富公司基于对其承诺的合理依赖而缔约，故世恒公司、迪亚公司对无效的法律后果应负主要过错责任。根据《中华人民共和国合同法》第 58 条之规定，世恒公司与迪亚公司应共同返还海富公司 1885.2283 万元及占用期间的利息，因海富公司对于无效的法律后果亦有一定过错，如按同期银行贷款利率支付利息不能体现其应承担的过错责任，故世恒公司与迪亚公司应按同期银行定期存款利率计付利息。

因陆波个人并未就《增资协议书》第 7 条第 2 项所涉补偿问题向海富公司作出过承诺，且其是否于 2007 年 12 月 31 日之前将四川省峨边县五渡牛岗铅锌矿过户至世恒公司名下与本案不属同一法律关系，故海富公司要求陆波承担补偿责任的诉请无事实及法律依据，依法不予支持。

关于世恒公司、迪亚公司、陆波在答辩中称《增资协议书》已被之后由海富公司与迪亚公司签订的《合资经营合同》取代，《增资协议书》第7条第2项对各方已不具有法律约束力的主张。因《增资协议书》与《合资经营合同》缔约主体不同，各自约定的权利义务也不一致，且2008年2月29日，在甘肃省商务厅甘商外资字［2008］79号《关于甘肃众星锌业有限公司增资及股权变更的批复》中第2条中明确载明："投资双方2001年11月1日签订的增资协议、合资企业合营合同和章程从即日起生效。"故其抗辩主张不予支持。该院认为一审判决认定部分事实不清，导致部分适用法律不当，应予纠正。依照《中华人民共和国民事诉讼法》第153条第2项、第3项、第158条之规定，该院判决：①撤销兰州市中级人民法院（2010）兰法民三初字第71号民事判决；②世恒公司、迪亚公司于判决生效后30日内共同返还海富公司1885.2283万元及利息（自2007年11月3日起至付清之日止按照中国人民银行同期银行定期存款利率计算）。

世恒公司、迪亚公司不服甘肃省高级人民法院（2011）甘民二终字第96号民事判决，向本院申请再审，请求裁定再审，撤销二审判决，维持一审判决。理由是：①海富公司的诉讼请求是要求世恒公司、迪亚公司和陆波支付利润补偿款19 982 095元，没有请求将计入合资公司资本金的18 852 283元及利息返还。因此二审判决判令世恒公司、迪亚公司共同返还18 852 283元及利息超出了海富公司诉讼请求和上诉请求，程序违法。同时，18 852 283元及利息已超过2200万元，明显超出诉讼标的。②二审判决将海富公司缴付并计入合资公司资本公积金的18 852 283元认定为"名为投资实为借贷"，没有证据证明，也违反法律规定。③二审判决参照《最高人民法院关于审理联营合同纠纷案件若干问题的解答》，适用法律错误。海富公司与迪亚公司、世恒公司之间不存在联营关系。④《合资经营合同》第97条约定：该合同取代双方就上述交易事宜作出的任何口头或书面的协议、合同、陈述和谅解。所以《增资协议书》对各方已不具有约束力。迪亚公司并未依照《增资协议书》第7条或《合资经营合同》取得任何款项，判令迪亚公司承担共同返还本息的责任没有事实根据。

海富公司答辩称：①《增资协议书》是四方当事人为达到上市目的而签订的融资及股份制改造一揽子协议书，不是《合资经营合同》所能容纳得了的。②二审法院判令世恒公司和迪亚公司返还的是股本金之外的有特别用途的溢价款，不涉及抽逃出资问题。③陆波在《增资协议书》中只代表其个人，是合同当事人的个人行为，因其违反《增资协议书》的约定应承担补偿责任。④陆波的行为涉嫌刑事犯罪，其采取虚报注册资本的手段诱使海富公司误信其公司的经济实力，骗取海富公司资金。请求调取证据查证事实或将此案移交公安机关侦查。

再审查明的事实与一、二审查明的事实一致。

最高法院认为：2009 年 12 月，海富公司向一审法院提起诉讼时的诉讼请求是请求判令世恒公司、迪亚公司、陆波向其支付协议补偿款 19 982 095 元并承担本案诉讼费用及其他费用，没有请求返还投资款。因此二审判决判令世恒公司、迪亚公司共同返还投资款及利息超出了海富公司的诉讼请求，是错误的。

海富公司作为企业法人，向世恒公司投资后与迪亚公司合资经营，故世恒公司为合资企业。世恒公司、海富公司、迪亚公司、陆波在《增资协议书》中约定，如果世恒公司实际净利润低于3000万元，则海富公司有权从世恒公司处获得补偿，并约定了计算公式。这一约定使得海富公司的投资可以取得相对固定的收益，该收益脱离了世恒公司的经营业绩，损害了公司利益和公司债权人利益，一审法院、二审法院根据《中华人民共和国公司法》第20条和《中华人民共和国中外合资经营企业法》第8条的规定认定《增资协议书》中的这部分条款无效是正确的。但二审法院认定海富公司18 852 283元的投资名为联营实为借贷，并判决世恒公司和迪亚公司向海富公司返还该笔投资款，没有法律依据，本院予以纠正。

《增资协议书》中并无由陆波对海富公司进行补偿的约定，海富公司请求陆波进行补偿，没有合同依据。此外，海富公司称陆波涉嫌犯罪，没有证据证明，本院对该主张亦不予支持。

但是，在《增资协议书》中，迪亚公司对于海富公司的补偿承诺并不损害公司及公司债权人的利益，不违反法律法规的禁止性规定，是当事人的真实意思表示，是有效的。迪亚公司对海富公司承诺了众星公司2008年的净利润目标并约定了补偿金额的计算方法。在众星公司2008年的利润未达到约定目标的情况下，迪亚公司应当依约应海富公司的请求对其进行补偿。迪亚公司对海富公司请求的补偿金额及计算方法没有提出异议，本院予以确认。

根据海富公司的诉讼请求及本案《增资协议书》中部分条款无效的事实，本院依照《中华人民共和国合同法》第60条、《中华人民共和国民事诉讼法》第153条第1款第2项、第186条的规定，判决如下：①撤销甘肃省高级人民法院（2011）甘民二终字第96号民事判决；②本判决生效后30日内，迪亚公司向海富公司支付协议补偿款19 982 095元。如未按本判决指定的期间履行给付义务，则按《中华人民共和国民事诉讼法》第229条的规定，加倍支付延迟履行期间的债务利息；③驳回海富公司的其他诉讼请求。

一审案件受理费155 612.3元、财产保全费5000元、法院邮寄费700元、二审案件受理费155 612.3元，合计316 924.6元，均由迪亚公司负担。

本判决为终审判决。

[判决意见]

（一）一审判决

1. 《增资协议书》系双方真实意思表示，但第 7 条第 2 项内容即世恒公司 2008 年实际净利润完不成 3000 万元，海富公司有权要求世恒公司补偿的约定，不符合《中外合资经营企业法》第 8 条关于企业净利润根据合营各方注册资本的比例进行分配的规定，同时，该条规定与《公司章程》的有关条款不一致，也损害公司利益及公司债权人的利益，不符合《公司法》第 20 条第 1 款的规定。因此，根据《合同法》第 52 条第 5 项的规定，该条由世恒公司对海富公司承担补偿责任的约定违反了法律、行政法规的强制性规定，该约定无效。

2. 《增资协议书》第 7 条第 2 项内容与《合资经营合同》中相关约定内容不一致，依据《中外合资经营企业法实施条例》第 10 条第 2 款的规定，应以《合资经营合同》内容为准，故海富公司要求迪亚公司承担补偿责任的依据不足，依法不予支持。

3. 陆波虽是世恒公司的法定代表人，但其在世恒公司的行为代表的是公司行为及利益，并且《增资协议书》第 7 条第 2 项内容中，并没有关于由陆波个人承担补偿义务的约定，故海富公司要求陆波个人承担补偿责任的诉请无合同及法律依据，依法应予驳回。

（二）二审判决

1. 四方当事人就世恒公司 2008 年实际净利润完不成 3000 万元，海富公司有权要求世恒公司及迪亚公司以一定方式予以补偿的约定，违反了投资领域风险共担的原则，使得海富公司作为投资者不论世恒公司经营业绩如何，均能取得约定收益而不承担任何风险。参照《最高人民法院关于审理联营合同纠纷案件若干问题的解答》第 4 条第 2 项关于"企业法人、事业法人作为联营一方向联营体投资，但不参加共同经营，也不承担联营的风险责任，不论盈亏均按期收回本息，或者按期收取固定利润的，是明为联营，实为借贷，违反了有关金融法规，应当确认合同无效"之规定，《增资协议书》第 7 条第 2 项该部分约定内容，因违反《合同法》第 52 条第 5 项之规定应认定无效。海富公司除已计入世恒公司注册资本的 114.771 万元外，其余 1885.2283 万元资金性质应属名为投资，实为借贷。

2. 虽然世恒公司与迪亚公司的补偿承诺亦归于无效，但海富公司基于对其承诺的合理信赖而缔约，故世恒公司、迪亚公司对无效的法律后果应负主要过错责任。根据《合同法》第 58 条之规定，世恒公司与迪亚公司应共同返还海富公司 1885.2283 万元及占用期间的利息，因海富公司对于无效的法律后果亦有一定过错，如按同期银行贷款利率支付利息则不能体现其应承担的过错责任，故世恒公司与迪亚公司应按同期银行定期存款利率计付利息。

3. 因陆波个人并未就《增资协议书》第 7 条第 2 项所涉补偿问题向海富公司作出过承诺，且其是否于 2007 年 12 月 31 日之前将四川省峨边县五渡牛岗铅锌矿过户至世恒公司名下与本案不属同一法律关系，故海富公司要求陆波承担补偿责任的诉请无事实及法律依据，本院依法不予支持。

（三）再审判决

1. 2009 年 12 月，海富公司向一审法院提起诉讼时的诉讼请求是请求判令世恒公司、迪亚公司、陆波向其支付协议补偿款 19 982 095 元并承担本案诉讼费用及其他费用，没有请求返还投资款。因此二审判决判令世恒公司、迪亚公司共同返还投资款及利息超出了海富公司的诉讼请求，是错误的。

2. 海富公司作为企业法人，向世恒公司投资后与迪亚公司合资经营，故世恒公司为合资企业。世恒公司、海富公司、迪亚公司、陆波在《增资协议书》中约定，如果世恒公司实际净利润低于 3000 万元，则海富公司有权从世恒公司处获得补偿，并约定了计算公式。这一约定使得海富公司的投资可以取得相对固定的收益，该收益脱离了世恒公司的经营业绩，损害了公司利益和公司债权人利益，一审法院、二审法院根据《公司法》第 20 条和《中外合资经营企业法》第 8 条的规定认定《增资协议书》中的这部分条款无效是正确的。但二审法院认定海富公司 18 852 283 元的投资名为联营实为借贷，并判决世恒公司和迪亚公司向海富公司返还该笔投资款，没有法律依据，本院予以纠正。

3. 《增资协议书》中并无由陆波对海富公司进行补偿的约定，海富公司请求陆波进行补偿，没有合同依据。此外，海富公司称陆波涉嫌犯罪，没有证据证明，本院对该主张亦不予支持。

4. 在《增资协议书》中，迪亚公司对于海富公司的补偿承诺并不损害公司及公司债权人的利益，不违反法律法规的禁止性规定，是当事人的真实意思表示，是有效的。迪亚公司对海富公司承诺了众星公司 2008 年的净利润目标并约定了补偿金额的计算方法。在众星公司 2008 年的利润未达到约定目标的情况下，迪亚公司应当依约应海富公司的请求对其进行补偿。迪亚公司对海富公司请求的补偿金额及计算方法没有提出异议，本院予以确认。

[案例评析]

本案是关于增资协议效力的案例，涉及实务中广泛存在的私募股权投资中的对赌协议问题。本案主要的法律争议点是股东与公司所签订的增资协议中所约定的补偿条款的效力问题。

增资协议是股权投资者与目标公司（融资者）签订的关于双方当事人在增

资过程中的一系列权利义务关系的合同。其内容主要有目标公司的陈述和保证、投资者作为目标公司股权认购者的陈述和保证、投资者认购目标公司股权的价格、投资者支付的条件和时间等。增资协议由于关涉投资者、目标公司、目标公司原有的股东、管理层的重大利益，往往会设定一系列条款来安排各自的权利义务关系（在私募股权投资中尤其常见），有些条款因明显违反法律、行政法规的强制性规定而无效，如利润保底条款；有些条款则符合商业的正常交易与风险分配，为法律所允许。

本案中所谓的《增资协议书》应该理解为两个独立的合同，一个是海富公司与世恒公司之间的增资协议，一个是股东海富公司与股东迪亚公司之间的对赌协议。

海富公司与公司股东迪亚公司的对赌协议并不违反法律、行政法规的强制性规范，合同依法有效，不存争议。但海富公司与世恒公司的增资协议（即股东与公司的对赌协议）的效力判定则有值得思考的空间。

该案一审、二审与再审对于该协议无效的理由大致相同，即该补偿协议违反《公司法》第 20 条第 1 款和《中外合资经营企业法》第 8 条第 1 款的强制性规定，属于《合同法》第 52 条第 5 项所规定的"合同违反法律、行政法规的强制性规定"的情形，该协议应属无效。结合上述案情，笔者认为，法院所援引的法律依据存在明显的适用错误。《公司法》第 20 条第 1 款规定："公司股东应当遵守法律、行政法规和公司章程，依法行使股东权利，不得滥用股东权利损害公司或者其他股东的利益；不得滥用公司法人独立地位和股东有限责任损害公司债权人的利益。"由此可见，第 20 条第 1 款前半段与后半段的规范意旨不同，需要分别探讨。首先，违反第 20 条第 1 款前半段的构成要件为：①滥用股东权利；②损害公司或者其他股东的利益。那么该《增资协议书》第 7 条第 2 款的规定是否符合该构成要件呢。笔者认为，显然不符合，理由如下：①签订增资协议时，海富公司尚不是众星公司的股东；②即使将海富公司认定为众星公司"将来的股东"，其也不存在滥用股东权利的情形，其持股比例不到 4%，且是公司的新股东，明显存在信息的不对称，三方签订增资协议时，其不具有滥用权利的主观故意，仅是为了维护自己的投资权益；③该补偿协议的签订虽然使公司面临补偿的可能，但已经过该公司的唯一股东迪亚公司的同意，并不存在损害公司或者股东利益的情形。其次，违反第 20 条第 1 款后半段的构成要件为：①滥用公司法人独立地位和股东有限责任；②损害公司债权人的利益。笔者认为，增资协议的规定也显然不符合该构成要件：①海富公司并未滥用公司法人独立地位和股东有限责任，因为增资协议是一项增加公司注册资本的行为，有助于提高公司的偿债能力；②该补偿协议签订时并不意味着必然的补偿，公司是否存在债权人也不确定，此时认定损害债权人利益属于主观臆造，因果关系的判断上也过于牵强；③即使补偿后真的损害了公司债权人的利益，依据此条也需由公司债权人依据《公司法》第 20 条第 3 款主张"揭开公司面纱"，由股东承担连带责任，而不是直接否定该增资协议的效力。

那么该补充协议是否违反《中外合资经营企业法》第 8 条第 1 款呢？该条第 1 款规定："合营企业获得的毛利润，按《中华人民共和国税法》规定缴纳合营企业所得税后，扣除合营企业章程规定的储备基金、职工奖励及福利基金、企业发展基金，净利润根据合营各方注册资本的比例进行分配。"即中外合资企业的利润分配应严格按照出资比例。笔者认为，补偿协议的约定并不是关于利润分配的约定，而是股东与公司关于公司经营业绩的预期判断，而且盈利本来就存在不确定性，是否最终补偿也不确定，投资的风险不能以事后出现的结果论，而应以签约时是否存在风险论。签约时，海富公司投资 2000 万，持股不到 4%，属于明显的溢价增资，承担了较大的投资风险，明显不同于按照"固定比例收取回报"的情形。

从股东平等原则的角度而言，海富公司和迪亚公司是众星公司唯一的两个股东，该增资协议的内容已经众星公司决议通过：该协议相当于公司给股东海富公司一个特别的优待（即海富享有补偿的期待权），属于给予特别股东特别优待型的差别待遇，是对迪亚公司的歧视对待，应可认定存在违反股东平等原则之情势；但是，海富公司明显享有一项抗辩理由，因为该协议的作出是经众星公司的唯一的另一股东同意的，按照私权自由处分的法理，该协议并不侵犯众星公司其他股东的利益，故可治愈违反股东平等原则的情形。综上而言，该增资协议也不因违反股东平等原则而无效。

增资协议书中的补偿条款虽不因违反《公司法》第 20 条第 1 款和《中外合资经营企业法》第 8 条第 1 款以及股东平等原则的法理而无效，即最高法院关于该协议无效的法律依据存在明显的适用漏洞，但与此同时，最高法院关于应当保护公司与债权人利益的立场值得赞同，从我国《公司法》坚持资本维持原则的角度而言，《公司法》第 1 条规定的宗旨即含有保护债权人的合法权益的规范意旨，《公司法》的其他规范也体现了资本维持原则作为我国《公司法》的一项原则，如我国《公司法》第 36 条规定，公司成立后，股东不得抽逃出资；第 92 条规定，发起人、认股人缴纳股款或者交付抵作股款的出资后，除未按期募足股份、发起人未按期召开创立大会或者创立大会决议不设立公司的情形外，不得抽回其股本。该增资协议的补偿条款虽不涉及股东直接的抽回出资，但通过此条款的设计使得股东变相抽逃出资成为可能，有违资本维持的原则（即资本充实的原则），应为我国《公司法》所禁止，故将补偿条款作违反该强行性原则而无效的处理较为妥当。

四、增资协议无效之诉

经典案例

绵阳市红日实业有限公司、蒋洋诉绵阳高新区科创实业
有限公司股东会决议效力及公司增资纠纷案[1]

［案件事实］

申请再审人（一审被告、二审被上诉人）：绵阳高新区科创实业有限公司。

申请再审人（一审第三人、二审被上诉人）：福建省固生投资有限公司。

申请再审人（一审第三人、二审被上诉人）：陈木高。

被申请人（一审原告、二审上诉人）：绵阳市红日实业有限公司。

被申请人（一审原告、二审上诉人）：蒋洋。

绵阳高新区科创实业有限公司（以下简称科创公司）于 2001 年 7 月成立。2003 年 12 月科创公司增资扩股前，公司的注册资金为 475.37 万元。其中，蒋洋出资额 67.6 万元，出资比例 14.22%，为公司最大股东；绵阳市红日实业有限公司（以下简称红日公司）出资额 27.6 万元，出资比例 5.81%，为第二股东；其余 21 位自然人股东合计出资 380.17 万元，出资比例 79.97%。

科创公司的章程规定：公司新增资本时，股东有优先认缴出资的权利；公司召开股东大会，于会议召开 15 日以前通知全体股东，通知以书面形式发送，并载明会议时间、地点和内容；股东会对公司增加、减少注册资本作出决议。

2003 年 12 月 16 日，科创公司召开股东会，讨论由陈木高通过认缴 800 万元新增出资成为科创公司新股东的议案，经表决 75.49% 同意，20.03% 反对，4.48% 弃权，通过了增资扩股、吸纳陈木高为新股东的议案。但是，蒋洋和红日公司投了反对票。

2003 年 12 月 18 日，科创公司和陈木高签订《入股协议书》，约定由陈木高出资 800 万元，以每股 1.3 元认购 615.38 万股，占总股本 1090.75 万股的 56.4%。

2003 年 12 月 22 日，陈木高将 800 万元股金汇入科创公司的指定账户。同日，红日公司向科创公司递交了《关于要求作为科创公司增资扩股增资认缴人

---

〔1〕 最高人民法院民事判决书，（2010）民提字第 48 号。

的报告》，主张蒋洋和红日公司享有优先认缴出资的权利。

2003 年 12 月 25 日，工商部门签发的科创公司的企业法人营业执照上记载：法定代表人陈木高、注册资本 1090.75 万元。科创公司变更后的章程记载：陈木高出资额 615.38 万元，出资比例 56.42%，蒋洋出资额 67.6 万元，出资比例 6.20%，红日公司出资额 27.6 万元，出资比例 2.53%。

2003 年 12 月 26 日，红日公司向绵阳高新区工商局递交了《请就绵阳高新区科创实业有限公司新增资本、增加新股东作不予变更登记的报告》。

此后，陈木高以科创公司董事长的身份对公司进行经营管理，红日公司的上述变更请求未能奏效。

于是，2005 年 12 月 12 日，蒋洋和红日公司向法院提起诉讼。

原告蒋洋和红日公司称：召开股东会的通知内容中没有公司增资扩股的具体方案和《入股协议书》草案，股东会中突袭表决，议事程序违法。按照《公司法》和章程规定，蒋洋、红日公司作为科创公司的股东，对公司新增资本享有优先认缴权。因此，请求确认科创公司 2003 年 12 月 16 日股东会通过的增资扩股、吸纳陈木高为新股东的决议无效，确认其对科创公司新增资本的优先认购。

被告科创公司辩称：公司股东均准时参加了股东会，公司所提"陈木高先生认缴 800 万元而为新股东"的议案，已经由 2/3 以上表决权的股东表决通过，决议有效。增资优先认缴权的行使应有合理期限，红日公司和蒋洋在接近两年时间后才提起诉讼，不应支持。

[判决意见]

对于本案，一审法院判决认为：科创公司股东会增资决议满足决议要件有效，为了保护交易安全，对已经超出合理期限的原告的增资优先认缴权不予支持。二审法院判决认为：科创公司股东会增资决议违反法律规定无效，对原告的增资优先认缴权并未超出《民法通则》规定的 2 年诉讼时效而予以认可。最高人民法院再审认为：涉及侵犯原告增资有限认缴权的新增资部分无效，红日公司和蒋洋主张的增资优先认缴权的合理期间已过，为了团体法律关系的稳定性，不予支持其行使对科创公司新增资本的优先认缴权的请求。

[案例分析]

本案是涉及股东的新股优先认购权（增资优先认缴权）的案例。主要的争议点为：①原告能否主张增资优先认缴权以及科创公司作出的股东会增资决议是否有效；②股东的新股优先认购权（增资优先认缴权）是否受诉讼时效的限制；③最高人民法院的判决中"为了团体法律关系的稳定性，不予支持原告行使增资优先认缴权"的做法是否合适。

第一，本案中，原告可以主张增资优先认缴权。因为该公司章程确认了《公司法》第35条关于股东按实缴的出资比例优先认缴增资的规定，原告享有增资优先认缴权。正因如此，2003年12月16日科创公司作出的股东会增资决议内容违反了《公司法》第35条关于股东按实缴的出资比例优先认缴增资的规定，侵害了股东的增资优先认缴权，科创公司该股东会增资决议无效。

第二，一、二审判决均认可股东的新股优先认购权（增资优先认缴权）受时效的限制，只是一、二审判决对时效期间的判断有差异。其实，股东的新股优先认购权（增资优先认缴权）是一种抽象的股东权利，在股东大会（或股东会）作出新股发行（增资）决议而变为具体的新股认购（增资认缴）请求权之前，不应该受诉讼时效的限制。因此，一、二审的判断值得商榷。

第三，对于最高人民法院的判决中"为了团体法律关系的稳定性，不予支持原告行使增资优先认缴权"的做法，笔者认为比较合适。因为时间已经过了很久（近两年），如果允许原告行使增资优先认缴权，将增资决议作无效处理，会使围绕该增资已经形成的团体法律关系顷刻间瓦解，不利于保护相关的利害关系人。

但是，如果不支持红日公司和蒋洋行使优先认缴增资的请求，那么就会出现红日公司和蒋洋因此而受到的损失能否得到救济等问题，所以最高院的上述判断是针对我国《公司法》欠缺新股发行无效之诉规定的无奈之举，体现了我们引入该种诉讼的必要性。公司发行新股（增资）之后，以此为前提产生很多利害关系。因此，即使新股发行的内容或程序存在瑕疵，应该团体性、划一性地处理而图谋与新股相关法律关系的稳定。所以，有必要设置该种诉讼形式，规定新股发行（增资）之瑕疵只能以新股发行（增资）无效之诉来主张，并限制起诉期间，对该种诉讼的无效判决赋予对世性效力并限制其溯及效力。如果没有设置该种诉讼，则像本案情形一样，只能以新股发行（增资）决议无效之诉来主张，而该种决议无效之诉是确认之诉，并没有起诉期间的限制，判决的溯及效力一般也不受限制，不利于维护新股相关团体法律关系的稳定性。如果有新股发行（增资）无效诉讼，即使新股发行（增资）的股东（大）会决议存在瑕疵，该种瑕疵被吸收于新股发行（增资）的瑕疵之中，只能提起新股发行无效（增资无效）之诉。鉴于此，我国《公司法》有必要引入新股发行（增资）无效之诉。

诸葛某某与北京国瑞恒安电力科技有限公司新增资本认购纠纷上诉案〔1〕

[案件事实]

2010年12月8日，诸葛某某与国瑞公司及该公司全体股东张某、刘某、孙某某、刘某某、陈某某、胡某某签订《国瑞公司增资扩股协议》，约定由诸葛某某以1200万元认购国瑞公司的新增资本，持股比例26%。后诸葛某某分别于2010年12月8日和2011年1月4日向国瑞公司缴付认购款人民币20万元和200万元，合计人民币220万元，剩余认购款至今未付。

诸葛某某与国瑞公司于2011年4月14日签订了《关于国瑞公司增资扩股协议之补充协议》，该补充协议由诸葛某某签字并加盖了国瑞公司的公章。上述补充协议约定《国瑞公司增资扩股协议》终止履行，诸葛某某已经向国瑞公司缴付的认购款人民币220万元由国瑞公司于以下日期归还给诸葛某某：①2011年4月20日之前，向诸葛某某还款160万元；②剩余金额于本协议签订之日起6~8个月内由国瑞公司将项目技术转让给第三方并收到技术转让款之日起15日内归还诸葛某某。2011年4月18日，国瑞公司给诸葛某某汇款160万元。后诸葛某某诉至法院，请求判令国瑞公司归还诸葛某某60万元，并按中国人民银行同期贷款基准利率赔偿利息损失。

在一审过程中，国瑞公司称其并未签订上述补充协议，也没有权利中止全体股东与诸葛某某签订的增资扩股协议，更没有权利将增资扩股认购款返还给诸葛某某。张某、刘某、孙某某、刘某某、陈某某、胡某某均称对补充协议不知情，且明确表示，在没有经过股东明确协商和法定程序表决的情况下，该补充协议是无效的，没有任何约束力。

一审法院判决认定：依法成立的合同，对当事人具有法律约束力。当事人应当按照约定履行自己的义务，不得擅自变更或者解除合同。本案中，诸葛某某与国瑞公司及6位第三人签订的《国瑞公司增资扩股协议》，系各方当事人真实意思表示且不违反相关法律的强制性规定，应属有效，各方均应严格履行。

诸葛某某向该院提交的《关于国瑞公司增资扩股协议之补充协议》，仅有诸葛某某签字和国瑞公司的公章，而没有6位第三人的签字，且国瑞公司与6位第三人庭审中均明确表示不认可该补充协议。本院认为，无论该补充协议是否为

〔1〕 北京市第一中级人民法院民事判决书，（2012）一中民终字第12832号。

诸葛某某和国瑞公司双方签订，在其没有6位第三人签字或追认的情况下，均不能达到解除原《国瑞公司增资扩股协议》的法律效果，故诸葛某某依据该补充协议解除《国瑞公司增资扩股协议》的主张缺乏事实和法律依据，其基于此要求国瑞公司返还认购款并支付相应利息的诉讼请求于法无据，该院不予支持。综上，该院依照《中华人民共和国合同法》第8条之规定，判决：驳回诸葛某某的全部诉讼请求。

诸葛某某不服一审法院上述民事判决，向北京市第一中级人民法院提起上诉。二审法院经审理查明的事实与一审法院查明的事实一致，认为：

本案中，诸葛某某与国瑞公司及张某等6位第三人签订的《国瑞公司增资扩股协议》，系各方当事人真实意思表示且不违反相关法律的强制性规定，应属有效。本案的争议焦点在于《关于国瑞公司增资扩股协议之补充协议》是否产生协议解除《国瑞公司增资扩股协议》的效力，以及相应的法律效果的问题。

首先，补充协议从内容上来看，系对《国瑞公司增资扩股协议》中诸葛某某增资义务的终止，性质上系《国瑞公司增资扩股协议》的解除协议。

其次，《合同法》第93条第1款规定："当事人协商一致，可以解除合同。"合同协议解除则系签订合同各方当事人另行达成的一个新的、以终止原合同权利义务为内容的、各方一致的意思表示，涉及合同各方当事人权利义务的变更、终止等。根据合同相对性原理，法律原则上不允许为他人设定权利和负担义务，法律亦不承认部分当事人变更合同内容而影响其他签订合同当事人的权利和义务。故合同协议解除的当事人，应指签订合同的各方当事人。本案中，增资扩股协议签约主体包括诸葛某某、国瑞公司和张某等6位第三人，而补充协议的主体只有诸葛某某和国瑞公司。本院认为，《国瑞公司增资扩股协议》的解除应以诸葛某某、国瑞公司和张某等6人共同签订解除协议为必要，诸葛某某、国瑞公司双方签订的《关于国瑞公司增资扩股协议之补充协议》并不能产生解除《国瑞公司增资扩股协议》的法律效果。

最后，诸葛某某诉请归还60万元，其请求的合同基础为《关于国瑞公司增资扩股协议之补充协议》，根据上文论述，补充协议并不能产生解除增资扩股协议的法律效果，故诸葛某某的上诉请求和事实理由，没有事实和法律依据，对其上诉请求，本院不予支持。一审判决结果并无不当，应予维持。

[问题与思考]

1. 有限责任公司增资协议签订的主体是谁？股东是否有权参与签订增资协议？

2. 有限责任公司中，第三人通过签订增资协议认购增资份额后，何时发生增资的效果？

[重点提示]

本案为典型的增资协议纠纷案。本案审理中，法院只从合同法的角度检视本案，缺乏团体法角度的思考。与本案相关，我们应考虑有限责任公司增资协议的签约主体是该公司与增资认购人，但是由第三人来认购时，内部通过增资决议须经全体股东同意。那么，第三人通过增资协议认购增资份额后，何时产生增资的效果呢？我们认为，缴纳出资后，变更章程并经注册资本的变更登记后，即产生增资的效果。在此之前，可以补充和变更增资协议。

第五章

公司组织机构

知识概要

　　公司组织机构与资本制度同样是《公司法》的最基本的支柱之一。在资本多数决原则下，股东（大）会决议需经普通决议或特别决议，由此就会产生部分反对决议的股东，而持有异议的少数股东的权利通过诉讼来得到救济。我国在股东（大）会决议瑕疵诉讼中只有无效、可撤销之诉讼，未设立不存在之诉讼。但是，在实务中还出现了股东（大）会决议有效之诉讼，这就有违制度设计的初衷。另外，在本章节中对董事勤勉义务以及忠实义务的知识点细分化。但在国内没有搜索到董事对第三人的责任案例，而这个知识点在董事责任中是必须要掌握的，因此选了日本判例百选的案例。此外，在对案例的分析中了解到我国法官对违反忠实义务的情况比较熟悉，而对违反勤勉义务的情况并不熟悉。目前由于追究董事对公司责任的股东代表诉讼缺乏操作规范，配套制度不完善等原因，故案例极少，还真正起不到保护股东利益，公司利益的目的。

第一节　股东（大）会

一、股东提案权

经典案例

湖南盛宇高新材料有限公司诉湘乡市村镇银行

股份有限公司公司决议效力确认纠纷案[1]

[案件事实]

　　原告：湖南盛宇高新材料有限公司。

---

〔1〕　湖南省湘乡市人民法院民事判决书，（2012）湘法民二初字第 134 号。

被告：湘乡市村镇银行股份有限公司。

原告湖南盛宇高新材料有限公司（以下简称"原告"）持有被告湘乡市村镇银行股份有限公司（以下简称"被告"）4%的股份，是其股东之一。被告决定于2012年7月23日召开2011年度股东大会，原告于2012年7月12日向被告董事会提出了《关于增选自然人股东代表进入董事会的议案》、《关于选举董事、监事实行差额选举的议案》、《关于提议选举董事实行差额选举累积投票制的议案》3项议案。2012年7月14日被告召开临时董事会并作出《临时董事会决议》，决定对原告提出的3项议案不予提交2011年度股东大会审议。原告认为其持有被告4%的股份，依照《公司法》第103的规定，有权向被告董事会提出议案，被告董事会应当将该3个临时议案提交股东大会审议，被告董事会的做法侵犯了其合法权益，故于2012年7月16日向人民法院提起诉讼，请求人民法院确认被告董事会作出的决议无效。

法院于2012年8月24日公开开庭审理了该案。在审理过程中，原告为支持其诉讼请求，向法院提交了下列证据：①《关于增选自然人股东代表进入董事会的议案》、《关于选举董事、监事实行差额选举的议案》、《关于提议选举董事实行差额选举累积投票制的议案》各1份，用来证明原告于2012年7月12日向被告董事会提交3份议案、且该3份议案属于股东会审议的职权范围的事实。②被告董事会于2012年7月14日作出的《湘乡市村镇银行股份有限公司关于增加2011年度股东大会审议议案的补充通知》1份、被告董事会向原告作出的《关于对湖南盛宇高新材料有限公司提交议案的回复》1份、《临时董事会决议》1份，用来证明被告董事会作出决定，不将原告提交的3份议案提交2011年度股东大会审议的事实。③《湘乡市村镇银行股份有限公司创立大会暨首届股东大会第一次会议审议〈湘乡市村镇银行股份有限公司章程（草案）〉的决议》、《湘乡市村镇银行股份有限公司创立大会暨首届股东大会第一次会议审议〈湘乡市村镇银行股份有限公司股东大会议事规则（草案）〉的决议》、《湘乡市村镇银行股份有限公司章程》和《湘乡市村镇银行股份有限公司股东大会议事规则》各1份，用来证明公司章程和大会议事规则未经全体股东审议，且其规定5%的股份才拥有临时提案权系违法条款的事实。被告为支持其诉讼主张，向法院提交了下列证据：①《湘乡市村镇银行股份有限公司创立大会暨首届股东大会第一次会议审议〈湘乡市村镇银行股份有限公司章程（草案）〉的决议（2号）》1份，用来证明《湘乡市村镇银行股份有限公司章程》系依法定程序表决通过、原告投下赞成票的事实。②《湘乡市村镇银行股份有限公司章程》1份，用来证明被告董事会按公司章程履行职责的事实。原、被告双方均对对方提交证据的真实性、合法性无异议，但均不认为其能支持对方的证明目的。法院对以上的证据亦均予以认定。

法院经审理，依法判决驳回原告的诉讼请求。原告对法院的一审判决不服，已提起上诉，目前该案仍在审理中。

[判决意见]

法院经审理认为，根据《公司法》第11条的规定，公司章程首先是规范股东之间及公司内部关系的准绳，相当于公司发起人或股东间的合同，对股东和股东会议、董事会、监事会等公司机关及其成员均具有约束力。具体到本案中，《湘乡市村镇银行股份有限公司章程》第33条第10项对股东提出提案的条件作出了明确的规定，即审议代表本行有表决权股份总数的5%以上的股东的提案，《湘乡市村镇银行股份有限公司股东大会议事规则》也作出了相同的规定，被告的董事会和包括原告在内的公司股东均应当遵守。本案原告仅持有湘乡市村镇银行股份有限公司4%的股份，未达到公司章程和议事规则规定的5%以上的股份的要求，故被告董事会作出不予提交2011年度股东大会审议的决定，符合公司章程和议事规则的规定。《公司法》第103条第2款规定，持有公司3%以上股份的股东可以提出提案，而股东大会在这法律规定的范围内决定要持有公司5%以上股份的股东才能提交提案写入公司章程，并不违法。据此，判决驳回原告的诉讼请求。

[案例评析]

本案涉及股东的提案权，主要争议点为股东提案权行使的持股比例能否通过公司章程予以修改。股东提案权是指股东可以向股东大会提出议题或议案的权利，从性质上看属于共益权，从法理上看属于少数股东权。股东提案权通过赋予股东对公司事务的参与权，为其意愿的表达提供了渠道，一定程度上保护了中小股东的权益。我国《公司法》中关于股东提案权的规定见于第103条第2款的规定，即单独或者合计持有公司3%以上股份的股东，可以在股东大会召开10日前提出临时提案并书面提交董事会；董事会应当在收到提案后2日内通知其他股东，并将该临时提案提交股东大会审议。另根据《公司法》第11条规定，设立公司必须依法制定公司章程。公司章程对公司、股东、董事、监事、高级管理人员具有约束力。公司章程是公司的自治规则，只要其不违反《公司法》强制性规定即为有效。因此，本案的关键问题为：《公司法》中关于"持股3%以上"的规定是否为强制性规定？

具体到本案中，被告公司董事会以原告不具备被告公司章程及议事规则规定的条件（持股未达5%以上）为由拒绝将原告提交的3项临时提案提交股东大会审议，理由是《公司法》第103条第2款的规定不是强制性规定，其公司章程中关于"股东大会只审议代表有表决权股份总数的5%以上的股东的提案"的规定是有效的，故董事会的决议是正确的。笔者认为，被告的此种答辩理由是错误的。我国现行《公司法》中关于股东提案权的规定，其目的是赋予中小股东一定的提案权，使其能够通过此方式来表达自身意愿、参与公司事务，从而形成对大股东的一种约束，进而保护中小股东的权益。就本案来看，宜将该条规定的"3%"的比例视为强制性规定，不得通过公司章程来对此进行修改，也即本案中被告公司的章程中有关"股东大会只审议代表有表决权股份总数的5%以上的股东的提案"的规定同现行公司法强制性规范相冲突，该条款无效。由此，笔者认为法院的判决是错误的，原告的诉讼请求应得到法院的支持。

综上可见，宜将《公司法》中关于股东提案权行使的持股比例的规定作为强制性规定来看待，不得通过公司章程或者其他方式提高或降低该比例来限制股东权利。

二、股东大会决议可撤销之诉

经典案例

北京一得阁墨业有限责任公司与范某、李某股东大会决议撤销纠纷上诉案[1]

[案件事实]

上诉人（原审被告）：北京一得阁墨业有限责任公司。

被上诉人（原审原告）：范某、李某。

被上诉人（原审原告）范某、李某系上诉人（原审被告）一得阁墨业有限责任公司的股东。范某、李某获悉一得阁公司曾于2011年10月10日召开股东会议，并形成部分股东股权内部转让的决议，但其并未收到召开此次股东会的通知。随即范某、李某以一得阁公司避开范某、李某召开股东会议并形成决议侵犯了范某、李某的合法权益为由，诉请法院判决撤销一得阁公司于2011年10月10日形成的股东会决议。

一审法院经审理认为，根据原告提供的争议股东会决议复印件、从工商行政管理局调取的一得阁公司工商登记档案材料等相互印证，认定被告一得阁公司确于2011年10月10日召开股东大会，未向原告范某、李某履行通知义务。根据《公司法》第42条第1款的规定，召开股东会会议，应当于会议召开15日以前通知全体股东，这在该公司章程中亦得以载明。在本案中，被告未能提

---

〔1〕　北京市第一中级人民法院民事判决书，（2012）一中民终字第6242号。

供证据佐证其在 2011 年 10 月 10 日召开的股东会已经提前 15 天向该公司股东范某、李某履行了通知义务，因此认定该股东大会的召集程序存在瑕疵，一审判决撤销一得阁公司于 2011 年 10 月 10 日作出的股东会决议。

被告一得阁公司不服一审判决，提起上诉。二审法院结合一审查明的事实，经审理认为，一得阁公司在工商部门登记备案的 2011 年 10 月 10 日公司章程修正案明确载明该修正案系经公司股东会决议通过，且工商管理部门登记备案的一得阁公司 22 份股权转让协议所显示的股东姓名及转让金额与范某、李某所提交的 2011 年 10 月 10 日股东会决议复印件中记载的股东姓名及转让金额一一对应，足以表明一得阁公司于 2011 年 10 月 10 日召开了股东会并就股东股权变更情况形成了股东会决议。因此，二审法院作出了"驳回上诉，维持原判"的终审判决。

[判决意见]

一审、二审的判决均认为，认定一得阁公司确于 2011 年 10 月 10 日召开过股东会并形成决议，而该股东会的召集程序存在瑕疵。股东大会的召集程序应遵守法律或公司章程的规定。根据《公司法》第 22 条第 2 款的规定，若召集程序存在瑕疵，股东可以自决议作出之日起 60 日内请求人民法院撤销。认定召集程序存在瑕疵的一种主要情形是瑕疵通知。

[案例评析]

本案是股东会决议可撤销之诉的一个范例。股东会决议可撤销之诉提起的法律依据是《公司法》第 22 条第 2 款的规定，股东会或者股东大会、董事会的会议召集程序、表决方式违反法律、行政法规或者公司章程，或者决议内容违反公司章程的，股东可以自决议作出之日起 60 日内，请求人民法院撤销。股东会决议可撤销之诉所针对的主要是决议程序违法。该条款不仅是为了救济股东因股东会决议瑕疵而造成的权益损害，也是《公司法》为了防止滥诉而对股东会决议可撤销之诉所作的严格限定。

本案争议的焦点即是否满足股东会决议撤销之诉的要件：①范某、李某是否有权提起本案诉讼；②一得阁公司是否确于 2011 年 10 月 10 日召开过股东会并形成决议；③如一得阁公司于 2011 年 10 月 10 日召开了股东会，该股东会的召集程序是否存在瑕疵。

根据《公司法》第 22 条第 2 款的规定，范某、李某是否有权提起股东大会决议撤销之诉的前提是股东大会决议的会议召集程序、表决方式违反法律、行政法规或者公司章程，或者决议内容违反公司章程；主体要件是具有股东身份；时间要件是自决议作出之日起 60 日内提出。本案的主体要件和时间要件不在话下，关键即在于认定股东大会决议的存在及程序上的瑕疵。

针对一得阁公司是否确于 2011 年 10 月 10 日举行过股东会议，法院查证该股东会决议复印件、工商行政管理局的登记备案档案材料、加盖有一得阁公司公章的该公司章程修正案上的记载以及 22 份股权转让协议之间对应一致，形成完整的证据链，证实了原告的主张。本案争议的瑕疵即常见的"瑕疵通知"。根据《公司法》第 42 条第 1 款以及一得阁公司章程的规定，以是否履行提前 15 天的通知义务来判断。通知义务的履行可以通过短信、电话、函件、电子邮件、公告等形式实现。显然，本案被告未能提供相关证据来佐证通知义务的履行，则应承担不利的后果。法定程序的瑕疵导致股东会决议的撤销，这是对程序公正价值的认可，也是保护股东利益原则的体现。

我们必须明确，有效的股东会决议离不开对法定形式与程序的遵守，程序是否正当关系着股东权益与公司权益。一旦因股东会决议程序瑕疵导致了股东的损害，股东可以提起股东会决议撤销之诉，以充分保障股东权益。当然股东会决议撤销之诉必须严格遵守法律规定来提起，以杜绝滥诉现象的出现。

三、决议有效之诉

经典案例

睢宁县希望公交有限责任公司诉胡会林股东会决议效力确认纠纷案 [1]

[案件事实]

原告（上诉人）：睢宁县希望公交有限责任公司。

被告（被上诉人）：胡会林。

一审法院查明：睢宁县希望公交有限责任公司于 2001 年登记设立。公司设立时，登记股东为 8 人，分别为宋振亚、王成、胡会林、朱爱玲、宋洁（名册列为宋浩）、宋辉、仝德龙和赵相，法定代表人为被告胡会林。在公司注册资本验资后，宋振亚、王成、宋洁、宋辉、仝德龙、赵相 6 个股东已将其出资抽走，王成、宋洁、宋辉、赵相的实物出资也没有过户到公司名下，并分别于 2001 年 9 月、2002 年 12 月、2003 年 12 月转移给王甫廷、袁军、应寿春和汤从花。成立第 1 年，公司给每位股东分配红利 50 元，其后未再分红。

2006 年 12 月 14 日，该公司变更了公司名称及经营范围，变更后的企业名称为睢宁县希望出租车客运有限公司，经营范围为出租车客运服务。但是后经登记机关查明，其变更登记时提供的股东会决议、章程修正案为虚假材料。随

---

〔1〕 江苏省徐州市中级人民法院民事判决书，（2010）徐民终字第 1505 号。

后徐州市睢宁工商行政管理局对睢望出租车客运有限公司作出处罚决定，撤销上述登记并罚款。

2008 年 1 月 21 日，该公司召开股东会，决定将未缴纳出资的股东王成、宋洁、宋辉、仝德龙、赵相予以除名，并于 2008 年 2 月 18 日具状诉至睢宁县人民法院，要求确认王成、宋洁、宋辉、仝德龙、赵相不具备公司股东资格，后撤回起诉。2008 年 10 月 16 日，宋振亚、王成、宋洁（名册列为宋浩）、宋辉、仝德龙、赵相在睢宁县城金筷子酒店召开临时股东会议，会前依法通知了胡会林和另一股东朱爱玲，但二人均未参加会议。此次会议作出了修改公司章程、罢免胡会林董事长职务的决议，同时选举王成为公司新一届董事长。该公司董事长胡会林不认可此次股东会议决议的效力。

2008 年 10 月 26 日，王成以新任董事长的名义，代表睢宁县希望公交有限责任公司将胡会林诉至睢宁县人民法院，要求判令被告交出公司营业执照、公章、财务章及会计账册。睢宁县人民法院以公司知情权纠纷为由立案受理，并分别于 2009 年 2 月 9 日和 2009 年 4 月 10 日两次开庭对该案进行了审理。2009 年 4 月 11 日，胡会林以原告方亲属在睢宁县法院工作为由，申请将该案移送上级法院审理。2009 年 4 月 13 日，睢宁县人民法院将该案报请徐州市中级人民法院指定管辖。

2009 年 4 月 29 日，徐州市中级人民法院将该案指定江苏省邳州市人民法院管辖。2009 年 5 月 13 日，邳州市人民法院以股东知情权为由立案受理，先由审判员谢军强独任审判，后依法组成合议庭，分别于 2009 年 7 月 21 日和 2009 年 10 月 22 日两次开庭进行审理，在该案审理期间，原告增加了诉讼请求，在要求判令被告交出公司营业执照、公章、财务章及会计账册请求不变的基础上，要求确认 2008 年 10 月 16 日的股东会决议有效。2009 年 10 月 22 日，邳州市人民法院作出（2009）邳民二初字第 0414 号民事裁定书，以主体不适格为由驳回了原告的起诉。原告对该裁定提出上诉。2010 年 2 月 4 日，徐州市中级人民法院作出（2010）徐商终字第 0050 号民事裁定书，撤销了邳州市人民法院（2009）邳民二初字第 0414 号民事裁定书，指令邳州市人民法院继续审理。

2010 年 5 月 21 日，邳州市人民法院以股东知情权为由再次立案受理，在审理过程中，原告又将诉讼请求变更为：请求法院判令被告立即交出公司营业执照、公章、财务章、会计账册。

原告诉称：2001 年，由宋振亚作为发起人，王成、胡会林、朱爱玲、宋洁、宋辉、仝德龙、赵相参加，共同出资，依法成立希望公司，公司选举胡会林为董事长。但公司成立 8 年来，胡会林滥用职权，未公布一次账目，更不准看账、查账。8 年来只是在公司开办第 1 年给股东每人 50 元的红利。为了达到独霸公司的目的，胡会林妄想撤销王成等5个人的股东资格，竟于2008年3月8日起诉。此案经睢宁法院民二庭审理后，胡会林看到要败诉，不得不于3月31日撤诉。鉴于胡会林的行为已严重损害了其他股东的合法权益，受损害的股东多次到有关部门请求解决。《公司法》第46条第1款规定："董事任期由公司章程规定，但每届任期不得超过3年。"根据《公司法》规定，2008年10月16日召开了股东会议，经2/3以上的股东表决同意，修改了希望公司的章程，并以无记名投票的方式，免去胡会林公司董事长、法定代表人的职务。选举王成为新一届公司董事长、法定代表人。但是，胡会林拒不交出公司营业执照、公章、财务章、会计账册，致使公司无法正常经营。请求法院判令被告立即交出公司营业执照、公章、财务章、会计账册。

被告辩称：①原、被告诉讼主体不适格；②2008年10月16日召开的股东会议产生的决议不具备法律效力；③该股东会议产生的决议违反公司章程第22条规定；④该股东会议产生的决议没有到工商管理机关备案，对外不产生公示力，因此王成不能以公司董事长的名义行使权利。

一审法院认为（下文详述），股东违反出资义务，也就不应享有股东的相应权利，这也是民法中权利与义务统一、利益与风险一致原则的具体体现。因此，该6股东不享有对睢宁县希望公交有限责任公司的表决权，故在2008年10月16日召开股东会形成的决议不具有法律效力，其以睢宁县希望公交有限责任公司为原告，王成作为法定代表人起诉被告胡会林，诉讼主体不适格。

原告不服一审裁定，提起上诉称：①原审裁定适用法律错误。《民事诉讼法》第108条是起诉必须符合的条件，而非诉讼主体不适格。徐州市中级人民法院（2010）徐商终字第0050号民事裁定书认定："王成作为希望公司的法定代表人提起诉讼的依据是2008年10月16日的股东会决议，因此，其具备原告诉讼主体资格。"而原审裁定一方面对股东会的内容和形式予以确认，一方面又认为股东会形成的决议不发生法律效力，"诉讼主体不适格"自相矛盾，有意对抗，徐州市中级人民法院的裁定偏袒胡会林。②原审裁定认定事实不清。原审法院认为：上诉人的6名股东验资后即将投资抽回，违反了出资义务，也就不享有股东相应的权利。那么胡会林有没有抽回投资，原审为什么不查明？实际上，胡会林、朱爱玲于2001年7月25日存入资金、验资后，7月31日即将验资抽回，但却依然霸占公司。原审法院认定6名股东没有依据，相反，此6名股东的车辆在公司跑了很长时间，尽到了股东对公司的义务。原审法院也没有说明哪些法律规定了哪些股东的权利受到限制。总之，2008年10月16日的股东会决议是合法有效的，股东的正当诉讼请求应当受到法律支持。请求二审法院撤销原审裁定。

[判决意见]

一审法院认为，本案一审争议的焦点是：①原、被告主体是否适格；②2008年10月16日股东会决议是否有效。

睢宁县希望公交有限责任公司是有限责任公司，根据《公司法》的规定，股东应当按期足额缴纳公司章程中规定的各自所认缴的出资额。股东以货币出资的，应当将货币出资足额存入有限责任公司在银行开设的账户；以非货币财产出资的，应当依法办理其财产权的转移手续。动产出资未实际交付，视为出资不到位。同时，股东会会议由股东按照出资比例行使表决权。本案中，宋振亚、王成、宋洁（名册列为宋浩）、宋辉、仝德龙、赵相6名股东验资后即将投资抽回，实物（车辆）出资也没有过户到公司名下，实际上，该6名股东没有尽到对公司的出资义务。根据《公司法》的规定，股东出资不到位并不影响其股东资格的取得，但其享有股东权利的前提是承担相应的义务，违反出资义务，也就不应享有股东的相应权利，这也是民法中权利与义务统一、利益与风险一致原则的具体体现。本案中，由于宋振亚、王成、宋洁（名册列为宋浩）、宋辉、仝德龙、赵相6名股东没有履行出资义务，其股东权利的行使应当受到一定的限制，这种限制应根据具体的股东权利的性质确定，即与出资义务相对应的权利只能按出资比例来行使，在其没有补足应缴出资额之前，则其不享有对睢宁县希望公交有限责任公司的表决权、利益分配请求权及新股认购权。因此，该6股东在2008年10月16日召开股东会形成的决议，不具有法律效力，所以，本案王成等6名股东的意思表示尚不能代表睢宁县希望公交有限责任公司的真实意思表示，其以睢宁县希望公交有限责任公司为原告，王成作为法定代表人起诉被告胡会林，诉讼主体不适格。据此，邳州市人民法院根据《中华人民共和国民事诉讼法》第108条的规定裁定驳回原告睢宁县希望公交有限责任公司的起诉。

二审法院认为：本案上诉人原审的诉讼请求是要求法院判令胡会林将公司的营业执照、公章、财务章、会计账册交出，该诉讼请求的实质在于通过司法程序剥夺胡会林对睢宁希望公交公司的控制权，而该公司目前工商登记的法定代表人系胡会林，其法定代表人资格也因公司成立之初的股东会选举产生，所以，王成以公司名义起诉就必须持有内容合法有效的股东会决议。否则，王成缺乏与胡会林对抗的法律基础，即在没有公司公章的情况下，王成签字以公司名义起诉就不应当被受理或者起诉应当被驳回。因此，在本案中对睢宁希望公交公司2008年10月16日股东会决议效力的审查就显得十分重要。根据《公司法》的规定，股东出资不到位并不影响其股东资格的取得，但其享有股东权利的前提是承担股东义务，违反出资义务，也就不应享有股东的相应权利，这亦是民法中权利与义务统一、利益与风险一致原则的具体体现，股东对股东权利的享有与行使应当以履行股东义务为前提。《公司法》第36条规定，股东在公司成立后，不得抽逃出资，该法条系禁止性规定，所以，违反《公司法》该条规定的均应承担相应法律后果。依照《公司法》规定，股东权利的享有和行使须按其投入公司的资本额大小确定，股东在没有履行出资义务的情况下行使股东全部权利，明显有违公平原则，亦损害其他股东利益，应对其股东权利加以限制。

按照我国《公司法》的规定，有限责任公司的股东享有以下权利：①表决权；②选举权和被选举权；③分取红利的权利；④剩余财产分配权；⑤查阅公司会议记录和财务会计报告权；⑥增资优先认购权；⑦转让出资权；⑧优先购买其他股东转让的出资权；⑨制定和修改公司章程的权利。其中，选举权和被选举权、查阅公司会议记录和财务会计报告权、制定和修改公司章程等身份性质的权利主要依据股东资格取得和享有，与实际出资无关。但是与股东投资行为相关的表决权、分红权、剩余财产分配权、增资优先认购权直接涉及公司的财产权，需按照股东实缴的出资比例行使。违反出资义务的股东，虽然名义上取得了股东资格，但由于其没有实施真实的投资行为，不仅没有使公司以其资本进行经营产生利润，也没有以其投资承担公司经营风险。因此，基于公平原则，没有履行出资义务的股东不能享有上述按出资比例确定的各项股东权利。在没有补足应缴出资款之前，应当对其相应的股东表决权、分红权、剩余财产分配权、增资优先认购权加以限制。

一审法院已经查明：参与2008年10月16日股东会的股东已将出资抽回，故无表决权的股东作出的决议应当无效。王成不能直接依据该决议替代胡会林的法定代表人地位，故其决定以公司名义提起诉讼，法院不应受理，该起诉应予驳回。综上，一审裁定驳回起诉并无不当，应予维持。二审法院依照《中华人民共和国民事诉讼法》第152条第1款、第153条第1款第1项、第154条之规定，驳回上诉，维持原裁定。

[案例评析]

通过原审法院查明的事实可知，本案中的公司多数股东存在出资不到位抑或公司成立后抽逃出资的情形，瑕疵出资股东或者抽逃出资股东如何行使表决权直接关系到公司的股东会决议的效力问题。同时，结合2011年2月16日开始施行的《公司法解释三》，有必要对本案的判决进行重新审视。

抽逃出资的股东的股东表决权是否受到限制？我国现行《公司法》第36条规定，公司成立后，股东不得抽逃出资。该条明确禁止股东采取任何形式抽逃其出资，但并未明确对于抽逃出资股东的表决权等权利应作如何限制。

另现行《公司法》第 43 条，股东会会议由股东按照出资比例行使表决权；但是，公司章程另有规定的除外。股东行使表决权的依据为各股东的出资比例，但法条并未明确此处的出资比例为"实缴"或是"认缴"。若股东按照认缴的出资比例行使表决权，则股东的表决权并不会因为瑕疵出资而受到减损的影响。由于《公司法》同时规定公司全体股东的首次出资额不得低于注册资本的 20%，也不得低于法定的注册资本最低限额，其余部分由股东在法定期间内（2 年或 5 年）内缴足。法律对分期出资的认可已经表明其已经允许全体股东在全部出资并未全部缴足之前也可以开展公司的经营，而若要求股东按照实缴的出资比例行使其在股东会的表决权，则使得未出资或未缴足出资的股东只有等到全部缴足出资为止才能参与公司运作，这明显与《公司法》第 43 条的立法目的相悖。这其实已经表明《公司法》第 43 条的"出资比例"为"认缴"而非"实缴"，即只要具备股东资格即可行使表决权。通过对该条的解释亦可知，《公司法》对于股东按照实缴比例行使的权利均予以明确规定，例如股东的利润分配、新股认购权（现行《公司法》第 35 条）等。故第 43 条所体现的仅能为行使表决权的最低要求，即按照"认缴"的出资比例，同时留给公司这一组织体一定的自治空间（章程可根据股东实际需要作另行规定）。由此可见，若依据传统民法中公平原则、诚信原则、权利与义务一致原则、风险与利益相一致的原则处理本案的话，必定与《公司法》的现行法律规范相抵触。这也说明在处理公司决议类纠纷时，应当注重运用团体法的思维，聚焦公司这一组织体的整体运作情形而非股东个人的权利义务本身，避免将公司决议看做民法上传统的法律行为予以相同处理。故原审及二审法院限制股东表决权的理由有失偏颇。

　　但同时应当注意到，2011 年 2 月 1 日开始施行的《公司法解释三》第 18 条规定，有限责任公司的股东未履行出资义务或者抽逃全部出资，经公司催告缴纳或者返还，其在合理期间内仍未缴纳或者返还出资，公司以股东会决议解除该股东的股东资格，该股东请求确认该解除行为无效的，人民法院不予支持。这说明对于未履行出资义务或抽逃出资这种严重损害公司及其债权人利益的行为，法院赋予股东会将该股东除名的权利，即剥夺其股东资格及在公司的一切权利。故本案中王成、宋洁、宋辉、仝德龙、赵相由于抽逃出资，2008 年 1 月 21 日公司的股东会经过合法的程序对上述几位股东形成的除名决议应当认定为有效。换言之，上述人员实际上已不具备股东资格，那么上述"股东"之后作出的更换董事长的股东会决议已失去合法依据，应作无效处理。故依现行《公司法》规定看，上述法院的判决结果虽然正确，但法官的判决理由有待梳正。当然，由于本案已经在《公司法解释三》出台之前已经结案，根据法不溯及既往的原理，不存在《公司法解释三》适用的情形。

四、决议不成立之诉

张艳娟诉江苏万华工贸发展有限公司等案[1]

[案件事实]

原告：张艳娟。

被告：江苏万华工贸发展有限公司（以下简称万华工贸公司）。

被告：万华。

被告：吴亮亮。

被告：毛建伟。

被告万华工贸公司成立于1995年12月21日，发起人为被告万华、原告张艳娟和其他两名股东朱玉前、沈龙，注册资本为106万元，其中万华出资100万元，朱玉前、沈龙、张艳娟各出资2万元。被告万华工贸公司成立后，由被告万华负责公司的经营管理。2004年4月12日被告万华工贸公司向公司登记机关申请变更登记，具体事项为：①将公司名称变更为江苏办公伙伴贸易发展有限公司（以下简称伙伴贸易公司）；②法定代表人变更为被告吴亮亮，股东变更为被告万华、吴亮亮、毛建伟及股东邢小英4人；③变更了公司章程的部分内容。

原告张艳娟诉称：2006年6月原告因故查询工商登记时发现万华工贸公司的股东、法定代表人均已于2004年4月发生了变更，原告及朱玉前、沈龙都已不再是该公司股东，原告的股权已经转让给了被告毛建伟，万华也将其100万出资中的80万所对应的公司股权转让给了被告吴亮亮，法定代表人由万华变更为吴亮亮。万华工贸公司作出上述变更的依据是2004年4月6日召开的万华工贸公司股东会会议决议，但原告作为该公司股东从未被通知参加该次股东会议，从未转让自己的股权，也未见到过该次会议的决议。该次股东会议决议以及出资转让协议中原告的签名并非原告本人书写。因此，原告认为该次股东会议实际并未召开，会议决议及出资转让协议均属虚假无效，侵犯了原告的合法股东权益。原告既没有转让过自己的股权，也不同意万华向公司股东以外的人转让股权。原告请求法院确认所谓的2004年4月6日万华工贸公司股东会决议无效，

[1]　江苏省南京市玄武区人民法院民事判决书，载《最高人民法院公报》2007年第9期。

确认原告与毛建伟之间的股权转让协议无效，确认万华与吴亮亮之间的股权转让协议无效，或者撤销上述股东会议决议和股权转让协议。

被告万华工贸公司辩称：万华工贸公司于2004年4月6日通过的股东会决议内容并无违反法律之处，万华工贸公司原股东朱玉前、沈龙均知道该次股东会决议内容及股权转让的事实，因而该决议是合法有效的。原告张艳娟认为其本人未收到会议通知，没有参加该次股东会议，即便其主张成立，也只能说明2004年4月6日的万华工贸公司股东会会议程序不符合法律和该公司章程的规定。修订后的《中华人民共和国公司法》（以下简称《公司法》）第22条第2款规定，股东会或者股东大会、董事会的会议召集程序、表决方式违反法律、行政法规或者公司章程，或者决议内容违反公司章程的，股东可以自决议作出之日起60日内，请求人民法院撤销。原告起诉时已超过申请撤销决议的60天法定期限，故2004年4月6日的万华工贸公司股东会决议已然生效。原告无权否定该次股东会决议的效力。此外，原告不是本案的适格原告，因为2004年4月6日原告的全部股权已转让给了被告毛建伟，原告已不再具有股东资格，故无权提起本案诉讼。请求法院驳回原告的诉讼请求。

被告万华辩称：万华工贸公司于2004年4月6日召开的股东会是合法的，本人享有万华工贸公司的全部表决权，经本人表决同意的股东会决议应为有效。本人将80万元个人出资对应的公司股权转让给被告吴亮亮，征得了公司所有股东的同意，该转让行为也是有效的。原告张艳娟诉称其未参加股东会，也未在相应文件中签字属实，但因本人与原告系夫妻关系，财产是混同的，且双方曾约定公司股权归本人所有，因此本人代原告参加股东会并在股东会决议和股权转让协议中代为签字，均是合法有效的。自2004年4月6日起原告已不再是万华工贸公司股东，其无权提起本案诉讼。

法院认为，根据本案现有证据，不能认定万华工贸公司曾通知沈龙、朱玉前及原告张艳娟出席了2004年4月6日的万华工贸公司股东会，也不能认定万华工贸公司于2004年4月6日召开过由万华、张艳娟、沈龙、朱玉前共同参加的股东会。万华工贸公司、万华、吴亮亮亦未能提供证据证明2004年4月6日形成过由万华、沈龙、朱玉前、张艳娟共同签字认可的股东会决议，以及沈龙、朱玉前、张艳娟与邢小英、被告毛建伟共同签署过2004年4月6日的股权转让协议。

[判决意见]

南京市玄武区人民法院认为，有限责任公司通过股东会对变更公司章程内容、决定股权转让等事项作出决议，其实质是公司股东通过参加股东会议行使股东权利、决定变更其自身与公司的民事法律关系的过程，因此公司股东实际参与股东会议并作出真实意思表示是股东会议及其决议有效的必要条件。本案中，虽然被告万华享有被告万华工贸公司的绝对多数的表决权，但并不意味着万华个人利用控制公司的便利作出的个人决策过程就等同于召开了公司股东会议，也不意味着万华个人的意志即可代替股东会决议的效力。根据本案事实，不能认定 2004 年 4 月 6 日万华工贸公司实际召开了股东会，更不能认定就该次会议形成了真实有效的股东会决议。万华工贸公司据以决定办理公司变更登记、股权转让等事项的所谓"股东会决议"，是当时该公司的控制人万华所虚构，实际上并不存在，因而当然不能产生法律效力。

被告万华工贸公司、万华、吴亮亮主张原告张艳娟的起诉超过了修订后《公司法》第 22 条第 2 款规定的申请撤销股东会决议的期限，其诉讼请求不应支持。对此法院认为，修订后《公司法》第 22 条第 2 款关于"股东会或者股东大会、董事会的会议召集程序、表决方式违反法律、行政法规或者公司章程，或者决议内容违反公司章程的，股东可以自决议作出之日起 60 日内，请求人民法院撤销"的规定，是针对实际召开的公司股东会议及其作出的会议决议作出的规定，即在此情况下股东必须在股东会决议作出之日起 60 日内请求人民法院撤销，逾期则不予支持。而本案中，2004 年 4 月 6 日的万华工贸公司股东会及其决议实际上并不存在，只要原告在知道或者应当知道自己的股东权利被侵犯后，在法律规定的诉讼时效内提起诉讼，人民法院即应依法受理，不受修订后《公司法》第 22 条第 2 款关于股东申请撤销股东会决议的 60 日期限的规定限制。

股东向其他股东或股东之外的其他人转让其股权，系股东（股权转让方）与股权受让方协商一致的民事合同行为，该合同成立的前提之一是合同双方具有转让、受让股权的真实意思表示。本案中，不能认定原告张艳娟与被告毛建伟之间实际签署了股权转让协议，亦不能认定被告万华有权代理张艳娟转让股权，毛建伟既未实际支付受让张艳娟股权的对价，也没有受让张艳娟股权的意愿，甚至根本不知道自己已受让了张艳娟等人的股权，诉讼中也明确表示对此事实不予追认，因此该股权转让协议依法不能成立。据此被告万华工贸公司、万华、吴亮亮关于张艳娟已非万华工贸公司股东，不能提起本案诉讼的主张不能成立，依法不予支持。

关于被告万华与吴亮亮签订的股权转让协议，根据修订前《公司法》及万华工贸公司章程的相关规定股东向股东以外的人转让股权的，须经全体股东过半数同意。本案中，万华向吴亮亮转让股权既未通知其他股东，更未经过全体股东过半数同意，因此该股权转让行为无效。

法院判决：2004 年 4 月 6 日被告万华工贸公司股东会决议不成立；2004 年

4月6日原告张艳娟与被告毛建伟的股权转让协议不成立；2004年4月6日被告万华与被告吴亮亮签订的股权转让协议无效。

[案例评析]

本案涉及股东会决议是否成立以及如何适用《公司法》第22条第2款撤销公司决议的问题。

法律行为须先成立始能生效。公司股东会或董事会决议亦属法律行为，具体而言为法律行为中的多方法律行为。[1]决议的成立和生效也应符合民法关于法律行为的规范。因此，虚构的股东会决议是不成立的，更不具有法律上的效力。判决指出："根据本案事实，不能认定2004年4月6日万华工贸公司实际召开了股东会，更不能认定就该次会议形成了真实有效的股东会决议。万华工贸公司据以决定办理公司变更登记、股权转让等事项的所谓'股东会决议'，是当时该公司的控制人万华所虚构，实际上并不存在，因而当然不能产生法律效力。"

未成立的股东会决议自然无须请求法院宣告无效或者撤销。因为，股东会并未形成决议，它本来就不存在，不需要宣告其无效或者撤销。因此，被告主张原告张艳娟的起诉超过《公司法》第22条第2款规定的申请撤销股东会决议的60日期限，是没有道理的。

另一不成立的法律行为是原告张艳娟与被告毛建伟之间的"股权转让协议"，因为该协议是被告万华假冒当事人签名而伪造的。

至于被告万华与吴亮亮签订的股权转让协议，虽然未通知其他股东，亦未经过全体股东过半数同意，其效力究应为无效、效力未定抑或有效，仍有探讨的余地。

五、股东会决议无效之诉

经典案例

周海军诉北京世纪星碟文化传播有限公司确认股东会决议效力案[2]

[案件事实]

世纪星碟公司是经核准于2001年8月16日设立的有限责任公司，注册资本为50万元。其工商登记材料中包括：①公司章程。章程载明：股东王晓京、杨其鹏和周海军分别以货币出资35万元、10万元和5万元，共同设立世纪星碟公

---

〔1〕 [德]拉伦茨：《德国民法通论》，王晓晔等译，法律出版社2003年版，第433页。

〔2〕 北京市第二中级人民法院判决书，(2006)二中民终字第3262号(适用新《公司法》的规定)。

司；股东会由全体股东组成，职权之一为对股东向股东以外的人转让出资作出决议；股东会会议由股东按照出资比例行使表决权；股东会应当对所议事项作出决议，股东会应当对所议事项的决定作出会议记录，出席会议的股东应当在会议记录上签名等内容。周海军本人并未签名，章程上的"周海军"签名系王晓京让案外人所写。②交存入资资金报告单、验资报告、股东发起人出资情况表。记载：周海军投入货币资金5万元，占注册资本的10%。

2003年11月2日，世纪星碟公司形成《股东会决议》，内容为：以电话方式通知全体股东到会参加会议；全体股东一致同意公司变更股东，原股东周海军所持股份5万元全部转让给孙毅刚，杨其鹏将所持股份10万元中的5万元转让给王晓京，其余5万元转让给王波；全体股东一致同意通过新章程。周海军未到会，《股东会决议》中"全体股东签字"栏内的"周海军"非其本人所写，系王晓京让案外人所写。同日还形成一份"周海军"将自己在世纪星碟公司所持5万元股权全部转让给孙毅刚的《转股协议》。协议上的"周海军"签名亦非其本人所写。当日，王晓京给孙毅刚出具收到孙毅刚5万元股权转让款的收据。此后，世纪星碟公司持上述《转股协议》、《股东会决议》及由王晓京、王波和孙毅刚签署的公司章程等向工商行政管理机关申请股东变更登记。工商行政管理部门予以核准。王波、孙毅刚取代了杨其鹏、周海军，与王晓京一起被载入新的股东名录。

原告诉称，2004年底，周海军得知其在该公司享有的股份被转移给了孙毅刚。工商变更登记所依据的文件是《转股协议》、《股东会决议》等。但实际上周海军对2003年11月2日召开的股东会议根本不知情，自己没有参加，也未委托他人代为参加，根本不会在《股东会决议》上签字，该《股东会决议》上的签名是伪造的。世纪星碟公司以虚假的证明文件取得公司变更登记的行为违法了《公司法》的规定，应为无效。

被告辩称，公司成立之时，股东之一王晓京在未告知周海军的情况下将周海军列入股东名单，并让他人在公司章程上签名"周海军"，实际周海军没有出资，也不具备股东资格。对虚拟股东，世纪星碟公司以变更为真实股东的方式予以纠正，并无不妥，虽变更股东手续签字存在瑕疵，但已经工商行政管理机关核准。孙毅刚善意取得股东资格的利益与和其世纪星碟公司法律关系的稳定性均应予以维护。世纪星碟公司为此提供以下证据：①华夏投资有限公司50万元转账支票款于2001年8月11日入账到世纪星碟公司入资专用账户的进账单，上面注明：王晓京35万元、杨其鹏10万元、周海军5万元。②王晓京于2001年2月10日以业务需要之名向华夏投资有限公司借款50万元（借款期限6个月）的借据复印件。周海军对复印件不予认可，并否认以支票形式出资，称直接将现金交入银行。

[判决意见]

一审法院认为：2003 年 11 月 2 日形成的世纪星碟公司《股东会决议》，内容为：以电话方式通知全体股东到会参加会议；全体股东一致同意周海军将其所持股份转让给孙毅刚，并一致通过新的公司章程。决议上"全体股东签字"处签有周海军的姓名。但周海军本人根本没有参加该股东会，也未在《股东会决议》上签字，其否认委托他人参会并代为签字。而世纪星碟公司并未举证证明周海军曾授权他人代其参加股东会并代为在《股东会决议》上签字或周海军曾同意该决议中的内容。因此被世纪星碟公司用作办理工商变更登记手续的该《股东会决议》实为冒用周海军名义所形成，内容上不真实，有违相关法律规定，应属无效。法院对周海军的诉讼请求予以支持。

另外，世纪星碟公司设立之时，周海军是否实际出资、是否具备股东资格，均不足以改变上述有关转股内容的《股东会决议》的无效性，法院对世纪星碟公司的答辩不予支持。因此，法院判决世纪星碟公司 2003 年 11 月 2 日形成的北京世纪星碟文化传播有限公司《股东会决议》无效。

一审宣判后，世纪星碟公司不服原审判决，提起上诉，要求撤销一审判决，其上诉理由是：周海军起诉的依据是其具有世纪星碟公司的股东身份，但周海军实际并不具备世纪星碟公司的股东资格，因此周海军无权对世纪星碟公司的股东会议提出请求，与世纪星碟公司没有法律关系。

二审法院认为：周海军未参加 2003 年 11 月 2 日世纪星碟公司的《股东会决议》，也未在《股东会决议》上签字。世纪星碟公司《股东会决议》"全体股东签字"处周海军的签字，并非周海军本人的签字，周海军否认曾委托他人代为签字，世纪星碟公司也无证据证明周海军曾授权他人代为参加股东会决议和在《股东会决议》上签字。

另外，世纪星碟公司以周海军不具备世纪星碟公司股东资格为由请求二审法院撤销原审判决，驳回周海军的诉讼请求，理由不充分，不予采信。原审判决认定事实清楚，处理并无不妥，应予维持。

[案例评析]

1. 根据我国《公司法》第 22 条的规定，公司股东会的决议内容违反法律、行政法规的无效。股东会会议召集程序、表决方式违反法律、行政法规或者公司章程，或者决议内容违反公司章程的，股东可以自决议作出之日起 60 日内，请求人民法院撤销。

本案中，世纪星碟公司 2003 年 11 月 2 日形成的《股东会决议》处置的是周海军的股权，股权是私人财产，任何人都无权擅自处分。该股东会决议并非周海军本人签字，而且周海军否认曾委托他人代为签字，世纪星碟公司也无证据证明周海军曾授权他人代为参加股东会决议和在《股东会决议》上签字。因此，该决议并不是周海军的真实意思表示。我国《民法通则》规定，民事法律行为是公民或者法人设立、变更、终止民事权利和民事义务的合法行为。民事法律行为应当具备的条件之一就是意思表示真实。因此，该《股东会决议》由于违反法律规定而无效。

2. 股东会决议无效制度设置的意义。股东会决议是根据资本多数决的原则作出的，作为公司的意思表示，其本质是通过会议形式由多数股东所作的意思决定。股东会决议有约束公司及其机关的效力，对于公司、股东和其他利害关系主体都会产生重要影响。如果决议程序或内容上有瑕疵，就不能认为是正当的团体意思，应对其效力作否定性的评价。对有瑕疵的股东会决议予以适当的法律救济，有利于维护公司利益，协调公司经营中的效率与公平，保护中小股东和第三人的合法权益。

3. 实践中，确认股东会决议效力案件的被告多以原告未实际投资不具备股东资格，或只是名义股东作为抗辩。此时，如何处理股东资格审查与股东会决议效力认定的关系。

（1）首先需要明确，股东资格是投资人取得、行使股东权利，实现投资利益，承担相应股东义务与责任的基础。我国采取公司审查登记制，但是并不排除股东内部有其他约定。判断股东资格应根据对内和对外的不同情况区别对待，采取双重标准。对外股东身份的认定，应以登记备案的股东名册作为认定依据。对内股东身份的认定，既要考虑公司各股东是否存在共同出资设立公司的一致意思表示，也要考虑履行股东义务的实际行为，如实际出资、实际以股东身份参与公司管理或履行其他股东义务等。同时还要考虑股东资格是否经过确认，如在工商登记中备案或载入公司内部的股东名册等。

股东最基本，同时也是最重要的义务就是向公司交付用作出资的财产。没有实际出资，则相应的财产权、按照出资比例份额确定的表决权等会受到限制。但未实际出资并不足以否定股东资格。名义股东是指只挂名（被登记为股东），实际不投资，也不参与公司的经营管理，不分取利润，没有股东的权益，也不履行股东义务的股东。这种名义股东应基于股东之间的明确约定产生。因涉及股权转让的对价收取与资本维持的责任问题，故除另有约定外，变更这种名义时也应征得名义股东同意。

（2）实践中的争议在于决议效力纠纷案中，应对股东资格审查到何种程度。

第一种观点认为，只要股东经过工商登记备案，则无须审查其是否实际出资，是否为名义股东。因为确认决议效力与确认股东资格，诉讼标的是有差异的，审查的内容也不同。工商登记毕竟具有公示公信作用，不应在一个确认公司决议效力案中直接否定工商登记的内容，这有利于维持公司稳定，充分保护善意第三人利益。正如本案，原告是工商登记的股东，争议的股东会决议确实程序违法，不是其真实意思表示，应确认无效。如果被告认为原告最初就不具备真实的股东资格，应另行起诉要求确认其不具备股东资格。不应在一个诉讼中解决两个法律问题。

第二种观点认为，应当予以适当审查。如被告提出抗辩后提供的相关证据可以证明确实原告是名义股东或者原告股东资格确有问题，则在后的决议实际具有矫正或纠错功能，不应否定其效力。

第三种观点认为，如果认定在后形成的决议效力时，被告质疑在先的决议效力或对原告此前原告的股东身份持有异议，则法官应释明其另行提起诉讼，然后将两案合并审理。这样可以同时解决两个法律问题，确保程序正当化与社会效果。

通常认为第三种观点较为可取。按第一种观点可能会出现前后判决矛盾的情形。按照工商登记情况，而不审查原告是否真正具有股东资格，如股东会决议被否定尚无问题，但如果股东会决议效力被肯定，而此后被告提出股东资格确认之诉，原告股东资格又被否定，就会出现结果上的矛盾。第二种观点与不告不理的诉讼原则不完全相符。直接驳回原告诉请，意味着肯定了决议效力。将错就错，实际并没有恢复到原有的应然状态，有对违法行为姑息迁就之嫌。民事诉讼不告不理，确认决议效力和确认股东资格虽然均属于确认之诉，但二者的诉讼标的不同，所需审查的内容也有所不同，是两个不同的诉。在被告仅以否认原告股东资格作为抗辩理由而不提出反诉的情况下，法院实无审查依据。

正如一、二审法院分析的，股东会决议非周海军本人签字，也不是其真实意思表示，而内容却是处置其权益，冒用其名义形成的决议，违反法律规定，应认定无效。一审认为周海军是否出资、是否名义股东，均不会改变决议无效的结果。二审认为公司关于周海军不具法人资格的主张理由不充分。从表述上看，一审似不赞成第二种观点，二审则对此未置可否。就案件事实来看，尽管设立章程上不是周海军本人签字，但是并没有关于其放弃实体权利的相关证据。而且工商登记上里也有关于周海军出资的记载。因此，仅凭出资的形式并不足以改变周海军是世纪星碟公司股东并已履行出资义务的事实。被告虽提出周海军是名义股东，但并没有提供相关名义股东的约定。因此周海军的股东身份应予以确认。

六、累积投票制

深圳市某工贸有限公司诉深圳某酒店股份有限公司侵害股东权纠纷案[1]

[案件事实]

被告深圳某酒店股份有限公司系原告深圳市某工贸有限公司，（香港）建×投资公司（下称建×公司），深圳×州经济贸易公司（下称×州公司），（香港）×江企业有限公司（下称×江公司），深圳市×明投资有限公司（下称×明公司）共同出资组成。2003 年 6 月 27 日被告召开股东大会之前，被告向原告等股东发送了《表决方法指引》，原告于同年 6 月 23 日向被告股东成员、董事会董事发送了《某公司关于〈表决方法指引〉的意见》，指出被告《表决方法指引》所涉及的股东表决权的计算有严重问题，董事候选人的表决在操作上存在太多的随意性。2003 年 6 月 27 日，被告在其会议室召开了股东大会，决定选举 9 名董事，包括 2 名非独立董事。在会上原告及×明公司要求股东大会解决争议问题，但股东大会未对上述争议问题进行解决，即要求各股东代表进行投票，由于建×公司、×州公司、×江公司有预谋的采取一致行动，按照被告发出的《表决方法指引》计票程序，建×公司、×州公司、×江公司持表决权总数 55%以上，因此，建×公司两名非独立董事候选人王某、黄××当选，×江公司非独立董事候选人闻某当选，×州公司非独立董事候选人潘某当选，提名的独立董事季某、自荐董事靳某当选。原告与×明公司无非独立董事当选，本次股东大会选举的董事人数还有 3 名差额。

根据被告《公司章程》及公布的公开资料信息，截至 2003 年 6 月 30 日，被告的五大股东分别持有被告股数及比例为：×明公司持有股数 66 150 000 股，持股比例 22.99%；建×公司持有股数 55 125 000 股，持股比例 19.159%；×州公司持有股数 33 225 000 股，持股比例 11.548%；原告持有股数 33 075 000 股，持股比例 11.495%；×江公司持有股数 33 075 000 股，持股比例 11.495%。

被告《公司章程》第 41 条、42 条规定，公司的控股股东在行使表决权时，不得作出有损于公司和其他股东合法权益的决定。本章程所称"控股股东"是指具备下列条件之一的股东：①此人单独或者与他人一致行动时，可以选出半数以上的董事；②此人单独或者与他人一致行动时，可以行使公司 30%以上的表决权或

---

〔1〕 广东省深圳市罗湖区人民法院民事判决书，（2003）深罗法民二初字第 1727 号。

者可以控制公司 30% 以上表决权的行使；③此人单独或者与他人一致行动时，持有公司 30% 以上的股份；④此人单独或者与他人一致行动时，可以以其他方式在事实上控制公司。本条所称"一致行动"是指 2 个或者 2 个以上的人以协议的方式（不论口头或者书面）达成一致，通过其中任何一人取得公司的投票权，以达到或者巩固控制公司的目的的行为（关于"控股股东"的条文与 1997 年 12 月 16 日证监会颁发执行的《上市公司章程指引》第 40 条、41 条规定一致）。被告《公司章程》第 115 条第 3 项规定，公司聘任适当人选担任独立董事，其中至少包括 1 名会计专业人士（会计专业人士是指具有高级职称或注册会计师资格的人士）。[1]《公司章程》第 123 条规定，董事会由 9 名董事组成，其中包括两名独立董事。

原告认为，被告 2002 年度股东大会有关董事的选举未有实行"累积投票制"投票，独立董事选举中，有两名会计专业人士参选，但选举结果是由两名独立董事当选，而该两名独立董事未具备被告《公司章程》及证监会规定的要求，即不是会计专业人士。故诉至法院，请求确认被告该董事会选举的决议无效。

[判决意见]

法院认为，根据《公司法》39 条的规定，股东会的议事方式和表决程序，除本法有规定的以外，由《公司章程》规定。因此，《公司章程》是具有法律效力的文件。被告 2003 年 6 月 27 日召开的 2002 年度股东大会有关董事选举的决议与结果，关于独立董事的选举结果，选出的两名独立董事季某、勒某不是会计专业人士，违反了被告《公司章程》第 115 条的规定，同时违反了证监会 2001 年 6 月 18 日证监发〔2001〕102 号《关于在上市公司建立独立董事制度的指导意见》第 1 条第 3 项、证监会 2002 年 1 月 7 日证监发〔2002〕1 号《上市公司治理准则》第 51 条之规定，选举结果实际造成被告应有的两名独立董事不是《公司章程》和法规要求的会计专业人士，因此，被告 2002 年度股东大会有关独立董事选举决议是违法而无效的。

关于被告 2002 年度股东大会有关董事选举的投票制度问题。被告《公司章程》规定了"控股股东"概念及其含义，且与证监会的《上市公司章程指引》中的规定一致，根据证监会证监发〔2002〕1 号《上市公司治理准则》第 31 条规定，"控股股东"控股比例在 30% 以上的上市公司，应当采用累积投票制。依据法院查明的事实，被告的五大股东，两个或两个以上的股东一致行动时，都可能成为控股股东，可以选出半数以上的董事、可以行使 30% 以上的表决权或可以控制公司 30% 以上表决权的行使。被告在庭审中称其他股东不约而同作出

---

〔1〕 该条与证监会 2001 年 6 月 18 日颁发的《关于在上市公司建立独立董事制度的指导意见》的第 1 条第 3 项规定相一致。

了相同的行为，不选举本案原告及×明公司推选的候选人为董事，也说明了可能有"一致行动"的发生，因此被告在股东大会召开前，可以并应预知其"控股股东"的可能出现及其后果。被告在 2002 年度股东大会有关董事的选举中未有实行累积投票制，是不符合法规规定及被告《公司章程》的。

[案例评析]

（一）累积投票制的含义

累积投票制是指股东所持有的每一股份拥有与股东大会拟选举的董事或者监事数量相同的投票权，股东可以把全部投票权集中于选举一人，也可以分散选举数人，最后以得票多少决定当选的董事或者监事。我国《公司法》第 106 条第 2 款将累积投票制解释为：股东大会选举董事或者监事时，每一股份拥有与应选董事或者监事人数相同的表决权，股东拥有的表决权可以集中使用。从上述学理界定和法律界定分析，累积投票制使得股东投票权获得了一定的"乘数效应"，从而在有限的范围内扩充了中小股东的投票权效用，并扩大了股东自主分配投票权的范围，具有一定的经济民主性。

在股东表决权机制中与累积投票制相对应的是直接投票制，在累积投票制下股东可以任意配置投票权组合，所受的唯一限制即是股东投票权数总计不能超过其所持股份数与董事会人数之积。例如，若某公司董事会由 6 个人组成，在直接投票制下，持股数为 100 的股东对每一位董事会候选人所拥有的投票权数仅为 100，不能突破 100 的限制；而在累积投票制下，该股东有多种投票权配置组合，既可以选择将其所持的 600 投票权数尽数投给某一位董事候选人，还可以是 200 分配给其中 3 位候选人等多种投票组合以最大化该股东的利益。总之，二者外在的区别在于：在投票权组合上直接投票制具有唯一性，股东无法自主配置投票权，而累积投票制具有多样性，股东可以有效配置投票权，使其利益代表人能跻身于董事会中，给中小股东提供了将其利益代表人选举入董事会的机会，从而也使得中小股东对其持股公司享有现实性控制权的机会增加。

在本案中，根据证监会发布的《上市公司治理准则》第 31 条的规定，"控股股东"控股比例在 30% 以上的上市公司，应当采用累积投票制。依据法院查明的事实，被告的五大股东，两个或两个以上的股东一致行动时，都可能成为控股股东，可以选出半数以上的董事、可以行使 30% 以上的表决权或可以控制公司 30% 以上表决权的行使。被告在庭审中称其他股东不约而同作出了相同的行为，不选举本案原告及×明公司推选的候选人为董事，也说明了可能有"一致行动"的发生，因此被告在股东大会召开前，可以并应预知其"控股股东"的可能出现及其后果。被告在 2002 年度股东大会有关董事的选举中未有实行累积投票制，是不符合法规规定及被告《公司章程》的。

而如果采用累积投票制，则原告拥有的投票权数为 33 075 000×9 = 297 675 000，×明公司持有投票权数为 66 150 000×9 = 595 350 000，二者可以合计把这些投票权集中投给一人或分配给几人，从而选出代表自身利益的董事。

（二）累积投票制利弊分析

累积投票制自创设实践以来，理论界与实务界对其的评价均是褒贬不一，莫衷一是。基于对累积投票制的利弊分析产生了两种观点：

一种为"肯定说"，这一观点从累积投票制的优点出发，认可累积投票制在公司治理中的积极作用：①根据"公司民主"理论而采用累积投票制可使公司业务机关（董事会）更具有广泛的代表性，更为民主化，防止代表大股东利益的董事会形成"一种自我延续的寡头统治"，更能促进公司治理中"三权制衡"理念的实现；②累积投票制激发中小投资者参与公司治理的热情，中小投资者可参与公司治理维护自身利益，增加了其自力救济的渠道，进而保护了中小投资者的投资热情，符合资本社会化的原则；③中小股东代表进入董事会可以降低集中决策的风险，并有效地监督大股东在董事会中的代表，防止其滥用权力，还可以加强信息的沟通与股东对公司发展的了解，最终降低代理成本。

另一种为"否定说"，此论点则在分析累积投票制存在的弊端后，认为在公司董事选举中采用累积投票制是弊大于利：①累积投票制给予少数派股东与其剩余利益不合比例的投票权，导致风险承担与利益分配失衡，挫伤大股东的投资热情，将产生不必要的代理成本，如公司决议议而不决，董事会缺乏和谐、互信与效率；②累积投票制增加了表决成本。这一制度刺激了股东对董事人选的控制欲望，为在董事选举中如愿以偿，必然要在股东大会召开前一段时间大量征集委托书，竞争激烈时还会引发委托书征集大战，使得相关人力、物力、财力支出大幅度增加，徒增不必要的支出；③实践中大股东通常采用交错董事会等方法降低累积投票制效能，因为待选举的董事人数越少，对中小股东持股份额的要求也就越高，也就越难选举出自己的希望的董事人选，最终抑制累积投票制发挥作用。

若仅从制度设计本身而言，累积投票制从理论上来看是有助于提升中小股东发言权，有利于保护中小股东的利益的，但在实践中，这一制度是否能在任何类型的公司中实现制度设计的目标，是值得商榷的。如在股权分散的上市公司中，小股东人数众多但持股比例过低，如何克服小股东"搭便车"心理使其凝聚成"一致行动人"，这无疑是要付出成本的。简而言之，累积投票制应更适用于集人合性与资合性于一身的有限责任公司，因为有限责任公司中股东人数有限，股东与股东之间相互沟通达成一致行动的成本（时间成本、研究成本等）较低，不至于产生表决成本增加等此类问题。而对于仅具有资合性的公众上市公司，表决成本的增加使得其适用具有很大的局限性。

（三）累积投票制在我国的实践

自我国 2002 年首次引入累积投票制后，许多上市公司在公司章程中以附件的形式引入累积投票制，并在股东大会上予以实行，但效果并不明显，并未能起到改善公司治理的目的。究其原因，有如下几点。

1. 与我国上市公司不合理的股权结构有关。从目前我国上市公司的股权结构看，由于历史原因造成的非流通国有股和法人股所占比例过高，"一股独大"和股权集中是我国上市公司股权结构的主要特征。若大股东持股比例超过一定比例，那么即使采取累积投票制大股东仍然占有绝对优势，中小股东采用累积投票制制衡大股东的成本很高，难度极大，他们采用累积投票制的积极性必然受到抑制。从实践较少采用累积投票制的现象可知，中小股东并未能从累积投票制获益。

2. 存在累积投票制度被滥用的现象。在实践中，累积表决权经常为那些企图谋取狭隘的个人私利、而不谋取广大股东利益的人所用。由于监管部门一直未出台相应的实施细则，累积投票制普遍地被上市公司大股东和管理层作了有意无意的误解和曲解，出现了不少违背这一机制推出本意的现象。

3. 累积投票制实际效果有限。我国目前上市公司大多是从国有企业改组而来，或者由若干国有企业发起设立，往往存在绝对控股的控股股东，造成了公司"内部人控制"现象相当严重。由于大股东与公司内部管理人的高度一致性，导致即使中小股东所提名的董事候选人成功地成为了公司董事，也会因为势单力薄被大股东控制的董事会排挤。中小股东实际上仍然无法通过选出自己的"代言人"获取公司相关信息，无法改善中小股东与大股东信息不对称的现状，亦无从反映出中小股东的利益诉求。

第二节　董/监事以及董事会

一、董事的报酬

经典案例

原告王翠芬诉被告石嘴山市奥联商贸有限公司劳动报酬纠纷上诉案[1]

[案件事实]

原告：王翠芬。

---

〔1〕　宁夏回族自治区石嘴山市中级人民法院世事判决书，（2009）石民终字第 26 号。

被告：石嘴山市奥联商贸有限公司。

原告王翠芬系被告奥联商贸有限责任公司的股东兼董事。2000年6月23日，被告奥联公司召开董事会一致同意通过决议，解聘原告王翠芬该公司副经理职务，保留其董事职务，工资每月为800元，可回家养老，工资照常发放不影响。随后原告王翠芬依决议回家养老，工资参照上述决议每月800元发放。2004年8月原告王翠芬正式办理了退休手续。2004年12月之后因工资被停发，原告王翠芬因此先后多次与被告奥联公司董事长李子琴、经理等人协商解决工资问题，均以未果告终。2008年4月27日，原告王翠芬向石嘴山市劳动争议仲裁委员会申请劳动仲裁。同年5月13日，原告王翠芬向被告奥联公司股东大会提出要求恢复工资的申请，并于5月17日，由原告王翠芬等12名股东（股东李子琴、唐敏、李蕾3人未参加股东会）决议，一致同意从即日起恢复原告王翠芬董事每月800元的工资，并补发原告王翠芬46个月工资合计36 800元。2008年9月11日，石嘴山市劳动争议仲裁委员会以超过受理时效为由不予受理。原告诉至法院，请求法院判令被告奥联公司立即补发原告自2004年12月～2008年10月共计46个月工资计36 800元。

一审判决认定2000年6月23日被告奥联公司的董事会对董事王翠芬工资报酬的决议内容违反法律规定，应为无效；原告没有提供被告奥联公司召开股东大会对"董事报酬"进行合法有效决议的证据，原告主张补发工资的诉讼请求缺乏事实依据，驳回原告诉讼请求。原告不服一审判决提起上诉。二审认为上诉人是否履行了董事的职责，这是被上诉人内部管理的问题，被上诉人如认为上诉人不履行董事职责，可以召开股东大会对其董事职务进行变更，在未对上诉人董事职务变更前，上诉人有权按照《公司法》的规定，依法享有董事的权利，获取董事职务的报酬。被上诉人未经法定程序对上诉人董事职务进行变更，在上诉人担任董事职务期间，于2004年12月突然停发上诉人的工资，于法无据，遂撤销一审判决，判令被上诉人补发上诉人46个月工资计36 800元。

[判决意见]

一审判决认为：退休后的养老保险待遇与董事报酬分属不同的法律关系，不可混为一谈；根据《公司法》第38条规定，股东会有权选举和更换董事、监事，决定有关董事的报酬事项。而董事会无权决定有关董事的报酬事项。违反此规定的有关董事报酬的董事会决议无效。

二审判决认为：在未对上诉人董事职务变更前，上诉人有权按照《公司法》的规定，享有董事的权利，获取董事职务的报酬。

[案例评析]

本案是关于董事报酬的一个典型案例，主要争点在于被告（被上诉人）奥联公司于 2000 年 6 月 23 日形成的关于原告（上诉人）王翠芬的报酬决议是否有效，若无效，上诉人王翠芬要求补发工资依据何在。

公司董事会是公司业务执行并经营决策的常设机关。作为董事会成员的董事依法享有董事的权利，并获取董事职务的报酬。根据《公司法》第 38 条第 2 款的规定，有关董事的报酬事项的职权由股东会行使。董事报酬与公司职工工资有着根本区别：前者是基于董事职务而产生，受《公司法》调整；后者公司基于劳动合同发给公司职工的劳动报酬，受《劳动法》调整。同理，退休后的待遇属于社会保险法的范畴领域，不能与董事报酬混为一谈。这几个概念的辨别是明确解决纠纷的法律依据所在。具体到本案，奥联公司 2000 年 6 月 23 日形成的董事会决议中关于解聘上诉人王翠芬副经理职务的内容是依据《公司法》第 47 条关于董事会职权的规定。由此我们可以得出每月 800 元的工资是其作为公司董事的报酬。即本案是涉及公司董事权利纠纷问题，理当根据《公司法》及相关法律规定进行判决。

王翠芬自公司成立时任公司董事，在公司未经法定程序予以变更之前，其依法享有董事的权利，获取董事职务的报酬，这是毋庸置疑的。如前所述，董事的报酬事项有效决策主体是公司的股东会，董事会无权行使该项职权。另外从权力制约的角度来说，董事会亦无权决定"自己"成员的报酬及任免问题。所以 2000 年 6 月 23 日被告奥联公司的董事会对工资报酬的决议内容部分违反法律规定，应为无效。至于上诉人王翠芬是否履行了董事职责，则属于公司内部管理的问题，不应作为抗辩理由。

透过此案，我们可以看到公司董事会和股东会职权的差异，董事会决议和股东会决议的有效要从程序和实体进行全面判定。同时本案也反映出当前公司企业将董事报酬与职工报酬、退休工资等相混同的现状，董事的权利保障应引起重视。

二、股票期权

经典案例

甲某诉甲公司股票期权纠纷案[1]

［案件事实］

原告：甲某。

---

〔1〕　上海市第一中级人民法院民事判决书，（2011）沪一中民三（民）终字第 540 号。

被告：甲公司。

甲某于 2006 年 9 月 28 日至甲公司工作，双方于 2006 年 10 月 23 日签订第一份期限为 2006 年 10 月 23 日至 2007 年 10 月 22 日的劳动合同书，工作岗位为内控专员，以后每年签订一次劳动合同，双方履行合同至 2009 年 10 月 22 日自然终止。2006 年 10 月 1 日，甲某与案外人巨人网络科技有限公司（GIANT NET WORK TECHNOLOGY LIMITED）签订《股票期权协议》中、英文版本各一份。其中中文版约定的主要内容为：……根据公司 2006 年期权计划规定，公司将赋予期权人依照下表可购买全部或部分公司授权但尚未发行股份的权利……股份期权授予表：

授予日：2006 年 10 月 1 日。

获受人：甲某。

行权价格：人民币 800 元/股。

授权规模：450 股普通股。

待权日：2007 年 11 月 15 日首次获权规模的 20%，之后每年的 11 月 15 日获权 20%，直到全部获权。

失效日：2012 年 9 月 30 日。

同时，该协议第 3 条"特别说明"第 1 项约定："期权人与公司解除服务协议（本协议之服务协议指期权人与公司或公司任何下属子公司或公司任何下属机构签署的雇佣合同或服务协议）后，其未获的期权将自动取消，已经获权但未行权的期权在解除关系时 3 个月内行权，逾期失效。"

英文版的《股票期权协议》经上海上外翻译总公司翻译，其中 3.1 条款约定："非既得期权将在结束服务时自动终止。既得但未行使的期权应在紧接服务结束后的 3 个月内行使，否则将过期。"

双方均确认该表中的授权规模 450 股，经分拆后实际为 22 500 股。每期获权日可以行权 4500 股。甲某获得期权，不需要支付金钱对价。

2007 年 11 月 15 日及 2008 年 11 月 15 日，甲某分别获得期权各 4500 股。2010 年 1 月 20 日，甲某根据甲公司给付的用户名及密码进入 Computer share 期权管理系统操作后，获得净收益 26 989.08 美元。该款由 GIANT INTERACTIVE GROUPINC. 通过网上汇款的形式汇入甲某的银行账户。

2009 年 8 月 7 日，甲公司向甲某出具《劳动合同到期终止通知书》，主要内容为："……现该劳动合同的合同期限已满，由于下述第 2 种情形的出现，双方劳动关系自 2009 年 10 月 22 日到期终止……"第 2 种情况约定："我单位经研究决定不再与您续签劳动合同……"，同年 8 月 10 日，甲某签收该通知书。双方履行合同至 2009 年 10 月 22 日自然终止。

甲公司系巨人网络科技有限公司的关联企业。

2010年7月8日，甲某向上海市徐汇区劳动争议仲裁委员会申请仲裁，要求甲公司：①按照最低基数标准为其补缴2009年7月～2009年10月的社会保险费；②支付其2008年9月30日～2009年10月1日甲某拥有的股票期权4500股91 762.87元。该仲裁委员会于2010年8月18日作出对甲某的全部申诉请求均不予支持的裁决。甲某不服该裁决，遂向一审法院提起诉讼，请求判令甲公司支付其2008年10月1日～2009年9月30日拥有的股票期权4500股的折价款91 762.87元。一审法院驳回了甲某的诉讼请求。甲某上诉要求撤销原审判决，请求改判支持其原审的诉讼请求。二审法院驳回了甲某的上诉请求，维持原判。

[判决意见]

一审法院基于双方签订的劳动合同以及《股票期权协议》，确认双方之间的劳动关系的事实以及解除劳动关系的效力，并且基于双方劳动合同以及《股票期权协议》的效力驳回了甲某的诉讼请求。

二审法院认为，甲某与案外人巨人网络科技有限公司（GIANT NET WORK TECHNOLOGY LIMITED）签订的《股票期权协议》中、英文版本各一份均合法有效，缔约双方均应恪守。中文版《股票期权协议》中明确约定了股票期权的获权日为每年的11月15日，按此约定，甲某第3笔股票期权相应的获权日为2010年11月15日。股票期权是公司对员工的一种激励形式，一般应以获得期权时员工仍在职为前提；对于不在职的员工仍能获得期权的情况，应当作出特别约定。本案中，在股票期权获权日到来之前，甲某与甲公司的劳动关系已经因劳动合同期满，且在《股票期权协议》没有特别约定的情况下，甲某要求获得第3笔股票期权的请求，因缺乏依据，二审法院不予支持。此外，甲某认为该笔期权是其2008年10月1日至2009年9月30日期间为甲公司服务的利益，但甲某并未提供任何证据予以证明，对此辩称法院不予采信。因甲某无权获得第3笔股票期权，故其要求对甲公司支付其该期权行权后收益的上诉请求，不予支持。

[案例评析]

本案的主要争点在于劳动关系终结后，期权人能否继续持权？在分析本案之前，我们需要首先了解股票期权以及相关的法律规定。

股票期权是指公司赋予其员工在一定期限内、以一定价格购买本公司一定份额的股票的权利。当期权人行使期权时，其按照与公司之间事先约定的价格购买本公司的股票，而不是参照公司目前的股票交易价格。股票期权制度源于美国。最初设立股票期权制度的目的在于避税，即以设立股票期权的方式避免公司主管及员工的现金薪金收入被高额的所得税"吃"掉。当然这种方式也带有激励员工努力工作的色彩。随着经济社会的发展以及国家对股票期权也开始征税，股票期权逐渐的失去了避税的作用，反而其对员工的激励作用占主要地位，成为员工激励计划的主要内容。

从法律规定的角度来看，目前我国尚无法律来专门规制股票期权制度，特别是《公司法》还没有对此直接进行规定，只是在第143条中作为例外回购股份的方式间接地进行了规定，限制了为实施股票期权计划回购股票的数量及财源。然而，中国证券监督管理委员会发布的《上市公司股权激励管理办法》针对上市公司以本公司股票为标的，对其董事、监事、高级管理人员及其他员工进行的长期性激励进行了相应的规定，对股票期权作了明确的限制。即将股票期权界定为上市公司授予激励对象在未来一定期限内以预先确定的价格和条件购买本公司一定数量股份的权利。激励对象可以其获授的股票期权在规定的期间内以预先确定的价格和条件购买上市公司一定数量的股份，也可以放弃该种权利。该管理办法针对的是上市公司而言，对于普通公司没有约束力，只能提供相应的参考。另外，《财政部、国家税务总局关于上市公司高管人员股票期权所得缴纳个人所得税有关问题的通知》对股票期权所涉及的缴税问题作了规定。由于我国《公司法》对股票期权没有进行直接规定，于是一般的公司就如何设立股票期权以及股票期权的具体操作缺乏应有的法律依据。正是因为如此，在实践中一般公司的股票期权也以与公司员工协商确定为主要设立方式。

在本案中，甲某与巨人网络科技有限公司的股票期权就是通过协商签订《股票期权协议》的方式设立的。所以，正是由于缺乏相应的法律规定，本案的处理就必须参照这份协议。即劳动关系终结后期权人能否继续持权就得看双方在协议中是如何约定的了。本案中，双方协议约定"期权人与公司解除服务协议（本协议之服务协议指期权人与公司或公司任何下属子公司或公司任何下属机构签署的雇佣合同或服务协议）后，其未获的期权将自动取消，已经获权但未行权的期权在解除关系时3个月内行权，逾期失效"。同时约定"待权日2007年11月15日首次获权规模的20%，之后每年的11月15日获权20%"。也就是说此份协议中约定的股票期权的获权日为每年的11月15日。如果在此之前双方解除服务协议，则甲某将不能获得相应的股票期权。甲公司与甲某的劳动合同于2009年10月22日终止，尚未到当年11月15日股票期权的获权日，所以甲某不能主张当期的股票期权。本案判决正确。

但是从本案中也折射出一定的问题。因为没有专门的法律规制股票期权，所以实践中各公司与员工的股票期权计划均以协商确立为主，没有任何法律规定可循。这就会遇到双方对协议内容产生理解不统一的问题，为避免此类问题的发生，我们应加快出台一般公司股票期权制度的指导性意见，并在时机成熟时上升为法律，明确将股票期权规定于《公司法》中，以更好地指导日益复杂的股票期权实践。

三、勤勉义务与经营判断

经典案例

甲公司诉李某某赔偿纠纷上诉案[1]

[案件事实]

原告：甲公司。

被告：李某某。

甲公司于 2000 年 3 月 9 日成立，股东为罗忠、许建光、李某某。上述 3 人分别占甲公司 50%、20%、30% 的股份。罗忠为甲公司执行董事、法定代表人、财务负责人，李某某为公司监事、营销部经理。甲公司法定代表人罗忠因患病需住院治疗，于 2005 年 7 月 23 日以总经理的身份主持召开总经理例会，会议议题为"宣布在总经理住院期间由李某某负责全面工作"。该会议决议为：各部门负责人表示在总经理住院期间都会努力配合李某某的工作。同年 7 月 25 日，罗忠以总经理的身份出具《任命书》一份，载明："因公司工作需要及总经理身体原因，从即日起由营销经理李某某负责公司的全面日常工作；我谨代表公司祝愿他在新的岗位上取得更大成绩。"2006 年初，李某某以甲公司名义与案外人日华真空电子（天津）有限公司（以下简称"日华公司"）开展 UV 手机外壳涂装线项目业务，并负责该项目业务。李某某通过招商银行一卡通给付甲公司上述手机外壳涂装线项目工程款人民币 40 万元（以下币种同）。2007 年 9 月 30 日，李某某离开甲公司。在与该公司交接时出具了《李某某遗留甲公司工程尾款细目》一份，其中载明：日华公司手机外壳涂装线应收款 150 万元，已收款 40 万元，欠款 110 万元；并在备注栏中注明：口头协议含税价 150 万元，已收金额 40 万元。2007 年 9 月 18 日，甲公司授权律师向案外人金津技建工业株式会社发函，告知受甲公司委托催讨日华公司的 UV 手机外壳涂装线项目的款项，但被拒之门外。希望作为日华公司股东的金津技建工业株式会社督促付款。本案诉讼过程中，甲公司以提起诉讼的方式向日华公司主张上述 UV 手机外壳涂装线项目工程款 110 万元，但日华公司住所地法院以证据不足未予立案。

因甲公司认为李某某作为该公司的监事及其在全面负责公司工作期间，在

---

[1] 上海市第一中级人民法院民事判决书，(2009) 沪一中民三（商）终字第 969 号。

与日华公司的 UV 手机外壳自动涂装线项目上，未尽其勤勉义务，导致甲公司受损 110 万元。故提起本案诉讼，请求判令李某某赔偿甲公司上述损失 110 万元。

一审法院认为，基于甲公司请求权的基础，是否支持甲公司的诉讼请求，需要在三个方面加以判断：①李某某是否是《公司法》意义上的公司高级管理人员；②李某某是否违反了勤勉义务；③甲公司是否由于李某某的行为造成了损失。

关于李某某在甲公司身份的认定，根据现有的证据以及李某某在一审第一次庭审中的陈述，可以确认在公司原法定代表人罗忠患病期间，李某某依据公司的决定全面负责甲公司的工作，即使涉案《任命书》中没有"担任总经理"等字样，但李某某行使公司总经理职务是不争的事实。李某某作为甲公司高级管理人员的身份毋庸置疑。关于李某某在本案中是否有违反勤勉义务的行为。李某某在全面负责甲公司经营期间，作为 UV 手机外壳涂装线项目甲公司一方的具体经办人，仅以口头协议的方式与相对方日华公司发生交易行为，在其离职时亦无法向甲公司提供经交易对象确认的文件资料。按照经营的一般常识，采用口头协议交易的方式，一旦与交易对象产生纷争时，无法明确各自的权利义务关系，故对于不能即时完成交易的民事行为，交易双方一般均采取签订书面协议或由交易相对方对相关内容作出确认。因而李某某应有理由相信采用口头协议方式的经营判断与公司的最佳利益不相符合，然而其无视该经营风险的存在，没有以善意（诚实）的方式，按照合理地相信是符合公司最佳利益的方式履行职务；并且，以一种可以合理地期待一个普通谨慎的人，在同样的地位上、类似的状况下能够尽到的注意，履行一个高级职员的职责。因此，李某某明显违反了勤勉义务。关于甲公司是否由于李某某的行为遭受了损失，须从两个方面予以判定：①公司有无损失；②李某某违反勤勉义务的行为与公司受到损失之间是否存在因果关系。李某某在离任时已确认关于日华公司的 UV 手机外壳涂装线项目的应收款项数额还有 110 万元。因该项目自始至终均由李某某负责，在其离职后，由于缺乏与日华公司发生交易的相应凭证，导致甲公司无法对该 110 万元应收之款项向日华公司提出主张。对于这一事实，甲公司已经提供了相应的证据予以佐证，李某某没有相反的证据加以反驳。因此可以认定该损失已经造成，李某某违反勤勉义务的行为与甲公司受到损失之间存在因果关系。

基于上述事实并根据相关法律，一审法院判决李某某应赔偿甲公司损失 110 万元。

判决后李某某不服，提起上诉。二审法院对于一审法院查明的事实予以确认。二审法院认为，李某某作为公司监事不得兼任公司董事、经理及财务负责人。但在被上诉人公司原法定代表人总经理患病期间，该公司召开了总经理例会，宣布了由上诉人在此期间负责公司的全面工作，并由原法定代表人颁发了相应的《任命书》。甲公司在法定代表人生病的特殊时期委派上诉人负责公司的全面工作，其实质履行了总经理的职责，符合《公司法》规定的公司高级管理人员身份。虽然该公司《章程》和工商登记对此未作相应变更，也没有临时推选另一名监事，但因该上诉人代行总经理职责的行为具有临时性，一旦公司原法定代表人病愈，上诉人即不必再履其责。故根据《公司法》的相关规定及被上诉人公司的临时决定，可以认定上诉人在被上诉人公司法定代表人生病期间应当履行该公司总经理的职责，全面负责公司的各项工作。李某某在履责期间与案外人日华公司合作涉案的手机项目，未订立书面的协议，亦未有其他的标的物交接凭证，明显违反了公司高管应当履行的职责，违反了谨慎、勤勉义务，造成被上诉人向案外人无法主张债权的困境，应当承担相应的责任。故二审驳回李某某上诉，维持原判。

[判决意见]

一审法院认为，基于甲公司请求权的基础，是否支持甲公司的诉讼请求，需要在三个方面加以判断：①李某某是否是《公司法》意义上的公司高级管理人员；②李某某是否违反了勤勉义务；③甲公司是否由于李某某的行为造成了损失。

关于李某某在甲公司身份的认定，根据现有的证据以及李某某在一审第一次庭审中的陈述，可以确认在公司原法定代表人罗忠患病期间，李某某依据公司的决定全面负责甲公司的工作，即使涉案《任命书》中没有"担任总经理"等字样，但李某某行使公司总经理职务是不争的事实。李某某作为甲公司高级管理人员的身份毋庸置疑。关于李某某在本案中是否有违反勤勉义务的行为。李某某在全面负责甲公司经营期间，作为 UV 手机外壳涂装线项目甲公司一方的具体经办人，仅以口头协议的方式与相对方日华公司发生交易行为，在其离职时亦无法向甲公司提供经交易对象确认的文件资料。按照经营的一般常识，采用口头协议交易的方式，一旦与交易对象产生纷争时，无法明确各自的权利义务关系。故对于不能即时完成交易的民事行为，交易双方一般均采取签订书面协议或由交易相对方对相关内容作出确认。因而李某某应有理由相信采用口头协议方式的经营判断与公司的最佳利益不相符合，然而其无视该经营风险的存在，没有以善意（诚实）的方式，按照合理地相信是符合公司最佳利益的方式履行职务；并且，以一种可以合理地期待一个普通谨慎的人，在同样的地位上、类似的状况下能够尽到的注意，履行一个高级职员的职责。因此，李某某明显违反了勤勉义务。关于甲公司是否由于李某某的行为遭受了损失，须从两个方面予以判定：①公司有无损失；②李某某违反勤勉义务的行为与公司受到损失之间是否存在因果关系。李某某在离任时已确认关于日华公司的 UV 手机外壳涂装线项目的应收款项数额还有 110 万元。因该项目自始至终均由李某某负责，在其离职后，由于缺乏与日华公司发生交易的相应凭证，导致甲公司无法对该 110 万元应收之款项向日华公司提出主张。对于这一事实，甲公司已经提供了相应的证据予以佐证，李某某没有相反的证据加以反驳。因此可以认定该损失已经造成，李某某违反勤勉义务的行为与甲公司受到损失之间存在因果关系。基于上述事实并根据相关法律，判决李某某应赔偿甲公司损失 110 万元。

二审法院认为，李某某作为公司监事不得兼任公司董事、经理及财务负责人。但在被上诉人公司原法定代表人总经理患病期间，该公司召开了总经理例会，宣布了由上诉人在此期间负责公司的全面工作，并由原法定代表人颁发了相应的《任命书》。甲公司在法定代表人生病的特殊时期委派上诉人负责公司的全面工作，其实质履行了总经理的职责，符合《公司法》规定的公司高级管理人员身份。虽然该公司《章程》和工商登记对此未作相应变更，也没有临时推选另一名监事，但因该上诉人代行总经理职责的行为具有临时性，一旦公司原法定代表人病愈，上诉人即不必再履其责。故根据《公司法》的相关规定及被上诉人公司的临时决定，可以认定上诉人在被上诉人公司法定代表人生病期间应当履行该公司总经理的职责，全面负责公司的各项工作。李某某在履责期间与案外人日华公司合作涉案的手机项目，未订立书面的协议，亦未有其他的标的物交接凭证，明显违反了公司高管应当履行的职责，违反了谨慎、勤勉义务，造成被上诉人向案外人无法主张债权的困境，应当承担相应的责任。因此，驳回李某某上诉，维持原判。

[案例评析]

本案的主要争点涉及子公司董事、高级管理人员以及监事的勤勉义务的判断标准以及违反此种义务应当承担损失的问题。根据《公司法》第 148 条之规定，董事、监事、高级管理人员应当遵守法律、行政法规和公司章程，对公司负有忠实义务和勤勉义务。同时，《公司法》第 217 条对高级管理人员也作了规定，即高级管理人员是指公司的经理、副经理、财务负责人、上市公司董事会秘书和公司章程规定的其他人员。但是忠实义务与勤勉义务的判断标准，《公司法》并没有明确。忠实义务，一般指董事、监事、高级管理人员在进行管理和监督时，应该忠实地履行职责，当自身利益与公司利益发生冲突时，以公司利益为重。勤勉义务，一般指董事、监事、高级管理人员履行对公司的职责时，应该倾注高度的注意义务，即管理公司事务时，应当以一个理性、谨慎的人在相似的情形下所应表现的勤勉和技能来履行其职责，以实现公司利益的最大化。本案中，李某某最初为甲公司的监事，并任营销部经理，并非为公司高级管理人员。甲公司法定代表人罗忠因患病需住院治疗，于 2005 年 7 月 23 日，以总经理的身份主持召开总经理例会，会议议题为"宣布在总经理住院期间由李某某负责全面工作"。同年 7 月 25 日，罗忠以总经理的身份出具《任命书》一份，载明："因公司工作需要及总经理身体原因，从即日起由营销经理李某某负责公司的全面日常工作。"2006 年初，李某某也以甲公司名义与案外人日华真空电子（天津）有限公司（以下简称日华公司）开展 UV 手机外壳涂装线项目业务，并负责该项目业务。从甲公司的实际运作上来看，李某某已经在法定代表人、执行董事生病后接受了总经理的委托，全面负责了甲公司的运营。其身份似乎应该界定为甲公司总经理，即属于甲公司高级管理人员。但是根据《公司法》第47、114 条的相关规定，公司的总经理应当经过公司董事会的聘任以及任命。即从程序上来说，李某某尽管在实际上已经负责甲公司的运作，但是严格地说，李某某并没有经过相应的任命程序，也没有通过修改公司章程或变更公司登记，不能算是公司的总经理，只能保持其原有身份，但是这并不影响其受托行使高级管理人员的职责。

尽管李某某形式上的身份为监事，但是其因为受到总经理的委托，全面负责公司运行，实质上担负了高级管理人员的职责，具备了高级管理人员的地位，所以仍应对公司负有勤勉义务。本案中，李某某在代表公司与日华公司开展业务时没有尽到合理的勤勉义务，在标的达 150 万元的业务中，只进行了口头协议，没有签订书面合同。将甲公司置于有风险的境地，危及到甲公司的实际利益。李某某虽然在形式上不具备高级管理人员身份，实质上担负高级管理人员职责，却没有尽到对甲公司的勤勉义务，应该承担责任。但是问题在于根据《公司法》第 150 条之规定，董事、监事、高级管理人员执行公司职务时违反法律、行政法规或者公司章程的规定，给公司造成损失的，应当承担赔偿责任。李某某在与日华公司开展业务时，没有尽到勤勉义务，但是这种违反勤勉义务并不是违反了《公司法》的规定，因为他并没有违反法律、行政法规和公司章程，不属于违法行为，只是违反了罗某代表公司对他的委托义务，即作为一个受托人未尽到合理的受托义务，导致甲公司无法收回日华公司应付的欠款，造成了甲公司损失 110 万元。对此，李某某应当承担赔偿责任。这种责任来源于李某某形式上虽然不是高级管理人员，但是在接受总经理委托后，实质上具备高级管理人员地位时却没有尽到应尽的受托义务。从这一点也可以看出，从《公司法》的角度而言，违反了《公司法》第 150 条的规定，董事、高级管理人员、监事执行职务有违法行为时，会给公司带来损失，但是如果上述群体执行职务的行为没有违法却有懈怠注意义务时，一样会给公司带来损失，而此时却无法适用《公司法》第 150 条的规定。因此，《公司法》第 150 条存在一定的缺陷，应该进行完善。

本案中，法院认定事实清楚，但是对李某某身份认定上存在一定的问题，李某某的身份界定有待商榷。另外，对李某某应承担责任的根据的认定似乎不是很清楚。

通过本案，也可以看出，我国《公司法》并没有对董事、高级管理人员、监事勤勉义务的判断标准作出明确规定，同时对于上述群体在没有违法行为却懈怠勤勉义务而造成公司损失时，也没能提供相应的责任追究依据，应当予以完善。

四、自我交易和关联交易

经典案例

中国某有限公司诉王某案[1]

[案件事实]

原告：中国某有限公司。

被告：王某。

被告：上海某代理有限公司。

1998 年 4 月~2009 年 2 月 14 日被告王某在原告公司任副总裁，自 2008 年 7 月 11 日起王某分管公司的进出口贸易业务。2005 年 3 月 16 日王某的丈夫崔某与朱某及案外人冯某共同投资设立了被告某公司，其中朱某任法定代表人。自 2005 年 1 月起原告与被告某公司间存在着运费支付关系，在王某的审批下原告共计向某公司支付运费 14 560 134.84 元，期间某公司向原告开具了运费发票。根据某公司的审计报告显示，该公司 2005 年~2008 年的利润额为 683 997.51 元。

原告分别于 1988 年 2 月及 1995 年 11 月参股设立了物流公司及货运公司，两公司的经营范围与某公司基本一致。

原告认为根据《公司法》第 149 条第 1 款第 4 项的规定，公司高级管理人员不得未经股东会同意与本公司进行交易，而被告上述行为明显违反了该项规定，因此，请求确认被告王某于 2005 年 3 月 16 日~2009 年 4 月 21 日期间违反了对公司的忠实义务，同时请求判令被告王某向原告返还违法所得 683 997.51 元，及被告王某、某公司共同赔偿原告为本次诉讼而支出的律师费 2 万元。

被告王某、某公司共同辩称：某公司与原告发生交易不能视为被告王某与

---

〔1〕　上海市卢湾区人民法院民事判决书，(2010) 卢民二 (商) 初字第 690 号。

原告交易。原告所主张的 683 997.51 元系某公司在本次交易中的利润，并非被告王某的非法所得。故请求驳回原告的诉讼请求。

[判决意见]

法院认为：审理中，当事人双方对王某在原告公司的任职情况以及原告与某公司间存在的运费支付关系并无异议。所争议的是，原告主张王某因违反对公司的忠实义务，进而要求其将所获的收益归入公司，而两被告辩称王某并不存在违反对公司忠实义务的行为。

为了最大限度地保护公司的利益，我国《公司法》要求公司的董事、监事及高级管理人员必须在法律法规与公序良俗的范围内，忠诚于公司的利益，以最大限度地实现和保护公司利益作为衡量自己执行职务的标准，简而言之，董事、监事及高级管理人员在其任职期间，对公司所承担的基本义务即是忠实义务。庭审中，原告援引《公司法》第 149 条第 1 款第 4 项的规定，主张王某未经公司股东会的同意与原告进行自我交易，进而认为其行为违反了对公司的忠实义务。然而，从某公司的股权结构来看，王某与该公司并不存在投资或人事关系，本案亦尚无其他证据证明王某系某公司的隐名股东或实际控制人，因此，某公司若与原告进行交易，也仅在两者间产生法律关系，与王某无涉。原告将此项交易视为与王某进行交易，缺乏事实依据，本院不予采信。

《公司法》第 149 条第 1 款第 8 项将公司董事、监事及高级管理人员违反法律未明示的对公司忠实义务的行为归纳为"违反对公司忠实义务的其他行为"，该项规定实际上赋予了司法机关根据案件的实际情况及公序良俗的法律原则来认定董事、监事及高级管理人员违反忠实义务的行为。因此，本案尚需解决的问题是，王某是否存在违反对公司忠实义务的其他行为。

按照《公司法》的原则，具有关联关系的公司之间进行关联交易，必须受法律特别的规制。《公司法》第 217 条所称的关联关系，是指公司控股股东、实际控制人、董事、监事、高级管理人员与其直接或者间接控制的企业之间的关系，以及可能导致公司利益转移的其他关系。此处所指的"可能导致公司利益转移的其他关系"，在实务中包括公司的高级管理人员与其他企业股东间存在身份上的关系。本案中，王某作为高级管理人员担任原告副总裁要职，同时分管着公司的外贸业务，而其丈夫崔某又投资设立了某公司，鉴于双方特殊的关系，原告与某公司当属关联关系，所产生的交易属关联交易。关联交易中双方当事人地位不平等，一方对另一方的经营决策能够直接或间接控制，从而会在相对方之间产生利益的不公平、不均衡，因此，法律对关联交易作了特别的规制，要求关联交易在其产生过程中必须履行特殊的程序。具体而言，关联交易的缔约人必须将该项关联关系向公司股东会披露、报告，由股东会批准决定是否进行交易，唯有充分的信息披露，才能保障关联交易公正与公平。本案中，原告与某公司间涉及货物运输的关联交易，无论是否由被告王某利用职权促成，王某作为公司的副总裁，同时又分管公司的外贸进出口业务，当然负有将此项关联关系向公司股东会报告的义务。然而，本案尚无证据证明王某履行了报告义务，因此，其行为构成对公司忠实义务的违反。值得一提的是，原告要求确认王某违反忠实义务的期限截止日为 2009 年 4 月 21 日。由于王某自 2009 年 2 月 14 日起已不再担任公司的高级管理人员，因而也不具备法定忠实义务的主体资格，所以，确认王某违反忠实义务的期限应至 2009 年 2 月 14 日截止。

　　另外，按照《公司法》的相关规定，公司高级管理人员违反忠实义务，应将所获的收益归入公司。但原告所主张的 683 997.51 元系某公司的经营利润，并非王某的收益，故而原告要求将该款项归入其公司，缺乏法律依据，本院不予支持。同样，原告要求两被告赔偿其律师费 2 万元，由于律师费并不属于受损方必然的损失，故对原告该项诉请，本院不予支持。

　　判决如下：①确认被告王某于 2005 年 3 月 16 日～2009 年 2 月 14 日期间违反了对原告中国某有限公司的忠实义务；②驳回原告中国某有限公司其他诉讼请求。

　　[案例评析]

　　自我交易（Self Dealing）是指董事、高管与公司之间发生的交易。这种交易很可能引发董事、高管与公司之间的利益冲突。《公司法》并未一概禁止自我交易，而是将审查交易是否公平、合理的权力交给公司自己。第 149 条第 1 款第 4 项规定，违反公司章程或者未经股东会、股东大会同意，董事或者高管不得与公司交易，否则就违反忠实义务。这就是说，按照公司章程的规定或者经股东会、股东大会同意，董事、高管可以与本公司订立合同、进行交易。在法律后果上，董事、高管不构成违反忠实义务，合同的效力不因涉及自我交易而受挑战。

　　关联交易的范围比自我交易要广。根据财政部"企业会计准则——关联方关系及其交易的披露"，关联交易是指关联方之间相互转移资源和义务的事项。判断关联方的标准是，"在企业财务和经营决策中，如果一方有能力直接或间接控制、共同控制另一方或对另一方施加重大影响，本准则将其视为关联方；如果两方或多方同受一方控制，本准则也将其视为关联方"。准则列举的主要关联方关系有：①直接或间接地控制其他企业或受其他企业控制，以及同受某一企业控制的两个或多个企业（例如：母公司、子公司、受同一母公司控制的子公司之间）；②合营企业；③联营企业；④主要投资者个人、关键管理人员或与其关系密切的家庭成员；⑤主要投资者个人、关键管理人员或与其关系密切的家庭成员直接控制的其他企业。在判断是否存在关联方关系时，财政部要求"应视其关系的实质，而不仅仅是法律形式"。上海和深圳交易所的上市规则也有类似的判断标准。由此可知，自我交易实际上是关联交易的一种形态。

《公司法》未定义何为"关联交易"。而是规定，公司的控股股东、实际控制人、董事、监事、高级管理人员不得利用其关联关系损害公司利益（《公司法》第21条第1款）。关联关系是指公司控股股东、实际控制人或管理者与受其控制的企业之间的关系，以及"可能导致公司利益转移的其他关系"（《公司法》第217条第4项）。此处后半句的"可能导致公司利益转移的其他关系"是否仍以控股股东、实际控制人或管理者为主语，有待解释。该项的但书又特别规定，同受国家控股的企业之间不存在关联关系。这似乎表明，关联关系包括受同一方控股或控制的若干企业之间的横向关系，而不仅仅是股东、控制人或管理者与受其控制之企业之间的纵向关系。

"关联关系"的实质是控制与被控制的关系。《公司法》第21条实际上也为控股股东和实际控制人设定了一个一般性的义务，即不得利用控制权损害公司。受禁止之行为，包括但不限于实施有损公司利益的关联交易。但《公司法》并未将控股股东和实际控制人的义务表述为类似董事、监事和高管的忠实义务和勤勉义务。在这个方面，法院拥有巨大的解释空间。

本案提出的典型问题是，法院应如何运用《公司法》第149条第1款第8项的授权认定"违反对公司忠实义务的其他行为"。

《公司法》第149条第1款第4项规定，董事、高级管理人员不得"违反公司章程的规定或者未经股东会、股东大会同意，与本公司订立合同或者进行交易"。从文义上看，该条限制的是董事、高管与公司直接进行交易或者订立合同。而本案被告王某在担任公司副总裁期间，并未以自己的名义与公司进行交易。因此，上述规范无法直接适用于本案。

本案法院认为，《公司法》第149条第1款第8项授权审判机关"根据案件的实际情况及公序良俗的法律原则"认定其他违反忠实义务的行为。法院所掌握的认定标准，主要有两方面：①从忠实义务的一般含义出发。即"董事、监事及高级管理人员必须在法律法规与公序良俗的范围内，忠诚于公司的利益，以最大的限度实现和保护公司利益作为衡量自己执行职务的标准"。②从本案关联交易的具体情节入手分析。首先，指出本案系争交易属于关联交易。其次，论证被告在从事该关联交易时基于忠实义务应"将该项关联关系向公司股东会披露、报告，由股东会批准决定是否进行交易"。最后，指出被告王某未尽报告义务，违反其对公司之忠实义务。

本案还涉及公司对违反忠实义务之董事、高管所得收益的归入权（《公司法》第 149 条第 2 款）。公司主张归入权的，除须证明被告违反忠实义务外，还须举证证明被告因违反忠实义务而获得的不当收益的数额。因本案原告未能举出可信证据，法院虽认定被告王某违反忠实义务，但没有判决王某向原告归还不当收益。

五、机会篡夺

经典案例

案例一：　丛某、中冶京泰公司与中冶全泰公司上诉案[1]

[案件事实]

原告：中冶京泰（北京）工程技术有限公司（以下简称京泰公司）。

被告：丛某。

被告：中冶全泰（北京）工程科技有限公司（以下简称全泰公司）。

京泰公司成立于 2005 年 1 月 18 日。丛某任总经理。2006 年 10 月 19 日，丛某出资成立全泰公司，丛某为控股股东。2007 年 10 月 17 日，全泰公司与 ATI-BIR 公司签订了总价款为 20 572 000 美元的《供货合同》。同年 11 月，丛某从京泰公司辞职。

全泰公司与京泰公司的名称近似（两公司全称分别为：中冶京泰（北京）工程技术有限公司、中冶全泰（北京）工程科技有限公司），英文缩写则完全相同。丛某在从京泰公司离职前，将京泰公司的域名改为全泰公司域名，将京泰公司两部办公电话也转作全泰公司办公电话。丛某利用京泰公司的人员参与了与 ATIBIR 公司的谈判和缔约，其间也使用了京泰公司的办公场所和汽车。在《供货合同》签约之后的一个月之内，京泰公司 10 余名工作人员同时辞职，全部进入全泰公司工作。

京泰公司认为："丛某作为高级管理人员，负有保守公司商业秘密的义务，对公司负有忠实义务和勤勉义务，但其却在任职期间，将京泰公司的业务与自己注册成立的全泰公司进行签约，谋取属于京泰公司的商业机会，故诉至法院，请求判令丛某、全泰公司连带赔偿京泰公司 3051 万元整。"

[判决意见]

北京市第一中级人民法院二审判决认为：《供货合同》的谈判与签约活动均

〔1〕 邹明宇、杨清惠："公司高管攫取公司商业机会被判赔偿 2100 万元"，载中国法院网，http：//old. chinacourt. org/html/article/201010/09/430814. shtml，2010 年 10 月 9 日。

发生于丛某担任京泰公司总经理职务期间，并且丛某动用了京泰公司的物力、人力资源参与了涉案项目的缔约过程，涉案项目又与京泰公司的经营活动密切相关，由此取得的商业机会理应属于京泰公司。

丛某作为京泰公司的总经理，挪用了公司资金成立了与京泰公司具有同类营业性质的全泰公司，并未经京泰公司股东会同意，亦未举证证明京泰公司曾明确表示放弃该商业机会，或京泰公司因其他原因无法利用该商业机会的情况下，操纵其作为控股股东的全泰公司与 ATIBIR 公司签署《供货合同》，依据《公司法》规定，已构成了对京泰公司商业机会的侵犯，应对其违反忠实义务的侵权行为向京泰公司承担赔偿责任。其赔偿数额应相当于全泰公司履行合同而获得的利润，法院根据《供货合同》的合同价款和经确认的利润率，以及判决作出之日的汇率对赔偿数额予以酌定。

同时，因丛某为全泰公司的控股股东，全泰公司的注册资金来源于丛某挪用京泰公司的资金，丛某的意志对于全泰公司具有决定性作用，二者在侵犯京泰公司商业机会的过程中为利益共同体，具有共同的侵权行为。因此，全泰公司应对丛某的上述损害赔偿义务承担连带的赔偿责任。

法院判决：丛某与全泰公司连带赔偿京泰公司经济损失 2100 万元。

［案例评析］

本案的争议焦点是，丛某是否利用职务之便，以其控股的全泰公司侵夺了属于京泰公司的商业机会（即与 ATIBIR 公司缔约的机会）？

《公司法》第 149 条第 1 款第 5 项规定，董事、高管不得"未经股东会或者股东大会同意，利用职务便利为自己或者他人谋取属于公司的商业机会，自营或者为他人经营与所任职公司同类的业务"。关于这一条文，有三个问题需要探讨：

第一，该条规范禁止的是一种行为（即侵夺公司机会并经营同类业务），还是两种行为（侵夺公司机会和经营同类业务）？鉴于管理者违反竞业禁止未必同时会利用公司机会，本书倾向于认为，该条的规范对象是两种行为。但不可否认，这两种行为确有交错重叠之处，在许多案件中，原告就指控被告同时从事了这两种行为。

第二，什么情况下管理者才构成侵夺公司机会？"未经股东会或者股东大会同意"、"利用职务便利"和"谋取属于公司的商业机会"，是三个必要条件。其中的关键是：一个商业机会何时才归属于公司，成为"公司机会"？面对一个商业机会，管理者应如何做才符合忠实义务的要求？管理者在什么条件下可以合法地为自己的利益而取得某个商业机会？

第三，管理者违反竞业禁止义务同样须以"未经股东会或者股东大会同意"

和"利用职务便利"为前提条件。关键问题是，如何理解"自营或者为他人经营"和"同类业务"的含义？

从本案来看，首先，丛某确实利用其担任京泰公司总经理的职务便利，操纵全泰公司取得该商业机会。法院查明，丛某在与ATIBIR公司谈判、缔约过程中，私自动用京泰公司的人力、物力资源；全泰公司的名称和域名与京泰公司的高度相似，可能也导致ATIBIR公司混淆了全泰公司和京泰公司。其次，很显然，丛某的上述行为并未得到京泰公司股东会的同意。最后，丛某盗用京泰公司人力、物力，以全泰公司名义与ATIBIR公司缔约，事后又带走10余名工作人员的事实清楚地表明，丛某对全泰公司无履约能力而京泰公司有此实力是明知的。那么，作为总经理的丛某此时完全应该将该商业机会提交给京泰公司，而不是盗用京泰的人力、物力让自己的公司私吞商机。这是一名忠实高管的应尽之责。

《公司法》第149条第1款第5项的"属于公司的商业机会"不仅包括公司已掌握的商业机会（例如已经与第三人缔约的业务、项目），而且包括公司并未掌握甚至毫不知晓，但被告董事或高管依忠实义务应提交给公司的机会。不妨把前者称为"公司已掌握的机会"，后者称为"公司应获得的机会。"

什么情况下管理者应将一个潜在的商业机会推荐或者提交给公司而不是据为己有？显然，当第三人是因被告身为某公司管理者、为与该公司缔约而与被告接洽时，被告毫无疑问应将该机会提交给自己任职的公司。但很多时候，第三人的意向并不十分明确，或者没有充分的证据事后证明第三人的缔约意向。

不妨参考一下美国的相关经验。根据Hamilton和Freer的介绍（2011），法院认定某个商业机会属于公司机会的事实基础，经常是一大堆令人眼花缭乱的事件，在一个案件中常常同时使用多个认定公司机会的标准。这些标准包括：①该商业机会是否属于公司的事业范围（Business Line）。该范围不仅指公司目前经营的事业，而且包括公司有可能进入的事业范围。②管理者发现该机会是否利用了职务之便，如是否在其履行管理职务的时间内发现该机会，是否利用了公司的资源。如果是的话，法院通常认为这属于公司机会。③公司是否能从该机会获益，或者是否期望从中获益。④综合所有因素考虑，管理者获取该机会是否"公平"。⑤公司在多大程度上需要这个机会。[1]试分析，上述经验对处理本案有何帮助？

---

　〔1〕　Hamilton & Freer, *The of Corporations*, in a nutshell, 6th ed. , p.186.

案例二：　　　　宁波市科技园区新华信息技术有限公司
诉徐利建等案[1]

[案件事实]

原告：宁波市科技园区新华信息技术有限公司。

被告：徐利建。

被告：徐利辉。

被告：宁波交通投资控股有限公司（以下简称交投公司）。

2003 年 6 月 2 日，万达公司和交投公司签订《宁波交通信息网络系统开发合同书》，合同载明交投公司的应用软件开发、售后服务和系统集成的项目由万达公司开发，但万达公司与原告合作共同承担该项目，合同总标的额为 147 万元，该项目的完成期限为合同签订日起 200 个工作日。同日，万达公司与原告签订《宁波交通信息网络系统应用系统开发及维护合同书》，载明万达公司与原告共同承担《宁波交通信息网络系统》项目，万达公司承担系统集成任务，原告负责承担应用软件开发和售后服务。合同履行后，原告可以得到款项 108 万元。签约后，原告开始此项目软件的开发。2004 年 3 月~2004 年 11 月，被告徐利建在原告处担任公司负责人并向原告领取工资。至 2005 年 6 月，被告徐利建作为原告公司负责人行使有关公司事务的审批工作。

2004 年 10 月 9 日，原告与万达公司签订《关于〈宁波交通信息网络系统应用系统开发及维护合同〉终止协议》，约定：双方自 2004 年 10 月 9 日起终止履行于 2003 年 6 月签订的《宁波交通信息网络系统应用系统开发及维护合同书》。10 月 10 日，交投公司与万达公司签订《关于〈宁波交通信息网络系统应用系统开发及维护合同〉终止协议》。

法院查明，原告法定代表人孙云福和徐利建及宁波交通局原纪委书记金惠亮协商如何处理该项目的后续开发工作。金惠亮陈述，因孙云福无力开发该项目，要求退出，徐利建表示同意开发，故三方达成由徐利建继续开发的口头协议。此后，交投公司与新华利邦公司签订《宁波交通信息网络系统项目变更补充开发合同书》，合同约定：交投公司决定将本项目委托新华利邦公司承担，包括应用软件开发、系统集成、应用培训和售后服务的全部任务，项目的总费用为 74 万元，合同载明签订日期为 2004 年 10 月 13 日。交投公司分别于 2005 年 6 月 1 日和 8 月 1 日向新华利邦公司付款共计 62.2 万元。

---

[1]　宁波市鄞州区人民法院民事判决书，（2007）甬鄞民二初字第 2 号，载国家法官学院、中国人民大学法学院编：《中国审判案例要览》（2008 年商事审判案例卷），人民法院出版社 2009 年版。

2005 年 10 月 10 日，交投公司又发表声明一份，说明交投公司与万达公司合同终止至 2005 年初，整个交通信息项目系统开发工作基本上处于停顿状态，为保证整体交通信息系统的继续推进，该公司与新华利邦公司签订了合同，上述合同的实际签订日为 2005 年 3 月，合同书上的 2004 年 10 月 13 日并非真正的签订日，之所以将签订合同的时间提前，是为了整个系统开发工作在时间上具有连续性和衔接性。2005 年 7 月 30 日，该交通信息网络工程通过专家和用户验收。

另查明：2005 年 1 月 21 日，被告徐利建、朱朝晖共同出资 50 万元成立新华利邦公司，其中徐利建出资 90%，朱朝晖出资 10%。2005 年 9 月 2 日，朱朝晖将其在新华利邦公司的股权转让给被告徐利辉。2006 年 11 月 13 日，新华利邦公司注销，其债务由股东徐利建、徐利辉按出资比例承担。

原告请求法院判令三被告为其侵权行为公开向原告赔礼道歉；三被告连带向原告赔偿损失 74 万元。

[判决意见]

关于本案的争议焦点之一，被告徐利建控股的新华利邦公司与交投公司签约是否违反了高管忠实义务，是否损害了原告利益，法院认为：本案中，由于原告与交投公司未直接签订过合同，作为与万达公司合作方的原告，在万达公司与交投公司合同终止后，在理论上虽具有获得与交投公司再行签订合同的商业机会，但是，本院认为原告已不存在商业机会。理由是：①根据金惠亮的陈述，由于原告和万达公司的合同在履行中，万达公司已无力开发完成该项目，故交投公司与万达公司的合同终止，此后在商谈中，原告法定代表人孙云福表示其也无力开发，要求退出该项目，而徐利建同意开发该项目，故是原告放弃了商业机会。②被告交投公司表示因为原告曾与万达公司合作参与过宁波交通信息网络系统开发这一项目，但因原告不能按期顺利完成，致使原告与万达公司的合同解除。而交投公司也不满意原告原来的工作，至此，原告在该项目上已失去了交投公司对其的信任，原告在该项目上已不存在商业机会。③从 2004 年 10 月交投公司与万达公司终止合同，万达公司又与原告终止合同，至原告提供的录音材料中关于原告法定代表人孙云福与徐利建间进行通话的 2005 年 8 月，在这将近一年的时间里，无证据证明原告在向交投公司争取该项目的商业机会，争取与交投公司签订合同，交投公司也未向原告表示要与原告合作，而该项目又是有履行期限的项目，不可能无期限地拖延，这也说明原告在该项目上已没有商业机会。即使原告并未放弃商业机会，而在第三人交投公司又不愿与原告公司合作的情况下，作为公司高管的徐利建在获得商业机会后是否还需要履行一定的程序，如向原告进行披露，对此，法律并未明确规定。在这个问题上，被告认为，根据金惠亮的说法，原告已放弃商业机会且已知道该商业机会由徐利建组建的新华利邦公司获得，故徐利建没必要再向原告进行披露。原告认为原告并未放弃商业机会，原告还有获得商业机会的机会，徐利建向交投公司获得商业机会后，应向原告进行披露，否则损害了原告的权益。

法院认为，参照 2005 年 10 月 27 日通过的《公司法》第 149 条第 1 款第 5 项的规定，认定高管是否谋取商业机会，只要证明交投公司已不愿与原告合作（原告也无相反证据证明交投公司的表示是不真实的），原告已经失去了商业机会，从而认定被告徐利建自然获得了商业机会，并非是向原告夺取所谓的本属原告的商业机会，被告徐利建的行为并未损害原告的权益，不构成侵权。如果第三人交投公司不愿与原告合作，原告又不能拥有商业机会，在此情况下仍不容许徐利建去获得和利用商业机会的话，则是对公司高管忠实义务的极端理解，会造成社会资源的浪费。当然徐利建作为原告公司的高管，在取得该商业机会后，未向原告披露或向原告隐瞒实情，有违公司高管的忠实义务，这种做法是不妥当的，但并未对原告造成损失，故徐利建不应承担经济赔偿责任。判决如下：驳回原告宁波市科技园区新华信息技术有限公司的诉讼请求。

一审判决后，各方当事人未在法定期限内上诉，本判决发生法律效力。

[案例评析]

法院承认管理者在一定条件下有权合法取得和利用原属于公司的商业机会。其正当性在于，允许管理者利用公司放弃的商业机会，一则有助于促成交易，增加生产，二则可避免资源浪费。关键问题是，什么情况下高管取得原属于公司的商业机会不违反其忠实义务？股东会或股东大会的同意是不是必不可少的条件？

本案法院认为，根据案件情况，原告因无力按时完成开发任务，万达公司与其解约，其已丧失系争商业机会，而且原告法定代表人也明确作出了放弃该机会的意思表示。尽管理论上，原告有可能再与交投公司直接签约。但法院认为，"无证据证明原告在向交投公司争取该项目的商业机会，争取与交投公司签订合同，交投公司也未向原告表示要与原告合作，而该项目又是有履行期限的项目，不可能无期限的拖延，这也说明原告在该项目上已没有商业机会。"

但是，从《公司法》第 149 条第 1 款第 5 项的表述看，董事、高管要合法利用公司机会似乎应当经过公司股东会或者股东大会同意。判决指出，"徐利建作为原告公司的高管，在取得该商业机会后，未向原告披露或向原告隐瞒实情，有违公司高管的忠实义务。"这表明，法院认为，高管即便是利用公司已经失去或者放弃的商业机会，也应当向公司如实报告，否则也构成违反忠实义务。

六、竞业禁止

经典案例

北京东方家园房地产开发有限公司诉苏德刚案[1]

[案件事实]

原告：北京东方家园房地产开发有限公司（以下简称东方家园公司）。

被告：苏德刚。

苏德刚原就职于东方家园公司，担任常务副总经理职务，双方于 2002 年 9 月 28 日签订了聘用合同，期限为 3 年，自 2002 年 10 月 1 日至 2005 年 10 月 1 日止。2004 年 9 月，苏德刚与叶则东、黄昌融共同出资成立北京润景置业有限公司（以下简称润景公司），其中苏德刚出资额为 200 万元。2005 年 5 月 20 日，苏德刚向东方家园公司发出通告函，提出解除双方签订的上述聘用合同。东方家园公司的经营范围包括房地产开发、销售商品房、自有房屋物业管理、自有房屋出租。润景公司的经营范围包括房地产开发、物业管理、销售自行开发的商品房等。

原告认为，苏德刚的上述行为已经违反了原《公司法》第 61 条"董事、经理不得自营或者为他人经营与其所任职公司同类的营业或者从事损害本公司利益的活动；从事上述营业或者活动的，所得收入应当归公司所有"[2]及原《公司法》第 215 条"董事、经理违反本法规定自营或者为他人经营与其所任职公司同类的营业的，除将其所得收入归公司所有外，并可由公司给予处分"[3]的规定。东方家园公司诉请法院判令苏德刚在润景公司 200 万元的股权收益归东方家园公司所有并赔偿东方家园公司经济损失 49.9 万元。

[判决意见]

一审法院认为，苏德刚在东方家园公司担任常务副总经理期间，虽与他人共同出资成立的润景公司与东方家园公司的经营范围属同类的营业，但因苏德刚仅系润景公司的股东，未在该公司担任董事、经理或其他管理人员，且东方家园公司未提供证据证明苏德刚实际参与了润景公司的经营管理或为该公司从事了与东方家园公司同类业务性质的商业活动，故苏德刚的上述出资行为并不

---

〔1〕　北京市第一中级人民法院民事判决书，（2005）一中民终字第 12260 号，载国家法官学院、中国人民大学法学院编：《中国审判案例要览》（2006 年商事审判案例卷），人民法院出版社、中国人民大学出版社 2007 年版，第 235～241 页。

〔2〕　该条款内容与现行《公司法》第 149 条第 1 款第 5 项和第 149 条第 2 款基本相同。

〔3〕　现行《公司法》已删除该条。

违反我国《公司法》关于竞业禁止义务的规定。东方家园公司主张苏德刚在润景公司股权收益的权益并赔偿经济损失的诉讼请求，缺乏事实根据和法律依据，本院不予支持。判决：驳回东方家园公司的诉讼请求。

东方家园公司上诉称：一审法院错误地将"自营"概念片面地理解为公司经营的日常管理，局限于苏德刚必须在同业公司担任董事、经理或其他管理人员，但同时又不把监事视为管理人员。苏德刚作为润景公司的股东对润景公司经营决策的重大事项享有表决权，就是对润景公司进行了经营。苏德刚作为润景公司的监事享有检查公司财务、对执行董事和经理执行公司职务时违反法律法规或者公司章程的行为进行监督，当执行董事和经理的行为损害公司利益时要求执行董事和经理予以纠正、提议召开临时股东会的权利，监事对公司的经营管理起着内部监控的重要作用，很明显属于管理人员。请求：撤销原判，改判苏德刚在润景公司200万元的股权收益归东方家园公司所有并赔偿东方家园公司经济损失49.9万元，由苏德刚承担本案的全部诉讼费用。

二审法院审理查明：苏德刚在润景公司担任监事职务。二审法院认为：根据润景公司章程，苏德刚作为润景公司的股东，其享有对润景公司经营决策等重大事项的表决权；其作为润景公司的监事，享有检查公司财务和对董事、经理执行公司职务进行监督的权利。故其存在自营或者为他人经营与其所任职的东方家园公司同类营业的行为。苏德刚的行为违反了董事、经理的竞业禁止义务，其在润景公司的所得收入应当归东方家园公司所有。东方家园公司的上诉理由成立，本院予以采信。但东方家园公司未提供证据证明苏德刚在润景公司取得了收入，其主张苏德刚赔偿其经济损失亦无事实和法律依据，故对其上诉请求本院不予支持。

[案例评析]

《公司法》第149条第1款第5项规定，董事、高管不得未经股东会或者股东大会同意，利用职务便利自营或者为他人经营与所任职公司同类的业务。该条旨在禁止董事、高管擅自从事与所任职公司竞争的行为。如何理解该条所谓的"自营"和"为他人经营"的含义，本案的一、二审判决提供了两种不同的解释思路。

一审法院认为，所谓"自营"或"为他人经营"就是在同类公司中担任董事、经理或者其他管理人员的职务，而仅有股东资格是不能认定为"自营"的。显然，这是对"自营"或"为他人经营"的较狭义解释。

二审法院对"自营"或"为他人经营"的解释是广义上的。判决指出，"根据润景公司章程，苏德刚作为润景公司的股东，其享有对润景公司经营决策等重大事项的表决权；其作为润景公司的监事，享有检查公司财务和对董事、经理执行公司职务进行监督的权利"。因此，被告构成"自营"或"为他人经营"同类业务的情形，违反了对公司的竞业禁止义务。

而在另一些类似的案子中，法院采取了更广义的解释。"自营"包括直接经营和间接经营，所谓间接经营是指拥有股权但不担任管理职务以及间接获得投资收益（如通过亲属持股）的情形。在福建亚通新材料科技股份有限公司诉刘道敏等案中，法院指出："《公司法》第149条第1款第5项规定，董事、高级管理人员不得未经股东会或者股东大会同意，利用职务便利为自己或他人谋取属于公司的商业机会，自营或者为他人经营与所任职公司同类的业务。本院认为，构成违背该项义务的条件为，董事、高级管理人员从事的营业与任职公司是同类的营业，构成相互竞争关系，且这种竞业不仅包括以自己的名义从事与公司业务相同的经营活动，也包括非以自己名义但从事竞业的经济效果归属于自己。本案富裕管业生产的产品与原告相同，属同类经营。在宝通公司尚未歇业时，被告刘道敏即成为富裕公司的股东，其直接目的是从该公司中取得收益，追求经济利益，实质为一种间接经营，黄珊珊不仅为该公司股东，且担任监事一职，直接参与富裕管业的经营活动，故本院认为，刘道敏、黄珊珊的行为已违背法律规定的董事竞业禁止义务。"[1]

但是，上述广义解释可能面临的一个疑问是：持有股权就构成间接经营进而属于"自营"或者"为他人经营"的话，那么，假设某公司一董事购买同行业的另一上市公司的少量股份，该董事是不是也违反其竞业禁止义务？值得我们研究的是，是否应以该股东能否实质性影响公司经营管理为判断其是否构成"自营"或"为他人经营"的标准？理由何在？

七、董事责任与股东代表诉讼（包括双重代表诉讼在内）

经典案例

北大学园教育投资有限公司与曹建伟上诉案[2]

[案件事实]

原告：北京北大学园教育投资有限公司（以下简称北大学园）。

---

〔1〕　辽宁省沈阳市中级人民法院民事判决书，（2006）沈中民四权初字第1号。
〔2〕　陶钧："公司经理损害公司利益纠纷的法律适用——北京北大学园教育投资有限公司与曹建伟损害公司利益纠纷案法律问题研究"，载北京市高级人民法院编：《公司法新型疑难案例判解》，法律出版社2006年版，第49~54页。

被告：曹建伟。

2000 年 3 月 14 日，曹建伟经北京北大资源集团任命为北大学园的总经理。2001 年 4 月 2 日，天津开发区鑫业房地产开发有限公司（以下简称鑫业公司）向北大学园提出借款申请，曹建伟在未经公司董事会同意的情况下，擅自决定借款300 万元给鑫业公司，借款期限一个月。次日，北大学园将 300 万元划至鑫业公司账户，鑫业公司给北大学园出具了收款凭证。在约定的借款期满后，鑫业公司仅还款 50 万元，余款未还。后北大学园向天津市第二中级人民法院提起诉讼，要求鑫业公司偿还借款本金 250 万元并赔偿损失。后经天津市第二中级人民法院审理，判决要求鑫业公司于判决生效后 10 日内返还北大学园借款本金人民币 250 万元，并明确鑫业公司如逾期给付，按中国人民银行同期贷款最高利率加倍支付迟延履行期间的债务利息。后经天津市第二中级人民法院执行，2004 年 4 月 19 日，该院以（2004）二中执字第 471 号民事裁定书，以被执行人鑫业公司、天津市开发区财政局国债服务部暂无可供执行财产，认为"现无继续执行的必要"而裁定"本次执行程序终结"，并明确北大学园可持该院的（04）执证字第 129 号债权凭证，如发现债务人有可供执行的财产，可随时向法院申请执行。天津市第二中级人民法院（04）执证字第 129 号债权凭证确认未执行受偿债权余款为本金 627 900 元及利息，并同时确认共同债务人还有天津开发区财政局国债服务部。

原告诉称，曹建伟的行为违反了《公司法》的规定，应当承担其违法行为给我方造成的损失共计 739 632 元，其中本金 627 900 元、因诉讼发生的案件受理费和律师代理费 111 732 元的赔偿责任。

被告答辩称，承认原告在本案中所主张的事实，但指出，我的行为并未违反公司的章程，同时天津市第二中级人民法院的民事判决书和民事裁定书均证实原告对鑫业公司享有合法的债权，且在民事执行程序中已实现了部分债权，执行程序并未完毕，只是暂时终结执行程序，并不是债权不能实现。我可以积极配合原告向鑫业公司追索尚欠的借款，但不同意北大学园的诉讼请求。

[判决意见]

一审法院认为，根据 1993 年《公司法》第 63 条之规定："董事、监事、经理执行公司职务时违反法律、行政法规或者公司章程的规定，给公司造成损害的，应当承担赔偿责任。"[1]故本案的争议焦点在于，公司经理曹建伟的行为是否违法，该违法行为是否给北大学园最终造成了损害。

因北大学园举证证明曹建伟在担任其总经理职务期间批准将北大学园资金

---

[1] 现行《公司法》第 150 条与该条内容基本相同。

300 万元出借给鑫业公司，该借款行为因违反国家法律规定已被天津市第二中级人民法院判决认定为无效，并据此判决鑫业公司返还北大学园借款。现在该笔借款经过执行程序已由被执行人部分返还，未偿还部分因被执行人现无可供执行财产而被执行法院裁定"终结本次执行程序"，与此同时，执行法院给投资公司颁发了债权凭证，明确北大学园根据债权凭证享有随时申请法院继续执行的权利，但这并不表明债务人已完全丧失了偿还北大学园债务的能力。因此，在没有法定证据表明鑫业公司完全丧失偿还债务能力的情况下，尚难就此认定未得到返还的部分借款数额（即本金 627 900 元及利息）即为北大学园因曹建伟行为所受到的最终损失数额。鉴于北大学园的损失数额目前不能确定，故北大学园要求曹建伟赔偿 739 632 元的诉讼请求，证据不足，法院不予支持。故一审判决如下：驳回北大学园的诉讼请求。

一审判决宣布后，北大学园不服，以一审认定事实不清，适用法律错误为理由提出上诉。其主要上诉理由是：①北大学园对于 300 万元的所有权已经由于曹建伟的行为而改变成为了债的请求权，在债务人不履行义务的情况下，债权的价值就等于零。故曹建伟的行为已经损害了公司的利益，损害后果已经产生，北大学园可以要求曹建伟承担赔偿责任。②根据 1993 年《公司法》第 63 条的规定，承担的是"赔偿责任"，而非"补充赔偿责任"，曹建伟的损害赔偿责任是独立于借款债务人的还款责任的，其行为损害了公司利益，就应当承担全额的赔偿责任，而不应以借款纠纷案件的审判和执行结果为依据，来确定曹建伟的赔偿数额。故一审法院将曹建伟的赔偿责任认定为一种补充赔偿责任，是对法律规定的错误适用。

二审法院审理认为，根据 1993 年《公司法》第 63 条的规定，董事、监事、经理执行公司职务时违反法律、行政法规或者公司章程的规定，给公司造成损害的，应当承担赔偿责任。依据该规定，承担赔偿责任应当同时具备两个条件：①执行公司职务时违反法律、行政法规或者公司章程的规定；②给公司造成损害。

对于第一个构成要件，根据北大学园公司章程规定，总经理负责贯彻执行董事会的决议，在董事会授权的范围内，代表公司处理所有对外义务事宜和内部行政事务，并负责公司的日常经营管理工作。根据通常的理解，负责公司的日常经营管理工作，应当包括一定范围的人权和财权，而财权限制在多大的额度内，章程并无明确、具体的规定。因此，根据公司章程的规定，无法认定曹建伟对外借款 300 万元属于越权行为，亦即不能认定曹建伟的行为违反公司章程。但是，企业之间进行拆借违反有关金融管理法律规定，因此，曹建伟的行为具有违法性，符合对公司承担赔偿责任的第一个要件。

对于第二个要件而言，认定曹建伟的违法行为给公司造成损害，涉及两个方面内容：①公司受到了损害；②该损害是由于曹建伟行为的违法性所直接导致的，亦即损害结果与行为违法性之间具有因果关系。由于北大学园主张的损害结果是指未能收回的借款本金、债务人迟延履行判决所产生的利息以及为追索该笔借款所发生的诉讼费、差旅费、律师费等支出，故所需审查的因果关系应限定在曹建伟行为的违法性与上述损失之间。曹建伟行为的违法性体现在违反国家金融法规、进行企业间的非法拆借上，按照有关法律规定，该违法行为所导致的处罚后果是使投资公司丧失获得利息的权利，对于利益的丧失与曹建伟行为的违法性之间具有因果关系。但是北大学园收回借款本金是受法律保护的，并不因非法拆借行为而丧失，因此北大学园的借款本金能否收回与曹建伟行为的违法性之间并无因果关系；与此相对应，北大学园为追索该笔借款所支出的诉讼费、差旅费、律师费以及债务人迟延履行判决所产生的利息损失等，与曹建伟行为的违法性之间亦不具有因果关系，故此不符合承担赔偿责任的第二个要件。

综上，北大学园的诉讼主张不符合1993年《公司法》第63条之规定，原审法院判决驳回其诉讼请求正确。鉴于北大学园的债权能否最终实现，与本案的处理并无关联，即使北大学园的借款最终仍不能收回，曹建伟也不应对不能收回的款项承担赔偿责任，因此原审法院以北大学园的损失数额尚不能最终确定作为驳回北大学园诉讼请求的依据不当，应予以指正。但原审法院判决结果正确，予以维持。依照1993年《公司法》第63条之规定，判决驳回上诉，维持原判。

[案例评析]

尽管北大学园两审均败诉，但一、二审判决的理由有所不同。一审判决的主要理由是原告损失不确定，二审理由则是因果关系不成立。

一审法院的判决意见提出如下问题：原告拥有对第三人的债权但暂时无法获得清偿，是否有损失发生？损失数额是否可确定？

损失乃利益之减损。债权不能得到清偿，原告利益是否发生减损？本书持肯定观点。首先，被告将原告300万元现金借贷给第三人后，原告即减少了可直接支配的现金，其财产条件显然减损。其次，原告对第三人拥有受生效判决认可的债权，看似未丧失利益，但难以确定该债权能否实现，这一风险（即债权不确定性）本身就是对原告财产利益的侵损。最后，损失数额至少是原告所减少的可支配之现金的数额，也即原告起诉被告时尚不能收回的借款金额。故利益减损之数额可以确定。理论上，原告对被告和第三人如分别享有等额的赔偿请求权，属于"权利竞合"，赔偿义务人无理由主张原告未受损失。[1]

二审法院认为，北大学园公司无法收回借款本金并非是曹建伟借款行为导致的结果。这涉及本案的焦点问题。北大学园无法收回本金的直接原因是第三人丧失清偿能力。没有证据表明曹建伟造成第三人丧失清偿能力。那么，是否可以认为，第三人丧失清偿能力只不过是曹建伟借款时无法预见的，从而北大学园理应承受的经营风险？我们不妨再换个角度提问：曹建伟在借款时是否审慎地考查了第三人的资产状况？是否考虑了可能发生的拖欠风险？是否采取必要措施（如设立担保）预防风险？这些问题对于法院判断曹建伟是否违反其作为总经理的忠实义务和注意义务（或勤勉义务）恰恰是至关重要的。

但法院并未审查上述问题，而是定睛于曹建伟是否从事违法行为，以及违法行为是不是造成损失的原因。二审法院指出，曹建伟借款给第三人属于"非法拆借"，但该违法行为并非原告无法收回本金的原因。因为，根据司法解释，非法拆借合同为无效合同，借款方应返还本金，而利息由法院"收缴"。[2]故二审法院认为，曹建伟的非法拆借行为仅导致原告北大学园丧失借款利息，本金仍受法律保护。因此，原告不能收回本金与曹建伟的非法拆借行为无关。由于1993年《公司法》第63条（即现行《公司法》第150条）指示法官从被告是否违法或违反章程的角度思考，因此，本案法院关注曹建伟的行为是否违反公司章程或法律规定，但没有回答曹建伟是否违反忠实义务或者注意义务的问题。

此外，本案还提出了一个值得研究的问题：如果被告赔偿责任成立，那么，被告应以何种方式承担赔偿责任，其赔偿责任与第三人的违约责任是什么关系？被告赔偿后是否取得对债务人的代位求偿权？

八、归入权制度

经典案例

上海甲信息科技有限公司诉罗某某等损害公司利益责任纠纷案[3]

［案件事实］

原告：上海甲信息科技有限公司。

被告：罗某某。

---

[1]　参见王泽鉴：《侵权行为法》，中国政法大学出版社2001年版，第183页。

[2]　参见《最高人民法院关于审理联营合同纠纷案件若干问题的解答》第4条第2款。

[3]　上海市第一中级人民法院民事判决书，（2011）沪一中民四（商）终字第889号。

第三人：上海乙科技有限公司。

原告上海甲信息科技有限公司（以下简称"甲公司"），成立于2007年6月1日。被告罗某某于2008年3月通过受让股权方式成为甲公司股东，持有其20%股权，并担任甲公司监事。2009年2月24日，罗某某担任甲公司的总经理。2010年3月，罗某某从甲公司离职。第三人上海乙科技有限公司（以下简称"乙公司"）成立于2009年6月11日，罗某某为乙公司的发起人股东、执行董事、法定代表人，持有60%股权（现持有80%股权）。乙公司成立后，罗某某自乙公司处领取的工资为：2009年7月~2009年12月每月2000元，2010年1月~2010年12月每月税后3375元。根据乙公司2010年3月的资产负债表记载，乙公司截至2010年3月31日的所有者权益为874 176.59元。

甲公司认为，罗某某在甲公司任职期间违反了竞业限制义务，侵害了甲公司的合法权益，于是向人民法院提起诉讼。甲公司确认就归入权进行请求，包括罗某某工资性收入以及乙公司80%的营业收入（暂计20万元），并且认为罗某某违反竞业限制的业务收入进入了乙公司的账户，故乙公司与甲公司的损失有事实和法律上的关系，应当承担连带责任。法院依法受理并公开开庭审理了此案。经审理，法院认定被告罗某某违反竞业限制义务，依法判决罗某某在乙公司处所得的收入22 125元归甲公司所有，并驳回了甲公司的其余诉讼请求。

一审判决后，甲公司不服，依法提起上诉。二审法院于2011年5月19日受理该案，并于2011年6月1日公开开庭进行了审理。二审审理过程中，甲公司诉称：①乙公司的资产负债表与银行对账单严重不符，故该些资产负债表不应作为判决的依据，原审法院以此来认定乙公司的财务状况，属事实认定错误。②原审法院在已经保全到乙公司的原始财务账册的情况下，却告知甲公司只有审计人员才能看到该些材料，目的是让甲公司预交高额审计费得到一份未必客观的报告。虽甲公司提出异议，但原审法院未予理睬。据此，甲公司认为原审程序严重错误。③原审法院没有阐述驳回其要求乙公司承担责任的诉请基于何种程序法律，显属不当。故甲公司上诉请求二审法院支持其原审的全部诉讼请求。罗某某答辩认为，原审判决对程序问题作了详细记录，对于乙公司的原始财务账册涉及商业秘密，原审法院只给甲公司阅看而不予复印，并无不当。甲公司在原审已放弃申请审计的权利，且其提交的证据亦不足以证明其诉请，故请求二审法院驳回上诉，维持原判。二审法院经审理认为，原审法院认定事实无误，适用法律正确，故驳回上诉，维持原判。

[判决意见]

一审法院经审理认为，为确保股东利益得到实现，董事、经理必须忠实地为公司服务，不得在公司以外从事与本公司利益相冲突的商业活动。该案中存在以下五个需要阐明的问题：

1. 关于主体适格问题，竞业限制规制的义务主体是公司董事及经理。甲公司的章程载明："执行董事、高级管理人员不得兼任监事。"由于公司章程是由股东协商一致订立的，公司股东及公司执行董事均应明知高管人员不得兼任监事，但仍由罗某某担任高管即甲公司的总经理。由此可以推断，罗某某的监事身份虽未经章程变更，也未有书面的免除决议，但此仅为形式上的瑕疵，罗某某担任总经理后，原监事职务已经自然免除。所以罗某某出任总经理的行为虽有兼任之表象，却无兼任之实质，应当定性为身份转换而非兼任，从而不适用甲公司章程的有关监事身份禁止性规定。即使罗某某的身份重叠，也并不表明其可以免除竞业限制的义务。因此，法院认定罗某某系甲公司的高级管理人员，是竞业限制的适格主体。

2. 关于违反义务问题，尽管甲公司与乙公司的经营范围不尽一致，但不难看出是同类业务。法律规定的"自营或者为他人经营与所任职公司同类的业务"，采取的是较为宽松的标准，禁止的竞业范围包括与所任职公司完全相同的经营业务，也可以是同种或者类似的经营业务。并且，禁止的业务并不能仅仅局限在公司章程或营业执照规定的经营范围之内，还应当包括公司实际从事的、该经营范围以外的业务。对竞业限制的范围进行解释时，应当把握的一个原则便是考察董事、高级管理人员从事的各种经营活动是否侵害了公司现实利益或者可预见的预期利益，以此作为判定标准。本案中，罗某某作为甲公司的股东及担任总经理期间，隐瞒甲公司，在外发起成立与甲公司同类业务的公司，并担任执行董事，违反了甲公司章程的规定以及法律的规定。因此，罗某某未尽其作为甲公司高级管理人员所承担的民事义务，存在违反竞业限制的行为。

3. 关于诉请属性问题，如果公司发现其董事、高级管理人员从事了违反竞业限制业务的经营行为，那么公司便对董事、高级管理人员享有诉权，具体表现在两个方面：首先是行使归入权，要求确认董事、高级管理人员从事竞业经营所得的收入归公司所有。一方面是对公司利益的恢复，另一方面也是对违反竞业限制义务的处罚；其次是要求赔偿损失，如果公司还因为董事、高级管理人员的竞业经营遭受损失，可以要求赔偿。本案中，根据甲公司的诉请内容以及庭审陈述，甲公司在本案中行使的是归入权，属于形成权，而不是请求权。

4. 关于约束期间问题，公司追究董事、高级管理人员的竞业行为，不仅要求该竞业行为是发生在董事、高级管理人员负有竞业限制业务的期限之内，同时也要求该竞业限制行为是发生在公司的正常经营期限之内，这样才可能出现董事、高管人员的经营行为与公司发生竞争的情况，才有利用竞业限制义务规范维护公司利益的必要。竞业限制义务是公司董事、高管人员负担的忠实义务的一部分，就此而言，公司可以追究的应当是董事、高管人员在任职期间内进行的竞业行为。而董事、高管人员离任之后，由于已经失去了董事、高管人员的身份，就不再负有竞业限制义务。甲公司也没有举证其与罗某某就竞业限制义务作出了特殊的约定，即约定了离职后的竞业限制义务。现罗某某仍然是甲公司股东，而此时出现的问题便是公司股东是否负有竞业限制义务。一审法院以为，法律并未明文禁止为公司股东设置竞业限制义务，但需要注意的是，股东可能负担的竞业限制义务源自《公司法》的授权性规范，如果在公司章程中没有明确的约定，股东、监事并不当然负有竞业限制义务。所以，根据本案已经查明的事实，罗某某竞业限制义务的约束期间为自乙公司成立至罗某某从甲公司处离职日止。

5. 关于收入确定问题，由于《公司法》没有专门就竞业限制诉讼规定特殊的举证责任分配规则，因此竞业限制诉讼的举证责任需要按照一般的举证分配规则进行分配。甲公司诉请的乙公司营业收入，属于乙公司所有。罗某某虽然持有80％的股权，但乙公司具有独立人格，该营业收入不属罗某某所有，乙公司不应该承担归入责任。即使以经济效果之归属作为竞业方式的划分标准，乙公司应该承担的是损害赔偿责任。现在在无证据证明乙公司有分红的情况下，罗某某的所得体现在持有股权的增值上。本案中，甲公司申请原审法院调取了乙公司的财务凭证，并认为会计报表虚假，但经原审法院征询，甲公司未要求审计。故原审法院将乙公司的会计报表作为认定股权是否增值的依据。依据乙公司2010年3月的资产负债表记载，其所有者权益小于注册资本，所以罗某某的股权并未有增值的事实存在，即罗某某没有因违反竞业限制义务而获得薪酬之外的收入。由此，一审法院只能以罗某某领取的工资作为其所得收入。

据此，一审法院作出判决：罗某某在乙公司处所得收入22 125元归甲公司所有；驳回甲公司的其余诉讼请求。

一审判决后，甲公司不服，向法院提起上诉。二审法院经审理认为，本案二审争议的焦点在于：①甲公司要求将罗某某在乙公司的业务收入20万元（其中应扣除前述22 125元）归其所有，是否有事实与法律依据。根据甲公司在庭审中的陈述，其起诉主张要求行使归入权的标的额是估算的。对此，法院认为，甲公司应对罗某某因违反对公司忠实义务所得的收入承担举证责任。作为原审原告的甲公司应对其所提出的诉讼标的额的组成予以明确地列明，从而使法院和其他当事人能够对该标的额的组成予以识别并作出准确的判断，因此，甲公司以估算的标的额作为其起诉依据，法院难以采信。②对于原审法院是否存在程序违法的问题，法院经审查认为，原审法院在保全到乙公司财务账册后，即向甲公司释明并询问其是否要求审计，但甲公司坚持要求自己先核对财务账册后再决定，但原审法院出于财务账册是乙公司商业秘密的考虑，表明只有专业的审计人员才能阅看财务账册，甲公司在主张乙公司的资产负债表与银行对账单存在矛盾的情况下，又未向法院申请审计以证明其主张，是对其举证权利的放弃，原审法院对此处理并无不当。③对于甲公司要求乙公司对罗某某承担连带责任的问题，法院认为公司行使归入权，本身是公司与其董事、高级管理人员间的内部关系，因此公司归入权被追诉的主体范围应当仅指董事、高级管理人员，甲公司要求乙公司承担连带责任缺乏法律依据。

据此，二审法院认为甲公司的上诉请求及事实理由缺乏事实和法律依据，原审法院认定事实无误，适用法律正确，故驳回上诉，维持原判。

[案例评析]

本案主要涉及有关竞业禁止义务及归入权问题。所谓竞业禁止是指公司董事、高级管理人员不得自营或者为他人经营与其所任职公司同类的营业而损害本公司利益，竞业禁止义务是忠实义务的重要内容。董事、高管违反竞业禁止义务所得的收入应当归公司所有，即公司对此收入享有归入权。归入权制度设立的目的，一方面在于督促公司董事、高级管理人员履行忠实义务，是对其侵害公司利益的一种惩戒；另一方面则是将上述人员违反忠实义务的所得归入公司，以此来弥补公司的损失。我国《公司法》第149条规定，董事、高级管理人员不得有下列行为：……⑤未经股东会或者股东大会同意，利用职务便利为自己或者他人谋取属于公司的商业机会，自营或者为他人经营与所任职公司同类的业务。……董事、高级管理人员违反前款规定所得的收入应当归公司所有。其中该条第1款第5项就是关于竞业禁止义务的规定，第2款是关于归入权的规定。本案的关键问题为：罗某某是否违反竞业限制义务及违反竞业限制义务时公司应以何种标准行使归入权。

就本案而言，罗某某担任甲公司总经理期间，未经甲公司股东会同意，经营与甲公司同类业务的乙公司，并从乙公司获得收入，其行为违反了《公司法》第149条第1款第5项中规定的竞业禁止义务，其违反竞业禁止所得收益应依法归甲公司所有。由于现行《公司法》并没有对竞业限制及归入权诉讼进行详尽的操作性规定，这给实际的审判工作带来了一定的困难。事实上，在本案的审理过程中，双方的主要争论点所集中的五个方面：①罗某某是否是竞业限制的适格主体。竞业限制义务的主体是公司董事、高级管理人员，罗某某作为公司总经理是适格的主体。②罗某某是否违反了竞业限制的规定。竞业禁止的范围包括与所任职公司完全相同的经营业务，也包括同种或者类似的经营业务。并且，禁止的业务并不能仅仅局限在公司章程或营业执照规定的经营范围之内，还应当包括公司实际从事的、该经营范围以外的业务。对竞业限制的范围进行解释时，应当把握的一个原则便是考察董事、高级管理人员从事的各种经营活动是否侵害了公司现实利益或者可预见的预期利益，以此作为判定标准。由此可见，罗某某违反了竞业限制的规定。③甲公司诉请的属性。公司对违反竞业限制义务的董事、高级管理人员享有诉权，该诉权表现为两个方面：一是归入权；二是损害赔偿请求权。本案中，甲公司行使的是归入权，性质上属于形成权。④本案竞业限制义务的约束期间。竞业限制的期间为董事、高级管理人员的任职期间（另有约定的除外），且竞业限制行为必须发生在公司的正常经营期限内。本案中的约束期间为从乙公司成立之日起至罗某某从甲公司处离职日止。⑤罗某某所得收入的确定问题。董事、高级管理人员违反竞业限制所得收入应当归公司所有，对于该收入的举证适用一般的举证分配规则。具体到本案中，甲公司负有对罗某某因违反竞业限制义务所得收入进行举证的义务，除罗某某从乙公司所得薪酬外，甲公司没有证据证明罗某某获得了其他的收入，故法院只能以罗某某从乙公司领取的工资作为其所得收入。以上五个方面的内容，基本上涵盖了竞业限制诉讼中可能的争论点。笔者认为，本案一审、二审法院的判决是正确的，其对上述五个问题的阐明，对该类案件的审理具有一定的借鉴意义。

综上，董事、高级管理人员违反竞业禁止业务，其所得收入应当归公司所有。但现行《公司法》对归入权诉讼中的主体、性质、行使期间、收入确定、归入权同损害赔偿请求之间的关系等问题并没有明确的界定，这给实际的审判工作带来了一定的困扰。我国《公司法》关于竞业禁止及归入权制度的规定还有待在今后的立法中进一步完善。

九、监事的竞业禁止义务

经典案例

刘彬与李占军监事损害公司利益纠纷上诉案[1]

[案件事实]

原告：刘彬。

被告：李占军。

第三人：北京万朋物业管理有限公司（以下简称万朋公司）。

刘彬在一审中起诉称：2001 年经中国国际贸易中心有限公司（以下简称国

---

〔1〕 北京市第一中级人民法院民事判决书，（2010）一中民终字第 1099 号。

贸中心）批准，国贸行政部进行改制，以原行政部组成人员为班底组建成立万朋公司。万朋公司的经营范围是职工餐饮、花卉租摆、院内绿化、除虫灭蟑、冬季扫雪等工作。万朋公司自成立后至今仍负责国贸中心的职工餐饮、花卉租摆、院内绿化、除虫灭蟑、冬季扫雪等工作。刘彬系万朋公司股东，占公司40%股份，同时也是万朋公司总经理。李占军任监事职务，兼任总经理助理职务，负责公司重要的管理工作，其工资待遇也是仅次于总经理。后李占军于2008年11月13日个人出资100万元注册成立北京服茂祥投资咨询有限公司（以下简称服茂祥公司），其公司性质为自然人独资企业，李占军系法定代表人。服茂祥公司的经营范围也是物业管理、餐饮管理、园林绿化、租赁花卉害虫防治等，该公司经营范围明显与万朋公司重合，并且李占军已经实施了一系列侵犯万朋公司利益的行为。刘彬认为李占军凭借多年在万朋公司任职的便利条件，掌握了万朋公司许多的客户资源、进货渠道等一系列商业秘密。现其在未离开万朋公司的情况下注册成立服茂祥公司并经营与万朋公司基本相同的业务，违反了法律规定的公司高级管理人员的忠诚义务和竞业禁止义务。请求：①判令李占军立即停止实施侵害万朋公司利益的行为；②判令李占军赔偿损失1万元。

一审法院审理查明：万朋公司成立于2001年2月9日，注册资本50万元。开业登记验资报告书登记的股东张彦飞出资30万元，刘彬出资20万元。张彦飞任执行董事，刘彬任总经理，李占军任监事。2007年7月4日，万朋公司召开股东会，通过了更换执行董事的决议，由陈锡贵代替张彦飞担任公司执行董事，并作为该公司法定代表人。万朋公司经营范围：接受委托从事物业管理；种植、销售、租赁花卉；科技开发；病虫害防治；限分支机构经营餐饮服务；销售酒、饮料。万朋公司设立后，始终使用国贸中心的资产进行经营。刘彬承认自己为全体改制职工代持股份，愿意在适当时机将股份分配给全体职工。另查，服茂祥公司成立于2008年11月13日，系李占军个人出资100万元成立的有限责任公司，法定代表人为李占军。服茂祥公司的经营范围为投资咨询；经济贸易咨询；市场调查；企业策划、设计；物业管理；餐饮管理；园林绿化服务；租赁花卉；害虫防治服务；销售文具用品、日用品、工艺品、花卉。庭审中，李占军称万朋公司设立时其任国贸中心行政部开发经营部经理，万朋公司设立后任万朋公司监事，负责国贸中心的花卉租摆、园林绿化和病虫害防治等业务。由于部分改制员工对总经理刘彬的经营方式有不同意见，并且工资水平较改制前有所下降，因此设立了服茂祥公司，万朋公司部分职工跟随其进入服茂祥公司任职，并将花卉租摆、园林绿化、病虫害防治等业务从万朋公司带到了服茂祥公司。再查，提起本案诉讼前，刘彬曾向国贸中心党委办公室主任、国贸中心工会副主席、万朋公司董事长陈锡贵递交了要求起诉李占军的书面通知，陈锡贵没有给予明确答复。

[判决意见]

一审法院认为，万朋公司较之一般意义上的有限责任公司有明显的特殊性。万朋公司自国贸中心行政部改制而来，职工为原国贸中心职工；万朋公司工商登记的股东张彦飞、刘彬均未实际出资，公司经营资产全部由国贸中心无偿提供；万朋公司的法定代表人、董事长由国贸中心高级管理人员担任；万朋公司经营业务以服务国贸中心为主，国贸中心是其最大的客户。万朋公司的上述特点表现出该公司与国贸中心之间紧密而不可分割的关系，前者虽然在形式上独立，但在资产来源、职工来源、业务来源和管理层等诸多方面受制于国贸中心，应能认定国贸中心为万朋公司的实际控制人。刘彬所谓李占军设立公司自营与万朋公司相互竞争的业务是指李占军将国贸中心原委托万朋公司提供的服务业务带到了服茂祥公司，从而与万朋公司形成了同业竞争的关系。对此该院认为，万朋公司与服茂祥公司竞争的并非是公开市场上的不特定客户，而是特定客户的特定业务，即国贸中心的花卉租摆、园林绿化和病虫害防治业务。从国贸中心党委办公室主任、国贸中心工会副主席、万朋公司董事长陈锡贵对本案诉讼的态度来看，国贸中心对服茂祥公司与万朋公司在相关业务上的交叉是默许的。因此，与其说李占军的服茂祥公司从事了与万朋公司同类的经营，勿宁说国贸中心选择将相关业务交给服茂祥公司承接，不再交给万朋公司。这是国贸中心基于其多重利益衡量的自主安排，是对万朋公司既往服务行为的一种回应，否则李占军设立的服茂祥公司便根本没有与万朋公司开展竞争的可能性。故该院认为，李占军并不存在《公司法》上监事侵害公司利益的行为，刘彬要求李占军停止侵害、赔偿损失的诉讼请求，缺乏事实依据，该院不予支持。判决：驳回刘彬的诉讼请求。

刘彬不服一审判决，提起上诉。

二审法院认为：《公司法》第149条第1款第5项规定，董事、高级管理人员不得有下列行为：未经股东会或者股东大会同意，利用职务便利为自己或者他人谋取属于公司的商业机会，自营或者为他人经营与所任职公司同类的业务。而李占军系万朋公司的监事，不属于公司的董事和高级管理人员，故其成立的服茂祥公司，虽然在经营范围与万朋公司存在交叉，但并不属于《公司法》第149条第1款第5项规定的情形，故对于刘彬认为李占军成立的服茂祥公司业务范围与万朋公司存在交叉、侵害万朋公司权益的上诉理由，于法无据，本院亦不予支持。综上，刘彬的上诉理由均不能成立，一审判决认定事实清楚，适用法律正确，应予维持。判决：驳回上诉，维持原判。

[案例评析]

《公司法》第149条的规范对象为公司董事和高级管理人员，不包括监事。

由此产生的问题是，监事是否可以从事第 149 条禁止的各项行为？如监事也在禁止之列，法条为何不将监事列入规范对象？如监事可以从事第 149 条各项禁止行为，例如挪用公司资金、擅自披露公司秘密，显然又不合理。具体到本案，问题就是：监事是否负有竞业禁止义务？

本案二审法院的观点是，被告系公司的监事，不属于公司的董事和高管；被告另外成立的公司，虽然在经营范围上与其任监事的公司存在交叉，但并不属于《公司法》第 149 条第 1 款第 5 项所禁止的情形。这是严格按照法条文义作出的裁判。但是，《公司法》第 148 条第 1 款规定监事同样对公司负有忠实和勤勉义务。那么，监事从事与所任职公司同类的业务是否违反其忠实义务？

无独有偶，上海市二中院 2009 年的一个判决也认为，"《公司法》并未对监事篡夺公司商业机会及竞业行为作禁止性规定"，故监事无竞业禁止义务。该判决尝试对监事的忠实和勤勉义务作出阐释。判决指出："至于姚某某作为监事对晶人公司所负的忠实、勤勉义务，是针对姚某某是否尽到监督职责而言的，《公司法》并未对监事篡夺公司商业机会行为及竞业行为作禁止性规定。……晶人公司只有对姚某某怠于行使或不当行使监督职责进行问责，而不能对姚某某是否实施竞业禁止行为主张收入归入权和损害赔偿请求权。"[1]

但是，忠实义务的核心是要求董事、监事和高管避免个人利益与公司利益冲突，不得利用职务之便谋取私利。因此，对于监事有无竞业禁止义务的问题，法院似不应过分局限于第 149 条的文义，而应以第 148 条第 1 款的原则性规范为准，重点审查被告监事是否与公司发生利益冲突，以及其是否利用职务之便损害公司利益。从这个意义上说，本案一审法院的分析和说理反而是直击要害、实事求是的。

十、董事会决议的效力

经典案例

北京金冠汽车服务有限公司与东联科技有限公司
董事会决议撤销纠纷上诉案[2]

[案件事实]

中国车辆公司、兴盛公司和东联公司签订合同投资设立金冠公司。中国车

---

[1] "上海晶人玻璃机械有限公司与姚某某上诉案"，上海市第二中级人民法院民事判决书，(2009) 沪二中民三（商）终字第 510 号。
[2] 北京市高级人民法院民事判决书，(2009) 高民终字第 1147 号。

辆公司、兴盛公司和东联公司签订的金冠公司章程第20条规定，董事会例会每年至少召开一次，经1/3以上的董事提议，可以召开董事会临时会议；第23条规定，董事长应在董事会开会前30天书面通知各董事，写明会议内容、时间和地点；第24条规定，董事因故不能出席董事会会议，可以书面委托代理人出席董事会。如届时未出席也未委托他人出席，则作为弃权；第25条规定，出席董事会会议的法定人数为全体董事的2/3，且应包括各方至少1名董事，不够2/3人数或缺少一方时，其通过的决议无效；一审庭审中，双方均认可2006年之后，金冠公司董事分别为陈洲、陈怀志、王迷拴、罗增新和鞠大昌5人，其中陈洲、陈怀志系东联公司委派，王迷拴、罗增新系中国车辆公司委派，鞠大昌系兴盛公司委派。2008年6月2日，金冠公司董事长罗增新向金冠公司董事发出关于召开临时董事会的通知，称其拟于2008年6月4日上午9:30在金冠公司召开临时董事会，讨论金冠公司的房租问题。东联公司委派董事陈洲、陈怀志当日致金冠公司董事会及其余3名董事称：其认为会议通知时间不足，根据金冠公司章程的规定，金冠公司董事会应安排在7月初召开，其不同意于6月4日到北京开会。2008年6月3日，金冠公司董事长罗增新再次向金冠公司董事发出关于召开临时紧急董事会的通知，称因会议所涉及的房租问题非常紧急，故临时董事会将于6月4日上午9:30如期举行，会议方式改为电话（传真）会议。陈洲、陈怀志对此通知答复称：因董事会会议通知时间不符合金冠公司章程规定，故其不可能同意于6月4日上午召开董事会电话会议，请协商后再定一个大家能接受的董事会开会日期。

2008年6月4日，金冠公司董事长罗增新及董事王迷拴、鞠大昌就召开临时紧急董事会共同致电陈洲、陈怀志称：因陈洲、陈怀志坚持要求提前30天通知方能召开临时董事会，致使原定于6月4日上午9:30召开的董事会会议不能举行。由于金冠公司不能按时与出租方签约，出租方表示要采取的措施将使金冠公司无法正常经营，罗增新、王迷拴、鞠大昌共同提议于2008年6月12日上午9:30继续召开临时紧急董事会，讨论房租事宜，如陈洲、陈怀志仍不能出席，其将采取电话（传真）会议方式。若陈洲、陈怀志本人不能参加，请书面委托别人参加。陈洲、陈怀志于2008年6月11日对此答复称：其认为6月4日的通知违反公司章程规定，并以前述理由表示不同意于6月12日上午以任何形式举行董事会会议。

2008年6月12日上午9时30分，金冠公司董事长罗增新主持召开了金冠公司2008年临时紧急董事会，董事王迷拴、鞠大昌参加了会议。会议采用电话（传真）方式，董事会与陈洲、陈怀志无法取得联系，其无故不出席董事会会议，视为弃权。与会董事均同意并与四季青公司签订《厂房租赁合同补充协议》

的议案，故依据金冠公司章程第 29 条的规定，该议案获得通过。东联公司及其委派董事陈洲、陈怀志认为金冠公司 2008 年 6 月 12 日召开的董事会会议的召集程序、出席人数和表决程序违反了公司章程第 23 条、第 25 条、第 28 条的规定，且不属第 29 条规定的议事范围，故向法院起诉主张确认 2008 年 6 月 12 日的董事会决议无效并追究相关董事责任。

[判决意见]

一审法院认为：《公司法》第 49 条第 1 款规定，董事会的议事方式和表决程序，除本法有规定的外，由公司章程规定。公司章程只规定了年度董事会会议的召集程序，而未规定临时董事会会议召集程序的，因临时董事会会议旨在解决临时性、突发性事项，故召集程序违反年度会议召集程序并不一定导致董事会决议无效。故金冠公司于 2008 年 6 月 12 日临时董事会的召开并未违反金冠公司关于临时董事会召集程序的规定。但是，在公司章程没有规定的情况下，董事会的决议程序，不应有临时会议和年度会议的区别，而应当严格按照公司章程约定的程序进行表决，违反表决程序作出的董事会决议可撤销。金冠公司 2008 年 6 月 12 日召开的临时董事会的出席人数未达到公司章程规定的比例，且缺少一方股东委派董事参加，该董事会据此通过的董事会决议违反了金冠公司章程关于董事会决议方式的规定。金冠公司股东东联公司在该董事会决议作出之日起 60 日内，向一审法院请求撤销该董事会决议的诉讼请求，于法有据，法院予以支持。

二审法院认为：上诉人金冠公司辩称公司章程第 24 条和第 25 条属于可选择条款，但是审查公司章程第 24 条和第 25 条的文义，并不能得出上诉人的结论；另，根据查明的事实，被上诉人东联公司的派驻董事对于董事会决议事项明确表明了其意见，并表示绝不放弃表决权，因此，上诉人关于东联公司弃权的理由亦不能成立。根据金冠公司章程第 28 条规定，"购买总价值在人民币 5 万元以上的任何资产"应采用该条规定的表决方式通过，而本案争议的董事会决议事项是每年提高相对方的租金 100 万元，其应当属于公司的重大事项，适用该条规定。这就意味着对于金冠公司重大事项的表决方式，金冠公司的三方股东派驻的董事必须做到每方股东派驻的董事至少有 1 名董事参加并同意才具备通过的可能。由于本案争议的董事会决议缺乏股东一方东联公司董事的参与及事后同意，根据公司章程第 25 条的规定，该董事会决议在法律上属于可撤销的范畴。金冠公司股东东联公司在该董事会决议作出之日起 60 日内，向法院请求撤销该董事会决议的诉讼请求应该得到支持。

[案例评析]

(一) 股东 (大) 会、董事会决议的撤销

我国《公司法》第 22 条规定，股东会或者股东大会、董事会的会议召集程

序、表决方式违反法律、行政法规或者公司章程，或者决议内容违反公司章程的，股东可以自决议作出之日起 60 日内，请求人民法院撤销。股东依照前款规定提起诉讼的，人民法院可以应公司的请求，要求股东提供相应担保。这是关于股东大会、董事会决议无效和撤销的规定。

股东（大）会、董事会决议在程序上存在瑕疵或者内容违反公司章程的，股东有权在法定期间内向人民法院提出决议撤销之诉。此处的程序瑕疵指会议召集程序和表决方式违反法律、行政法规或公司章程的规定。由于其并不必然损害股东利益，一般而言不对当事人的实体权造成根本性的危害，因此，赋予股东撤销权，由股东作出选择，不仅有利于股东的权益保护，而且可以维护交易的进行。根据本款规定，股东提起撤销之诉的法定期间为 60 日，自决议作出之日起算。股东超过 60 日而未提起诉讼的，该决议则确定有效，股东的撤销权归于消灭。这样既可以保证存在瑕疵的决议及时得到纠正，而且也可以对有关事项尽早予以确定，保持公司运营的稳定性。

（二）董事会决议瑕疵制度设置的目的与意义

在现代公司的发展进程中，董事会逐渐成为公司组织机构的核心和公司主宰。董事会就公司的重大经营事务以及其他重大问题作出决策。因此，董事会决议对于公司治理起着非常重要的作用。然而，董事是由股东选举产生的，对股东负责。实践中不乏一些大股东利用自己在董事会的"代言人"作出有利于自己的董事会决议，损害中小股东的利益甚至侵害公司的利益。此时，董事会决议瑕疵制度即是对中小股东救济的一个方式。中小股东可以通过董事会决议的内容违反法律、公司章程的规定或者程序瑕疵来诉请法院判决董事会决议无效或可撤销，从而保护个别中小股东的利益，保证公司的正常运营，保持中小股东投资的积极性。

（三）本案的争议焦点

金冠公司临时董事会的召开及其通过的决议是否违反公司章程的规定，从而可以被撤销？

1. 关于召集程序。关于召集程序问题，因金冠公司章程第 20 条规定 1/3 以上的董事可以提议召开董事会临时会议，故金冠公司董事罗增新、王迷拴、鞠大昌提议于 2008 年 6 月 12 日召开临时董事会已达到金冠公司章程规定的提议召开临时董事会的约定比例，该临时董事会的召开符合金冠公司章程规定的提议程序。东联公司虽称该董事会的召开不符合金冠公司章程关于董事会应提前 30 天通知董事的规定，但规定临时董事会的目的是为了解决和应对临时性、突发性的事项，故金冠公司章程规定的提前 30 天通知董事召开董事会会议的规定应指董事会定期会议，而不适用临时董事会，金冠公司章程及相关法律并未对召开临时董事会的通知时限作出规定，故金冠公司于 2008 年 6 月 12 日召开临时董事会未违反公司章程及相关法律关于召开临时董事会通知时限的规定。综上，本案所涉临时董事会的召开并未违反金冠公司关于临时董事会召集程序的规定。

2. 关于表决方式。关于决议方式问题，在公司章程没有规定的情况下，董事会的决议程序，不应有临时会议和年度会议的区别，而应当严格按照公司章程约定的程序进行表决，违反表决程序作出的董事会决议可撤销。

因金冠公司章程规定出席董事会会议的法定人数为全体董事的 2/3，且应包含各方至少 1 名董事，不够 2/3 人数或缺少一方时，其通过的决议无效，而出席本案所涉董事会会议的董事为罗增新、王迷拴、鞠大昌，金冠公司股东东联公司委派董事均未参加临时董事会，故金冠公司 2008 年 6 月 12 日召开的临时董事会的出席人数未达到公司章程规定的比例，且缺少一方股东委派董事参加，该董事会据此通过的董事会决议违反了金冠公司章程关于董事会决议方式的规定。故金冠公司股东东联公司在该董事会决议作出之日起 60 日内向法院请求撤销该董事会决议符合法律规定，是应该得到支持的。

3. 董事会出席与代理。我国《公司法》第 113 条第 1 款规定，"董事会会议，应由董事本人出席；董事因故不能出席，可以书面委托其他董事代为出席，委托书中应载明授权范围"。金冠公司章程第 24 条也规定，"董事因故不能出席董事会会议，可以书面委托代理人出席董事会。如届时未出席也未委托他人出席，则作为弃权"。东联公司的董事未出席董事会会议，也未委托代理人出席，其理由是董事会会议的召集程序违反公司章程的规定，而且也对董事会决议事项明确表明了其意见，并表示决不放弃表决权。虽然由于临时董事会会议解决突发性问题的特点使得其召集程序可以有临时的变化，但是在表决方式上由于该公司章程第 25 条规定，"出席董事会会议的法定人数为全体董事的 2/3，且应包含各方至少 1 名董事，不够 2/3 人数或缺少一方时，其通过的决议无效"。因此，即使东联公司的董事未出席董事会也未委托代理人，可以认定其为弃权，但由于公司章程对于表决方式的规定使得该公司董事会的决议仍然不能为有效。

4. 董事的勤勉义务。《公司法》第 148 条规定，董事、监事、高级管理人员应当遵守法律、行政法规和公司章程，对公司负有忠实义务和勤勉义务。董事、监事、高级管理人员勤勉义务的基本含义应当是：①董事、监事、高级管理人员必须尽职尽责地对公司履行其作为董事、监事、高级管理人员的职责；②董事、监事、高级管理人员履行义务必须是勤勉的。也就是说，董事、监事、高级管理人员必须积极主动地、勤奋努力地履行自己的职责，而不应有所疏忽和懈怠。

本案中，东联公司的董事陈洲、陈怀志坚持以董事会会议的召开没有提前

30 日通知而拒不参加，而且声明不放弃表决权，致使金冠公司董事会不能就公司房租这一重大问题及时进行讨论，达成决议，影响了公司正常的生产经营，会对公司的利益，进而对股东和第三人的利益造成损害。因而陈洲、陈怀志违反了其作为董事的勤勉义务。以违反勤勉义务为前提追究责任时，还应考虑是否可适用经营判断原则或其他可免责的情形。

十一、董事的资格

经典案例

上海古玛文化传播有限公司等与李某确认董事资格纠纷案[1]

［案件事实］

上海古玛公司成立于 2007 年 10 月 8 日，注册资本为 200 万元（币种为人民币，以下同），现有股东 4 人分别为李某、周某以及王某和杜某，李某持有 47% 股份，周某担任法定代表人。公司的经营范围为计算机图文的设计与制作、文化艺术交流策划、市场信息咨询与调查等。公司成立后的经营过程中拥有了十二生肖图形商标、商标申请权以及作品的著作权。2009 年 12 月 8 日，周某与其妻庞新妹注册设立与上海古玛公司经营范围基本相同的无锡古玛公司，注册资本为 50 万元，周某出资 40 万元，担任公司法定代表人，庞妹新出资 10 万元。同年 12 月 10 日，周某与上海古玛公司签订作品著作权转让协议，约定将上海古玛公司已在上海市版权局登记的 84 部"十二生肖卡通形象"的美术作品著作权中的复制权、发行权等暂时一次性转让到周某名下，转让费用及运作中产生的全部费用均由上海古玛公司承担，并约定如履行该协议发生纠纷协商不成，由周某所在地法院管辖。同日，上海古玛公司与无锡古玛公司签订转让协议，约定将上海古玛公司拥有的 276 件"十二生肖卡通形象"的商标无偿转让给无锡古玛公司进行项目运作，运作过程中所产生的净利润均属上海古玛公司所有。同年 12 月 15 日，上海古玛公司又与无锡古玛公司签订商标申请权转让合同，约定将上海古玛公司拥有的正在注册过程中的图形商标全部无偿转让给无锡古玛公司，并约定因争议协商不成，由无锡古玛公司所在地法院裁决。

2010 年 3 月 20 日，上海古玛公司向全体股东发出召开临时股东会的通知，时间定于 2010 年 4 月 3 日下午，会议议题包括审议公司董事长提出的公司下一

---

〔1〕　上海市第二中级人民法院民事判决书，（2012）沪二中民四（商）终字第 118 号。

步经营发展方案和经营策略。2010 年 4 月 3 日，全体股东参与了会议，对周某成立公司及转让上海古玛公司资产的行为进行审议表决，除李某反对外，包括周某在内的其他股东均对决议内容表示同意。临时股东会决议的表决结果为：追认周某与上海古玛公司于 2009 年 12 月 10 日签订的作品著作权转让协议及上海古玛公司与无锡古玛公司于同月 15 日签订的商标申请权转让合同的合法性和有效性。2010 年 7 月 1 日，李某诉至原审法院要求确认 2010 年 4 月 3 日的临时股东会决议无效。无锡古玛公司、上海古玛公司诉称：①上海古玛公司的全体股东均曾以口头方式同意按与无锡古玛公司签订协议的方式进行经营，否则李某不可能取得转让合同原件。②两上诉人之间有关商标使用权的转让，目的是解决公司后续资金问题及更有利地利用地方政策优势赚取更多利润，同时也是为了解决因李某与其他股东对公司发展经营有分歧而导致公司成立以来一直无法正常经营的僵局，这是一种委托经营的模式。③李某系限制民事行为能力人，明显不具备作为公司第一大股东及董事的资格，更无法在其民事行为能力范围内履行权利和义务。两上诉人认为李某的诉讼主体有问题。

　　[判决意见]

　　法院认为：首先，根据《公司法》第 147 条的规定，李某作为限制行为能力人不具备担任公司董事的资格。但法律并不禁止限制民事行为能力人成为公司股东，李某既有权在其民事行为能力范围内行使相应股东权利、履行相应股东义务，其法定代理人亦有权代为行使相应的股东权利。故李某的诉讼主体适格。两上诉人提出的李某曾口头同意商标权、著作权无偿转让的主张并未提供证据加以证明，李某取得转让合同原件的事实难以证明其已经同意了该转让行为。同时，两上诉人认为商标权的转让是为了利用地方优惠政策、运作公司资产，但也未提供相应证据加以证明。不可否认，上海古玛公司有权选择对公司有利的经营模式和经营策略，但在未获得股东会决议通过的情况下，便由法定代表人周某将本属于上海古玛公司所有的商标权等无形资产与当时同样由周某出资入股并担任法定代表人的无锡古玛公司签订无偿的商标权转让协议，即使不存在规避税收法律法规或者确实是出于公司盈利的本意，该行为也是既有双方代理之嫌，又是在未取得上海古玛公司授权的情况下擅自处分公司财产的行为。周某在事后通过召开临时股东会作出决议的方式追认其之前的转让行为显属不当。因此，该股东会决议应认定无效。另外，对于李某原审中所提的确认无锡古玛和上海古玛转让涉案商标的行为及 2009 年 12 月 10 日签订的转让商标协议无效的诉讼请求，确因程序、诉讼主体等原因不宜在本案中一并作出处理，故各方当事人或案外人可通过其他合法途径另行解决。

［案例评析］

（一）本案争议焦点的评析

1. 李某是否具备公司股东及董事资格，从而成为诉讼主体？《公司法》第147条明确规定五种人不能担任公司董事、监事和经理，即无民事行为能力或者限制民事行为能力的；因贪污、贿赂、侵占财产、挪用财产或者破坏社会经济秩序，被判处刑罚，执行期满未逾5年，或者因犯罪被剥夺政治权利，执行期满未逾5年；担任破产清算的公司、企业的董事或者厂长、经理，对该公司、企业的破产负有个人责任的，自该公司、企业破产清算完结之日起未逾3年；担任因违法被吊销营业执照、责令关闭的公司、企业的法定代表人，并负有个人责任，自该公司、企业被吊销营业执照之日起未逾3年的；个人所负数额较大的债务到期未清偿的。

本案中，李某作为限制行为能力人明显不具备公司董事的资格。但公司股东对公司承担有限责任，李某有权在其民事行为能力范围内行使相应股东权利、履行相应的股东义务。因此，李某虽然是限制民事行为能力人，仍可担任公司股东，有权进行诉讼行为。

2. 上海古玛公司2010年4月3日的股东会决议是否无效？上海古玛公司法定代表人周某在未经股东会同意的情况下，私自以其夫妻名义成立与上海古玛公司经营范围基本相同且由其担任法定代表人的无锡古玛公司，并将上海古玛公司的主要资产转让至个人及无锡古玛公司的名下。作为上海古玛公司股东和法定代表人，周某利用职务上的便利、以关联交易的形式无偿转让上海古玛公司公司的主要资产。故2010年4月3日的临时股东会决议追认该转让的效力，显然侵害了上海古玛公司及李某股东的利益，且涉嫌故意违反国家税收法律法规，应认定为无效。

3. 无锡古玛和上海古玛转让涉案商标的行为及2009年12月10日签订的转让商标协议是否无效？由于李某未能举证证明该诉讼请求的起诉已经符合股东代表诉讼的前置程序，且可能涉及法院管辖问题，故法院对李某的这一诉讼请求不予处理。同时，李某起诉时并未将周某作为被告，诉讼过程中也未申请周某参加诉讼，却要求确认上海古玛公司与周某之间于2009年12月10日签订的作品著作权转让协议无效，明显缺乏法律依据，且可能涉及法院管辖问题，故对李某的这一诉讼请求法院不予处理。

（二）董事任职资格的立法目的

在现代公司的发展进程中，董事会逐渐成为公司组织机构的核心和公司主宰。公司的一切重要事项的决策，都必须经过董事会审议或批准。可见，董事会在公司法人治理结构中处在一个十分重要的地位。它既是出资者与经营者之间承上启下的桥梁，又是公司整个经营管理活动的核心。董事会是公司法人治理结构的核心，其运作的结果将直接关系到公司的存续和发展。董事会的运作，除了国家的有关政策、法规和外部大环境外，董事会的成员素质也是一个至关重要的问题。由此可见，对董事的任职资格的规定对内可以保证公司财产安全和股东利益，对外可以保障债权人利益和交易安全，即具有维护公共利益的目的。

（三）董事任职资格的构成

1. 积极任职资格。所谓积极资格是指具备哪些条件才能担任董事。关于董事的积极资格，各国法律规定差异很大。综合起来，主要有以下几个方面的要求：①国籍问题。多数国家的《公司法》不加此限制，但是也有少数国家的法律要求一部分董事必须具有本国国籍。如法国规定，除少数例外，外国人可以成为董事，除欧洲经济共同体国民外，外国人欲成为法国公司的董事长或总经理须持有外国商人证。我国《公司法》对公司负责人的国籍没有直接限制。②年龄问题。大多数国家对董事的年龄不作要求，只要具有完全民事行为能力即可，只有少数国家对董事年龄做上限规定，如英国《公司法》规定，年满 70 岁的人不得出任股份有限公司的董事，如果要任命一个超过 70 岁的人任董事，需要有股东通过决议对此情况做特别说明。《公司法》对董事年龄作适当的限制，主要是从工作效率的角度，为公司利益着想。③自然人、法人的问题。法人能否担任董事，各国的规定有所不同，意大利、德国、瑞士等国规定董事必须为自然人，英国、法国、比利时等国规定，法人担任董事时，应该由自然人作为其代表或代理人。我国《公司法》对此没有规定。但从法律要求董事具有民事行为能力来看，董事宜于自然人担任。如果允许法人或者其他实体担任董事，势必董事的行为需要他人代理。然而，在某种意义上，董事本身就具有"代理人"身份，如果董事在履行职务时再次委托或者指派他人代理，不利于公司的业务执行和经营稳定。④股东身份问题。即担任董事的人是否一定要具有股东的身份。日本、意大利等国，不要求董事必须是公司股东；法国则要求董事必须是公司股东，但允许公司章程加以限制。但是这在实践中会导致公司不得不象征性地出售一些股份给将要担任董事的人，称之为"资格股"。

2. 消极任职资格——结合我国《公司法》147 条的规定以及本案的问题。对董事消极资格作出规定，是各国公司法的通例。各国公司法对董事消极资格的规定，主要有以下几个方面：①犯有某些罪行尚未结案者，或犯有某些罪行服刑期满后未逾一定期限者，不能担任董事；②无行为能力人和限制行为能力人，不得担任董事；③从事某种特殊职业的人，如军人、公务员、公证人、律师等；④监事不能兼任同一公司的董事。我国《公司法》第 147 条对董事的消极资格作出了细致的规定，对于特殊类型的公司，特别是上市公司，由于公司具有更广泛的社会性，对董事任职资格作出了更加严格的要求。《公司法》对董事消极资格作出规定，目的是为了保护公司利益，防止品行不良的董事损害公司利益或借公司名义损害债权人利益。我国《公司法》对董事消极资格的规定应该说比较详细、全面，但是，这些规定依然存在着一定的问题：①有些规定较为抽象，很难落到实处，如《公司法》第 147 条规定的"个人所负数额较大的债务到期未清偿"，何谓数额较大？法律未作规定；同时，因何负债数额较大也应具体分析，不应一概而论。②《公司法》虽规定了董事的消极资格，同时规定"公司违反前款规定选举、委派董事、监事或者聘任经理的，该选举、委派或者聘任无效"。但是没有规定无效董事已经作出的行为应如何处理，因为当发现董事任职资格违法的时候，该董事可能已经履行了董事的职责，如参加董事会会议，行使表决权等，在这种情况下，董事会的决议是否还有效？我国《公司法》对此问题未作规定。

（四）公务员能否担任董事问题

《公司法》关于董事任职资格的一个重大变化就是取消了原来禁止公务员担任公司董事、监事、管理人员的规定，而且在第二章第四节"国有独资公司的特别规定"中，明确规定国有独资公司的董事会成员、监事会成员由国有资产监督管理机构委派。这是立法者注意到原有规定与实际情况冲突后作出的重大改进，值得肯定。修订前的《公司法》第 58 条规定公务员不得兼任公司的董事、监事、经理且没有例外情形。这一规定与《公务员法》及一些禁止党政干部经商的法律规定相呼应，主要是为了督促国家公务员专心履行好自己的职责，并且防止公务员在经商、经营企业中滥用职权，使任职公司带有"特权"性质，扰乱市场竞争和交易秩序。的确，公务员这一职位所代表的社会公共职能与公司董事应为公司与股东利益最大化尽到忠实和勤勉义务的角色定位存在着不可调和的冲突，但这主要是国家公务员在民营企业任职时的情形。如果国家作为股东向所出资企业派驻董事、监事、经理时，这些人员同时具有公务员身份并不会带来不同利益代表者的冲突，而在实践中也确实有这样的需要。从其他国家公务员立法来看，大多数国家并未像我国这样严格禁止公务员在任何类型公司中担任董事、监事、高级管理人员。《公务员法》一般在原则性禁止公务员利用职权之便谋取私利的同时，禁止公务员在私营公司任董事，但对于受上级任命出任国家持股公司董事的情形多留有余地。如日本《公务员法》第 103 条原则禁止公务员兼任商业、工业或金融业等以营利为目的的私营企业及其他团体的官员、顾问或理事等职务，但同时又在该条第 3 款规定："根据人事院规则的规定，由所属机关的长官申请并得到人事院同意时，不适用前两款的规定。"德国《公务员法》也认可公务员应上司的需求，建议或安排在董事会、监事会、管理委员会或社会团体、互助社的某个组织任职的合法性，并由联邦政府通过颁布法规来具体规定哪些工作可被认可是与该条例相关的公务或相当于公务。在西欧，国有企业、国营企业和国有公司的董事会成员基本上由政府官员组成。

实际上，对国资委代表国家履行出资人职能而向所出资公司派出董事、监事、高级管理人员时，《公司法》不宜过于严格地限制其必须不具有公务员身份。因为此时这些人员受国家机关委派，为维护国家作为出资人利益而履行职责，符合《公务员法》第 2 条所规定的"依法履行公职、纳入国家行政编制，由国家财政负担工资福利的工作人员"的定义，可以视为在特定领域内以出任董事的特定方式履行公职。尤其在国资委向所出资企业派驻监事时，以公务员身份出任的监事可以更好地保持与所在公司的独立性，发挥充分的监督作用。

十二、虚假记载与董事对第三人责任

经典案例

某股份公司董事被追究董事第三人责任案[1]

[案件事实]

某 A 股份公司是上市公司，1965 年受山阳特殊钢公司破产的影响，从 1970 年开始处于亏损状态。该公司于 1972 年 10 月~1973 年 9 月的第 33 期会计年度亏损了 4693 万日元，但是公司董事长 Y1（被告）命令 Y2 等其他董事（被告）编制财务报告时粉饰销售额，虚假记载利润为 5626 万日元。到了第 34 期实际损失为 3 亿 9894 万日元，而又虚假记载利润为 6196 万日元。这些财务报告是经过股东会以及董事会批准的，损益结算表已公告。本案原告 X 是以贴现票据为主营业的股份公司。A 公司向 B 公司开出了一张 1000 万日元的本票，票据持有人 B 公司到 X 公司贴现时，X 公司向 A 公司确认是否出票，并通过东洋经济新闻报社发行的"公司的四季年报"调查 A 公司的业绩之后，付款 862 万日元取得了该本票。X 公司在本票到期之日的第二天，要求兑现本票，但是对方以资金不足为理由拒绝支付。不久 A 公司于 1975 年 11 月份被宣告破产。X 公司对 A

---

〔1〕　参照名古屋高等法院判决书，（1983）250 号，载自江头宪郎等编：《公司判例自选》第 2 版，有斐阁出版社 2011 年版，第 152 页。

公司的董事长 Y1 以及其他董事 Y2～Y9，根据日本《商法》第 266 条之 3（现行《日本公司法》规定第 429 条）提起损害赔偿诉讼。第一审被驳回，于是 X 上诉。

［判决意见］

驳回上诉。

"在本案中，X 公司作为贴现票据的公司与 B 公司签订了贴现合同，支付了对价，取得了本票。而且，在支付之前还对 A 公司的业绩作了调查，判断了本案票据的经济价值。根据本案 X 与公司没有直接的交易关系，虽说票据是有价证券，但是与在公开市场取得的股份，债券明显性质不同，本案所受损失不应包含在保护的范围之内。"

［案例评析］（因我国《公司法》没有董事对第三人责任制度，因此本案引用日本案例以及制度，评析比较详细）

（一）董事对第三人责任的法意

关于董事对第三人责任，《日本公司法》于 1983 年、2005 年作过修改，但是两次修改只是扩大了追究责任的范围，因此本案的判决宗旨在追究董事第三人责任方面依然具有重要的意义。追究董事对第三人责任的案例，在《日本公司法》的判例中为数不少。原因在于二次大战后急剧增加了与中小型股份有限公司进行交易的第三人在公司倒闭时没能得到清偿，需要追究董事个人责任的情形。

日本是大陆法系国家，《公司法》规定董事对公司的责任源自董事与公司的委任合同，而董事对第三人责任源自公司与第三人签订的合同。因篇幅的关系本文只对《日本公司法》中有关董事对第三人责任的界定、理论依据、判例变迁过程作一梳理分析。

1890 年的《明治商法》并未规定董事对第三人的责任，而 1900 年的《明治商法》在第 177 条中第一次规定了董事对第三人的责任。经 1912 年《明治商法》修改规定在第 177 条第 1 款中沿用至今（现行 2006 年新《公司法》第 429 条第 1 款）。其后，1950 年修改《商法》将其规定在第 266 条的第 2 款中，之后修改为第 266 条之 3（《日本公司法》法条中 "00 条之 3" 这类用语，主要用于在法律修改中追加的条文），而判例在对其法律性质的界定上采用了 "间接损害限定说"。1950 年修改之前的日本《商法》规定："董事违反法令或章程给第三人造成损失，即使基于股东大会决议所为的行为也应对第三人负损害赔偿责任"。而 1950 年修改的《公司法》将董事对第三人责任规定在第 266 条之 3 第 1 款法条中删除了 "违反法令或章程的行为" 要件，因此董事负责任的客观要件的范围自然扩大到违反一般义务之时（勤勉义务以及忠实义务）。另一方面，相应地规定了主观要件。即：董事懈怠任务之时主观上具有恶意、重大过失方能追究董事对第三人的责任。进而在 1950 年修改中解释董事对第三人责任的赔偿范围包括"直接损失"，它与 1950 年修改前的"间接损害说"产生了隔阂，开始出现了不同学说。该解释主要是参考了 1950 年修改前第 192 条第 2 款发起人损害赔偿责任规定，从此董事对第三人责任更为加重，解释论亦有所变化。另外，服部荣三在《基本法——解释《公司法》2（1991 年版）》中指出设《公司法》第 266 条之 3 第 1 款（现行《公司法》第 429 条第 1 款）规定的目的在于股份公司由董事、高管运营，出于保护第三人的目的应追究他们的损害赔偿责任。而且，围绕着日本最高法院 1969 年 11 月 26 日大法庭第一次追究董事对第三人责任的判决，学界至今还有分歧。对此在下文结合学说进行分析。

（二）围绕董事对第三人责任的学说

关于董事对第三人责任，目前日本的学说主要分为"法定责任说"与"侵权行为责任说"。"法定责任说"又分为"特别法定责任说"与"修改法定责任说"。

1. 法定责任说。

（1）特别法定责任说。"特别法定责任说"认为股份公司的运营依赖于董事、高管，而股份公司具有公的性质，因此需要在强化董事的地位以及权限的同时应强化董事对第三人的责任。该学说认为为了保护第三人不得容忍董事的违法行为，因此需要：董事对第三人的责任区别于债务不履行责任以及侵权行为责任，必须为"特别的法定责任"；损害的范围不仅包括"直接损害"，还应包括"间接损害"；受到损失的第三人只要举证损害与董事的"任务懈怠"行为之间的因果关系以及董事的"恶意、重大过失"即可，对于董事是否存在对第三人加害的故意或过失无须举证；认可与一般侵权行为之间的竞合。但是，1969 年 11 月 26 日的最高法院大法庭判决只谈到股份公司在社会中发挥重要的作用，而股份公司由董事来运营，因而第三人需要保护，并没有罗列其他理由。对于董事的"任务懈怠"判决解释为违反"勤勉义务以及忠实义务"。其后，1974 年 12 月 17 日的最高法院判决认为"董事对第三人责任是通过法律规定加重处罚的特别认可的规定，而不具有侵权责任的性质"，明确地表明了最高法院采"法定责任说"。另外，关于时效，最高法院否定了日本《民法》有关侵权行为的"短期消灭时效"的规定，认可了日本《民法》的一般规定第 167 条第 1 款的 10 年时效。

（2）修改法定责任说。修改法定责任说又分为两种。一种见解认为：董事对第三人的责任规定类似于《民法》第 423 条的债权人代位求偿权的损害赔偿责任，因此债权人的损害应界定为"间接损害"，而股东蒙受的"间接损害"可经代表诉讼的途径解决，对于股东的"直接损害"应通过日本《民法》第709条的一般侵权行为责任予以补偿。另一种见解认为：界定"间接损害"时，董事的任务懈怠主要依据"恶意、重大过失"来衡量；界定"直接损害"时，依据日本《民法》第709条的一般侵权行为责任来追究，主观上的"恶意、重大过失"要件可理解为"对第三人的加害"行为要件。

2. 侵权行为责任说。侵权行为责任说分为"侵权行为特则说"和"特殊侵权行为责任说"。

（1）侵权行为特则说。该学说认为董事日常需要处理繁杂的事物，需要应对纷繁复杂的经济社会的情势变更，应免除董事的轻过失责任，将董事对第三人责任排除在民法的一般侵权行为责任的范围之外，适用特殊规则。该见解主要由松田二郎法官主张，与前述1969年11月26日的判决持不同见解。从该学说中可以看出，它将董事责任的损害范围界定为"直接损害"，把"恶意、重大过失"作为"加害要件"来理解。

（2）特殊侵权行为责任说。该学说将董事对第三人责任主张为是对董事责任的强化规定，区别于民法的一般侵权行为。该学说又分为三种：第一种见解认为损害既包括"直接损害"还包括"间接损害"，而"恶意、重大过失"作为判断懈怠任务的要件。该学说认可与民法的一般侵权行为之间的竞合。可以看出该学说主张董事对第三人的责任的法律性质为侵权行为的同时，适用了法定责任说的要件。第二种见解基本与第一种见解的内容相同，不同之处在于主张股东的损失应通过股东代表诉讼来予以补偿，并否定短期时效的适用。第三种见解原则上只认可"间接损害"，在这一点上与法定责任说不同。

（三）损害的认定

1. 间接损害的发生与第三人的认定。这里的间接损害指因董事恶意、重大过失给公司造成损害，其结果给第三人造成损失的情况，典型的例子有董事放慢经营、进行自我交易等使公司破产给债权人造成损失。而围绕着造成间接损失时第三人中是否还要包括股东的问题存在不同的见解。日本有一些判例把股东作为第三人追究了董事的损害赔偿责任。当然也有相反意见。反对的理由在于对股东的间接损失，《公司法》规定可通过股东代表诉讼救济，所以不应将股东列为第三人赔偿其损失。但是这种情形应该是针对上市公司而言的，在控股股东和董事为一体的封闭型公司，如将少数股东受害救济的情形限定在股东代表诉讼，则有可能使股东重复受损失。比如：日本出现过董事未经股东大会特别决议以特别低的价格（日本《公司法》第199条第3款、第200条第2款）向特定对象发行新股给旧股东造成损失的情形；还有因自我交易给股东造成损失而要求赔偿损失的案例。对此法院均认可了董事对第三人的责任。在我国很多学者认为中国《公司法》第 153 条规定了董事对第三人的责任。该条文确实规定了股东对造成损失的董事可直接提起诉讼。但是，该条文并没有包括债权人，对该条文是否可以扩大解释为董事对第三人的责任，笔者对此持有疑问。因为该条文的宗旨在于保护股东利益，不在于保护债权人的利益。如果执意将此条文解释为追究董事对第三人的责任条款，笔者认为还要追根溯源从股东股权的法律性质而谈。如果将股份的性质解释为债权，也可以将股东列为第三人，否则不然。众所周知，股份债权说认为从公司取得法人资格时起，公司实质上就成了财产所有权的主体。认为股东认缴出资、持有股份，只是为了获取股利分配，股份的实质为债权，以请求股利分配为目的的债权或附条件的债权。1928 年日本著名的法官松田二郎主张"股份债权论"。它将田中耕太郎（社员权否认说的代表）的社员自益权直接解释为利益分配请求权以及金钱借贷等私权，另一方面将股东的共益权解释为是如同国家参政权般的一种公权。松田认为：表决权就如田中教授指出的不是权限而是权利，应该为公司而行使，持有股份当然地拥有被赋予人格权的权利。就如同自然人到了 20 岁（《日本宪法》规定 20 岁具有公民权）自然具有参政权是一个道理，取得股份自然就能得到表决权。一般论国民权的时候，不会把像财产权这种私权和像参政权这种公权相提并论，所以将共益权和私益权合起来称为社员权是没有意义的，这就是有名的"股份债权论"。战后，将民法推向最高境界的日本的我妻荣教授也认为，作为企业的所有者被剥夺企业经营职权后，剩下的只是收益权，对于收益者与其说给予他企业所有者的名称不如将他视为债权者。但是，该学说的问题点在于对股份认识的不足上。债权是纯粹的财产权，基于当事人约定或法律规定而产生反映财产的流转关系，而股份还包括管理权，基于投资行为而产生反映财产的支配与归属关系。目前我国主流学者认为股权的性质为独立民事权利，但是即使从股权独立民事权利说的角度目前尚无法论证股东为第三人。因此笔者认为我国尚不存在董事对第三人的责任追究规定。如果第三人包括股东，董事既可能基于董事对公司的责任被追究责任，还要因为董事对第三人的责任，对股东负有责任，这就得负双重损害赔偿责任，显然这种责任追究方式肯定会萎缩董事的经营能力，使股份公司的经营受阻。而且，如果不明确股东是否为第三人的问题，在发生间接损害时有可能出现股东代表诉讼与董事对第三人责任的追究竞合的问题。当然，追究第三人责任时，还要满足"恶意"或"重大过失"这一主观要件前提。另外，我国《企业破产法》第 125 条第 1 款规定："企业董事、监事或者高级管理人员违反忠实义务、勤勉义务，致使企业破产的，依法承担民事责任。"此责任应是董事对公司的责任还是对第三人的责任，对此并没有解释。但是从《企业破产法》的立法保护目的而言应该是保护债权人的。总而言之，无论是中国《公司法》第 153 条还是《企业破产法》第 125 条均未规定其适用的主观要件，如果不设计具体主观要件有可能招致滥诉的情况。

2. 直接损害与董事义务的关系。董事的恶意、重大过失没有给公司造成损失，只给第三人造成损失时称为直接损害。典型的直接损失为，公司面临破产时董事明知根本无法偿还借贷金钱或在无法支付价款的情况下购入商品给交易第三方造成损失的情况。在这种情形下要考虑是否应基于侵权行为来追究责任的问题。对此，判例认为因侵权行为给第三人造成损失时需要主观上的故意、过失要件，而《日本公司法》规定董事对第三人的责任基于董事懈怠义务的"恶意"或"重大过失"要件。那么前述的金钱借贷是否属于懈怠义务的行为呢？上柳克郎教授认为在其借贷有损于公司信用这一点上可以引申出懈怠义务的情形。但是，在资不抵债的公司，股东在有限责任的保护伞下通常投机的比较多，而且持续营业还要向董事支付报酬，这样有可能更恶化公司的财务状况，因此为了防止债权人损害的扩大，将董事对公司再建的可能性、破产处理等的判断也解释为尽勤勉义务。除此之外，董事对第三人直接造成损害的案例还有：因对公司债务不履行而产生的；非法侵占建筑物的；著作权侵害的；有违股东大会决议不向退休董事支付退休金的；告知虚假信息诱劝投资的。这些案例主要发生在中小企业，其中比较明确的欺诈行为并不能以勤勉义务以及忠实义务来解释，而是直接构成了侵权行为。如前所述，董事对第三人的责任与董事对公司的责任并存时应如何处理的问题还有待研究。

3. 董事的内部控制体系构建义务与对第三人责任。日本 2006 年新《公司法》第 330 条规定董事对公司负有勤勉义务，第 355 条规定了忠实义务，第 357 条规定了说明义务，第 362 条 2 款 4 项规定了董事的监督义务，同条第 6 项还规定了董事构建内部控制体系的义务。接着在《公司法实施规则》第 100 条规定了构建内部控制体系的具体内容。关于勤勉和忠实义务与董事对第三人责任的关系前一章节已涉及，故此本章节主要拟围绕近期各国引进并讨论较多的内部控制体系的构建、适用与董事对第三人责任之间的关系。具体而言日本 2006 年新《公司法》以及实施细则规定的内部控制体系的构建、适用义务包括以下内容。

(1) 为确保业务实施的恰当性而构建体制。这一体制包括的内容如下：①确保构建董事以及使用人（高级管理人）执行职务符合法令以及章程的体制。这一条文通常解释为是"合规体制"。这一体制的构建内容包括经营方针以及基于行动指南制定遵守准则，进而策划合规基本方针、相关规定以及合规实施体制和内部揭发制度等。②构建保存董事执行职务所需相关信息以及管理体制。

这一条要求完善文书信息管理体制，在会议记录上记载对董事执行职务时的重要的意思决定事项、董事会决议事项以及记录的保管期限等。具体会议记录以及上报文件等保存对象要具体规定，而且对其保管期限以及保管地点，文书管理规则或修改的认可，基于监事的要求如何提供信息，而且在委员会设置公司不仅停留于文书和信息的保管，还要做好信息防盗系统。③关于损失危机管理及其他体制。这一体制就是所谓的"风险管理体制"。对本公司可能发生的各种各样的风险，从事前需防止的程序以及体制发生时的应对方法均规定在公司内部规章制度中。这些事项由董事会决议并探讨。在委员会设置公司中，有的公司举出了公司自认为的风险内容以及直到完成营业持续计划为止，记载了董事会讨论事宜的全过程。这里所指的损失危机并不是防火等单纯的危险管理，而是对全公司的风险控制（EMR），需要每个公司自己定义。④确保董事有效执行职务的体制。这一体制是关系到董事执行职务的具体体制，所谓的企业治理就包括在其中，而且这一体制必须做到在任何一个阶段都要有效地进行经营管理。具体而言，经营机构、执行董事的职务分管、经营管理机制、预算制度以及业绩管理等均为其内容。⑤确保母子公司以及集团公司业务的妥当性。这一体制要求这类集团公司的内部控制体系的构建以合并报表为主进行。以前"子公司"对"母公司"不具有发言权，但是新《公司法》认为子公司应构建如果受到来自母公司不恰当指示时的应对方针以及体制。

（2）确保构建监事有效进行监督的体制。除了前述（1）的各项内容以外，董事会必须决议构建为确保监事有效进行监督的体制。①在是否应设辅助监事的人员时董事会要考虑派专职人员还是派其他部门高管的问题。②如果决定设监事辅助人员时，关于该辅助人员的调动问题是否应经监事的同意、执行董事有没有对该人的指挥命令权等。③构建董事以及高管向监事的报告、通报的体系以及其他有关部门向监事报告有关内部控制体系的实施状况等，对此需要决议。

（3）营业报告中的公开与监事的监督。前述这些事项均在新《公司法》开始实施后的2006年5月1日以后召集的董事会来决定。另外，关于董事会决定的上述内容应记载于营业报告中。有关营业报告中的业务恰当性的确保体制的决定或决议内容有记载时，如若监事认为其内容并不恰当发表意见时应将其理由记载于监事报告中。但《公司法》要求公司构建内部控制体系时，董事会的决定和决议应如何进行、包括何种内容的问题困惑了大部分公司。因为《公司法》并没有明确规定内部控制体系在法规方面需完成的具体目标。日本的现状是公司根据前述公司法规定的框架各自构建独自的内部控制体系，其体系内容各异，实施方案也由每个公司各自决定。也就是说，基于公司法的规定，董事公开决议以及构建程序。诸多公司在具体构建程序上模仿 COSO 报告模式。如此，《日本公司法》从 50 年代引进董事会制度以来一直赋予董事会以监督、监视义务，2006 年实施的新《公司法》中还明确了大型公司（资产规模达到 2 亿日元以上，负债为 500 亿日元的公司为大型公司）的董事构建内部控制体系的义务，强化明确了其应尽的监督义务。因此，这类构建内部控制体系的公司董事被追究其对第三人责任时应与小规模封闭型公司的董事作以区别。也就是说，需要探讨董事"应负"的监督、监视责任内容以及"应有"的职务内容，基于此判断这些内容与董事责任之间的因果关系。在此日本东京地方法院的 2007 年 5 月 23 日的判决较引人瞩目。该案的梗概为：原告甲因某期货交易公司（申请破产）员工乙的劝诱从 1999 年 11 月开始了期货交易，直到 2001 年 3 月为止进行了 10 种商品交易，结果遭到共计 14 697 100 日元的损失。其中交易损失达 2 649 400 日元、手续费 11 474 000 日元、消费税为 573 700 日元。而且日本于 1994 年 4 月开始实施了分管账户制度，将顾客的委托资金与期货公司的账户分离保管。但是，该公司 2003 年 9 月开始没有分离委托金和公司财产，擅自使用客户委托资金，并虚报假账伪造银行存款余额，向农林水产省以及经济产业省虚假报告。被金融厅处以取消商品交易资格的处分。而丙从 1973 年开始在该公司就任代表董事，2004 年 8 月该公司被宣告破产。对此原告甲认为进行劝诱的乙等违反适合性原则，提供肯定性的判断信息，违反了说明义务，追究该公司的侵权行为责任或使用者责任要求损害赔偿，而且请求破产管理人认可其债权。原告甲还基于修改前的日本《公司法》第 266 条之 3 董事对第三人责任条款追究其违反忠实义务，有违法律规定，侵占使用客户资金、放慢经营，没有对员工乙等的业务行为进行有效监督为由，要求赔偿损害。同时将该公司其他董事也列为被告。对此法院判决代表董事丙负赔偿责任（法院在认定原告甲损失的基础上认为原告甲也有过失，判决各承担 50%），其他董事免责。因为该公司实际上全部由代表董事丙掌握全权，其他人如同名义上的董事，基本上无发言权。法院根据公司的实际运营状况免了其他董事的责任。这一案例应该属于是前述间接损害的情形。笔者赞同这一判决将代表董事责任和其他一般董事责任分开追究的方式，但是也不得完全免除其他董事的责任。在此有必要首先明确代表董事及其他业务执行董事的监督义务。纵观日本判例，对具有业务执行权限的董事较之一般董事处罚严厉，因为他们不仅有业务执行权限而且掌握着很多业务信息，所以监视的机会更多。而且可以看到基于内部控制体系构建以及运用义务是否恰当履行来判断是否存在怠于任务或违反勤勉义务的情况。在追究董事对公司责任案例的大和银行案中明确指出："为了确保公司的健全经营，应正确掌握公司营业目的以及种类、性质，防止相应可能发生的各种风险，比如信用风险、市场风险、流动性风险、事务风险、机制风险等。并且要完善符合公司经营规模与特性的风险管理体制。重要业务执行决定权限在于董事会，构建内部控制体系大纲权也在董事会，代表董事以及其他业务执行董事根据大纲分担业务各自掌控风险。"在这个意义上法院认为代表董事以及其他业务执行董事负有构建内部控制体系及监督义务，对其他董事亦追究了责任。之后 2004 年还出现养乐多总公司的董事进行金融衍生产品交易给公司造成巨额损失的判例。此判决追究了具体负责业务的董事的责任以外，其他董事没有被追究责任。理由在于该公司已经构建了风险管理体制以及合规体制，所以认为其没有违反监督义务，员工等的违法行为不得直接构成违反勤勉义务的行为。该判决的意义在于只要构建了内部控制体系就可视为尽到了勤勉义务，没有追究董事的责任。但是笔者认为这就有悖于内部控制体系构建制度初衷，无法达到控制风险的目的。此外，还有某出版社没有构建内部控制体系没能有效防止侵害肖像权等违法行为的发生，全体董事被追究责任的案例：食品公司的董事把已过保质期的牛奶再利用而招致食物中毒，认为董事怠于构建合规体制以及风险管理体制被追究责任的案例。[1] 如此，在《公司法》中明确规定类似于《日本公司法》以及实施细则规定的内部控制体系构建指南，明确定位就很容易判别董事应负责任与损害之间的因果关系，但是从这些案例中可以看出法官在判决中对适用条文的理解不同而结果截然不同。当然，对于董事责任也应分割追究，不得一概而论。可以说，事实上内部控制体系以及合规体系的构建成为了是否追究责任的一个判断标准，但是尚还停留于构建还是追究具体实施责任的问题，有待研究。

关于董事对第三人责任的追究中，《日本公司法》于 1950 年第一次认识到应包括虚假记载的情形。虚假记载被认定为是公司懈怠任务的情形。在 1950 年之前虽然《公司法》并未规定虚假记载是董事对第三人的责任规定，但是，《商法》一直以来就有关于新股发行时的募集股份的概念以及募集设立的方式，在公开募集时需要负虚假公开责任的规定。而在 1983 年修改中，明确地规定了虚假记载时的董事对第三人责任规定。并追加了董事能够举证未懈怠勤勉义务时，可免责，由此否定了董事责任无过失责任说。当然这里所指懈怠义务与追究董事责任的主观要件"恶意或重大过失"并不矛盾。因为懈怠义务的情形，基本上适用于负连带责任的情形。尤其是日本第一次出现的董事对第三人责任案例中已经明确了法定责任说，该制度在小规模封闭型公司中有限责任不当地被利用时，起到以追究董事责任的名义追究控股股东责任的作用。

---

〔1〕　名古屋高金泽支判 2005 年 5 月 18 日判时 1898 号，第 130 页。

关于本案提到的虚假记载问题，日本《金融商品交易法（证券法）》第21、22、24条规定，公司在有价证券报告书以及披露文件中因虚假记载给投资者造成损失，公司的董事等高管应负损害赔偿责任。但是，对于尽到勤勉义务而没能知道虚假记载的高管可免责任。这一点与《日本公司法》第429条的规定是相呼应的。虚假记载主要体现在招股说明书、财务会计文书、登记文件等。当然发生虚假记载的问题时不仅董事应负责任，注册会计师、审计法人、证券公司均应负责任。

X公司未直接阅读会计报告，只阅读了公司的季报，一般而言，信息一经公开就以各种各样的方式被利用，只要信息没有被歪曲，还是要负一定的责任的。但是，如果连季报都没有阅读，只信赖市场价格进行交易那就更应该负责任了。有见解认为（跟法官的见解是一样的），关于信息披露，《金融商品交易法》优先适用于《公司法》。基于《金融商品交易法》以及信息披露原则所形成的市场价，投资者取得股份受损失时，应在《金融商品交易法》保护的范围内。从这一角度考虑可以理解判决的宗旨。另一种见解认为在本案的票据交易中，因为虚假信息的公开另一方受到损失时，可以视为具有"恶意或重大过失"，追究董事责任。

拓展案例

案例一：　　苏州财亨利房产有限公司与凌肇法再审案[1]

［案件事实］

原告苏州财亨利房产有限公司是一家房地产开发公司，被告凌肇法是其董事总经理。原告与X房地产公司合作开发某住宅项目。X公司的股东Y公司有意转让其对X公司的部分股权。但Y公司"从未考虑"将其持有的X公司股权转让给原告；原告自始至终也从未向Y公司表示有意收购X公司股权。在未经原告公司股东会同意的情况下，被告与他人组建了Z公司，从Y手中收购了X公司12.5%的股权，并担任X公司的副董事长。原告指控被告在同业公司（即X公司）担任董事，并侵夺了原告的商业机会。

江苏省高级人民法院经再审审理后认为，X公司是原告的合作伙伴，Y要转让X公司的股权，被告作为原告的董事、总经理，本应将该商业机会留给原告

---

〔1〕　江苏省高级人民法院民事判决书，（2010）苏商再提字第0015号，载《江苏省高级人民法院公报》（2010年第6辑，总第12辑），法律出版社2011年版。

公司,以使原告公司获得更大的商业利益,至少应交由公司董事会或股东会讨论、决议,但被告却另组公司私自取得了这一机会,并取得投资收益。法院最终判决,被告为自己和他人谋取了属于原告的商业机会,违反了《公司法》第149条第1款第5项的规定。

[问题与思考]

如何判断系争商业机会是否属于公司?对于第三人未直接提供给公司的机会,董事应如何处理才不违反忠实义务?

[重点提示]

只要某商业机会是董事基于其职务获得的,或者与董事所服务公司的业务有紧密联系,董事就有义务将该机会首先提交给公司,公司放弃的,董事才可以通过合法的程序取得并利用该机会。这是忠实义务的基本要求,即董事不得将个人利益置于公司利益之上。

案例二:　北京妙鼎矿泉水有限公司诉王东春公司高级管理人员损害公司利益赔偿纠纷案[1]

[案件事实]

妙鼎公司系以制售定型包装饮用水为经营范围的有限责任公司,2007年2月~2008年6月底,王东春担任公司总经理,双方未对公司财产进行盘点、清查。

2007年6月6日,妙鼎公司与王东春签订《经营目标考核》,约定:经营目标为2007年桶装水销量70 000桶、销售额330 000元、经营纯利润10 000元;经营期限自2007年2月1日至2007年12月30日止。公司股东会和董事会全面委托王东春经营管理,购置设备由王东春提交计划,股东会审批,购置消耗品、开展促销、财务管理由王东春自行决定。

2007年10月23日,妙鼎公司因当年7月生产的纯天然自涌山泉菌落总数一项不符合标准,被门头沟区质量技术监督局罚款及没收违法所得共计1348.50元。此款已由妙鼎公司缴纳。在王东春经营期间,因水中有杂物、水碱以及漏水等问题,赔偿客户共计4015元。

2007年6月,王东春经办对博安物业的送水业务。根据出库单等会计凭证统计,截至2008年2月,销售额为6505元,博安物业付款5985元,妙鼎公司于2007月6月退还博安物业水款1200元,王东春未能就退还此款作出合理解

---

〔1〕 本案例来自北大法宝网,案件字号为(2009)门民初字第4号。

释；2008 年 3 ～ 6 月，销售额为 905 元，博安物业付款 685 元。妙鼎公司亦未与博安物业核实欠款数额。

2007 年 5 月～2008 年 7 月 1 日，王东春以公司资金陆续购买 25 台饮水机开展"买水赠送饮水机"促销活动，金额合计 5760 元。妙鼎公司留有 2 台自用；客户处现有 14 台；另外 9 台未得到客户确认，价值 1910 元。

2008 年 5 月，王东春就 2007 年对账单和费用问题向公司董事会进行说明，内容包括：①经营期间陆续报废 400 只桶卖废品，收入 1600 元，分批花在伙食和其他费用上，没有入账；②对不清洁空桶进行抛光 1200 只，共支出 2400 元，用 342 只报废的空桶支付；③用 780 只报废的空桶换新桶 260 只。

妙鼎公司向北京市门头沟区人民法院提起诉讼，指出在王东春担任总经理期间，严重失职，营私舞弊，要求其对公司的以下损失进行赔偿：①因产品质量不合格被门头沟区质量技术监督局罚款 1348.50 元；②经营期间因质量问题赔偿客户 4015 元；③王东春未将其持有的博安物业业务登记卡交财务备案，未将其收取的望京西园货款交财务入账，造成无法核实追讨货款 3370 元；④经营管理期间，水桶流失 2866 只，饮水机流失 25 台，流失资产合计 27 808 元；⑤营私舞弊，截留货款共计 2410 元，共计 38 951.50 元。

被告王东春认为，因其与前任经理杨钧凯未进行交接，公司所述流失空桶的数量不准确，事实上除报废以及重新抛光、以旧换新用去 1522 只外，因客户拉走水桶后未送回而流失的只有 100 只，且系人员紧张所造成。

法院认为，《公司法》第 148 条、第 150 条规定，公司高级管理人员应当遵守法律、行政法规和公司章程，对公司负有忠实义务和勤勉义务，尽到普通人在类似的情况和地位下谨慎的合理注意义务，为实现公司最大利益努力工作，不得侵占公司的财产；高级管理人员执行公司职务时违反法律、行政法规和公司章程，给公司造成损失的，应当承担赔偿责任。同时，损失是商业风险或其他外界因素所致，则不能认为高级管理人员违反勤勉义务。对于双方当事人争议的焦点，本院进行如下评述：

1. 王东春任职后已发现设备故障、电力不足等问题，对设备进行过维修，向董事会进行了汇报，并请相关单位制定了设备改造方案，尽到了管理责任。在设备、电力等生产条件未得到明显改善的情况下，不能把产品出现质量问题归结于王东春没有对设备进行日常维护。由于产品质量问题系生产设备故障等客观原因所导致，且生产条件的改善由公司负责，对妙鼎公司要求王东春承担罚款和客户赔款的诉讼请求，本院不予支持。

2. 截至 2008 年 2 月，博安物业公司尚欠妙鼎公司 1720 元。因被告未能妥善保管债权凭证，使得该笔欠款难以收回，被告应当承担赔偿责任。2008 月 3

月之后的债权凭证在妙鼎公司，在未证明已无法追讨此期间形成的欠款的情况下，不能由王东春承担赔偿责任。

3. 妙鼎公司知悉王东春开展赠送饮水机的促销活动，且妙鼎公司在审查入账时从未要求王东春提交客户确认的相应凭证。在25台饮水机中有16台的下落已经核实且妙鼎公司不能证明王东春给自己谋取私利的情况下，另外9台饮水机的下落未得到客户确认属于正常的商业风险。对妙鼎公司要求王东春赔偿饮水机流失损失的诉讼请求，本院不予支持。

4. 王东春任职时，双方亦未进行过清点水桶的准确数字。此外，在王东春期间存在以旧桶换新桶或重新抛光的情况，水桶数量必然减少。故原告主张水桶流失2866只，没有充分证据。另外，王东春经营期间陆续报废400只桶，卖废品收入并未入账。而水桶的残值应归公司所有，其主张收入分批花在伙食等费用上没有依据，应当予以赔偿。对于王东春"因为人员紧张，有的客户拉走水桶后未送回，流失100只空桶"的陈述，本院认为，王东春可以通过预收押金等方式避免此情况发生，因其未尽到谨慎的注意义务，应当予以赔偿。因王东春对水桶进行抛光时，旧桶的作价约7元，本院以此作为赔偿标准，即王东春赔偿妙鼎公司水桶流失损失3500元。对妙鼎公司诉讼请求中的超额部分，本院不予支持。

[问题与思考]

1. 高管勤勉义务的判断标准是什么？即如何区分正常的商业风险与高管违背勤勉义务给公司造成的损失？

2. 勤勉义务与忠实义务如何区分？本案中，被告是否同时违反了该两种义务？

3. 董事、监事、高管违反了勤勉义务给公司造成了损失，但未违反法律、行政法规或者章程的情况下，公司能否对其请求赔偿？

[重点提示]

董事、监事、高管对公司的勤勉义务（善管注意义务）产生于其与公司之间的委任关系，要求其经营时应倾注合理、谨慎的注意义务，追求对公司最善利益的结果。但是，我们在实践中，应将正常的商业风险与违背勤勉义务给公司造成的损失相区分。而忠实义务是指作为经营者应忠实地履行职务，不得背信弃义，个人利益与公司利益相冲突时，不得将个人利益优于公司利益。在英美法系，注意义务（勤勉义务）与忠实义务是性质完全不同的义务，但在大陆法系，善管注意义务（勤勉义务）可以包涉忠实义务，然而受英美法系影响普遍地单独强调忠实义务，我国公司法干脆直接引进英美法上的忠实义务，作为独立的义务进行规定。值得注意的是，在我国的公司法体系下，没有违法却违反勤勉义务给公司造成的损失时，能否追究董事、高管的责任值得怀疑。

案例三：　　刘英诉科普诺（北京）科技发展有限公司撤销股东会决议案[1]

［案件事实］

2006 年 10 月 11 日，刘英与喻敏共同出资成立科普诺公司，二人分别持有 48%、52% 的股份，刘英为执行董事、经理、法定代表人，喻敏为监事，职务任期均为 3 年。2008 年 6 月 23 日，刘英接到喻敏邮寄的召开临时股东会会议通知，内容包括："我公司总经理刘英于 2008 年 6 月 25 日上午 9:00 整，在北京市西城区新街口外大街×号×××召开临时股东会会议。请务必准时到会……。"会议议题为"保障公司股东合法权益及公司资产管理办法"。接到通知后，刘英联系喻敏并提议将会议召开时间改为 6 月 29 日，喻敏予以同意。6 月 29 日，科普诺公司召开临时股东会会议，喻敏和刘英参加了会议并在会议签到表上签字。会议由科普诺公司出纳黄静负责记录，由喻敏主持。根据会议记录的记载，会议讨论了关于"保障公司股东合法权益及公司资产管理办法"的议题，并临时增加了人事任免的议题；会议形成了"从即日起免去刘英执行董事及经理职务，暂由喻敏管理公司一切业务"的决议。喻敏在会议记录上签字，刘英未在会议记录上签字。

刘英认为临时股东会会议的召开程序、表决方式和决议内容有瑕疵，故向北京市西城区初级人民法院提起诉讼，请求法院判决撤销临时股东会决议。

在法庭审理过程中，关于刘英没有在会议记录上签字一事，喻敏和刘英的陈述不同。喻敏称，喻敏和刘英在讨论公司的财务问题后，喻敏提议会议增加议题并作出临时股东会决议，即"从即日起免去刘英执行董事及经理职务，暂由喻敏管理公司一切业务"。刘英非常生气，未在决议上签字就离开会场。刘英称，会议在讨论公司财务问题时，喻敏认为刘英作为公司经理应对公司的财务问题负责。刘英对此非常生气，于是离开会场，对此后的会议进程和会议内容并不知情。

一审法院经审理认为，应从以下几方面分析本案股东会决议的效力。①关于临时股东会会议没有提前 15 天通知。《公司法》规定：召开股东会会议，应于会议召开 15 日前通知全体股东。喻敏于会议召开前两天通知刘英，在通知时

---

[1] 本案例来自北大法宝网。一审判决书字号：北京市西城区人民法院（2008）西民初字第 13602 号；二审判决书字号：北京市第一中级人民法院（2009）一中民终字第 929 号。

间上存在瑕疵。但是，刘英接到通知后，和喻敏协商变更了会议时间，并且双方均参加了会议，会议通知时间上存在的瑕疵已得到救济。②关于喻敏召集并主持临时股东会会议。按照《公司法》的规定，监事可以向执行董事提议召开临时股东会会议，如果执行董事予以拒绝、不能履行或不履行召集和主持会议的职责，监事才可以自行召集和主持。喻敏自行召集临时股东会会议并担任主持人，违反了现行法律关于股东会会议召集和主持程序的强制性规定，该次临时股东会会议所做的决议为可撤销决议。③关于临时股东会会议召开过程中临时增加议题。临时股东会会议临时增加了人事任免议题。《公司法》并没有关于有限公司召开股东会会议不得临时增加议题的禁止性规定，可见，临时增加议题并不违反《公司法》的规定。④关于执行董事任期尚未届满，股东会解除其职务。科普诺公司章程第14条规定，执行董事在任期届满前，股东会不得无故解除其职务。该条规定表明，执行董事在任期届满前，股东会如果认为有解除其职务的合理理由，可解除其职务。本案中，喻敏认为刘英不能对公司财务状况等作出合理解释，以此为理由提议解除刘英的执行董事和经理职务，未违反《公司法》和公司章程的规定。⑤关于喻敏同时担任公司监事和执行董事。《公司法》规定：董事、高级管理人员不得兼任监事。但是，临时股东会会议并没有选举喻敏为新的执行董事。股东会决议只是表明"从即日起免去刘英执行董事及经理职务，暂由喻敏管理公司一切业务"。该决议内容和《公司法》关于董事不得兼任监事的规定并不冲突。综上，科普诺公司临时股东会会议的召集人和主持人违反了《公司法》的强制性规定，形成的决议应予撤销。

喻敏等不服一审判决，向北京市第一中级人民法院提起上诉，北京市第一中级人民法院经审理认为：因科普诺公司在工商机关登记的法定代表人系刘英，该登记具有公示、公信效力，故刘英有权代表科普诺公司答辩。根据2008年6月23日科普诺公司给刘英寄送的通知，股东会会议的召集者并非是刘英，而是喻敏。刘英虽于后来通过电话与喻敏协商变更了会议时间，但刘英否认其行使了会议召集权。喻敏对该事实未能在举证期限内提供证据予以证明，故喻敏关于刘英召集了2008年6月29日科普诺公司临时股东会会议的上诉意见，本院不予支持。另外，喻敏在一审期间提供的会议记录载明，会议主持者为喻敏。喻敏未能证明会议主持者先为刘英后为喻敏的事实，故本院对喻敏关于临时股东会会议的主持者为刘英的上诉意见，不予支持。综上，一审法院认定事实清楚，适用法律正确，处理结果并无不当，应予以维持。

[问题与思考]

1. 股东会召集程序上存在的瑕疵可以通过何种方式得到救济？
2. 监事是否可以自行召集并主持股东会会议？

3. 有限责任公司股东会会议召开过程中临时增加议题形成的决议效力如何？

4. 决议瑕疵诉讼的被告是谁？该种诉讼中原被告为同一人是否合适？

5. 股东事前对股东会决议的程序瑕疵未提出异议，却事后提起诉讼，而该决议内容合法时，法官能否行使自由裁量权而驳回该起诉？

［重点提示］

本案为典型的有限责任公司股东会决议撤销诉讼，应分析股东会会议召集程序和表决的方式是否符合法律、行政法规及章程的规定。本案中主要注意召集的时间是否合适、监事可否自行召集和主持股东会会议、股东会会议召集时能否临时增加议题等。另外，我们也应思考该种诉讼中原、被告为一人是否合理，以及法官能否在特定条件下行使自由裁量权而驳回起诉。

第六章

公司财务会计

知识概要

　　我国在公司实务中大量出现了有限公司以及股份公司（包括上市公司）不分红的事例，但是我国又没有强制分配股利之诉讼，在目前法律框架下如何解决这个问题，通过已经出现的案例需要了解运用《公司法》167 条股利分配的顺序、股利得不到分配时如何救济的问题。另外，我国大量出现公司做假账的问题，正值编写本教材的时候，发生了创业版万福生科事件。为了培养学生实时关注身边发生的最近事例，分析问题，在追究审计责任方面特选择了该事例。除此之外，在资本公积金弥补亏损方面，出现了郑百文的案例，国家政策性允许，而法律不允许，法律不允许主要从保护债权人利益考虑，但是最终出现了债权人利益整体得到保护的局面。这就面临着法律规定应设禁止性规定，还是应适当放宽的问题。

一、股利分配请求权之诉

经典案例

周慧君与嘉兴市大都市置业有限公司等上诉案[1]

[案件事实]

原告：周慧君。

被告：嘉兴市大都市置业有限公司（下称置业公司）。

---

　　[1]　浙江省高级人民法院民事判决书，（2005）浙民二终字第 288 号，载最高人民法院中国应用法学研究所编：《人民法院案例选》总第 61 辑，人民法院出版社 2008 年版，第 216～227 页。

被告：嘉兴大都市实业集团有限公司（下称集团公司）。

置业公司系李峰、陈元琴、范晓秋三人于 2001 年共同投资设立的有限责任公司。2003 年 2 月，置业公司吸收周慧君为公司新股东，周慧君出资比例 10%，同时修改公司章程，设立董事会：董事长李峰、董事周慧君、范晓秋。2003 年 3 月，集团公司受让李峰、陈元琴在置业公司的出资成为置业公司第一大股东，出资占注册资本的 80%，周慧君和范晓秋出资比例不变，仍为各 10%。

置业公司 2004 年度工商年检时，向工商部门提供的 2004 年 12 月 31 日资产负债表中载明，置业公司 2004 年度未分配利润为 −174.30 万元。损益表中载明，至 2004 年底，公司利润总额为 −122.45 万元。嘉兴市新联会计师事务所（以下简称新联所）2005 年 1 月 28 日出具的嘉新鉴报 [2005] 第 44 号可弥补亏损鉴证报告中也载明：2004 年度置业公司账面亏损 1 224 529.38 元。

2005 年 6 月 15 日，新联所审计了置业公司 2004 年 12 月 31 日资产负债表和损益表后，出具了嘉新报 [2005] 202 号审计报告，结论为置业公司 2004 年度经营净利润累计 33 506 511.85 元。该审计报告所依据的置业公司资产负债表载明，置业公司 2004 年度未分配利润为 36 638 742.23 元。损益表载明，置业公司 2004 年度净利润 33 506 511.85 元。

2005 年 9 月 16 日，置业公司以周慧君未经董事会决议、法定代表人委托，提供不完整的成本资料，擅自委托对置业公司 2004 年度财务状况及经营成果进行审计为由，致函新联所，要求撤销嘉新报 [2005] 202 号审计报告。2005 年 9 月 20 日，新联所撤回了该审计报告。

周慧君诉称：根据新联所嘉新报 [2005] 202 号审计报告，置业公司 2004 年度未分配利润为 36 638 742.23 元，周慧君可按其股权 10% 的份额分得公司盈利。请求判令置业公司应立即支付其应分配红利 3 663 874.22 元，集团公司对此承担连带责任。

置业公司辩称：置业公司董事会未就 2004 年度"可分配利润"制定利润分配方案，更未报经股东大会批准，故周慧君要求分配利润缺少《公司法》及置业公司章程规定利润分配的"前置程序"。置业公司在 2004 年度的经营状况是亏损的，并无可供分配的利润。周慧君据以起诉的审计报告，系周慧君利用其担任置业公司总经理职务之便，隐匿置业公司重要商业机密材料，提供数据不实的财务会计报表，并擅自委托新联所审计所得，事后新联所对该审计报告进行了复查，并撤销了该审计报告，故周慧君主张盈余分配权的事实基础也不存在。请求驳回周慧君对置业公司的诉讼请求。

集团公司辩称：周慧君主张盈余分配权，应向置业公司主张，而不能向与周慧君同为置业公司股东的集团公司主张。置业公司在 2004 年度并无利润可供分配，周慧君称集团公司单方取得置业公司 2004 年度全部利润没有依据。请求驳回周慧君对集团公司的诉讼请求。

[判决意见]

一审法院认为：股东按照出资比例分取红利，乃《公司法》规定的股东应享有的所有者资产受益权利，但该权利的行使，须以公司确有利润可供分配为前提，并须按一定的规则进行。本案中，双方当事人就置业公司 2004 年度未分配利润情况，各自举出了相反的证据，但都没有足够依据否定对方的证据，法院对双方证据的真实性及一方证据证明力是否明显大于另一方的证据，均无法作出判断，故依举证责任分配原则，对周慧君主张的置业公司 2004 年度未分配利润为36 638 742.23元之事实不予认定。周慧君要求按出资比例分取置业公司2004 年度利润3 663 874.22元，依据不足，其请求不予支持。公司盈余分配权纠纷发生在权利人股东（或权利承受人）和义务人公司之间，股东与其他人之间不存在盈余分配关系，故也不存在盈余分配权纠纷。集团公司和周慧君同为置业公司股东，两者之间不存在利润分配关系，故其要求集团公司连带支付利润的请求无法律依据，不予支持。判决：驳回周慧君的诉讼请求。

周慧君不服，提出上诉。二审中，置业公司、集团公司向法院提供了新联所受嘉兴市南湖区公安分局经侦大队的委托于 2006 年 2 月 7 日出具的嘉新专[2006] 12 号审计报告，该报告结论为置业公司至 2004 年末未分配利润为−959 294.35元。置业公司、集团公司以此证明置业公司至 2004 年末仍亏损，不存在可分配利润。二审法院对该证明材料未予认定，原因是公安机关相关案件侦查终结前，有关材料应属保密材料，置业公司持有该材料没有合法依据。同时认为：置业公司提供的会计报表与周慧君作为公司经理委托会计师审计的报告均具有证明力，置业公司的盈利状况真伪难辨，故对各方当事人作出释明，并作了引导工作。各方当事人在法院协调下一致同意，由法院委托会计师事务所对置业公司至 2004 年末的股东可分配利润进行审计鉴定，并根据鉴定结论按股份比例直接进行分配。

二审法院认为：周慧君作为置业公司的股东，其主张分配该公司至 2004 年末的利润，应以公司确有利润可供分配为前提。二审中，本案各方当事人一致同意由本院委托会计师事务所对置业公司 2004 年末的可分配利润进行审计，并根据审计结论按股权比例直接进行利润分配。故周慧君在庭审前提出的要求本院调取新联所 [2005] 202 号审计报告附件资料的申请已无准许的必要。中汇所受本院委托作出的东方中汇会专 [2007] 2077 号审计报告表明，置业公司承建的"禾新花园"等部分项目已收款项根据相关会计制度规定至 2004 年末尚不能计作主营业务收入，该公司至 2004 年末可分配利润为 – 3 621 803.17元。至于"平湖烟草大楼"的代建管理费收入，即使按照周慧君主张的按工程总价款5%收取，其收入为2 173 317.41元，该公司 2004 年末可分配利润仍为负数。因此，周慧君提出的要求分配公司利润的诉请没有事实依据，该上诉理由不能成立，不予支持。对审计报告及补充说明中提到的置业公司向关联企业出借款项的事实，因审计部门在审计时未发现置业公司有出借款项的合同或有关借款期限、利率的约定，导致无法确定该项收益。因此，如果周慧君认为置业公司可能存在损害股东利益的情形时，可另行通过诉讼解决。集团公司与周慧君同为置业公司股东，周慧君要求集团公司对置业公司的利润分配承担连带责任，无法律依据。判决：驳回上诉，维持原判。

[案例评析]

股东对公司享有收益权（《公司法》第 4 条）。收益权主要表现为股东从公司取得利润分配的权利。利润分配又称"分红"，股东所分取的收益则称为"股利"、"红利"（《公司法》第 35 条）。公司利润不能自动量化为每个股东的收益。公司分派利润须作出相关决议后实施。在公司作出利润分配决议之前，股东收益权只具抽象意义，只是表明股东分取利润之资格和可能。

根据《公司法》，无论有限公司还是股份公司，利润分配方案均由董事会制定，股东会或股东大会以普通多数之决议通过后，再由董事会实施（《公司法》第 38、47、100、109 条）。公司利润分配不得违反资本维持原则。有限公司股东按照实缴的出资比例分红，但全体股东可以通过协议、决议、公司章程条款等形式约定不按照出资比例分红（《公司法》第 35 条）。股份公司按股东持股比例分红，但公司章程可以另行规定分配方法（《公司法》第 167 条）。公司持有的本公司股份不得分配利润（《公司法》第 167 条）。

常见的利润分配方式有现金分配、实物分配和股份分配三种。现金分配是向股东分配现金。实物分配则是向股东分配非现金财产，包括动产、不动产，也包括公司持有的其他公司的股份、债券、债权等无形财产。股份分配专指公司向股东分派本公司的股份作为红利。其实质是公司将可分配盈余转增资本，公司资产并未减少，而股本扩大了。我国《公司法》对利润分配方式未作规定。上市公司通常采取"现金分红"或者分配"股票股利"（称为"派送红股"、"送股"）的方式分配利润。近年来，证券监管机构提倡并敦促上市公司进行现金分红。[1]有限公司和非上市股份公司自行决定分配方式。

---

　〔1〕　参见中国证监会《关于进一步落实上市公司现金分红有关事项的通知》（证监发〔2012〕37号）。

有权接受利润分配的人须为股东。依《公司法》规定，有限公司股东以股东名册的记载为准（第 33 条）。但实际上许多公司并不置备股东名册。因此，识别股东资格常常依赖公司章程、公司登记等。股东资格诉讼因此经常发生。

利润分配尽管属公司自主决定事务，但利益分配往往涉及利益冲突和股东是否得到平等待遇的问题，故也不能绝对免于司法审查。审判实践中，争议焦点常常是，股东是否有权要求公司分配可分配之利润，公司的不分配决议是否损害了股东收益权，是否对特定股东构成压制和歧视。

那么本案一、二审法院均认为，周慧君作为置业公司的股东，主张分配该公司至 2004 年末的利润，应以公司确有利润可供分配为前提。二审法院经纠纷双方同意委托专业机构所对置业公司进行审计。结果表明，置业公司无可分配利润。因此，法院认为，"周慧君提出的要求分配公司利润的诉请没有事实依据"，对其诉讼请求不予支持。

但即便公司有可分利润，法院也未必判令公司分配利润。事实上，很多法院对公司盈余分配纠纷采取避免介入的立场。例如，成都中院的一个判决指出，"股东主张分红权的前提是公司在以利润缴纳各种税金及依法提取法定公积金、法定公益金之后尚有盈余，且在程序上须有公司股东会审议批准的利润分配方案"[1]依此观点，股东会如不作出分配盈余的决议，股东便无从主张分红；而是否作出分配决议，作为公司权力机关的股东会掌握了自主权，法院自然也就没有进行干预的理由了。广东高院的一个判决认为，"公司决定分配利润的权利在股东会，而非个别股东……在股东会作出利润分配方案之前，《公司法》并未赋予股东越过股东会直接提起分配利润诉讼的请求权。……公司股东会享有决定是否分配利润的自主权"[2]

类似的立场，在一些高级法院的司法指导意见中亦有反映。北京高院规定，公司未就是否利润分配作出有关决议，股东起诉请求分配利润的，法院应裁定不予受理。[3]江苏高院规定，原告要求公司给付利润，应以公司股东（大）会已批准利润分配方案为条件。[4]山东高院规定，公司股东大会、股东会未形成

---

〔1〕 成都振中电气有限公司与蔡代琼上诉案，四川省成都市中级人民法院民事判决书，（2008）成民终字第 519 号。

〔2〕 广州市越秀恒和企业投资有限公司与广州市浚泰物业发展有限公司等上诉案，广东省高级人民法院民事判决书，（2008）粤高法民二终字第 110 号。

〔3〕 《北京市高级人民法院关于审理公司纠纷案件若干问题的指导意见》（京高法发〔2008〕127 号）。

〔4〕 《江苏省高级人民法院关于审理适用〈公司法〉案件若干问题的意见（试行）》（2003 年 6 月 3 日通过）。

利润分配决议的，股东起诉要求分配利润的，法院不予支持。[1]

　　但是，最高人民法院新近提出的观点与上述几个司法指导意见有所不同。在《公司法解释（四）》的征求意见稿中，最高法院认为，在章程对分配有特别规定或者存在大股东"压榨"小股东的情形时，法院不应再保持沉默，而应判决公司分配利润。[2]这一观点如成为正式的司法解释规范，将为法院介入盈余分配纠纷提供一个切入点。

二、违法分配利润的效力

经典案例

北京蓝色假日国际旅行社有限公司诉
北京嘉年华旅行社有限公司盈余分配纠纷案[3]

　　[案件事实]

　　原告（二审上诉人）：北京蓝色假日国际旅行社有限公司。

　　被告（二审被上诉人）：北京嘉年华旅行社有限公司。

　　原告假日公司在一审中起诉称：假日公司原为嘉年华公司股东，持有嘉年华公司52%股份。2010年12月至2011年1月，嘉年华公司与假日公司召开股东大会，签订了《北京嘉年华旅行社有限公司、北京蓝色假日国际旅行社有限公司重组及股权转让协议》及《股东会会议纪要》等文件。嘉年华全体股东确认，嘉年华公司应当分配利润为250万元，假日公司应分得红利130万元。因假日公司欠嘉年华公司旅游团款50万元，冲抵后嘉年华公司应给付假日公司80万元，假日公司多次要求嘉年华公司付款，但嘉年华公司始终拒绝履行义务。故假日公司依法诉至法院，要求判令：①嘉年华公司给付假日公司股东分红80万元，逾期利息17 600元；②嘉年华公司赔偿假日公司律师费6万元。

　　嘉年华公司在一审中答辩称：假日公司的诉讼请求没有事实、法律根据，

---

　　〔1〕《山东省高级人民法院关于审理公司纠纷案件若干问题的意见（试行）》（2006年12月26日通过）。

　　〔2〕《公司法司法解释（四）》征求意见稿第23、24条规定："有限责任公司虽未通过股东会，但公司章程明确规定了具体分配方案，且公司有盈利并符合法律和公司章程规定的分配利润条件，股东起诉请求公司依照公司章程规定向股东分配利润的，人民法院应予以支持。""有限责任公司小股东请求分配利润并提供证据证明公司有盈利但长期不分配，且大股东利用其控制地位，滥用多数表决权，压榨小股东利益的，人民法院应当判决公司依照《公司法》或者公司章程的规定分配利润。"

　　〔3〕 北京市第一中级人民法院判决书，（2012）一中民终字第2476号。

其所声称的公司盈余是假日公司其他几个股东在没有任何根据的情况下估计出来的，并不是公司客观真实的盈利情况，经嘉年华公司财务审查，公司受让时没有盈利，处于亏损状态，而且公司在没有按照《公司法》的规定提取公积金弥补亏损等情形下，不能进行公司盈余分配，故其诉讼请求应予驳回。

一审法院审理查明：2010 年 6 月 22 日，嘉年华公司形成第二届一次股东会决议，根据该决议记载，公司股权结构为：股东假日公司以货币方式出资 15.6 万元；股东严明亮以货币方式出资 7.2 万元；股东董树军以货币方式出资 7.2 万元。

同日，嘉年华公司形成一份企业章程。根据该企业章程记载，股东会由全体股东组成，是公司的权力机构，有权审议批准公司的利润分配方案和弥补亏损的方案。股东会会议由股东按照出资比例行使表决权。股东会会议作出修改公司章程、增加或减少注册资本的决议，必须经代表 2/3 以上表决权的股东通过。

2010 年 12 月 11 日，假日公司股东贾真（代表常玉清）、徐威、陈旭日、严明亮、于兰、董树军共同签署一份股东会会议纪要。根据该会议纪要记载，会议议题为关于假日公司、嘉年华公司、上海嘉年华国际旅行社有限责任公司的重组及其他有关问题。全体股东通过协商，一致议定：假日公司原有 6 位股东常玉清、陈旭日、徐威、于兰、严明亮、董树军共同认可至 2010 年 12 月 31 日嘉年华公司盈利 250 万元、上海嘉年华国际旅行社有限公司盈利 70 万元、假日公司南京分公司盈利 30 万元、假日公司天津分公司以及天津蓝色假日国际旅行社有限公司盈利 60 万元。共计盈利 410 万元，由原有股东按股比进行利润分配。该会议纪要经全体股东签字后生效。上述会议纪要落款处，有严明亮、董树军、贾真、徐威、于兰、陈旭日六方的签名字样，并加盖有假日公司的印章。

2011 年 1 月 29 日，徐威、董树军、于兰、严明亮、常玉清、陈旭日六方共同签订一份嘉年华公司、假日公司重组及股权转让协议。根据该协议记载，各方共同预估并确认：经营至 2010 年 12 月 31 日嘉年华公司实现净利 250 万元、上海嘉年华盈利 70 万元、假日公司南京分公司盈利 30 万元、假日公司天津分公司以及蓝色假日国际旅行社（天津）有限公司盈利 60 万元，以上共计盈利 410 万元，各方同意对此笔利润在该协议签署后按股东持股比例进行利润分配，分配金额应在该协议签字后 10 日之内分配给各股东。上述协议落款处，有严明亮、董树军、常玉清、徐威、于兰、陈旭日六方的签名字样。

2011 年 5 月 23 日，假日公司向该院提交北京市双利律师事务所开具的发票一张，该发票记载代理费 30 000 元。

一审诉讼中，假日公司称，由于假日公司与嘉年华公司在一起办公，共用一班人马，对嘉年华公司盈利状况十分清楚，在签订股东会决议及股权转让协议时，嘉年华公司财务状况是根据财务报表统计出来的数据，直至现在嘉年华公司的所有股东仍然认为公司盈利 250 万元。假日公司收购嘉年华公司时该公司的状况很好，故其认为嘉年华公司从成立到 2010 年期间应该是盈利的，并无亏损，而其并不知道嘉年华公司在 2010 年内提取公积金及缴纳税款的数额。而嘉年华公司则称，经审计，该公司连续几年，包括 2010 年度在内都是亏损的，因为亏损，所以并未提取公积金。

上述事实有假日公司提交的嘉年华公司章程、股东会会议纪要、重组及股权转让协议及补充协议、代理费发票等证据材料以及一审开庭笔录在案佐证。

一审法院判决认定，结合双方当事人对案件事实的陈述，嘉年华公司利润分配数额的确定方式与《公司法》第 167 条有关公司盈余分配的强制性规定不符。因无证据显示嘉年华公司有合法分配的盈余，故假日公司在本案中的各项诉讼请求，缺乏必要的事实和法律依据，法院均不予支持，判决驳回北京蓝色假日国际旅行社有限公司的全部诉讼请求。

假日公司不服一审法院上述民事判决，向北京市第一中级人民法院提起上诉，请求撤销一审判决，其主要上诉理由是：①嘉年华公司虽辩称经审计 2010 年以前为亏损，但并没有举证证明，一审法院也没有对嘉年华公司的账目进行审计，以此为由认定不能进行利润分配，属于认定事实不清。②一审判决认为公司盈余分配的前提是先进行公积金提取，属于适用法律错误，《公司法》并无相关规定。

嘉年华公司服从一审法院判决。其针对假日公司的上诉理由答辩称：①一审判决认定事实清楚。假日公司所说的嘉年华公司盈利数额是假日公司几位股东估计出来的，并不是公司的真实盈利情况。因此假日公司要求分配利润没有事实根据。②一审判决适用法律正确。《公司法》第 167 条明确规定公司在分配利润之前要提取法定公积金，弥补公司以前的亏损。此外还要依法纳税，之后才能分配，故请求驳回上诉，维持原判。

[判决意见]

一审法院判决认定：根据我国《公司法》相关规定，公司分配当年税后利润时，应当提取利润的 10% 列入公司法定公积金。公司的法定公积金不足以弥补前年度亏损的，在依照前款规定提取法定公积金之前，应当先用当年利润弥补亏损。公司弥补亏损和提取公积金后所余税后利润，有限责任公司由股东按照实缴的出资比例分取红利。如果公司的股东会、股东大会或者董事会违反法律的规定，在公司弥补亏损和提取法定公积金之前向股东分配利润，股东必须将违反规定分配的利润退还公司。上述规定的性质应系强制性法律规定，旨在保持公司资本的稳定性，维护债权人的利益。结合上述法律规定内容，公司合法进行利润分配的前提有二，即一方面应由公司股东会或者股东大会作出合法有效的利润分配决议，另一方面该利润分配决议的内容应符合《公司法》上述强制性规定的要求。此两方面内容缺一不可，否则将导致公司的利润分配过程衍生潜在法律风险。本案中，涉诉股东会会议纪要与重组及股权转让协议两份文件中，虽体现有嘉年华公司各股东关于按持股比例分配利润的共同意思表示，且对嘉年华公司的盈利数额有所提及，但结合双方当事人对案件事实的陈述，上述利润分配数额的确定方式与法律强制规定的利润分配程序并不相符。在并无证据显示嘉年华公司有权合法分配的利润数额的情况下，如径自依各方股东预估的盈利数额判决嘉年华公司向股东分配利润，显属不当。基于嘉年华公司并无违约行为，假日公司要求嘉年华公司依重组及股权转让协议赔偿其律师费之主张并无依据。据此，假日公司在本案中的各项诉讼请求，缺乏必要的事实和法律依据，故该院均不予支持，判决驳回北京蓝色假日国际旅行社有限公司的全部诉讼请求。

就此，二审法院经审理查明的事实与一审法院查明的事实一致。

二审法院认为：公司分配当年税后利润时，应当提取利润的10%列入公司法定公积金。公司的法定公积金不足以弥补前年度亏损的，在依照前款规定提取法定公积金之前，应当先用当年利润弥补亏损。公司弥补亏损和提取公积金后所余税后利润，有限责任公司由股东按照实缴的出资比例分取红利。如果公司的股东会、股东大会或者董事会违反法律的规定，在公司弥补亏损和提取法定公积金之前向股东分配利润，股东必须将违反规定分配的利润退还公司。现有证据表明，假日公司主张嘉年华公司应向其支付公司盈余分配款的数额是嘉年华公司股东预估的，在此情况下，径行依照该数额进行盈余分配缺乏足够的事实及法律依据，故对假日公司的上诉理由和请求不予采纳，判决驳回上诉，维持原判。

[案件评析]

本案涉及违法股利分配的效力。主要争议点有三：①依据《公司法》规定，公司年度净利润分配的前提条件（实质要件）为何？②股东（大）会违反《公司法》第167条有关公司盈余分配前提条件作出的决议，其效力为何？③在事实认定层面，如何准确认定公司是否具有可供股东分配的盈余？

针对第一个问题，首先应予明确，公司向股东分配盈余，必须以公司利润的存在为前提，以此贯彻资本维持原则，平衡公司、股东、公司债权人等利害关系人之间的利益关系。那么，如何计算公司利润？公司的营业收入减除营业支出（如营业税金及附加、业务及管理费、资产减值损失和其他业务成本）的余额是营业利润。营业利润加上营业外收入、减去营业外支出的余额是利润总额。利润总额减去所得税费用的余额是正数的，该余额即为公司的年度净利润；而倘若净利润是负数的，该余额即为公司的净亏损。在公司出现净亏损的情况下，不存在净利润的分配问题。只有在公司出现净利润的情况下，才存在净利润如何分配的问题。

正因为如此，我国《公司法》第 167 条对公司盈余分配的条件作了严格规定。公司年度净利润应按以下顺序分配：①弥补以前年度亏损。公司的法定公积金不足以弥补以前年度亏损的，在提取法定公积金之前，应当先用当年利润弥补亏损。②提取法定公积金。公司分配当年税后利润时，应当提取利润的10% 列入公司法定公积金。公司法定公积金累计额为公司注册资本的50% 以上的，可以不再提取。③提取任意公积金。公司从税后利润中提取法定公积金后，经股东会或者股东大会决议，还可以从税后利润中提取任意公积金。④向股东分配利润。

除上述第③项可由公司股东（大）会自主决议是否提取外，公司向股东分配利润必须符合法定的股利分配的上述先后顺序。公司在没有可供分配的利润情形下仍然进行盈余分配的，即构成违法行为。根据《公司法》第 167 条第 5款的规定："股东会、股东大会或者董事会在公司弥补亏损和提取法定公积金之前向股东分配利润的，股东必须将违反规定分配的利润退还公司。"此即，违法股利分配产生归入权。

针对第二个问题，因为《公司法》第 167 条有关公司盈余分配的条款系属强制性的法律规定，公司股东（大）会关于向股东分配公司盈余的决议若违反《公司法》的此项规定，那么根据《公司法》第 22 条的规定，该项决议有理由因其内容违反《公司法》强制性规定而被认定为无效。

本案中，假日公司股东贾真（代表常玉清）、徐威、陈旭日、严明亮、于兰、董树军于 2010 年 12 月 11 日共同签署的一份股东会会议纪要中记载了关于全体股东协商对嘉年华公司盈余进行股东利润分配的事项，其本身具有公司股东会决议的性质，因该项决议之内容违反了《公司法》第 167 条有关公司盈余分配的前置性要件规定，故因被判定为无效。而本案原告根据此无效之决议提起的诉讼请求，理应被法院判决驳回。

由此可见，在本案中，一、二审法院有关嘉年华公司盈余分配前提条件的确定，严格依据了《公司法》第 167 条的规定，其适用法律正确。可惜的是，一、二审法院在判断是否应当支持原告的诉讼请求时，却忽略了对假日公司股东会会议纪要之内容违反《公司法》规定的法律效果的判断，该项纪要具有股东会决议的性质，因其有关嘉年华公司盈余分配的决议内容违反了《公司法》第 167 条的规定，应被直接判定为无效，原告据此无效决议提起的诉讼请求，自然无法得到法院的支持。

此外，一、二审法院在判断嘉年华公司的经营情况及其是否存有盈余的事实认定方面，也未尽到必要的调查职责。尽管假日公司主张嘉年华公司应向其支付公司盈余分配款的数额是嘉年华公司股东预估的，缺乏足够的证明力，但法院亦有义务对嘉年华公司所辩称的有关公司财务情况的审计结果进行鉴定，以明确公司亏损系属实情。简而言之，在本案中，一、二审法院对公司是否有盈余这一事实的判断，其依据的证据并不充分，结论亦不够严谨，可能损害假日公司的股东盈余分配请求权。对此，更为妥当的做法是，法院应以通过股东会决议的公司财务会计报告作为判断公司经营状况及其是否存有盈余的标准，必要时可聘请第三方审计机构进行独立鉴定。

综上所述，股东请求公司分配盈余，应予注意的事项有三：①应严格遵照《公司法》第 167 条有关公司盈余分配的条件规定及《公司法》第 38 条第 1 款第 6 项和第 100 条有关公司盈余分配的形式要件的规定，即公司分配盈余时，必须遵守法定的程序要件，由股东大会通过分配盈余的决议。②股东（大）会有关公司盈余分配的决议，其内容若违反《公司法》第 167 条关于公司盈余分配前置性条件的强制性规定，那么根据《公司法》第 22 条的规定，应被判断为无效。③应以通过股东（大）会决议的公司财务会计报告作为公司有无可供股东分配盈余的事实认定依据。

三、审计责任（非诉事例）

经典案例

万福生科涉嫌财务造假案[1]

[案件事实]

万福生科（湖南）农业开发股份公司（以下简称万福生科）涉嫌财务造假案为首例创业板公司涉嫌欺诈发行股票的案件。万福生科涉嫌欺诈发行股票和信息披露违法。

（首先，万福生科《首次公开发行股票并在创业板上市招股说明书》披露的 2008 年～2010 年财务数据存在虚假记载。其次，万福生科 2011 年年度报告、2012 年半年度报告存在虚假记载。最后，万福生科未就 2012 年上半年停产事项

---

〔1〕 案例来源：中国证坚会网站，http：//www.csrc.gov.cn/pub/newsite/bgt/xwdd/201305/t20130510_228137.htm.

履行及时报告、公告的义务，也未在 2012 年半年度报告中予以披露。)

万福生科发行上市过程中，相关中介机构未勤勉尽责。保荐机构平安证券、审计机构中磊会计师事务所及湖南博鳌律师事务所等三家中介机构及相关责任人员涉嫌未勤勉尽责，出具的相关材料存在虚假记载。

1. 保荐机构——平安证券在万福生科上市保荐工作中，未审慎核查其他中介机构出具的意见；未对万福生科的实际业务及各报告期内财务数据履行尽职调查、审慎核查义务；未依法对万福生科履行持续督导责任；内控制度未能有效执行。其出具的《发行保荐书》和持续督导报告存在虚假记载。

2. 审计机构——中磊会计师事务所在万福生科发行上市审计和 2011 年年度报告的审计中，未勤勉尽责，审计程序缺失，在审计证据的获取以及审计意见的形成方面存在不当行为，所出具的审计报告存在虚假记载。

3. 法律服务机构——湖南博鳌律师事务所在为万福生科发行上市提供法律服务时，未依法履行检查和验证义务，未能勤勉尽责，出具的法律意见书存在虚假记载。

[证监会处罚决定]

1. 根据《证券法》的相关规定，证监会拟责令万福生科改正违法行为，给予警告，并处以 30 万元罚款；对龚永福给予警告，并处以 30 万元罚款；同时对严平贵等其他 19 名高管给予警告，并处以 25 万元～50 万元罚款。此外，拟对龚永福、覃学军采取终身证券市场禁入措施。

2. 证监会拟对平安证券及相关人员采取以下行政处罚和行政监管措施：对平安证券给予警告并没收其万福生科发行上市项目的业务收入 2555 万元，并处以 2 倍的罚款，暂停其保荐机构资格 3 个月；对保荐代表人吴文浩、何涛给予警告并分别处以 30 万元罚款，撤销保荐代表人资格，撤销证券从业资格，采取终身证券市场禁入措施；对保荐业务负责人、内核负责人薛荣年、曾年生和崔岭给予警告并分别处以 30 万元罚款，撤销证券从业资格；对保荐项目协办人汤德智给予警告并处以 10 万元罚款，撤销证券从业资格。

拟对中磊会计师事务所没收业务收入 138 万元，并处以 2 倍的罚款，撤销其证券服务业务许可。对签字会计师王越、黄国华给予警告，并分别处 10 万元、13 万元罚款，均采取终身证券市场禁入措施。对签字会计师邹宏文给予警告，并处 3 万元罚款。

根据《证券法》等法律法规的相关规定，证监会拟没收博鳌律师事务所业务收入 70 万元，并处以 2 倍的罚款，且 12 个月内不接受其出具的证券发行专项文件；拟对签字律师刘彦、胡筠给予警告，并分别处以 10 万元的罚款，并采取终身证券市场禁入措施。

[案例评析]

（一）我国的法定审计制度

我国现行《公司法》中规定的审计制度是法定审计制，即法律明确要求公司定期编制财务会计报告并进行审计。法定审计制度具体体现在现行《公司法》第 165 条。我国《公司法》第 165 条规定：公司应当在每一会计年度终了时编制财务会计报告，并依法经会计师事务所审计。该条确立了注册会计师对公司年度财务会计报告审查验证的法定审计制度，并明确了公司审计的主体为"会计师事务所"。其目的在于保证会计报表的真实性、客观性、公正性，以保护股东利益，保护债权人利益，保护社会公共利益和实现国家对公司的监管。但是《公司法》没有明确我国实行全面强制审计还是部分强制审计。前者指所有形式公司的财务会计报告均须经外部独立审计师审计后，才能提交股东及外部利益主体；后者则只要求部分公司接受审计，法定范围外的公司是否接受外部审计由股东确定。

《公司法》第 63 条则规定了一人有限责任公司的年度审计"应当在每一会计年度终了时编制财务会计报告，并经会计师事务所审计"。

另外，我国的证券公司的审计要求体现在：《证券法》第 9 条规定："国家审计机关依法对证券交易所、证券公司、证券登记结算机构、证券监督管理机构进行审计监督。"第 149 条规定："国务院证券监督管理机构认为有必要时，可以委托会计师事务所、资产评估机构对证券公司的财务状况、内部控制状况、资产价值进行审计或者评估。……"

本案中，万福生科（湖南）农业开发股份公司在我国法定审计制度要求下，聘请了中磊会计师事务所为审计主体对公司财务会计报告进行审计。

（二）审计人员义务

审计人员的勤勉尽职义务是衡量其工作质量的标准，同时也是审计人员承担责任的基础，因为有义务，当审计人员不履行义务时就会产生责任。"责任乃义务之违反"，因此，追究审计人员的责任前需要先明确审计人员的责任是什么。在我国证券法、审计法、注册会计师法中都有关于审计人员义务的规定。

我国《证券法》第 223 条规定："证券服务机构未勤勉尽职，所制作、出具的文件有虚假记载、误导性陈述或者重大遗漏的，责令改正，没收业务收入，暂停或者撤销证券服务业务许可……"

2006 修订的《审计法》第 3 条规定："审计机关依照法律规定的职权和程序，进行审计监督。审计机关依据有关财政收支、财务收支的法律、法规和国家其他有关规定进行审计评价，在法定职权范围内作出审计决定。"第 6 条规定："审计机关和审计人员办理审计事项，应当客观公正，实事求是，廉洁奉公，保守秘密。"

我国《注册会计师法》第 20 条规定："注册会计师执行审计业务，遇有下列情形之一的，应当拒绝出具有关报告：①委托人示意其作不实或者不当证明的；②委托人故意不提供有关会计资料和文件的；③因委托人有其他不合理要求，致使注册会计师出具的报告不能对财务会计的重要事项作出正确表述的。"

《注册会计师法》第 21 条规定："注册会计师执行审计业务，必须按照执业准则、规则确定的工作程序出具报告。注册会计师执行审计业务出具报告时，不得有下列行为：①明知委托人对重要事项的财务会计处理与国家有关规定相抵触，而不予指明；②明知委托人的财务会计处理会直接损害报告使用人或者其他利害关系人的利益，而予以隐瞒或者作不实的报告；③明知委托人的财务会计处理会导致报告使用人或者其他利害关系人产生重大误解，而不予指明；④明知委托人的会计报表的重要事项有其他不实的内容，而不予指明……"

这些都是关于审计机关和审计人员必须遵守基本职业道德以及应尽勤勉义务的规定。

由于审计人员进行审计的材料由企业提供，所以我国《企业会计准则——基本准则》第 12 条规定："企业应当以实际发生的交易或者事项为依据进行会计确认、计量和报告，如实反映符合确认和计量要求的各项会计要素及其他相关信息，保证会计信息真实可靠、内容完整。"但是这仍然无法确保企业管理人员不提供虚假材料或进行虚假陈述。一旦被审计单位的材料不真实，很容易就会导致审计错误。因此，《独立审计具体准则第 8 号——错误与舞弊》规定：注册会计师应保持应有的认真和谨慎态度，揭示会计报表中重大错误与舞弊；注册会计师如果未能将会计报表中严重失实的错误和舞弊揭露出来，可能应负审计责任。

本案中，中磊会计师事务所在万福生科发行上市审计和 2011 年年度报告的审计中，未勤勉尽责，审计程序缺失，在审计证据的获取以及审计意见的形成方面存在不当行为，所出具的审计报告存在虚假记载。该所的上述行为，显然违反了《证券法》等法律法规的相关规定，构成《证券法》第 223 条等法律法规所述情形。中磊会计师事务所作为审计人员没有尽到应尽的审计人员义务，对此应当承担相应的审计责任。

（三）审计责任形式及责任构成要件

1. 责任形式。从被审计单位和审计人员双方的责任承担来看，保证公司有运行良好的内控制度，从而进一步保证公司资产的完整、不受损失及对外提供的财务报告的真实、完整，是公司管理当局责无旁贷的会计责任，而注册会计师的审计责任则是验证财务报告的真实性。无疑，审计责任是无论如何都不能替代管理当局的会计责任的。但是审计责任对于保证公正审计、发挥审计的监督作用以预防虚假串通或故意欺诈等情形是至关重要的。

在我国法律中关于审计人员的责任包括刑事责任、行政责任和民事责任。我国《审计法》第 52 条规定："审计人员滥用职权、徇私舞弊、玩忽职守或者泄露所知悉的国家秘密、商业秘密的，依法给予处分；构成犯罪的，依法追究刑事责任。"

我国《注册会计师法》第 39 条规定了会计师事务所和注册会计师违反上述法定义务或故意出具虚假的审计报告、验资报告的，相应地承当行政责任或刑事责任。

第 42 条规定："会计师事务所违反本法规定，给委托人、其他利害关系人造成损失的，应当依法承担赔偿责任。"这条明确了除行政和刑事责任外，审计人员也应当承当民事赔偿责任。

我国《证券法》第 223 条对证券服务机构的失职责任也作了规定，责任形式包括责令改正、没收业务收入，暂停或者撤销证券服务业务资格，处以罚款。

本案中，因为审计人员的失职行为，证监会"拟对中磊会计师事务所没收业务收入 138 万元，并处以 2 倍的罚款，撤销其证券服务业务许可。对签字会计师王越、黄国华给予警告，并分别处 10 万元、13 万元罚款，均采取终身证券市场禁入措施。对签字会计师邹宏文给予警告，并处 3 万元罚款"。

除了刑事和行政责任，中磊会计师事务所作为审计人员是否需要承担民事责任呢？其承担民事责任的条件又是什么呢？根据上述《注册会计师法》第 42 条，显然审计人员也须承担民事责任。

2. 审计人员民事责任构成要件。审计人员是否承担审计责任中的民事责任关键在于其是否尽到善管义务，是否存在过失，其行为与损害后果之间是否有因果关系。

（1）义务违反。公司或其他相关主体提出赔偿的一个重要法律前提就是，审计人员的确违反了审计准则，未尽审计义务。中磊会计师事务所作为专业的审计机构，对于公司重大欺诈行为没有察觉或予以包庇。早在 1998 年 AICPA 发布的第 53、54 号审计准则公告中，已将揭露舞弊、差错及非法行为看成是审计师在财务报表审计中的重要审计目标，并由此成为审计师的直接职责。因此，对于万福生科因内部欺诈、舞弊和非法行为造成的损害，尽管中磊会计师事务所并不是罪魁祸首，仍然需要承担相应的揭露责任。我们根据《证券法》、《注册会计师法》、《独立审计具体准则第 8 号——错误与舞弊》等规定应当很容易判断出中磊会计师事务所确实违反了相应的审计义务。

（2）过失。过失是指在一定的条件下缺少应具有的合理谨慎，它包括注册会计师没有完全遵循专业准则的普通过失和根本没有遵循专业准则的重大过失。判断审计人员是否承担责任应当适用过失原则，关键要看审计中未能查出问题的原因是不是源自于注册会计师本身的过错。此案中，如果中磊会计师事务所能够通过有效的审计程序，及时发现公司存在的欺诈行为，那么就当时的审计意见应是否定意见并予以揭露。作为监督角色的审计人员对此重大欺诈行为的漠视无疑存在着故意或重大过失。注册会计师有明显的职业判断问题和过失行为，由此导致审计报告严重失实，应承担相应的审计责任。委托方或其他关系人的过错不能作为审计师抗辩的理由，无论他人有何种过错，审计师都应当对自己的不当行为负责。

（3）因果关系。相关利益主体如果追究审计人员的民事赔偿责任，其能否要求审计人员承担责任关键在于判断审计师的过错行为与其损害之间是否存在因果关系。对于本案，万福生科的重大欺诈行为和虚假记载行为早在 2008 年就存在，连年的虚假记载使得其成功地得以做假账、虚假发行股票从而造成利益主体的损失，如果当时中磊会计师事务所在审计过程中能够遵循最基本的谨慎性原则，就会发现这种欺诈的情况；或者如果能够遵守最基本的勤勉尽职义务，及时揭发欺诈行为不与其同流合污，那么这种欺诈行为也无法顺利实施。这样，相关利益的损失就不会发生或至少能够减少损失。因此，中磊会计师事务所的过错行为与公司的损失之间存在因果关系。

综合上述分析，相关主体可以追究作为审计人员的中磊会计师事务所的民事责任从而弥补自己的损失，同时使得审计人员承担起其不当行为的法律代价。

（四）经营者与审计人员责任的分配

现行公司审计是经营者主导下的内部审计，虽然《公司法》第 170 条第 1 款规定："公司聘用、解聘承办公司审计业务的会计师事务所，依照公司章程的规定，由股东会、股东大会或者董事会决定。"但公司股东往往并不了解会计师事务所的背景，关键还在于经营者的选择。这样，经营者主导下的审计，依附于经营者的审计机关需要依据经营者提供的材料进行审计。在这样模式下审计人员的独立性很难保证，他们必然受到经营者的牵制从而影响公正审计结果的形成。这样也导致审计中一旦出现问题，往往首先是公司经营者存在故意或过失。因此经营者往往在其中承担直接和主要的责任，而处于次要地位的审计人员容易逃脱责任。而这又促使他们更加依附于经营者而损害公司和相关利益主体的利益，使得公司审计监督程序如同虚设。因此，在审计中强调审计人员对自己的故意欺诈或过失审查行为负责对于保证公正的审计具有重要意义，有必要让审计人员和公司的经营层承担连带责任，并根据具体情形合理分配在具体案件中两者各自应当承担的责任。我国可以借鉴美国

1995 年 12 月通过的《私有证券诉讼改革法令》的做法，根据被告错误程度承担相应比例的赔偿责任。

万福生科案突出反映了相关发行人和中介机构诚信意识淡薄、职业操守存在严重缺陷，既有违信息披露基本要求和市场"三公"原则，又严重损害了投资者利益。相关发行人、中介机构及有关责任人员不仅需要被追究刑事或行政责任，为了维护投资者利益，其民事责任制度也应该构建起来。

保荐机构、会计师、律师等中介机构承担着审慎核查与督导发行人规范运作的责任，其诚信水平和执业质量对于从源头上提高上市公司质量、促进资本市场稳定健康发展具有不可替代的作用。中介机构严格按照《招股说明书准则》、《企业会计准则》、《保荐人尽职调查工作准则》等法规政策要求，切实依法尽职履责，勤勉尽责执业对于证券市场的发展具有重大意义。因此，审计人员首先要严格遵守业务规则和行业规范，保持合理职业怀疑，充分实施尽职调查，对执业过程中存在的问题全面梳理并严肃整改，严格防范利润操纵、欺诈发行风险。其次从业务流程和职位说明各环节全面夯实风险内控各项制度要求，将内控责任落实到岗、细化到人，贯穿于每一个申报项目之中，防止风险控制"走过场"。最后真正完善内部问责机制。中介机构主要负责人要承担起管理责任，从项目遴选、项目论证、原始材料提供、尽职调查等各个环节，项目各环节签字人员均要承担相应责任。

四、资本公积金弥补亏损（非诉事例）

经典案例

郑百文三联重组事件[1]

[案件事实]

郑百文——三联重组事件。2001 年初，已陷入破产境地的郑百文累积亏损高达 18 亿元，而该公司全部净资产不足 5 亿元（郑百文当时的股东权益约 4.5 亿元，包括股本 2 亿元，资本公积金 2.5 亿元和盈余公积金 1822.17 万元）。郑百文董事会宣布拟用 2.5 亿元资本公积金和 1822.17 万元盈余公积金弥补亏损，但即便冲销掉全部股本和公积金，尚余 13.5 亿元的亏损无法弥补。重组方（同时也是郑百文最大的债权人）三联集团决定豁免郑百文 14.47 亿元的债务。（郑百文与三联签署协议，约定三联以对其公司享有的 14.5 亿元债权交换公司股东

---

〔1〕　案例摘自刘燕："新《公司法》的资本公积金补亏禁令评析"，载《中国法学》2006 年第 6 期。

持有的公司约50%股份，不同意将自己所持股份中的50%过户给三联集团的股东的全部股份将由公司按流通股每股1.84元、非流通股每股0.18元的价格回购。公司股东大会决议，如果公司在规定日期内未收到股东作出的书面声明，则表明股东是以默示的意思表达方式同意将所持的现郑百文股份的50%过户给三联。）在将该豁免金额形成郑百文的资本公积后，再用来冲抵剩余的亏损。如此一来，郑百文的巨额累计亏损完全消灭，净资产也由负变正。

[案例评析]

自从上市公司借资本公积金弥补亏损以达到迅速扭亏为盈神话般现象的出现，资本公积金能否弥补亏损成为证券市场上热点争议之一。我国1993年《公司法》第179条第1款规定："公司的公积金用于弥补公司的亏损，扩大公司生产经营或者转为增加公司资本。"该条对"公积金"概念的界定比较模糊，没有明确是否包含资本公积金，但从解释上理应理解为资本公积金也包含在内。因此，根据1993年《公司法》的规定可以解释：资本公积金可以用于弥补亏损。而我国2005年《公司法》第169条第1款明确规定："……资本公积金不得用于弥补公司的亏损。"新旧《公司法》对于这一问题前后态度发生了巨大转变。

（一）资本公积金的含义和来源

资本公积金是列在公司资产负债表中"所有者权益"项下的一个会计科目，它是公司一类资金来源的记录，根据《公司法》第168条，其核心内容是公司以超过股票票面金额的发行价格发行股份所得的溢价款。因此，资本公积金弥补亏损其实是一种会计账务处理程序。具体是通过减少"所有者权益"项下的相关科目金额，来增加公司未分配利润从而消除账面亏损。

根据2005年《公司法》、1998年财政部的《股份有限公司会计制度》及相关规定、2000年《企业会计制度》，资本公积金的来源具体可以归纳为如下几个方面：

1. 股本溢价。包括资本溢价、股票溢价和新股发行时冻结申购资金获得的利息。

2. 他人捐赠的现金或实物、国家专门的项目拨款、外币投资因汇率不同产生的资本折算差额、债务重组获得的债务豁免或减少。

3. 法定资产评估增值。指公司为改制、合并或其他财务目的依法对资产进行评估时，因市场价值高于账面价值形成的增值。这部分增值往往是"未实现的利益"。具有不稳定、没有现实资金流入的特点。

（二）资本公积金的功能——从保护债权人到维持经营

从法律尤其是公司法的角度出发，资本公积金最大的功能在于保护债权人的利益。而这一功能主要通过限制利润分配体现。公司的净资产中既包括公司的股本溢价（列为资本公积金），又包括日常经营活动实现的利润。为了贯彻"无盈不分"的利润分配原则，规定资本公积金不得用于利润分配，就缩小了净资产被分配出去的部分，使得资本维持原则得以真正落实以维护债权人利益。我国1993年《公司法》继承了限制资本公积金派发股利的传统，虽然第179条没有直接规定"资本公积金不得用于派发股利"，但立法上要求公积金留存于公司的意图还是非常明显。

目前考虑到资本公积金账户内容庞杂，限制资本公积金派发股利仍然很有必要性。当公司资本公积金容纳公司诸多财务运作结果而非单纯额外出资时，资本公积金内在的为公司运作以及股东权益服务的经济性功能彰显，其意义更多在于从单纯保护债权人利益到维持公司自身的经营，进而维护公司和股东的长远利益。

因此，利用资本公积金弥补亏损的约束条件之一是不能以此构成对股东的利益分配。

（三）资本公积金弥补亏损的分析

从会计的角度分析，资本公积金弥补亏损只是一种会计财务处理程序，即通过将"资本公积金"账户的金额转入因亏损而呈负数的"未分配利润"账户，在账面上消除亏损。

资本公积金弥补亏损也并不是账面上虚幻的数字变化。亏损是公司实际发生的资产减损，补亏也应该通过真实存在的资产进行填补。因此资本公积金弥补亏损实现的前提是用于补亏的资金是曾经真实存在过的。根据上述资本公积金来源的分类，前两类包括股本溢价和他人捐赠、债务豁免或减少等曾经真实存在过的对应的资本公积金项目，是有可能达到真实意义上的补亏的。第三类法定资产评估增值由于往往是"未实现的利益"，利用现实的资产对公司亏损进行真正意义上填补的目的则不能达到。

资本公积金弥补亏损实现的法律后果是为日后的利润分配扫清障碍，因此可以列为"广义的利润分配"。我国新《公司法》否定资本公积金弥补亏损重要的法理之一即在于防止公司在利润分配环节上对资本公积金进行操作。如果许可资本公积金弥补亏损，同时没有要求资本公积金必须在当年利润、盈余公积金无法弥补亏损后补亏，那就意味着公司累积盈余可以不用于弥补亏损而全部用于利润分配。如此"资本公积金不能构成对股东利润分配"的约束条件就被违反了。当然如果能在约束条件框架内实现资本公积金弥补亏损，笼统地予以否定也并不妥当。

在郑百文案例中，郑百文的最大债权人——三联集团豁免了其14.47亿元的债务。该债务豁免形成资本公积金。郑百文利用资本公积金弥补亏损，如果根据 2005 年《公司法》第 169 条规定，资本公积金不得用于弥补公司的亏损。显然郑百文的该行为违法了。当然郑百文用资本公积金弥补亏损的行为发生在新《公司法》颁布之前。

根据上述分析思量新《公司法》，似乎一味笼统地否定资本公积金补亏并不妥当。对于郑百文案例，其资本公积金的来源属于上述第二类债务豁免，是能够实现真正意义上弥补亏损的目的的。同时，面临破产的郑百文利用资本公积金补亏实现公司快速扭亏为盈，目的在于防止公司破产，似乎也并未构成对股东利益的分配的影响。因此，对类似郑百文案例的行为予以否认似乎缺乏法理基础。

（四）财政部对债务重组规定对郑百文重组的影响

2001 年 1 月 1 日财政部针对债务重组正式颁布了新修订的《企业会计准则——债务重组》。这个新准则制定的背景在于许多上市公司利用旧准则中"债务人重组债务产生的差额作为债务重组收益，计入当期损益"的规定进行虚假重组。即经营困难的上市公司依靠关联债权人的债务豁免或以自身低值资产充抵巨额欠款等方式将债务重组收益挤入利润得以维持账面盈利。2000 年底郑百文重组案传出信达公司将豁免郑百文 1.5 亿债务的消息，财政为了遏制通过债务重组进行利润操纵的手段，颁布了这一新准则。新准则中最大的特点是债务重组中产生的债务重组收益不再记入当期收益，而是列为资本公积。

2006 年 2 月 15 日财政部又一次修改了《企业会计准则》，在此次修改中再次规定将债务重组收入"记入当期损益"。

从财政部承认—否认—又承认的反复态度上可以看出，将债务重组收入记入当期收益才是符合会计基础规则的。因为债权人豁免或减少债务，最后呈现的后果是债务人确实债务减少，相当于收入增加。这样的事实不能因为个别的虚假重组而予以否定。

这亦表明债务豁免形成的"真实存在的收益"本质上是可以补亏的。因此对于资本公积金是否能弥补亏损问题确实不宜一刀切。只有判断了根据资本公积金的来源判断资金的性质之后才能下结论。在郑百文案中，三联集团作为最大债权人愿意豁免一大笔债务，对于郑百文来说无疑是"一种真实的收入"，完全可以用来弥补亏损。

（五）郑百文债务重组中的问题之一——公平价金

单纯地从资本公积金补亏的角度，郑百文用债务豁免形成的公积金弥补亏损存在法理基础。但是，实际中的问题或者说财政部出台 2001 年《企业会计准则》所意欲解决的问题在于债务重组中可能存在虚假、欺诈或损害股东权益等情形。分析郑百文的重组过程，发现如下问题可能对其重组过程的正当合法性产生争议：

公平价金：据郑百文公司公告，至 2001 年 3 月 19 日，除代表 11.2 万股股份的 39 名股东（占总股份的 0.057%）外，其余多数股东均以默示的意思表示方式同意参加重组。与前面的争论相联系，一个关于少数持异议股东的权利的问题油然而生。

现行郑百文重组方案为这部分股东提供了一个机会：按照公司委托独立中介机构评估的"公平价格"：非流通股每股 0.18 元、流通股每股 1.84 元，向公司回售所持股份。也就是说，不愿参加重组者，除了可在此之前"用脚投票"，现在还可以通过一次股权转让出局。股权转让本是愿买愿卖的交易，交易的价格本应是可以谈判的。可在现行郑百文重组方案中，由于这项交易的价格是买方"敲定"的，因而不可避免地引起卖方的不满和质疑：公司支付的"公平价金"真公平么？

拓展案例

案例一：　　　　　　**叶思源与厦门华龙兴业房地产**
　　　　　　　　　　开发有限公司上诉案[1]

［案件事实］

叶思源与陈雅辉注册成立厦门华龙兴业房地产开发公司（下称华龙公司），2 股东的出资比例为 52%、48%。此后，叶思源与陈雅辉多次签订补充协议，约定两股东就华龙公司所开发之房地产项目的分成条件，所约定的分成比例不同于两股东的出资比例。2006 年 12 月，叶思源依法定程序召开股东会，陈雅辉未到场，叶思源作出一份利润分配方案和弥补亏损方案的股东会决议。决议主要内容是，公司依法按照两股东出资比例分配 2004 年度税后利润，公司应自决议形成后 5 天内向各股东支付代扣完所得税之后的利润款项。随后，叶思源要求华龙公司支付 2 646 080 元分红。

［问题与思考］

华龙公司应该按照两名股东关于项目收益分成的协议（即系列补充协议），还是依据 2006 年 12 月形成的股东会决议（即以两股东出资比例）分配公司利润？

---

〔1〕 厦门市中级人民法院民事判决书，（2007）厦民终字第 2330 号，载《中国审判案例要览》（2008 年商事审判案例卷），人民法院出版社、中国人民大学出版社 2010 年版。

［重点提示］

《公司法》第 35 条规定，全体股东可以约定不按照出资比例分取红利。处理本案争议的关键问题是：叶、陈二人的系列补充协议是否构成全体股东之约定，是不是依据公司法作出的关于分红或者分配股利的约定？

案例二：　　　郑国凤诉淮安第一钢铁结构公司名为欠款实为盈余分配纠纷案[1]

［案件事实］

原告郑国凤为被告淮安第一钢结构有限公司（以下简称第一钢结构公司）股东，其出资额为 10 万元，出资比例为 16.67%。

2003 年 1 月 4 日，被告第一钢结构公司召开股东会并形成股东会纪要，主要内容是确认公司 2002 年度实际利润应按 100 万元报告，此外还形成了关于 2002 年度财务收益分配的方案。该方案确认公司按 100 万元利润和各股东出资份额比例进行分配，同时考虑到目前公司大批货款未收回，开发区工程垫付资金，数额太大，决定收益分配分期兑现：即春节余占 5% 股份的股东支付 1 万元，占 10% 以上的股东支付 2 万元；今年 3～4 月份，待土地抵押款到位后，按各股东出资数额予以全部兑现；在未兑现前和各股东兑现后的收益分配余额作为公司的暂借款，并按同期银行利率计息……2003 年 2 月 21 日，被告出具给原告借据一份，载明被告欠原告 2002 年分红款 166 700 元。2003 年 5 月 16 日，被告又召开股东会议，决定股东利益按照投资额 60 万元进行分配。

对此分红款，原告多次向被告催讨，但被告一直未予给付，故原告诉至法院，请求判令被告支付 2002 年分红款 166 700 元，利息 73 918 元。一审法院经审理认为：公司分配股利必须符合公司法规定的实质要件和形式要件。从实质要件来看，股利分配的资金来源不能是公司的资本，而只能是公司的利润；从形式要件来看：公司实际分配股利与否，除取决于是否有可供分配的利润外，还取决于公司的意思，通过公司意思表示机构作出是否分配的决议。此外在判断公司是否具备利润分配实质要件时，必须有符合公司法规定的依法经过审查验证的财务报表和利润分配计划。《公司法》第 167 条规定，公司分配的利润须是在扣除税款、弥补了上年度亏损、提取法定公积金、提取任意公积金（按公司章程规定由股东会决议）等之后的利润。本案中，被告公司及股东在 2002 年度终了时并没有对 2002 年度财务依法经会计事务所审查验证。被告两次股东会

---

[1]　淮安市中级人民法院判决书，(2011) 淮中商终字第 2 号。

关于利润分配的决议虽经股东签字同意，但也必须以符合《公司法》规定的依法经过审查验证的财务报表作为利润分配的依据，不能仅凭公司股东意思表示一致就分配公司资产。故法院判决驳回原告郑国凤的诉请。

宣判后，原告郑国凤不服，提起上诉，其诉称：①本案名义上是公司盈余分配纠纷，实为欠款纠纷。②被上诉人在2002年度的利润已超过100万元，是股东会决定当年只按照100万元利润进行分配，留下足够的利润作为公司法定公积金、任意公积金。③一审判决法律适用错误。故一审判决在认定事实和适用法律上均有错误，请求撤销一审判决，依法改判支持上诉人的诉讼请求。江苏省淮安市中级人民法院二审认为：①关于本案是欠款纠纷还是公司盈余分配纠纷的问题。上诉人以2003年2月21日被上诉人出具给其的欠款收据向被上诉人主张权利，而收据上载明是2002年分红款166 700元，该收据的产生依据是股东会决议，其中的分红款是依据上诉人出资比例按100万元利润分配所形成。故原审将本案案由定为公司盈余分配纠纷并无不当。②关于股东会决议是否有约束力的问题。法院认为，虽然被上诉人的两次股东会关于利润分配的决议，是股东意思自治的表现，但是股东利润的分配，必须基于具有可供分配利润的基础，同时必须是按照《公司法》第167条的规定以及公司章程的相关规定，扣除税款，提取法定公积金、提取任意公积金（按公司章程规定由股东会决议）等之后产生的。本案中被上诉人没有对2002年度财务状况进行审计，而在案件审理过程中向法院申请进行了司法审计。司法审计报告意见表明第一钢结构公司2002年度可分配利润无法认定。所以，在没有按照《公司法》第167条规定扣除税款、提取法定公积金等，且没有可供利润分配的情形下，公司对股东按股东会决议分配利润无事实和法律依据。综上，上诉人的上诉请求无事实和法律依据，不予采纳，故判决驳回上诉，维持原判。

［问题与思考］

1. 公司无可分配利润，可否作出股东会决议分配股利？

2. 公司作出股东会股利分配决议后，股东是否对公司享有债权化的股利分配请求权？

3. 公司无可供分配利润而通过股东会决议把分配给股东的股利金额以借据形式载明的借款合同是否有效？

［重点提示］

我国公司法严格遵循"无盈不分"的原则，规定无可分配利润时不得进行分配。因此，该种股东会利润分配决议的效力应被否定。而股东会作出股利分配为决议后，股东对公司享有具体的股利分配请求权，可以请求公司分配。在本案中，公司无可供分配利润而通过股东会决议把分配给股东的股利金额以借据形式载明的借款合同违反了资本维持原则，损害了公司和公司债权人的利益，违反了法律的强制性规定，依照合同法规定应属无效。

案例三：   G 外高桥诉普华永道案

[案件事实]

国内排名高居第一的普华永道中天会计师事务所，因 2003～2004 年间审计沪市老牌上市公司上海外高桥保税区开发股份有限公司（600648，以下简称外高桥）的历史旧账，创下被国内上市公司追究会计师事务所审计责任的先例。G 外高桥在 2003 年改聘普华永道。2005 年 6 月，外高桥发现存放在国海证券上海营业部证券保证金账户中的资金实际余额，与经审计的公司 2003 年度和 2004 年度报表明细账上的金额严重不符：经审计的 2003 年财务报表认定，2003 年 12 月 31 日证券保证金账户余额为 9000 万元，而实际仅为 3384 元；经审计的 2004 年财务报表认定，2004 年 12 月 31 日证券保证金账户余额为 2.04 亿元，而实际仅为 20 770.55 元。经查明乃本公司财务部经理伙同国海证券营业部经理挪用。2006 年 5 月，针对巨额保证金被挪用，而负责审计的普华永道却连年出具无保留意见审计报告，外高桥以普华永道未按法定程序进行函证等审计不尽责行为为由向中国国际经济贸易仲裁委员会上海分会提起仲裁，要求退还全部审计服务费共计人民币 170 万元，赔偿全部经济损失共计人民币 2 亿元，并承担全部仲裁费用和公司的律师费。双方最终达成和解，但普华永道为此向外高桥支付了约 2000 万元的赔偿金。2009 年 11 月 12 日，一小股东起诉外高桥，要求赔偿损失，而普华永道则成为了共同被告。2010 年 7 月，终以和解全面告终。

[问题与思考]

审计人员在公司虚假陈述案中应承担什么责任？

[重点提示]

我国《审计法》、《注册会计师法》以及相关会计准则等规定了审计人员的职业准则，对于公司提供的财务资料审计人员有责任运用自己的专业知识给予意见从而为各利益相关方提供参考信息。作为中介机构，如果审计人员不尽责或替他人隐瞒、串通等，依法应当承担相应的刑事或民事责任。

案例四：   飞彩股份"转增、送股再减资弥补亏损"案

[案件事实]

飞彩股份注册资本为 301 000 000 元，其中非流通股 210 000 000 元，流通股

91 000 000 元。非流通股股东决定在本次股权分置改革中通过"转增、送股再减资弥补亏损"的方式作出股份对价安排，即先用资本公积金同比例转增，再由非流通股股东将其部分股份送予流通股股东，然后所有股东再同比例减资弥补亏损（简称"转增、送股再减资补亏方案"）。具体操作如下：该公司先以资本公积向全体股东每 10 股转增 22 股，再由非流通股股东将其获增股份中的 2912 万股转送给流通股股东，最后全体股东以每 10 股减 6.7335 股的方式减资弥补亏损，流通股本从股权分置改革前的 9100 万股增加到改革后的 104 632 528 股。

[问题与思考]

ST 飞彩开创了这样的先例：先资本公积金转增，然后减资弥补亏损，这样做合法吗？这种做法的实质是什么？

[重点提示]

根据我国《公司法》第 169 条第 1 款规定，公司的公积金用于弥补公司的亏损、扩大公司生产经营或者转为增加公司资本。但是，资本公积金不得用于弥补公司的亏损。可见，虽然资本公积金不能用于弥补公司亏损，但是可以用于转增股本；同时为了弥补亏损进行减资也是公司法允许的。因此，ST 飞彩的做法从操作程序上来说是合法的。但是该种做法的实质其实就是用资本公积金弥补亏损，只不过由于法律的明令禁止，公司用变通的方式通过合法的两个步骤实现了资本公积金补亏。

第七章

债　券

知识概要

　　公司债券与股份同样是公司融资的方式之一。相对而言债券是比较稳定的，但是在资本社会的发展过程中我们看到债券也是有风险的。尤其是可转换公司债券。债券转为股份时，有可能吞掉公司，稀释旧股东的持股比例，有可能遭至旧股东利益的损失，甚至于操纵破产。所以本章节选择了债券中的典型种类可转换公司债券。

　　可转换公司债券（非诉事例）

经典案例

宝安公司可转换债券发行与转换[1]

[案件事实]

　　中国宝安企业（集团）股份有限公司是一个以房地产业为龙头、工业为基础、商业贸易为支柱的综合性股份制企业集团，为解决业务发展所需要的资金，1992 年底向社会发行 5 亿元可转换债券，并于 1993 年 2 月 10 日在深圳证券交易所挂牌交易。宝安可转换债券是我国资本市场第一张 A 股上市可转换债券。

　　宝安可转换债券的主要发行条件是：发行总额为 5 亿元人民币，按债券面值每张 5000 元发行，期限是 3 年（1992 年 12 月 ~ 1995 年 12 月），票面利率为年息 3%，每年付息一次。债券载明两项限制性条款，其中可转换条款规定债券持有人自 1993 年 6 月 1 日起至债券到期日前可选择以每股 25 元的转换价格转换

---

　　〔1〕　案例来源：豆丁网，http：//www．doucin．com/．p－9502290．html．

为宝安公司的人民币普通股 1 股；推迟可赎回条款规定宝安公司有权利但没有义务在可转换债券到期前半年内以每张 5150 元的赎回价格赎回可转换债券。债券同时规定，若在 1993 年 6 月 1 日前该公司增加新的人民币普通股股本，按下列调整转换价格：

$$\frac{(调整前转换价格 - 股息) \times 原股本 + 新股发行价格 \times 新增股本}{增股后人民币普通股总股本}$$

该债券于 1993 年 2 月 10 日在深圳证券交易所上市交易。这一可转换公司债券的发行是成功的，但转换却是失败的，转换率只有 2.7%。

（宝安可转换债券发行时的有关情况是：由中国人民银行规定的 3 年期银行储蓄存款利率为 8.28%，3 年期企业债券利率为 9.94%，1992 年发行的 3 年期国库券的票面利率为 9.5%，并享有规定的保值贴补。根据发行说明书，可转换债券所募集的 5 亿元资金主要用于房地产开发业和工业投资项目，支付购买武汉南湖机场及其附近工地 270 平方米土地款及平整土地费，开发兴建高中档商品住宅楼；购买上海浦东陆家嘴金融贸易区土地 1.28 万平方米，兴建综合高档宝安大厦；开发生产专用集成电路，生物工程基地建设等。）

[案例评析]

（一）宝安公司可转换债券发行条件的特点

1. 溢价转股：可转换债券发行时宝安公司 A 股市价为 21 元左右，转换溢价为 20% 左右。

2. 票面利率较低：3% 的票面利率相对于同期的企业债券利率低了近 7 个百分点，使宝安公司的资本成本率下降了 200%。与国外同类企业可转换债券票面利率相比也低了 1~2 个百分点。

3. 期限较短：宝安可转换债券的期限设计为 3 年，而其资金投向却主要是超过 3 年的中长期项目。若债券到期时未能实现转股，而资金投入又尚未有回报，发行公司将面临偿还巨额本金的资金压力。

4. 未规定债券赎回的转股价格上限：虽然按发行条件，宝安公司有权在最后半年内以每股 5150 元的溢价赎回债券，但在转股价格上无上限规定，因此在理论上说，债券持有人在两年的可自由转股的期限内，随公司股票价格上涨所能获取的收益不受限制。

5. 转股价格的合理调整规定时间限制：按国际惯例，可转换债券的转换价格在当基准股票受诸如分红送股、低价配股、股票拆细与合并等情况下的人为稀释时，可按既定的规则调整股票价格。但是，宝安公司可转换债券的设计规定，在可转换债券发行半年内（即 1993 年 6 月 1 日之前），公司增发新股可按给定的调整公式进行价格调整，而对此段期间以后新发股票的价格调整，发行公告未作说明与规定。实际上，宝安公司在1993年上半年曾派发股利每股0.9元，并按1:1.3送红股，按上述公式，可转换债券的转换价格调整为〔（25－0.09）元×26 403万股＋1元×0.3×26 403万股〕／（1.3×26 403万股）＝19.392元；而在1993年和1994年度宝安公司分红方案分别是10送7股派1.22元和10送2.5股派1元，其可转换债券的转换价格则没做相应调整。

宝安公司可转债的上述特点同时也是其可转换债券设计中的缺点，由此引起转换失败以及带来的巨额资金的偿还给宝安公司造成了巨大的经营压力和负面影响。在短时期内拿出5亿多元的现金，对于一个企业来说，是相当困难的。据宝安公司1995年度的财务报告反映，为了这笔巨资的偿还，该公司不得不提前一年着手准备，确保资金到位，其间不得不放弃许多的投资获利机会。宝安公司在经营上也被迫做出了很大的调整。这些都成为宝安公司该年度利润下降的直接原因。但宝安公司最终经受住了考验，顺利完成了可转换债券的还本付息工作，按期将现金兑付给了宝安可转换债券的持有人，避免了任何债务违约纠纷的出现。这对于企业的信誉具有积极的作用。

（二）宝安公司转股失败的经验教训

虽然宝安转券作为中国第一只A股上市可转换公司债券的使命已经完成，但宝安转券的设计方案及上市运作给我们留下了大量的经验和教训。宝安可转换债券作为中国第一张可转换债券，其产生的过程充满"中国特色"，它是市场化与行政化结合的产物，它的实践为我国证券市场提供了大量的经验与教训，总结这一实践，将给后来者提供有益的帮助。

1. 转券的合理设计是成功运用可转换公司债券的关键。可转换债券作为一种兼具股票和债券双重功能的金融商品，其成功与否，关键在于其价值转换过程中是否能实现两次飞跃——发行和转换是否成功。

只有当这两个阶段都达到了目的，才能充分体现这一特殊品种的魅力。转券的基本要素之间的合理配置是实现发行和转换成功的关键所在。转券的设计者需要对市场利率状况、债券期限、转换价格、附加条款、证券市场状况、政府经济政策取向等进行综合评估，对发行条件进行谨慎的论证和确定。

2. 发行公司的资格审核是利用转券筹资取得效益、进而转股成功的有效保证。可转换公司债券是一种仅凭发行人的信用而发行的债券，所评定等级一般比公司发行的不可转换债券要低。当公司破产时，转券时资产的索赔权一般都后于其他债券，仅优于公司优先股。此外，转券的票面利率远低于同等资信质量的普通公司债券的票面利率。这些潜在风险和收益损失需要通过转券中股票期权的价值来补偿，这对发行公司的基准股票的潜在增值能力有一定的严格要求。因此，国家证券管理部门应对转券发行公司进行严格的资格审查，选择一些国家重点扶持产业、成长性较高的行业、朝阳行业中的绩优企业发行转券，确保试点企业改制工作、筹资目标的顺利完成。

3. 选择有利的发行时机。股市高涨时宜直接增资配股，首先配股溢价相应抬高，公司能募集到更多资金；其次二级市场交投活跃，配售新股趋于踊跃。股市低迷时宜发行可转换公司债券，因为转券是公认的防守进攻型投资工具，其市场波动小于其对应的基准股票的市场波动，在股市处于跌势或盘整时期投资转券比较有利。一般选择一个股价位于历史上中偏下的次低区域作为发行转券的时段，较为适宜和理想。

（三）可转换公司债券的作用

可转换公司债券兼具股票和债券的双重功能使得其具有其他类型债券不可比拟的优点和作用。具体从发行公司和投资者两个角度分析如下：

1. 从发行公司的角度分析。

（1）以较低的成本筹集大量的长期资金。可转换公司债券是附有可转换为发行公司股票的选择权的公司债券，由于这种债券的投资者享有了将债券转换为公司股票的转换权，有参与分享发行公司经营业绩或者股票市场价格上涨的机会，因此可转换公司债券可以较普通公司债券低的票面利率发行。公司筹资的成本相应地也就较低。

（2）可以获得较高的股票溢价。确定可转换公司债券转股价格有两种方式：一是以所转换的股票面额为基准；二是以所转换的股票的市场价格为基准。第二种是国际上通行的定价方法，我国亦采此种定价方法。通常来讲，上市公司股票的市场价格不同程度地都会高于股票的面额，因此市场价格式的转股会给公司带来高的溢价。

（3）利于改善公司的财务结构。首先，可转换公司债券的期限一般都较长，构成公司的长期债务，使公司的长短期债务能平衡，形成合理的负债结构，有利于公司发展；其次，债券持有人若行使转股权，公司的负债较少，股本增加，公司的资本结构得到改善；再次，公司还可以避免以发行新股的方式增资带来的弊端。

（4）利于筹措资金。对于新设立的公司，如果尚无上乘的经营业绩表现，较难取信于投资者，因此以发行新股的方式增资则较困难。但如果发行比股票更安全的可转换公司债券就更容易为投资者接受。

2. 从投资者的角度分析。首先，可转换公司债券的转股权可以使持有人享有在证券公司直接获得资本利得的投资机会；其次，投资者的投资有可转换公司债券的投资价值作为投资收益的保障；再次，可期待获得较高的股利收入；最后，如果发行公司因经营不善而面临停业或破产时，可转换公司债券持有人较公司的股东处于优先受偿的地位。

（四）可转换公司债的发行对原股东的利弊及原股东的保护措施

1. 可转换公司债券对原股东的益处。首先，由于可转换公司债券附有可以转换为公司股份的权利，因此这种债券的票面利率往往比普通公司债低，从而公司筹资成本也低。一旦债券持有人换股，公司的股本可以得到充实，资产负债结构可以得到改善和健全。其次，发行市价转换式的可转换公司债所得的溢价比市价发行新股还要多，这部分溢价属于股东的收益，日后可通过无偿配股的方式由全体股东分享。最后，如果公司能够有效地利用以有利条件和较低成本筹集到的资金，将会产生更多的盈余供股东分享。

2. 可转换公司债券对原股东的弊处。首先，债券持有人行使转股权后将增加公司的股份总数，从而稀释了每股股份的盈余，每股可分得的红利相应减少；其次，转股后，若日后公司解散，公司原股东可分得的公司剩余财产相应较少；再次，转股后，除非原股东所持股份能通过其他途径按相应比例增加，否则，其对公司的控制权也会有所降低；最后，可转换公司债券持有人转股后，可在外流通的股份书目会相应地增加，容易造成股价下跌。

3. 对原股东的保护措施。发行转换可转换公司债券的过程中涉及各种利益关系的平衡，尤其是发行公司原股东和可转换债券持有人之间的关系。如何使得这些重要主体的利益达到均衡，其中重要的一环则是保护原股东的相应权益。学者提出的可参考的保护措施如下：

（1）原股东认购可转换公司债券的优先权。公司的股东成为公司的债权人对公司来说能增加运营资金，对其他债权人也并无不利。只要公司股东不滥用其双重身份，公司资本结构合理，公司股东成为公司债权人并没有太大障碍。

（2）发行公司应建立溢价返还股东的制度。发行市价式的可转换公司债券，在债券持有人转股时，发行公司可以得到一定数量的溢价。有学者建议公司在决定发行可转换公司债券之前，应先确立将该溢价通过配股的方式返还股东的制度，以维护公司原股东的利益。因为根据《公司法》规定，溢价应当列入资本公积金。而该溢价若累积过久而未配股，在日后公司经营中必受侵蚀，且日后有新股时也可享受此配股，这对公司原股东是不公平的。因此，建立溢价返还股东的制度对于保护公司原股东具有重要意义。

（3）可转换公司债券的不公正发行与原股东的保护。可转换公司债券的不公正发行主要是指发行公司违背有关法律法规的规定或公司章程的规定而发行可转换公司债券的情形，以及可转换公司债券的发行条件明显不合理将有损于公司原股东利益的情形。因此在不公正发行可转换公司债券时，应该赋予原股东相应的法律救济措施。原股东的救济措施随着可转换公司债券发行所处的阶段不同而有差异。一方面，在可转换公司债券的发行合同尚未生效之前，任何一个原股东都享有请求公司停止发行可转换公司债券的权利；另一方面，在可转换公司债券发行合同生效之后，原股东则享有提起确认可转换公司债券发行无效的诉权。

拓展案例

深万科发行可转换公司债券案[1]

［案件事实］

在深交所上市的万科企业股份有限公司（以下简称万科）于 2002 年 6 月 13 日以余额包销方式发行了为期 5 年的可转换公司债券。每张面值为 100 元人民币，票面利率 1.5%，每年付息一次。万科此次的可转换债券转股溢价比率为 2%，转债期限为 5 年，自发行 6 个月起开始转股，投资者将有四年半的转股期。转债发行后，万科的资产负债率达到 60.84%，累计债券余额占净资产 48.01%。

万科是我国房地产的龙头企业，发展势头一直很好，但是 2001 年中期万科现金流量已经出现负值，达到 -7.25 亿元，为了填补这个资金缺口，万科在否定了股票融资方式后选择了发行可转债。万科的股东对这次发行的可转换债券全力支持。

2002 年 6 月 28 日，万科可转换债券上市，并在上市公告书中规定了此次可转债上市的转股价格及其确定、调整方法，转股的起止时期，转股价格修正条款，回购条款等。

［问题与思考］

发行可转换公司债券的利弊何在？

［重点提示］

可转换债券是一种被赋予了股票转换权的公司债券。

发行可转换债券融资时也应当注意以下几个方面的问题：①发行规模应根据发行人的实际情况而定，着重考虑公司的偿债能力；②关注可转换债券募集资金的使用效率；③可转换债券条款的设定方面应当根据公司的实际情况量体裁衣，避免僵化。目前上市公司可转换债券发行草案中，大部分都是按照可转换债券发行最长期限即 5 年进行操作的，缺乏从战略意义上审慎考虑偿债计划、偿债能力以及股权扩张的步伐，将可转换债券作为延期股权稀释的股权融资品种的意图非常明显。另外各家上市公司为了保护投资者利益，都制定了回售条款，但由于利率调整的限制，加上都是有条件回售，所体现的意义并不是很大。

---

〔1〕 案例来源，百度文库 http://wenku.baidu.com/view/e9db595c312b3169a451a415.html? from_ page = view&from_ mod = download.

第八章

企业重组

知识概要

目前我国《公司法》规定的企业重组模式为公司合并与分立。关于合并与分立，我国《公司法》将合并与分立的决议权限赋予股东（大）会（特别决议），对异议股东用异议股东收购请求权予以保护，对债权人也设了保护性规定。合并债权，债务概括性转移，分立的情况下分立公司承担连带责任。在分立的情况下未设债权人异议程序。在实务中出现了大股东扫出少数股东的事例，而用目前的法律框架无法得到保护时，想借助诉讼救济，但是我国《公司法》未规定合并无效之诉讼以及分立无效之诉讼。因此，本章节特设无效诉讼，以供学生参考什么情况下，适用什么条件有效利用该制度。

一、公司分立

经典案例

宝泰隆集团派生分立[1]

[案件事实]

2007 年 11 月 8 日，宝泰隆集团股东会通过《关于公司分立的决议》，决定进行存续式分立，宝泰隆集团继续存续，新设黑龙江宝泰隆焦化有限公司（以下简称"焦化公司"，于 2010 年 4 月更名为黑龙江东隆化工有限公司）。原宝泰隆集团股东郑素英（持有宝泰隆集团 500 万元出资额）、宋彬（持有宝泰隆集团

---

〔1〕 摘自《七台河宝泰隆煤化工股份有限公司首次公开发行股票招股意向书》（2011 年 1 月 26 日）。

500 万元出资额）分立出去成为焦化公司股东，宝泰隆集团其余原股东（持有宝泰隆集团 9000 万元出资额）仍为分立后的宝泰隆集团股东；宝泰隆集团保有宝泰隆有限公司 82.4561% 的股权、宝泰隆甲醇公司 12.2% 的股权及哈尔滨分公司，同时承担以上资产相对应的负债；焦化公司取得分立前宝泰隆集团拥有的全部生产性资产，主要包括 16 万吨/年焦化生产线、洗煤场、兴安煤矿及成发煤矿 60% 股权等，同时承担以上资产相对应的负债。分立后，宝泰隆集团注册资本变更为 9000 万元；焦化公司注册资本为 1000 万元。

2007 年 11 月 10 日，宝泰隆集团原股东焦云、孙宝亮、宋希祥、焦凤、焦贵金、焦飞、刘新宝、常万昌、周秋、杨连福、焦贵明、孙明君与分立出去的股东郑素英、宋彬签订《黑龙江宝泰隆煤化工集团有限公司分立协议》，以中喜会计师事务所中喜审字［2007］第 01337 号审计报告确认的，以 2007 年 9 月 30 日为基准日的《宝泰隆集团资产负债表及财产清单》作为资产分割的依据，按照《宝泰隆集团分立财产分割清单》进行具体财产分割，按照《宝泰隆集团分立债务分割清单》各自承担债务。

2007 年 11 月 20 日，宝泰隆集团在《中国工商报》刊登《分立公告》，向社会公告了存续式分立情况。

公司分立时，公司经审计的 2007 年 9 月 30 日的债务总金额为 181 688 343.81 元，公司对其债务的主要债权人发出了《黑龙江宝泰隆煤化工集团有限公司分立通知书》（简称分立通知书），公司债务债权人确认情况如下：① 银行债务：银行类债权人数为 2 人，债务金额为 9000 万元，确认比例为 100%。② 应缴税金：应交税金总金额为 11 129 895.29 元，鸡东县地方税务局和鸡东县国家税务局予以确认，确认比例为 100%。③ 其他有明确债权人债务：其他有明确债权人的总人数为 311 人，总金额为 72 276 232.48 元。进行了债权确认的总人数为 106 人，占其他有明确债权人总人数比例为 34.08%；确认总金额为 57 898 679.84 元，占有明确债权人债务金额比例为 80.11%。④ 无明确债权人债务。其他无明确债权人债务（如：应付福利费、安全费等）总金额为 8 282 216.04 元。

总体情况为：有明确债权人的债务总额为 173 406 127.77 元，确认金额为 159 028 575.13 元，确认比例为 91.71%。

2007 年 12 月 29 日，分立后的股东通过了新的《宝泰隆集团章程》。2008 年 1 月 8 日，中喜会计师事务所出具《验资报告》（中喜验字［2008］第 01001 号），确认截至 2007 年 9 月 30 日止，宝泰隆集团已减少郑素英、宋彬的出资合计人民币 1000 万元，减资后的实收资本 9000 万元。

2008 年 1 月 17 日，宝泰隆集团在黑龙江省鸡东县工商行政管理局完成了公司变更登记，《企业法人营业执照》注册号为 230321100008390，注册资本（实收资本）为 9000 万元，法定代表人为焦云。

2008 年 1 月 16 日，分立后的焦化公司在黑龙江省鸡东县工商行政管理局办理了公司设立登记，《企业法人营业执照》注册号为 230321100012595，注册资本（实收资本）为 1000 万元，法定代表人为宋彬。

发行人律师认为：宝泰隆集团的分立行为，是为了彻底解决与发行人的同业竞争而实施的，宝泰隆集团的分立履行了法律、法规规定的相关程序，获得了主要债权人的同意及工商管理部门的核准登记，宝泰隆集团的本次分立合法有效。作为发行人控股股东的宝泰隆集团在分立前和分立后，实际控制人均没有发生变化。发行人控股股东宝泰隆集团设立及股权变更行为履行了必要的程序、不存在潜在争议和纠纷。

[案例评析]

《公司法》第 176 条规定，公司分立，其财产作相应的分割。分立有两种：新设分立和派生分立。"公司将全部财产分割新设立二个以上公司为新设分立，原公司应当依法进行清算。公司以其部分财产设立另一公司为派生分立，原公司需要减少注册资本的，应当依法办理减资手续。"[1]

根据《公司法》，分立须由双方公司董事会制订方案，股东（大）会须以特别多数通过作出决议（第 38、44、47、100、104、109 条）。有限公司的分立，须经代表 2/3 以上表决权的股东通过；股份公司须经出席股东大会的股东所持表决权的 2/3 以上通过。分立决议应对被分立公司的资产分割、债务承担、注册资本和股权结构变动，以及分立公司支付的股权或非股权对价如何分配等事项予以规定。很多时候，股东之间还会订立一个分立协议。如为上市公司，还须依证券法和证监会规章公告。

异议股东可能请求回购其股权。有限公司股东反对公司分立决议的，有权请求公司以"合理价格"收购其股权（《公司法》第 75 条）；股份公司股东对公司分立决议持异议的，可以要求公司收购其股份（《公司法》第 143 条）。

被分立公司应当自作出分立决议之日起 10 日内通知债权人，并于 30 日内在报纸上公告（《公司法》第 176 条第 2 款）。债权人无权以分立可能损及其债权而提出异议，也无权要求公司清偿债务或者提供担保。但分立通常会减少被分立公司的注册资本，故被分立公司须依减资规则，通知债权人并公告，债权人有权要求被分立公司清偿债务或者提供相应担保（《公司法》第 178 条）。

公司分立开始和结束时，被分立公司均应编制资产负债表及财产清单。变

---

[1] 卞耀武："关于对《公司法（草案）》的意见的汇报"，载《全国人民代表大会常务委员会公报》1993 年第 7 号。

更注册资本的，应进行验资。分立完成后，被分立公司应及时向原公司登记机关申请变更登记（《公司登记条例》第五章）。

公司（或法人企业）分立前的债务由分立后存续的公司连带承担，除非公司分立前与债权人另有书面约定（《民法通则》第 44 条第 2 款、《合同法》第 90 条、《公司法》第 177 条）。这表明，分立对原公司债权人实际上无约束力：分立后存续的若干公司仍被视为一个法人，须共同清偿原公司分立前的债务。

本案宝泰隆集团的"存续式分立"实际就是派生分立，即从宝泰隆集团派生出一个新公司：焦化公司。这一过程是分割宝泰隆集团资产和负债，并以分出的资产设立新公司的过程。分立不仅分割了宝泰隆集团的资产和负债，也将其资本和股东一分为二。通过分立，宝泰隆集团的注册资本减少为 9000 万元，新设的焦化公司注册资本为 1000 万元；宝泰隆集团的两名股东郑素英和宋彬也分立出来，成为焦化公司的股东。分割资产和负债的目的是拆分业务，避免宝泰隆集团与七台河宝泰隆煤化工股份有限公司（"发行人"）间的同业竞争，而资本和股东的分割则是业务拆分的相应结果。

实践中，也有只分立部分资产而不分立负债新设公司的例子。而从股东层面看，派生分立还可能存在以下情形：①新设公司的股东与存续公司的股东相同，存续公司的股东因分立而等比例减少在存续公司的股份，同时持有新设公司的股份；②存续公司的股东中只有部分股东同时持有新设公司的股份。

试分析以下问题：假如宝泰隆集团的分立决议决定，分立出的焦化公司的股权仍由宝泰隆集团的全体股东持有。那么，在其他各项因素不变的情况下，宝泰隆集团的全体股东应如何分配焦化公司的 1000 万元股权？他们对宝泰隆集团的股权数额（出资额）将发生什么变化？

二、分立与债务承担

经典案例

中国进出口银行诉万宝冰箱有限公司等承担债务案[1]

[案件事实]

上诉人（一审原告）：中国进出口银行。

被上诉人（一审被告）：万宝冰箱有限公司。

被上诉人（一审被告）：广州万宝冰箱电器有限公司。

---

[1] 最高人民法院民事判决书，（2001）民二终字第 166 号。

被上诉人（一审被告）：广州市华南橡胶轮胎有限公司。

1998 年，广州万宝冰箱电器有限公司（以下简称万宝电器公司）因向中国进出口银行（以下简称进出口银行）贷款而形成债权债务关系，实际借款额为人民币 8000 万元，期限为 1 年，由广州市华南橡胶轮胎有限公司（以下简称华南橡胶公司）提供连带责任保证。1999 年，万宝电器公司实际偿还 2000 万元贷款本金，其余本金及利息均未偿还。

1999 年 3 月，广州市人民政府办公厅下发《关于万宝冰箱企业实施资产重组的会议纪要》。该会议纪要载明，通过重组万宝冰箱企业有效资产并按比例承接等额抵押登记的银行债务，接纳万宝冰箱企业的 1200 名在职职工，成立国有控股的新冰箱公司，名称暂定为广州万宝冰箱有限公司（以下简称万宝冰箱公司）；保留原冰箱公司，除进入新冰箱公司的资产、债务外，其余的资产债务仍留在原冰箱企业（保留法人地位），逐步进行清理和处置。据此，广州万宝家电控股有限公司和卢杰鸣出资成立了万宝冰箱公司；并对部分债权债务进行了处理。同日，万宝电器工业公司、万宝电器公司、万宝集团冰箱工业公司（转让方）与万宝冰箱公司（受让方）签订了《转让协议》，约定受让方购买转让方的资产，交易价格为 127 383 293 元人民币，交易价款不支付现金，而由受让方等额承接转让方所欠中国工商银行、中国银行、中国交通银行已办理抵押担保手续的债务。转让方的其他债务仍由转让方承担，与受让方无关。此后，万宝冰箱公司与上述银行签订了债权债务转移协议。

进出口银行因万宝电器公司未能还款，于 2001 年 2 月向北京市高级人民法院起诉，要求万宝电器公司和华南橡胶公司连带清偿贷款本息，并要求万宝冰箱公司也应当承担债务。对此，北京市高院一审判决认为：因万宝冰箱公司是由广州万宝家电控股有限公司和卢杰鸣共同出资设立的，并经广州市工商行政管理局依法批准成立的独立法人企业，与万宝电器公司并无隶属关系。虽然万宝冰箱公司使用万宝电器公司的部分资产，但该权利是根据双方之间《转让协议》而取得的，对于进出口银行的债权，万宝冰箱公司未表示承接，并不发生债权债务转移的后果，仍应由万宝电器公司承担。故，进出口银行以企业重组时债务处理未经债权人同意为由，请求万宝冰箱公司承担赔偿责任的主张不成立。

进出口银行等不服，上诉至最高人民法院，最高人民法院改判认为：在万宝电器公司的改制中，该公司的部分财产随同部分债务从该公司剥离出来，并入万宝冰箱公司。当公司部分财产和债务直接从公司分离设立为新公司，将构成公司简单分立，如无债权人之同意，分立的公司对分立前公司的债务应当承担连带责任；如果该部分财产和债务分离后与其他已经存在的企业合并，则构成合并分立，如无债权人之同意，接受分立财产的企业应当在接受财产价值范围内对分立前公司的债务承担连带责任。从本案实际情况看，万宝电器公司与万宝冰箱公司的改制即构成合并分立，万宝电器公司与万宝冰箱公司等各方当事人在《转让协议》中所作的债务划分安排，因未取得债权人进出口银行的同意，该协议中有关债务划分的内容对进出口银行不生效，万宝冰箱公司应当在接受万宝电器公司财产价值范围内对万宝电器公司的债务承担连带责任。因此，上诉人进出口银行所提出的万宝冰箱公司应当承担万宝电器公司所欠债务的上诉请求成立。

［判决意见］

一审判决认为：因万宝冰箱公司是由广州万宝家电控股有限公司和卢杰鸣共同出资设立的，并经广州市工商行政管理局依法批准成立的独立法人企业，与万宝电器公司并无隶属关系。虽然万宝冰箱公司使用万宝电器公司的部分资产，但该权利是根据双方之间《转让协议》而取得的，对于进出口银行的债权，万宝冰箱公司未表示承接，并不发生债权债务转移的后果，仍应由万宝电器公司承担。

二审判决认为：在万宝电器公司的改制中，该公司的部分财产随同部分债务从该公司剥离出来，并入万宝冰箱公司。当公司部分财产和债务直接从公司分离设立为新公司，将构成公司简单分立，如无债权人之同意，分立的公司对分立前公司的债务应当承担连带责任；如果该部分财产和债务分离后与其他已经存在的企业合并，则构成合并分立，如无债权人之同意，接受分立财产的企业应当在接受财产价值范围内对分立前公司的债务承担连带责任。从本案实际情况看，万宝电器公司与万宝冰箱公司的改制即构成合并分立，万宝电器公司与万宝冰箱公司等各方当事人在《转让协议》中所作的债务划分安排，因未取得债权人进出口银行的同意，该协议中有关债务划分的内容对进出口银行不生效，万宝冰箱公司应当在接受万宝电器公司财产价值范围内对万宝电器公司的债务承担连带责任。

［案例评析］

本案是关于公司分立及公司分立后责任承担的案例。主要争点为：①对本案所涉财产债务的剥离转让行为应如何定性；②如果将上述行为界定为分立合并，那么分立前被分立公司的债务应如何承担。

第一，关于本案所涉财产债务的剥离转让行为，一、二审法院持截然不同的态度。一审法院认为该种行为为资产的转让（其实为营业转让）行为，而二审法院则认为，该种行为为分立合并的行为。鉴于该财产债务的剥离转让行为以《资产转让协议》的形式完成，同时，因为我国《公司法》并没有明确规定分立合并的分立形式，本案中的资产剥离转让的行为并不具备作为团体法的公司法上分立的制度特点。因此，二审法院的观点值得商榷。

第二，如果像二审一样将财产债务剥离转让的行为界定为分立合并，那么分立前被分立公司的债务应如何承担成为问题。本案二审判决认为，应在受让财产的范围之内承担连带责任。但是，此种观点值得商榷，应完全承担连带责任为好。因为这样一来，即有利于保护债权人的利益，也符合我们《公司法》第 177 条的规定。总之，只要公司在分立前与债权人就债务清偿达成的书面协议另有约定以外，公司分立前的债务应由分立后的公司承担连带责任。

三、合并与少数股东保护

经典案例

聂梅英诉天津信息港电子商务有限公司等公司决议侵害股东权案[1]

[案件事实]

原告聂梅英、被告信息港发展公司、被告银翔中心均系被告电子商务公司的股东。被告电子商务公司于 2005 年 8 月 7 日召开了股东会（临时）会议。三方股东同意将电子商务公司的注册资本由 620 万元增至 3000 万元。同意新增的注册资本按原出资比例认缴，即信息港发展公司认缴 845 万元、银翔中心认缴 767.5 万元、原告认缴 767.5 万元。

但三方股东在认缴增资的方式上产生严重分歧，信息港发展公司、银翔中心凭借其持股优势，不顾原告的反对，强行通过公司股东会（临时）决议，剥夺了原告对新增资本的优先认缴权。电子商务公司、信息港发展公司、银翔中心为了达到剥夺原告对新增资本优先认缴权的目的，安排了一个通过吸收合并方式进行增资的方案。

先由信息港发展公司与天津信息港智能区科技有限公司、天津信息港互联网数据有限公司设立了朗德公司。其注册资本与电子商务公司的增资数额完全一致均为 2380 万元。后信息港发展公司、银翔中心于 2005 年 9 月 20 日再一次凭借持股优势，不顾原告反对，强行通过第二届第五次股东会决议，决定以解散朗德公司的方式与电子商务公司吸收合并，并以信息港发展公司及智能公司、互联网公司在朗德公司的净资产作为对电子商务公司 2380 万元的增资。通过如此操作，不但非法剥夺了原告对信息港发展公司、银翔中心不能认缴的增资享有的优先认缴权，而且直接侵犯了原告依法享有的按持股比例优先认缴 767.5

---

[1] 天津市高级人民法院判决书，（2006）津高民二终字第 0076 号。

万元增资的权利。

[判决意见]

1. 一审天津市第一中级人民法院认为：被告电子商务公司为申办电子认证服务许可，满足注册资金不低于人民币 3000 万元的条件，召开了第二届第三次股东临时会议，且形成了决议。此次股东会召集程序合法，决议内容亦不违反法律规定，并符合该公司章程的规定，意思表示真实，应为有效决议，对各股东均有约束力。原告聂梅英主张按股东出资比例优先认缴增资额，但没有按第二届第三次股东会形成的决议所规定的期限缴纳增资款。按照该决议第 6 条规定，应认定为自动放弃了认缴权。虽然电子商务公司在原告的提议下于 2005 年 8 月 20 日又召开了第二届第四次股东临时会议，但该会议只形成纪要，不能对抗第二届第三次股东会临时会议形成的决议，也不能视为对该决议所规定的增资期限进行了变更。在此基础上所形成的第二届第五次股东会决议，已获代表 2/3 以上表决权的股东表决通过，也系有效决议。故此，原告的诉讼请求，因法律和事实依据不足，不予支持。

2. 二审天津市高级人民法院认为：第二届第五次股东会决议的内容主要是电子商务公司与朗德公司合并。依照公司章程的规定，公司的合并应经表决权 2/3 以上通过，本次会议就此决议事项已经 2/3 以上的表决权通过。但此次会议所议之合并事项，实质上仍是要解决公司的增资问题。从朗德公司成立的目的及其注册资本数额来看，其成立就是为了向电子商务公司增资。与其他公司合并是解决增资问题的途径之一，但如果原公司股东可以投入公司需要的注册资本，公司合并就失去了必要。公司合并与否应由股东之间进行协商，并以不损害各股东合法利益为前提。本案合并的实际目的是增资，现聂梅英明确表示其可以向公司增资 2380 万元，在此前提下，公司的合并无实际意义。为了确保大股东对公司的控制地位的合并行为实际上直接侵害了聂梅英优先向公司增资的权利。

综上，根据《公司法》及公司章程的规定，股东之间如果就公司事务产生分歧，应通过表决的方式解决，按资本多数决原则形成决议，股东应按决议执行。但资本多数决原则的前提是决议内容不得违反法律的规定，并不得侵犯股东的合法权益。从本案的具体情况来看，两次股东会决议的有关内容明显违反了《公司法》关于公司增资的相关规定，侵犯了聂梅英作为公司股东对公司增资享有的优先认缴权。因此，这两次股东会决议的有关内容是不能产生法律效力的。原审判决认定这两次股东会决议内容有效应属于适用法律不当，应予依法纠正。

[案例评析]

本案是一起因控股股东滥用资本多数决原则利用公司合并损害少数股东权

益的纠纷。

（一）公司合并协议和合并决议

1. 合并协议。合并协议是合并双方就合并条件、合并事项等约定各自权利和义务的书面文件。合并协议是公司合并的关键要素和基础。顺利实现公司合并的第一步即有一个有效的合并协议。合并的内容应该包括：合并双方的名称、住所、法定代表人；合并方式；合并价格及支付方式和期限；债权债务的承担及清偿办法；职工安置办法；违约责任等。其中合并价格确定中的合并比率是合并协议中事关股东利益的最核心部分。虽然合并协议是双方意思自治的产物，但是现实中双方地位的不平等常常会导致协议的显失公平；另外，合并协议的签订或说合并协议自主的意思往往仅体现控股股东的意思而并非全体股东的意志。因此，在合并协议的内容中存在实质不公平的情况并不罕见。那么针对合并协议的效力问题，应当适用《民法通则》和《合同法》的规定。即符合《合同法》第52条规定的情形应当认定合同无效，包括：①一方以欺诈、胁迫的手段订立合同，损害国家利益；②恶意串通，损害国家、集体或者第三人利益；③以合法形式掩盖非法目的；④损害社会公共利益；⑤违反法律、行政法规的强制性规定。符合《合同法》第54条规定的情形，包括重大误解、显失公平、欺诈、胁迫和乘人之危的，应该认定为可变更、可撤销合同。通过对合并协议效力的规定保护合并方及少数股东的利益，当合并协议存在损害股东利益等情形时可认定其为无效，从而阻止不公平的公司合并的实施。

公司股东（大）会决议通过合并协议是合并协议的生效要件，因此在公司合并决议通过前，合并协议是附生效要件的合同。而公司合并决议是公司合并的内部法律依据。

2. 合并决议。根据2005年《公司法》第44条第2款规定："股东会会议作出修改公司章程、增加或者减少注册资本的决议，以及公司合并、分立、解散或者变更公司形式的决议，必须经代表2/3以上表决权的股东通过。"公司合并属于公司的特别事项，需要经过2/3以上的特别比率通过才能生效。程序上，如果没有达到表决权2/3以上绝对多数的股东通过，公司合并决议不能生效。本案中的合并决议满足了程序上的要件，所以形式上该公司通过的合并决议可以生效。

但实际上本案是以形式上的合法公平，掩盖了事实上的不合法、不公平。本案中，控股股东为了确保其在公司中的控制地位，通过资本多数决原则，形成股东会决议，以公司吸收合并的方式达到了公司增资的目的，同时使小股东的优先认缴权形同虚设。股东的这种优先认缴权是股东基于自己对公司的出资，为其自身利益而行使的权利，属于股东自益权的范畴，是股东固有的、非经股东自身同意不可剥夺的权利。我国《公司法》第 20 条有关于不得滥用权利的规定，这可以作为资本多数决原则在被滥用情况下，对小股东合法权益进行保护的法律依据。因此，二审从合并决议的实质上分析，认定电子商务公司的合并决议无效。

（二）公司合并公正价格的核心——合并比率

合并双方在合并协议中会约定，消灭公司股东退出被消灭公司而由存续公司或者新设公司给其支付的对价。具体支付的对价会因为合并方式不同而有现金形式、股权形式、现金证券组合形式。支付的对价以换股为实践中常见的形式，因此合并比率常直接被界定为换股比率，是指吸收合并时，存续公司向消灭公司的股东发行新股时，作为其分配标准的消灭公司的股份和存续公司股份的交换比率（新设合并时，意指新设公司的股份和消灭公司股份间的交换比率）。

合并比率是合并协议中的核心条款，它关系着一项合并能否顺利完成。同时也决定了合并各方股东在存续公司或者新设公司中的实际待遇，确定公正、合理的合并比率对保护股东权利尤为重要。

公司的内在价值是确定合并比率的依据。公司的内在价值不仅由公司的每股净资产值体现，而且通过一系列财务因素和非财务因素来表彰。具体而言，财务因素包括但不限于：资产报酬率、股东权益报酬率、每股营业之现金流量、每股净值、每股盈余、公司规模；非财务因素包括但是不限于：公司的获利能力、业务成长性、资产构成比例、职员构成情况等。具体到合并的个案当中，由于参与合并公司的自身情况不同，所以对不同因素强调的程度不同，对不同因素的参考比例也应不同。我国实践中采用每股净资产加成法计算合并比率。这一方法没有充分地体现公司内在价值，需要引进国际流行的购买法来完善。

同时，合并比率是由参与合并各方的董事会协商确定，最终经过股东大会以特别决议的形式通过。这个过程理当体现董事、股东、公司的意思自治。但事实上，由于谈判双方公司地位不平等以及作为谈判人的董事与公司存在利益冲突，所以意思自治原则并不能完全地贯彻。

如此，公司价值就不能完全实现，其他股东尤其是少数股东利益无法得到有效保障。因此各国《公司法》通过建立有效的法律制度如"决议要件制度、公示制度、合并案检查制度、股份收买请求制度、合并无效诉讼制度等"来弥补和完善以确保合并比率公正这一宗旨。

我国合并比率制度不够完善，存在的问题有：①确定换股比率未充分考虑公司的内在价值。从已经发生的合并案例来看，换股比例主要是通过每股净资产比率来核算，而每股净资产不能很好的反映未来的获利能力，不能完全体现公司无形资产的价值；②对合并比率的确定依据披露过于简单，没有详细披露其计算过程，就无法判断合并比率确定的合理性和科学性；③调整系数的确定带有主观性，上市资格成为重要因素，股票价格形成机制的不合理使得比率难以确定等。

合并比率不公正能否成为合并无效的事由，公司股东能否以此提起公司合并无效之诉是我国《公司法》完善的思考方向之一。我国《公司法》未设有这一规定，为使学生了解，在此简单介绍《日本公司法》中合并无效之诉讼的适用。合并无效之诉讼在合并效力发生之日起 6 个月内应提起，原告资格是合并双方公司的股东、执行官、董事、监事、清算组或存续公司以及新设公司的相关人员，或破产财产管理人，或对合并具有异议的债权人。被告是存续公司或新设公司，由存续公司或新设公司总部所在地的地方法院专属管辖。无效的原因为：合并合同内容违法；合并合同等存在虚假记载；合并合同不符合法定程序的审批；未经异议股东回购请求；未经债权人异议程序；不符合简易程序合并的要件，但是进行了简易合并；对消灭公司股东违法进行分红；违反反垄断法规定进行合并等。合并无效判决的效力：具有对世性，不具有溯及力，但是无效判决一经确定以后，存续公司的配股行为无效，新设公司解散消灭公司复活，股东以及债权人回归原位。关于合并后存续公司以及新设公司所负担的债务，复活的双方当事人承担连带责任（《日本公司法》第 843 条）。关于合并后取得的财产双方当事人共有。关于共有的份额双方可协商占有，如果双方协商不成法院根据当事人的请求裁定合并各个公司的财产额以及其他事项。

（三）异议股东股份回购请求权

1. 异议股东股份回购请求权是指，当股东大会作出对股东利益有重大影响的决议如公司合并、分立、章程修改及重要资产出售时，对该决议表明异议的股东，享有请求公司以公平价格收买其所持有的股份，从而退出公司的权利。

我国《公司法》第 143 条第 1 款规定："公司不得收购本公司股份。但是，有下列情形之一的除外：……④股东因对股东大会作出的公司合并、分立决议持异议，要求公司收购其股份的。"

公司内部对合并等重大事项的决策实行资本多数决，所以股东回购请求权因其可以平衡资本多数决机制和少数股东权益保护，并兼顾公司决策的效率和公平而为许多国家的立法所采纳。在控制股东、大股东掌握公司控制权，少数股东在资本多数决的机制下难以对公司决策产生实质影响的现实环境下，股东回购请求权在保护少数股东权利方面确实发挥着不可替代的作用。

　　本案中，聂梅英为了维护自身的权益，可以选择适用异议股东回购请求权，要求被告电子商务公司以公正价格收买其股份。但是股东回购请求权制度想要真正发挥作用，一方面，股东行使股份回购请求权的成本和风险不能过大，否则会打消股东行使此项权利的积极性；另一方面，股份回购的价格是股份回购请求权的核心，所以构建公平便捷的估价机制十分必要。这一公正的价格里既要包括合并之前公司的经济价值，还要包括合并之后将来要产生的相承效应。关于回购的效力问题，合并发生效力之日为回购效力发生之日，不应为支付对价之日。需要注意的是在合并当中的股份回购价格不得超过公司的净资产。

　　2. 美国股份回购价格的估值方法。我们应该寻找一种能够衡平公司各方利益的有效估价方法。在美国的学术界和司法实践界普遍认为没有一个普遍正确的方法来确定公平价值。总的说来有如下方式：

　　（1）特拉华州估价法，它要求估价者根据具体公司对每个因素包括但不限于财产价值、市场价值和利润价值进行适当的加权平均。为了在特拉华州估价法下得到"公平价值"的数字，估价者须分别计算公司的财产价值、市场价值和利润价值。然后估价者对每个因素进行加权。这些价值权数一般都根据个案的实际情况来决定。每种方法计算出的价值乘以表示占所有价值百分比的加权因素，因此计算出来的结果加在一起将代表每股股票的价值。如果法院确定该总价值是合理的，该价值将乘以异议股东的股票总量以确定异议股东应收金额。

　　（2）威博格估价法，特拉华州最高法院适用的另一种估价方法。法院总结：这种方法较好地保证异议股东获得他们在公司中权益的公平价格。这种估价方法不要求适用于所有情况的公平价值的通用标准。而且，它允许法院考虑所有因素并综合使用所有最合适的方法。但在司法实践中，法院走向了另一个极端，产生了估价方法的自由放任。

　　（3）现金流量贴现法，许多法院包括特拉华州法院，都已放弃单独使用特拉华州估价法，尝试使用现金流量贴现法。现金流量贴现法是将公司净收入和跌幅相加然后减去公司的运营现金，以此来预测公司的将来现金流量。它建立在这样一个前提下的：公司的价值是其将来现金流量的现在价值，其考虑了企业的内在风险。通过现金流量贴现法获得的最后结果比特拉华州估价法或者该方法下其他任何一个估价方法计算的结果都更准确。

　　（4）第三方卖出价格估价法，是指在公平交易中，公司作为一个整体出售给第三方的价格。因为引起估价程序的交易一般涉及合并，或者公司的"出售"。第三方卖出价格可能包括了在引发估价程序的现实交易中支付的价格。在估价程序中使用第三方卖出价格引起了与少数折扣和控制酬金有关的问题。

在我国立法中缺乏对股东回购价格估价方式的规定，这不利于保护股东的权益。至于我国立法中对估价方式的选择，有观点认为：我国异议股东股份回购请求权立法不应引用美国司法实践中产生的与金融领域不一致的估价方法，立法不应该将某一些特殊的估价方法确定为估价诉讼中股份公平价值确定的唯一方法。对于我国异议股东股份回购请求权，立法可以规定法院在评估股权价值时可遵循威博格估价方法，与一般接受的自由金融市场的实践相一致，但又要防止这种自由的估价方法可能造成的弊端。

（四）股东优先认缴权

股东优先认缴权是指，赋予公司原股东以确定的价格按其持股比例优先购买公司新发行股份的权利。依据现代公司法学理论的分类，公司可以分为有限公司和无限公司，而有限公司与无限公司最根本的区别之一就在于有限公司的人合属性，这也是股东优先认缴权立法的理论基础。法律规定股东优先认缴权的意义就在于，在不损害他人合法权益的前提下，尽可能地维护有限公司股东间的信任基础，保持公司内部原有的平衡与和谐，稳定已建立起来的法律关系，从而最终维护公司的利益。

我国《公司法》第35条明确规定："股东按照实缴的出资比例分取红利；公司新增资本时，股东有权优先按照实缴的出资比例认缴出资。但是，全体股东约定不按照出资比例分取红利或者不按照出资比例优先认缴出资的除外。"依据该条法律规定，公司新增资本时，股东可以按照其出资比例优先认缴。

当公司通过合并决议，吸收目标公司后，吸收公司自然地会发生增资（新股发行）的效果，那么对于合并后的增资，原公司股东按照我国《公司法》规定理应享有优先认缴权。即在本案中，如果朗德公司被电子商务公司有效吸收合并。合并后会发生公司增资，那么聂梅英作为公司股东仍然可以在合并后主张优先认缴权。这样即使公司大股东利用资本多数决通过合并决议也不能侵害聂梅英的实质权益。所以，本案中一审的观点未必不可取。从程序上而非实质上审查并认定公司合并决议有效，并不会使聂梅英的实质权益丧失保护，大股东滥用资本多数决的目的并不能达到。因此，不妨根据《公司法》规定认可电子商务公司的合并决议，同时保护在合并决议通过后形成的增资状态中聂梅英实质上享有的优先认缴权。聂梅英依然有权向公司主张优先认缴权而不因公司吸收合并朗德公司而丧失权利。

拓展案例

远大集团有限责任公司与光大银行
天津分行借款合同还贷纠纷上诉案[1]

[案件事实]

二审法院认为远大发展公司与天津感光材料公司签订的《兼并协议》第七章第19条"银行贷款本息的处置办法"约定：由甲方（远大发展公司）根据国家和天津市地方政府有关鼓励扶持国有企业间兼并的优惠政策，向乙方（天津感光材料公司）债权银行申请办理贷款本息减免停挂手续，除减免停挂的贷款本息外，其余由现企改制后的企业承还。第八章第26条约定：乙方现企改制后，其企业性质为：由远大发展公司控股，经国家工商行政管理局核准，在天津市工商局注册登记的有限责任公司。

1997年6月3日，中国投资银行以中投发（1997）75号文件致函天津市人民政府，内容为：鉴于远大发展公司在兼并方案中关于减免我行贷款利息及分年偿还贷款本金的方案与国家有关政策相悖，且未能向我行提供充分可信的资金来源和可靠的还款保证，亦没有提交有关兼并的整体方案及对各家银行债权的处理方式，对此，我行现阶段无法同意远大发展公司对天津感光材料公司的兼并。另查明：1998年2月26日，远大发展公司经国家工商局核准更名为中国远大集团公司；2004年1月19日，中国远大集团公司经国家工商局核准更名为中国远大集团有限责任公司。除上述事实外，二审法院对原审法院查明的事实予以确认。

二审法院认为，本案争议的主要问题是，根据《兼并协议》的约定，远大集团公司是否对天津感光材料公司的债务承担责任。远大发展公司与天津感光材料公司在《兼并协议》中约定，在远大发展公司兼并天津感光材料公司之后，天津感光材料公司进行企业改制，改制后的企业性质为，由远大发展公司控股，经国家工商行政管理局核准，在天津市工商局注册登记的有限责任公司。从上述约定可以看出，合同双方的真实意思表示为，保留天津感光材料公司的企业主体资格，其独立的企业法人人格不因兼并而丧失，远大发展公司成为天津感光材料公司的控股股东。根据本案查明的事实，天津感光材料公司被兼并后，变更了企业名称、上级主管部门，并且变更了国有资产产权的性质，但其仍具

---

〔1〕 天津市高级人民法院民事判决书，（2004）津高民四终字第0137号。

有独立的企业法人地位，并自主经营。故本案所涉兼并不属于法律意义上的企业吸收合并，从《兼并协议》的约定及实际履行情况看，应认定远大发展公司与天津感光材料公司之间的法律关系是以收购方式控股的兼并，被兼并的天津感光材料公司虽然变更了企业名称，其作为独立的民事主体仍然存续。天津光大银行主张远大集团公司对天津远大感光材料公司的债务承担责任的依据，是基于《兼并协议》中关于远大发展公司承接天津感光材料公司全部债权债务的约定。根据本案已经查明的事实，作为天津感光材料公司主要债权人的天津投资银行，并未与远大发展公司就债务的承担达成一致意见，并且对远大发展公司与天津感光材料公司之间的《兼并协议》，向天津市人民政府明确表示不同意双方的兼并，即不承认《兼并协议》约定的内容。《兼并协议》的上述约定发生在兼并方与被兼并方之间，在债权人对此未予承认，并且明确表示反对的情况下，根据合同的相对性原则，其效力不能及于债权人，故天津光大银行以该项约定主张远大集团公司承担责任没有法律依据。

最高人民法院《关于审理与企业改制相关的民事纠纷案件若干问题的规定》第35条规定："以收购方式实现对企业控股的，被控股企业的债务，仍由其自行承担。但因控股企业抽逃资金、逃避债务，致被控股企业无力偿还债务的，被控股企业的债务则由控股企业承担。"本案中，远大集团公司收购天津感光材料公司，对其实际控股，而天津光大银行没有提供证据证明，远大集团公司存在抽逃资金，致使天津远大感光材料公司丧失偿债能力的行为，故天津远大感光材料公司应自行承担债务，远大集团公司不承担责任。原审判决仅依据《兼并协议》中关于兼并条件的约定判决远大集团公司对天津远大感光材料公司的债务承担责任，没有事实根据和法律依据，应予纠正。

综上，二审法院认为原审判决认定事实基本清楚，但部分适用法律不当，应予纠正。远大集团公司的上诉理由成立，予以支持。

[问题与思考]

根据不同的重组模式债权/债务应如何承担？

[重点提示]

根据《公司法》175条规定："公司合并时，合并各方的债权、债务，应当由合并后存续的公司或者新设的公司承继。"但是本案是兼并，并非实质意义上的吸收合并，因此债权债务不能概括性地转移。而且在我国企业改制等特殊情况下的重组，被兼并公司法人格依然存在，因此实质上兼并公司与被兼并公司形成了一种母子公司关系，因此子公司债务无需由母公司承担。除非出现人格混同、抽逃资金、逃避债务等现象，其法人人格被否定，方需负偿还责任。

第九章

公司解散与清算

知识概要

　　公司解散清算是公司终结法人资格的程序。我国 2005 年《公司法》为保护少数股东利益，新设立了公司僵局制度，还配套公布了《最高人民法院关于适用〈中华人民共和国公司法〉若干问题的规定（二）》，但是实务中仍存在治理结构陷于僵局举证难，少数股东处于劣势，无法实现的问题。实务中为了取证，甚至出现了法院通知开股东（大）会，但是大股东还未到位的情况，就此认为出现僵局。但这不符合公司法规定的股东（大）会召集程序规定。这方面虽然出现了一些案例，但是运用起来比较难。

　　一、公司僵局

经典案例

林方清与江苏省常熟市凯莱实业有限公司、戴小明解散纠纷案[1]

［案件事实］

　　林方清与戴小明系成立于 2002 年 1 月的常熟市凯莱实业有限公司的股东，各占 50% 的股份。戴小明任公司法定代表人及执行董事，林方清任公司总经理兼公司监事。公司章程明确规定："……对公司增加或减少注册资本、合并、解散、变更公司形式、修改公司章程的决议必须经代表 2/3 以上表决权的股东通过。股东会会议由股东按照出资比例行使表决权。"同时章程载明监事的权利：①检查公司财务；②对执行董事、经理执行公司职务时违反法律、法规

---

　　〔1〕　江苏省高级人民法院民事判决，苏商终字第 0043 号，载《最高人民法院指导案例第 8 号》。

或者公司章程的行为进行监督；③当董事和经理的行为损害公司的利益时，要求董事和经理予以纠正；④提议召开临时股东会。2006年起，林方清与戴小明两人之间的矛盾显现。同年5月9日，林方清提议并通知召开股东会，由于戴小明认为林方清没有召集会议的权利，会议未能召开。从2006年6月1日至今，凯莱公司未召开过股东会。

原告林方清诉称：凯莱公司经营管理发生严重困难，陷入公司僵局且无法通过其他方法解决，因股东权益受到严重侵害，林方清作为享有公司股东会1/2表决权的股东，已按公司章程规定的程序表决并通过了解散凯莱公司的决议，要求戴小明提供凯莱公司的财务账册等资料，并对凯莱公司进行清算。

被告凯莱公司及戴小明辩称：凯莱公司及其下属分公司运营状态良好，不符合公司解散的条件，戴小明与林方清的矛盾有其他解决途径，不应通过司法程序强制解散公司。

江苏常熟服装城管理委员会（简称服装城管委会）证明凯莱公司目前经营尚正常，且愿意组织林方清和戴小明进行调解。服装城管委会调解委员会于2009年12月15日、16日两次组织双方进行调解，但均未成功。

[判决意见]

一审判决结果：江苏省苏州市中级人民法院于2009年12月8日作出民事判决，驳回林方清的诉讼请求。宣判后，林方清提起上诉。

二审判决结果：江苏省高级人民法院于2010年10月19日作出民事判决，撤销一审判决，依法改判解散凯莱公司。

判决理由：首先，凯莱公司的经营管理已发生严重困难。根据《公司法》第183条以及《最高人民法院关于适用〈公司法〉若干问题的规定（二）》第1条，判断公司的经营管理是否出现严重困难，应当从公司的股东会、董事会或执行董事及监事会或监事的运行现状进行综合分析。"公司经营管理发生严重困难"的侧重点在于公司管理方面存有严重内部障碍，如股东会机制失灵，无法就公司的经营管理进行决策等，不应片面理解为公司资金缺乏、严重亏损等经营性困难。本案中，凯莱公司仅有戴小明和林方清两名股东，两人各占50%股份，公司章程规定"股东会的决议须经代表1/2以上表决权的股东通过"，且各方当事人一致认可该"1/2以上"不包括本数。因此，只要两名股东的意见存有分歧，互不配合，就无法形成有效表决，显然影响公司的运营。凯莱公司已经连续4年未召开股东会，无法形成股东会决议，则无法有效管理公司，股东机制已经失灵。即使凯莱公司尚未处于亏损状况，也不能改变该公司的经营管理已经发生严重困难的事实。其次，由于凯莱公司内部运营机制早已失灵，林方清的股东权、监事权长期处于无法行使的状态，其投资凯莱公司的目的无法实现，利益受到重大损失，且凯莱公司的僵局通过其他途径长期无法解决。服装城管委员会曾两次组织双方调解，仍然不能解决矛盾，法院也积极调解，但均未成功。

此外，林方清持有公司50%股份，也符合《公司法》关于提起公司解散诉讼的股东须持有公司10%以上股份的条件。

［案例评析］

（一）裁判要点

公司本身处于盈利状态是否是认定公司经营管理发生严重困难的充分阻却事由。

1. 我国2005年《公司法》第183条规定："公司经营管理发生严重困难，继续存续会使股东利益受到重大损失，通过其他途径不能解决的，持有公司全部股东表决权10%以上的股东，可以请求人们法院解散公司。"《最高人民法院关于适用〈公司法〉若干问题的规定（二）》第1条对"经营管理困难"的情形作了具体规定：①公司持续两年以上无法召开股东会或者股东大会，公司经营管理发生严重困难的；②股东表决时无法达到法定或者规定的比例，持续两年以上不能作出有效的股东会或者股东大会决议，公司经营管理发生严重困难的；③公司董事长期冲突，且无法通过股东会或者股东大会解决，公司经营管理发生严重困难的；④经营管理发生其他严重困难，公司继续存续会使股东利益受到重大损失的情形。该条第2款规定："股东以知情权、利润分配请求权等权益受到损害，或者公司亏损、财产不足以偿还全部债务，以及公司被吊销企业法人营业执照未进行清算等为由，提起解散公司诉讼的，人民法院不予受理。"

本案中，双方当事人的争议焦点在于要不要解散凯莱公司。根据我国《公司法》的规定，解散公司的判断关键在于公司是否存在"经营管理发生严重困难"的情形。根据案情简介，一方面，"2006年5月9日，林方清提议并通知召开股东会，由于戴小明认为林方清没有召集会议的权利，会议未能召开"，并从2006年6月1日至今凯莱公司都未召开过股东会。另一方面，公司仅有的两个董事之间长期冲突，自然无法通过股东会解决。因此，本案的情形符合《最高人民法院关于适用〈公司法〉若干问题的规定（二）》中列明的第①、③项情形，构成公司"经营管理发生严重困难"。

同时，本案原告林方清作为公司监事，根据公司章程规定，其应该享有提议召开公司临时股东会的权利，但事实是"2006年5月9日，林方清提议并通知召开股东会，由于戴小明认为林方清没有召集会议的权利，会议未能召开"。因此，戴小明凭借执行董事召集股东会议的权利阻碍林方清的权益，如果公司继续僵持，林方清的利益无法得到有效保护，同时公司也无法正常召开股东会并通过有效股东会决议。事实上公司已经陷入了实质的僵局。

至于被告戴小明提出的抗辩理由"凯莱公司及其下属分公司运营状态良好"，判断"公司经营管理是否发生严重困难"，应从公司组织机构的运行状态进行综合分析。公司虽处于盈利状态，但其股东会机制长期失灵，内部管理有严重障碍，已陷入僵局状态，可以认定为公司经营管理发生严重困难。因此，对于符合《公司法》及相关司法解释规定的其他条件的本案，人民法院可以依法判决公司解散。

2. 根据《最高人民法院关于适用〈公司法〉若干问题的规定（二）》第5条："人民法院审理解散公司诉讼案件，应当注重调解……当事人不能协商一致使公司存续的，人民法院应当及时判决。"本案中，江苏常熟服装城管理委员会证明凯莱公司目前经营尚正常，且愿意组织林方清和戴小明进行调解。江苏省高级人民法院依法允许本案进行调解。"服装城管委会调解委员会于2009年12月15日、16日两次组织双方进行调解，但均未成功。"此种情况下法院应当依法及时判决。

（二）少数股东保护

1. 公司解散制度的基本理念——保护少数股东。公司解散的初衷是当公司出现公司僵局、股东压迫、公司资产被滥用、浪费等情形时，使小股东能够及时退出公司，避免遭受更大的损失。当大股东滥用股东权利欺压小股东，即其利用对公司的控制权将公司当作实现自身利益的工具时，小股东又没有合适途径退出公司，则小股东可以提起解散公司之诉；由于公司所有权和经营权的分离，公司经营管理层（往往是大股东掌控）容易利用公司治理权为自己牟利而损害少数股东利益，当小股东无法通过其他渠道退出公司时，可以提起解散公司之诉；当公司股东严重违法章程构成重大违约而严重损害少数股东利益时，可以提起解散公司之诉。

2. 确保少数股东提起解散之诉的权利。公司解散制度的价值和目标的实现首先有赖于制度设计中需要确保少数股东的诉权。我国《公司法》第183条赋予了"持有公司全部股东表决权10%以上的股东"在公司陷入僵局的情况下提起解散之诉。首先，在股东资格上保证小股东有诉权；其次，小股东该诉权的适用范围直接决定了小股东受保护的程度，尽可能地需要确保小股东在各种可能权益受侵害的情形下享有解散诉权。针对适用范围这一点，我国法律仅规定了在公司陷入僵局的情况下少数股东的解散诉权，似乎给予少数股东保护的力度还远远不够。

3. 解散公司对少数股东仍存在不利时，少数股东的保护又须借助另一项制度——异议股东股份回购请求权。美国 Illinois 和 Pennsyvlania1933 年《公司法》，及后来英国 1948 年《公司法案》和美国 1950 年《示范公司法》都规定，如果公司内部存在某种不公平的损害，致使公司和股东之间的关系陷入僵局，公司无法开展有效的经营活动，而股东加入公司的期待权和利益也可能落空，那么该股东可以诉请法院强制公司解散。然而，一旦公司和股东之间关系陷入僵局，就强制解散公司的救济方法过于严厉，而且也要付出相对高昂的费用。这种救济方法不利于保护中小股东，同时也不利于公司的发展，后来英美法院也渐渐放弃采用这种救济方法，转而采取一种相对温和的救济方式。而异议股东股份回购请求权制度就是替代强制解散公司的一种救济方法。

　　当然本案中由于公司仅有两名股东，两名股东的矛盾造成公司僵局。这里并不存在其他股东的利益保护问题。因此异议股东股份回购请求权在此没有用武之地。公司解散就能够保护到由于公司僵局而利益受损的股东之一林方清。但在股东多数尤其是上市公司中，异议股东回购请求权对于保护少数股东是一项有力的制度。

　　(三) 少数股东在公司僵局解散诉讼中举证的困难

　　民事诉讼中的举证责任是指当作为裁判基础的法律事实在诉讼中处于真伪不明的状态时，一方当事人因此而承担的诉讼上的不利后果。公司僵局中少数股东提起公司解散诉讼，提起诉讼的股东与被告的地位是平等的。按照我国民事举证责任一般规则——"谁主张，谁举证"，作为诉讼原告的中小股东提起解散诉讼时，必须对被告的行为或公司的现状、股东自身所受的权益损害事实、二者之间的因果关系等要件予以证明，法官才能判定公司是否真实地处于僵局的状态，能否成就公司的解散请求从而保护股东权益。在本案中，林方清所处的地位还比较有利，因为他所持股份占公司的一半，同时他作为公司的总经理和监事对公司的状况比较了解，另外也掌握着能表明公司现状的很多证据。因此，本案中原告林方清举证责任之困难方面并未有太明显的体现。

　　而实际上，一般的中小股东都缺乏必要的收集证据的专业知识。他与经营者信息上的不对称，人力、财力上的悬殊，再加上对公司的经营活动缺乏了解，公司也不一定会配合，收集证据有如大海捞针，这显然对中小股东是不公平。同时，诉讼中的大多数证据掌握在大股东或者高级管理人员控制下的公司里。而提起诉讼的股东往往会是利益受损的中小股东，他们起诉的对象大多数情况下又是大股东或者公司高级管理人员。这些被告控制着相关的信息，自然不会主动拿出对自己不利的证据。中小股东明知权益受损也难以拿到证据，即使获得一些有价值的信息也可能已经被大股东、高级管理人员转移、修改、甚至销毁。这造成原告陷入举证困难甚至举证不能的困境。针对这种举证能力相差悬殊的现状，适当加重大股东、高级管理人员等掌控公司重要信息的被告的举证责任实在是有必要。要想实现原告少数股东与公司管理层及大股东责任的平衡，必须针对各类具体的行为分别规定不同的举证责任，既不加重公司管理层的举证负担，又保证原告股东证据搜集渠道的畅通，特别要明确规定行为与损害的因果联系的证明度，力求做到权利义务均衡。

纵观国外公司解散之诉讼，主要目的在于使控股股东认识到少数股东受到不公正的待遇时有可能公司面临被解散的境地，并需要回购少数股东的股份（权）。英美法系基于公司解散之诉讼的实质性机能，近来在完善各种各样的救济手段。比如将适用要件放宽，存在不公正的侵害（unfair prejudice）或对少数股东的挤压（oppression）解释为"对股东合理期待的侵害"。德国在有限公司的解散之诉讼中以"公司事项存在重大的解散事由"为要件，不以损害的产生为要件。日本部分学者主张从保护少数股东的角度而言，并不一定必须要设解散之诉，应开拓使投资者顺利回收资本的路径，比如认可买受请求权制度，甚至不设少数股东举证责任，创设受还少数股东无条件请求买受的权利。另外，有学者主张导入德国的除名制度，对于存在重大事由的股东，通过其他股东过半数决议除名。

二、公司清算

经典案例

邹汉英诉孙立根、刘珍案[1]

［案件事实］

原告：邹汉英。

被告：孙立根。

被告：刘珍。

原告邹汉英系仪征市新威照明电器有限公司（以下简称新威电器）职工。2007年3月23日，原告在公司工作过程中不慎受伤，2007年12月4日，原告的伤情经仪征市劳动和社会保障局认定为工伤。事故发生后，新威电器支付了原告的医疗费以及2007年4月17日~2007年7月底的护理费、营养费3180元。被告孙立根、刘珍系新威电器的股东，该公司经股东会决议解散，于2008年2月19日申请注销。2008年6月30日，经扬州市劳动能力鉴定委员会鉴定，原

---

〔1〕 江苏省扬州市中级人民法院判决书，发布于《最高人民法院公报》2010年第3期。

告邹汉英的伤残等级为十级。2008 年 9 月 9 日，原告向劳动部门申请仲裁，2008 年 9 月 10 日，仪征市劳动争议仲裁委员会以被诉主体资格不符为由，向原告发出了不予受理案件通知书。

[判决意见]

本案一审的争议焦点是：被告孙立根、刘珍是否应当负担原告邹汉英的工伤保险待遇并且承担连带赔偿责任。

仪征市人民法院一审认为：劳动者的合法权益应当依法予以保护。原告邹汉英在新威电器工作期间遭受工伤，依法应当享受工伤待遇。因用人单位未参加工伤保险统筹，因此应由用人单位按照国家的有关标准负担工伤职工的工伤保险待遇。因新威电器被注销时主体资格已消灭，故原告不能以该公司为被告起诉。被告孙立根、刘珍作为新威电器原股东及公司清算组的成员，应依法履行法定义务。根据《公司法》第 190 条第 3 款的规定，清算组成员因故意或者重大过失给公司或者债权人造成损失的，应当承担赔偿责任。本案中，二被告已知原告遭受工伤，故在清算过程中应当考虑到原告工伤待遇的给付问题，但仍然遗漏，给原告的利益造成了重大损害，应认定为重大过失，二被告应对原告的损失进行赔偿，故对二被告的辩解意见，不予采信。对于原告主张的一次性工伤医疗补助金 15 968.48 元、一次性伤残就业补助金 7427.2 元、停工留薪工资 4771.2 元、鉴定费 280 元，二被告均无异议，予以支持；对于原告主张的一次性伤残补助金 6076.8 元（1688×60%×6 个月），被告对工资标准有异议，法院认为，根据国务院《工伤保险条例》第 61 条的规定，本人工资，是指工伤职工因工作遭受事故伤害或者患职业病前 12 个月平均月缴费工资。本人工资低于统筹地区职工平均工资 60% 的，按照统筹地区职工平均工资的 60% 计算。原告的该项请求并不违反法律规定，故予以支持。判决：被告孙立根、刘珍于本判决生效之日起 10 日内赔偿原告邹汉英一次性伤残补助金 6076.8 元、一次性工伤医疗补助金 15 968.48 元、一次性伤残就业补助金 7427.2 元、停工留薪工资 4771.2 元、鉴定费 280 元，合计 34 523.68 元，二被告对上述款项互负连带给付责任。

孙立根、刘珍不服一审判决，向江苏省扬州市中级人民法院提起上诉。

扬州市中级人民法院二审认为：根据《劳动法》第 73 条的规定，劳动者因工伤残，依法享受社会保险待遇。被上诉人邹汉英在 2007 年 3 月 23 日于新威电器工作期间受伤，同年 12 月 4 日被认定为工伤，依法应当享受工伤保险待遇。根据国务院《工伤保险条例》第 2 条和第 60 条的规定，用人单位应当按照规定参加工伤保险，为职工缴纳工伤保险费，未参加工伤保险期间用人单位职工发生工伤的，由该用人单位按照本条例规定的工伤保险待遇项目和标准支付费用。因新威电器未参加社会工伤保险统筹，因此应由新威电器按照国家的有关标准负担被上诉人的工伤保险待遇。

对于上诉人孙立根、刘珍提出的新威电器解散清算时，被上诉人邹汉英的工伤等级鉴定结果未出，其工伤保险待遇未发生的上诉理由，法院认为，被上诉人于2007年3月23日在工作期间受伤，并已于同年12月4日被认定为工伤，即依法享有工伤保险待遇。工伤等级鉴定结果是确定工伤保险待遇具体内容的主要依据，被上诉人的工伤等级鉴定结果未出，虽然无法确定工伤保险待遇的具体内容和数额，但并不影响被上诉人工伤保险待遇的发生。新威电器解散前，作为股东之一的孙立根清楚地知晓被上诉人遭受工伤，因此，公司解散清算时，虽然被上诉人的工伤等级尚未鉴定出来，但作为公司的法定代表人，也是清算组成员的孙立根，在明知被上诉人受伤一事且已经认定工伤，正在进行工伤等级鉴定的情况下，亦应当在公司清算过程中将被上诉人的工伤保险待遇计算在内。

综上所述，上诉人孙立根在组织公司清算过程中，明知被上诉人邹汉英构成工伤并正在进行工伤等级鉴定，却未考虑被上诉人工伤等级鉴定后的待遇给付问题，从而给被上诉人的利益造成了重大损害，此行为明显构成重大过失。根据《公司法》第190条的规定，清算组成员因故意或者重大过失给公司或者债权人造成损失的，应当承担赔偿责任。对此，孙立根应依法承担赔偿责任。上诉人刘珍系新威电器股东之一，也是清算组成员，在该公司解散清算过程中，刘珍对于实际存在的被上诉人工伤事实未能及时查知，显然未尽到清算组成员应尽的责任，也无证据证明另一清算组成员即孙立根在清算过程中，对其故意隐瞒了被上诉人工伤的事实，故对于被上诉人工伤待遇损失，刘珍的行为也构成重大过失，应与孙立根承担连带赔偿责任。如果刘珍认为相关责任人对此存在过错，可在承担责任后，依法向相关责任人主张权利。判决：驳回上诉，维持原判。

[案例评析]

公司清算，是指解散事由出现后，公司依法定程序了结事务，清理债权、债务，分配剩余财产，终止公司的活动。清算期间，公司仍具有法人资格，但其权利能力受清算目的限制。清算期间的公司仍可以自己名义参加民事诉讼。清算组织是清算法人的意思表示机关。清算期间，公司财产在未按法定程序清偿前，不得分配给股东。公司清算的最终结果是公司法人资格消灭，公司终止。

清算可分为破产清算与非破产清算。破产清算应依《企业破产法》进行。非破产清算的主要法律依据是《公司法》和2008年5月《最高人民法院关于适用〈中华人民共和国公司法〉若干问题的规定（二）》。

非破产清算分为自行清算和强制清算。自行清算由公司股东或管理层自行组织。强制清算则是因自行清算不能或难以启动，而由公司债权人或股东申请法院启动并监管的清算。

应当启动清算的解散事由包括：①营业期限届满；②章程规定的解散事由出现；③股东会或者股东大会决议解散；④被吊销营业执照、责令关闭或者被撤销；⑤法院判决解散。因合并、分立而解散的公司不必清算。

公司应当在解散事由出现之日起15日内成立清算组。有限责任公司的清算组由股东组成，股份有限公司的清算组由董事或者股东大会确定的人员组成（《公司法》第184条）。

自行清算不能启动或者可能出现违法情形时，公司债权人或股东可以申请法院启动强制清算。有下列情形之一的，公司债权人申请法院指定清算组进行清算，法院应予受理：①公司解散逾期不成立清算组进行清算的；②虽然成立清算组但故意拖延清算的；③违法清算可能严重损害债权人或者股东利益的。在上述情形，债权人未申请清算的，公司股东可以申请。法院受理公司清算案件后，应及时指定有关人员组成清算组。清算组成员可以从下列人员或者机构中产生：①公司股东、董事、监事、高级管理人员；②律师事务所、会计师事务所、破产清算事务所等社会中介机构及其执业人员。

清算组相当于公司清算期间的董事会。清算组成立后，应当选举负责人，制定议事规则和会议制度，编制工作计划。清算组应在成立之日起10日内将清算组成员、负责人名单向公司登记机关备案（《公司登记管理条例》第42条）。

为保证清算依法有序进行，公司法及其司法解释对清算义务人、清算组成员和相关股东规定了相应的义务和民事责任。

清算义务人，是指有义务组织公司清算的人，具体是有限责任公司的股东、股份有限公司的董事和控股股东以及公司实际控制人。清算义务人怠于清算可能产生的赔偿责任是：①清算义务人未在法定期限内成立清算组，导致公司财产贬值、流失、毁损或者灭失的，应当在造成损失范围内对公司债务承担赔偿责任；②清算义务人怠于履行清算义务或其他义务，导致公司主要财产、账册、重要文件等灭失，无法进行清算的，应当对公司的债务承担连带清偿责任。在公司解散后，清算义务人恶意处置公司财产给债权人造成损失，或者未经依法清算，以虚假的清算报告骗取公司登记机关办理法人注销登记，清算义务人应对公司债务承担相应赔偿责任。

清算组成员应当忠于职守，依法履行清算义务，不得利用职权收受贿赂或者其他非法收入，不得侵占公司财产。清算组成员在清算期间，因故意或重大过失给公司或者债权人造成损失的，公司或股东、债权人有权提起要求清算组成员承担赔偿责任的诉讼。清算组未依法履行通知和公告义务，导致债权人未及时申报债权而未获清偿的，债权人可依上述规定主张清算组成员对因此造成的损失承担赔偿责任。

公司财产不足以清偿债务时，债权人主张未缴出资股东，以及公司设立时的其他股东或者发起人在未缴出资范围内对公司债务承担连带清偿责任的，人民法院应依法予以支持。

《公司法》第 190 条第 3 款规定清算组成员因故意或者重大过失损害债权人利益的，应予赔偿。该赔偿责任性质上属于侵权责任，而且是侵害他人债权的侵权责任。其成立要件有以下四点：①须有损害债权人债权的行为；②须有故意或者重大过失；③债权人受有损失；④清算组成员行为与债权人损失之间存在因果关系。

关于第一个要件。原告邹汉英原为新威电器职工，因受工伤应获得新威电器赔偿，故为新威电器的债权人。被告作为新威电器股东，为该公司清算义务人并清算组成员。该公司清算时未将原告的债权列入清算范围，使原告债权丧失获得清偿的合理机会。因此，被告存在对原告的损害行为。

关于第二个要件。故意是指明知损害结果而希望或者放任结果发生的心理状态。过失是指应当预见损害结果，但因疏忽而未预见，或者预见到了但自信可以避免的心理状态。一、二审法院均认为，被告在组织公司清算过程中，明知原告邹汉英构成工伤并正在进行工伤等级鉴定，却未考虑被上诉人工伤等级鉴定后的待遇给付问题，从而给原告利益造成了重大损害，明显构成重大过失。

关于第三和第四个要件，应当讨论原告是否有损失发生，损失是多少，多大范围的损失是由于被告过错行为造成的。一、二审法院均以原告应获得的工伤补助金额（即"工伤保险待遇"数额）认定其损失。这一做法是否符合侵权法的规则，须仔细讨论。一般认为，损失是利益上的减损，损失额应为受害人在两种状态下财产利益的差额，即损害事实未发生状态下受害人应有之财产额减去损害事实发生后受害人实有之财产额。[1]依此原理，法院似应查明，如果被告将原告债权纳入清算程序依法清偿，原告本应获得多少工伤补偿，以此为依据核定原告损失。

本案一、二审法院并未从上述角度分析损失和因果关系，这就导致了这样一种可能性：如果被告将原告债权依法纳入清算程序，但清理财产后所剩余财产可能不足以清偿原告的债权，那么，本案判决就造成了被告违法反而比守法更有利于原告的结果。法院判令被告对原告"工伤保险待遇"全额赔偿事实上也等于判令被告对原告债权承担补充清偿责任。而被告均为公司股东，判决实际上是对他们作为股东的有限责任的否认。本案是否存在否认股东有限责任的事实和法律基础，是值得仔细推敲的问题。

---

〔1〕 曾世雄：《损害赔偿法原理》，中国政法大学出版社 2001 年版，第 118～120 页。

此外，还有一个问题也有待研究。被告作为公司股东和负责人，违反国务院工伤保险条例，没有依规定为职工参加工伤保险，是否应对职工未获足额保险待遇而与公司承担连带责任？

拓展案例

信阳盛达商务有限公司、王少华与赵新建公司解散纠纷案[1]

[案件事实]

信阳盛达商务有限公司·（以下简称"信阳公司"）、王少华不服其与赵新建公司解散纠纷案的一审判决，向河南省高级人民法院提起上诉称：原审判决认定盛达公司经营管理严重困难，判决解散盛达公司错误。①盛达公司两股东间的矛盾是因为赵新建侵占公司财产造成，赵新建要求解散公司存在恶意；②盛达公司股东会正常召开，亦能够形成有效股东会决议，公司经营管理未发生严重困难；③盛达公司虽由于赵新建的原因自2006年以来未参加年检，但已向工商行政管理部门申请缓期年检。现盛达公司正常经营、纳税。请求二审法院撤销原审判决，驳回赵新建的诉讼请求。

河南省高级人民法院认为：依据《公司法》第183条的规定，公司解散需符合公司经营管理发生严重困难，公司继续存续会使股东利益受到重大损失，通过其他途径不能解决等条件。王少华、赵新建系盛达公司的两股东，2人在公司经营过程中出现信任危机，意见严重分歧，两股东相互对抗。虽然能够召开股东会，并因为王少华持股比例超过50%，能够就部分事项作出有效的股东会决议，但对于法律或章程要求必须取得表决权的绝对多数同意方能通过的特定事项，如盛达公司变更公司住所地及经营范围等重大事项，虽经王少华多次提出议案，均因赵新建的否决或缺席而不能通过，导致该公司股东会无法就重大事项作出决议的僵局，该僵局已对公司的正常运行构成直接不利影响，该公司经营管理发生严重困难。经人民法院多次调解，无法通过其他途径解决该状态。在此情况下，如果公司继续存续，不仅不利于股东的赢利目标及期待利益的实现，亦将造成股东利益的重大损失。综上，盛达公司、王少华关于盛达公司经营管理未发生严重困难，不应解散盛达公司的上诉理由不能成立，本院不予支持。

[问题与思考]

如何判定公司陷入"僵局"，满足公司解散的条件？

---

〔1〕　河南省高级人民法院判决书，（2011）豫法民一终字第6号。

[**重点提示**]

我国《公司法》第 183 条就公司僵局需解散的情形进行了规定，即公司解散需符合公司经营管理发生严重困难，公司继续存续会使股东利益受到重大损失，通过其他途径不能解决等条件。《最高人民法院关于适用〈公司法〉若干问题的规定（二）》第 1 条则对"经营管理困难"的情形作了具体规定。